我 的 五 千 年

第 一 部

上古迷思

SHANGGU MISI

三皇五帝到夏商

[美] 夏维东 著

GUANGXI NORMAL UNIVERSITY PRESS

广西师范大学出版社

·桂林·

图书在版编目（CIP）数据

上古迷思：三皇五帝到夏商 /（美）夏维东著. —桂
林：广西师范大学出版社，2019.3（2022.4 重印）
（我的五千年）
ISBN 978-7-5495-6742-3

Ⅰ．①上… Ⅱ．①夏… Ⅲ．①中国历史－三皇五帝
时代－商代－通俗读物 Ⅳ．①K210.9②K220.9

中国版本图书馆 CIP 数据核字（2019）第 000287 号

广西师范大学出版社出版发行

（广西桂林市五里店路 9 号　邮政编码：541004　）
网址：http://www.bbtpress.com
出版人：黄轩庄
全国新华书店经销
北京盛通印刷股份有限公司印刷
（北京经济技术开发区经海三路 18 号　邮政编码：100176）
开本：880 mm × 1 240 mm　1/32
印张：12.75　　　　字数：289 千字
2019 年 3 月第 1 版　　2022 年 4 月第 4 次印刷
印数：16 001~19 000 册　　定价：58.00 元

如发现印装质量问题，影响阅读，请与出版社发行部门联系调换。

目 录

历史的时空

　　"我的五千年"系列第一部《上古迷思：三皇五帝到夏商》出版之际，我忽然想起父亲。

　　父亲古诗词和书法造诣都很高，可惜的是，他儿子我两样都没学到，但老人家培养了我的阅读爱好或者说教会了我阅读。

　　我的阅读始于父亲的书橱。那个书橱的颜色介于蓝绿之间，我一直觉得它不太好看。现在那个书橱还在老宅，于我而言，那是通向世界的窗户，所有的窗户必定都是好看的。

　　我童年、青少年的时光一直与父亲的书橱有关，与父亲有关。小时候，父亲让我背诵古诗词，为了调动我的积极性，每背一首奖励五分钱（长诗价钱另议）。那些零钱攒起来可以买小人书，于是我背诵的热情非常高，高到父亲承受不了。假期时，我专挑"五绝""七绝"猛背（因为只有四句），一天能挣到一块钱。那时父亲一个月工资才几十块，不得不实行"涨停"制：他每天最多支付四首的钱。我也就相应调整背诵量，每天最多背四首，其余时间看闲书，反正那时也没啥游戏好玩儿。

　　书橱不大，书的种类倒是挺齐全，文史哲都有。我后来从中挑了二十来本带到美国，现在还不时翻翻那些书页已经泛黄、微脆的书籍，如同翻阅逝去的岁月。

　　父亲知道我喜欢文学。因为"涨停板"的缘故，我的文科成绩一直不错。但老人家坚决不让我学文。当时的我不像现在的孩子们这般叛逆，心里虽不情愿，还是顺从父亲学了理科，从此开始了"专业"的"不务正业"。我这个理科生的书包里总是可疑地藏着文科类的书，从中学到大学，一直就这么"混"着，一直混到美国。

多年以后，我觉得父亲让我学理科也许是对的。虽然我更喜欢文科，但数理化对逻辑能力的训练不言而喻，我从中受益良多。

我从没想过要写一套"我的五千年"这样的书。在写这套书之前，我一直断断续续地写小说、评论等闲杂文，偶尔也写写诗歌。不知道从什么时候开始，中文小说我看得越来越少，大多数小说看不到一半就不想看下去。

历史比小说好看多了，乌龟王八蛋和英雄好汉都躲在故纸堆里。他们一直就在那里，无论他们曾经怎样叱咤风云，现在都安静了下来。本书在《侨报》上连载时，我写了几句话作为引言："那些远去的人和事远比任何小说都精彩，它们只是远去，没有逝去，无论光荣或是耻辱，它们都将永远活在民族的记忆里。"

父亲曾说好读书不求甚解还不如不读书，我认为父亲的大白话说得比孟子的"尽信书，则不如无书"实在得多。

父亲说的书是泛指，而孟子的"书"则特指《尚书·武成》。孟子之所以不信"书"，是因为《武成》里说商周的牧野之战"血流漂杵"。孟子认为"血流漂杵"绝无可能，理由是周武王是仁义之君，怎么可能流那么多人的血？孟子的"论据"完全基于自己的"论点"，裁判员和运动员都是他自己。如果孟子不是故意的，我只能说那是因为他没学过数理化。《尚书》作为儒家经典，孟子不可能不信，可他是选择性地相信——凡是与自己"三观"有抵触的，一律都是假的，不予采信。

孟子的那句名言显示了儒家的双重标准。双重标准这个逻辑悖论在中国文化里运行得通畅无阻，并且对后世产生深远的负面影响，不仅仅是史观，甚至是文学观：单调的黑白二元，黑的特别黑，白的特别白，好人好得不像人，坏人也坏得不像人。比幼稚的黑白定位更可怕的是，权势是定位的唯一及终极标准。儒家独大就是受惠于权力，那么它反过来为权力服务毫不奇怪。权力可以让一切悖论都变得顺理成章，一个有着官方背景的学派是无敌的，也是无聊的，有时甚至是无赖与无耻的。

《圣经·罗马书》里有句话说得很好："没有义人，连一个也没有。"没有任何人有资格靠自己的行为称义，更遑论"称圣"了，可偏偏中国的"圣人"特别多。

我不喜欢那些虚假的圣人，我喜欢历史本身。我无意为任何人翻案，也无意为任何人添彩，哪怕是夏家的祖先大禹，我也不愿为他添加任何不属于他的东西。比如我不相信他老人家曾经高风亮节地"禅让"过，尽管圣人们对此津津乐道。

我无意成为古籍的翻译机，更无意成为前人的传声筒——虽然我从前辈那里获益匪浅。我只想表达自己对历史的看法，或者说是对人生的认识。"一切历史都是当代史"，历史又何尝不是人生？

我必须承认，起念写"我的五千年"很偶然。2014年11月初的某个黄昏，下班回家的路上恰逢堵车。那天下雨，雨水中的灯光迷离，迷离得就像很久以前的往事——历史。如果那天不堵车，不下雨，我是否会写这套书？应该会的，只不过不是在那一天罢了。我想我一定会在某个瞬间进入历史的时空。

那天晚上我没有像往常一样打开NBA频道，也没看书，一口气写下本书的第一章《神奇的三皇》，接下来的一切似乎顺理成章。写下这套书，既偶然又必然，如同宿命。

我无法给写下的东西定位，论文、杂文、小说、评论的成分都有，姑且称之为"跨文体"吧。是什么文体也许并不重要，重要的是我在写作中体会到一种从未有过的愉悦和激情，似乎我以前的那些写作练习就是为了这个东西做准备的。

屈原在《天问》里问了很多问题，直指上古的传说与历史。上古是非信史时代，由于没有文字，史书中记载极少，而且都是一些支离破碎的碎片，同时因为口耳相传的缘故，很多东西已经走样。那些有限的碎片凌乱、迷离，要把它们拼接、再组装成一幅完整的画面几乎是不可能的事。在重新梳理这些史料传说的过程中，我忽然理解了屈老夫子为什么有那么多疑问，因为每一个碎片都是一片疑云。

那些疑云不是"偶尔投影到波心"那么简单，我无法对它们挥挥衣袖。它们驱使我思考、辨析，并用想象把它们黏合起来——想象是和疑云最接近的一种物质。想象的部分对于我而言很重要，它们给了我叙述的激情、言说的空间以及写作的乐趣。需要说明的是，那些想象只是针和线，把那些碎片连缀成一个相对完整的图片，关于传说或史实的部分则无一字虚构。

本书在"天涯社区"网站连载时，"天涯看点"的推荐语这样说："作者的文笔幽默，可以将各种文献记载的文字变成一个个丰满的故事，描述的人都活灵活现，而且有些观点也与传统的史学观点不尽相同，这正说明了作者是一个独立思考的传作者，而不是一个翻译古文的'翻译'。"我不知道自己的写作在多大程度上达到了推荐语的赞誉，但它准确地道出了我的写作初衷与企图：尽量写得有趣一点儿，尽量发出自己的声音。

"我的五千年"系列将是一次漫长的写作跋涉：从三皇五帝一直写到民国，预计二十部左右，呈现一幅完整的五千年历史画面。

三皇五帝到夏商是中华文明的童年期。文字直到商朝中期才出现（另一说是夏代初出现，此处以商朝中期为准），这段近两千年的历史在史籍里记载很少，所以我把这两千年合在一起。写

第一部的难处在于搜集资料，周以后的文字记载就多了，但也带来另一个难处——取舍的问题，从一堆乱麻中理出头绪并不比找到零星的线索容易。

第一部以后的每部都将是某个时代的断代史，比如刚完成的第二部写的是西周，接下来第三部写春秋，第四部写战国……最后一部写清朝。

不多说了，看我写吧，跟我一起走过五千年！

借此机会，我想对父亲说：请允许我把"我的五千年"第一部《上古迷思》，五千年中的两千年献给您，是您把我引领上如此迷人的文字之境，尽管您不让我学文科。您是我的父亲，也是我的导师，一直都是。

夏维东

2016 年 9 月 18 日于美国新泽西

第一章　神奇的三皇

据说《史记》的第一篇本来是《三皇本纪》，遗失了。八百多年后，司马贞在《史记索隐·三皇本纪》中说："古今君臣宜应上自开辟，下讫当代，以为一家之首尾。"说得挺好，故事本来就该有头有尾，没有开天辟地的三皇，哪来的五帝？

司马贞说的三皇居然有两套班子。第一套是：伏羲、女娲和神农。这三位都是人民耳熟能详的大神。伏羲和女娲皆人首蛇身，造型玄幻，而且皆"有圣德"，所以他们是夫妻关系似乎顺理成章。中国有许多地方有伏羲或者女娲娘娘庙，庙前立浮雕，浮雕上是两位大神的合影。一般夫妻合影不外头倚在一起，脸上流露出我的爱情我做主的笑容，两位大神的合影很前卫，他们的尾巴缠绵在一起，幸福指数瞬间爆表。

神农也是神人，而不是"神奇的农民"。他手中持一赭鞭，在植物上挥一挥就知道哪种草哪种木是良药，哪种是毒药，功德无量啊。那鞭子现在不知道丢哪里去了，谁要是找到了，全世界的药厂都得破产。我在药厂工作，知道做一种药有多麻烦，前后要六七年的时间，耗资数亿，还是美金。

司马贞对伏羲情有独钟，把造字也算到伏羲头上（"造书契以代结绳之政"）。不管文字是不是仓颉造的，伏羲都不可能是创始者，否则两千年后的神农还用得着像个文盲似的结绳记事吗？

司马贞还认为伏羲是一位伟大的音乐家，他制造了三十五弦的乐器：瑟。据说后来出了五十弦的瑟，后来又一下缩减成二十五弦，原因是五十弦的瑟太过动人，听得人伤心欲绝。《史记·封禅书》载："太帝使素女鼓五十弦瑟，悲，帝禁不止，故破其瑟为二十五弦。"太帝便是天帝，稍后再提。

大才子李商隐写的"朦胧诗"《锦瑟》开篇第一句是"锦瑟无端五十弦"，别望文生义，李大才子并不是说他的瑟有五十根弦，而是说他的瑟弦断了，于是二十五加二十五，成了五十弦。三十五根弦的瑟估计可以玩摇滚、爵士和蓝调了，五十弦的瑟恐怕整得出交响乐了，动人得连天帝都把持不住。

司马贞对伏羲最著名的发明——八卦图——虽有提及，但语焉不详，含糊其词地说"始画八卦，以通神明之德，以类万物之情"，这是陈述而不是描述。伏羲创八卦远比这个生动有趣，《周易·系辞上》说"河出图，洛出书，圣人则之"，图和书就是八卦，这也是"图书"一词的来历。圣人就是伏羲。河是黄河，某日黄河跑出一匹龙马，马背上有图；洛是洛水，某日水中浮出一龟，水中有乌龟再正常不过了，不过这个乌龟不寻常——它的背上有文字。到底是什么文字谁也弄不清，宋代的道士陈抟后来不知道根据什么把洛书给弄出来了，那上面不是文字，而是黑点、白点和线组成的图案。反正当时伏羲把马图龟文都记下了，遂演八卦。没有《周易》，周文王也就不值一提。众所周知，文王之所以留名青史，原因主要在于他"拘而演《周易》"[1]。

《周易》有多伟大？没法说。举凡哲学、数理化都能往里套，而且越是科学解释不了的越容易往里套，所以研究《周易》的人里鲜少有数理化背景的。钻研《周易》大发了的，一般都"通神

---

[1] 〔西汉〕司马迁：《报任安书》。

明之德"①，前知五百年，后知五百年，唯独对眼前的事摸不准。

关于女娲，司马贞提到娘娘的丰功伟绩之一——补天，偏偏忘了更大的发明，这个发明是任何发明都无法媲美的——造人。她老人家开始时一板一眼地用泥巴捏小人，有鼻子有眼有腿有脚，其造型之生动，天津"泥人张"肯定没法比，因为娘娘的作品一着地就会撒脚丫子跑，成了大活人。可是"捏造"的速度太慢，娘娘于是团了一个大泥团，用绳子在上面搓，顿时泥粒纷飞，就像刀削面入锅一般，那些泥粒一落地也都成了人。从操作流程上看，捏的人肯定要精致得多，大帅哥大美女可能就是这么来的，那些一入人海就找不着的群众演员大概都是搓出来的。

司马贞的想法有些古怪，为什么偏偏对女娲娘娘的最大贡献选择性失忆呢？也许他压根就不相信女娲造人的传说，觉得"刀削面"造人法过于草率或是过于荒唐了？司马贞绝口不提伏羲和女娲是夫妻，也不明说他们是兄妹。

伏羲的娘叫华胥。在上古某混沌的一天，在野草滋长、水鸟歌唱的雷泽湖边，华胥看见一串巨人脚印，顿时好奇心起，便在大脚印里走来走去。走的后果非常严重，或者说非常幸福，她怀孕了，儿子是伟大的伏羲。用司马贞的原话来说是这样的："母曰华胥，履大人迹于雷泽，而生庖牺于成纪。蛇身人首，有圣德。""庖牺"即伏羲，伏羲也可以写成"宓（fú）牺"。伏羲之所以那么不同凡响，可能跟他在娘胎里待的时间长有关，东晋人王嘉在《拾遗记》里声称华胥怀孕十二年才生下伏羲。十月怀胎已是苦难，十二年怀胎简直是灾难，不过儿子那么有出息，华胥再苦再难也能面对天地欣慰一笑。华胥后来再接再厉，又生了一个女儿，那便是同样伟大的女娲。华胥由此成为传说中最伟大的

①《周易·系辞下》。

母亲，她的一儿一女在"三皇"中占了两席！华胥对于"华夏"这个称谓是一个非常重要的符号，"华"便是指华胥，"夏"则是指大禹所属的"有夏氏"或者他所开创的夏朝。

《三皇本纪》对于女娲的身世含糊其词，说女娲和伏羲一样，也姓风，也蛇身人首，也有神圣之德，至于伏羲和女娲的关系嘛，你们自己去猜！伏羲为"皇"一百一十年驾崩，死后由女娲继位，所谓"代宓牺立"，给人感觉好像女娲是伏羲的下一代似的。但仅仅是"感觉"而已，没有任何证据证明他们不是兄妹，如同没有证据证明他们是兄妹一样，司马贞坏坏地一笑：我什么都没说。司马贞确实不能明言伏羲和女娲的关系，因为他声称伏羲"始制嫁娶"，还规定用两张鹿皮为聘礼（"以俪皮为礼"）。既然伏羲定了婚姻制度，那么他当然就不能跟自己的妹妹结婚了。司马贞把自己给绕进去了，于是只能对伏羲和女娲的关系保持沉默。如果他说明了两位老人家的关系，那么"始制嫁娶"便很尴尬。

伏羲是七千多年前的人，那时哪来的婚嫁？当时是母系社会，孩子知其母而不知其父。女孩看上哪个男孩，不需要媒人提亲，看对眼就做"桑林之合"，而且性伴侣不固定，女孩怀孕了，根本不知道孩子的生父是谁，生下的孩子归女方，没男人什么事，所以当时的家庭全是"单亲家庭"。婚姻慢慢成形要到两千年后的黄帝时代了。再过两千年，到了西周，伟大的周公才从理论上完善了婚姻制度，是为"六礼"：纳采、问名、纳吉、纳征、请期、亲迎。

其实司马贞用不着讳莫如深，远古时代还没有"乱伦"的概念。古人们是在发现近亲结合生下的孩子多有缺陷之后，才有意识地尽量避免近亲结合。希腊的神话谱系就是一部"乱伦"史，而且乱得一塌糊涂，不仅兄妹或姐弟，甚至母子。比如大地之母盖亚不仅和她弟弟生下孩子，还跟儿子乌拉诺斯生了六男六女十二个泰坦神。在最古老的埃及神话里，风神休与妹妹雨神泰夫努特结合生下了大地之神盖布和天空之神努特；接着儿子盖布又与其妹努特生下冥王奥西里斯、生育之神伊西斯、力量之神赛特及死者的守护神奈芙蒂斯。《圣经》中人类的繁衍都是出自亚当与夏娃，开始时一定是近亲结合。摩押人和亚扪人的祖先分别是罗得与大女儿和小女儿所生育的。

　　司马贞没看过埃及、希腊神话和《圣经》，显得少见多怪，并出于为尊者讳的想法，刻意模糊伏羲和女娲的关系。不过也许他自己都没有意识到，"唯作笙簧"并不是单指做乐器那么简单。"笙簧"确实是两种相辅相成的乐器，但女娲"作笙簧"是有隐喻的。五代时期后唐人马镐在《中华古今注》问了个好问题："上古音乐未和，而独制笙簧，其义云何？"然后他自问自答："女娲，伏羲妹……欲人之生而制其乐，以为发生之象。"马镐不是自说自话，《世本·作篇》清张澍注也说："笙，生也，象物贯地而生。"所以女娲"作笙簧"便有生殖繁衍的隐喻。

　　如果司马贞后面没有提"三皇"的第二套班子，我对他的"学术选择"还是能够理解的。

　　第二套"三皇"是天皇、地皇和人皇，符合天时、地利、人和。只是"三皇"的头有点多，天皇有十二个头，地皇有十一个头，人皇有九个头。这么多的头，一定思绪万千。千头万绪的说法是从这来的吗？希腊神话里也有许多多头的怪物，比如大地之母盖亚和她的同胞弟弟地狱之神塔耳塔洛斯生下的儿子提丰，肩上长出的头达一百个之多，还有九头蛇怪海德拉。不过那都是些神话，听听就过了，无须树碑立传。

　　司马迁肯定是不信这些东西的，他本着实事求是的态度说："至《禹本纪》《山海经》所有怪物，余不敢言之也。"[①]从这句话

①《史记·大宛列传》。

里可以推测出，《史记》里原本就没有《三皇本纪》。司马贞被史家称为"小司马"，从姓氏看这个称谓没问题，从学术上看他有做玄幻小说家的潜质。唐代，那个伟大的时代，连志怪小说都空前繁荣，可司马贞的《三皇本纪》不能归入此列。小说需要描述，他的作品全是陈述，作为一个小说家他还有很大的进步空间。不过《三皇本纪》作为一个远古的备忘录还是可以的，只是我们不能拿它当历史看，它是神话。神话就是神话，是文化的一部分，我们用不着绞尽脑汁、牵强附会地为神话做"合理化"的解释。我在网上看到有人长篇大论、"有图有真相"地论证《山海经》和女娲造人的"真实性"，瞠目结舌之余，"不敢言之也"。

其实"三皇"的说法有多种，司马贞把伏羲、女娲和神农作为三皇还算靠谱。伏羲的故乡在大西北甘肃天水，天水现在每年都有伏羲的祭祀大典。

伏羲之所以备受人民爱戴，是因除了超前卫的八卦图，他还教会了人民很多东西，比如教民观星象、渔猎、养六畜，还有制琴瑟，教人民玩音乐，物质文明和精神文明他都照顾到了，他不是"三皇"谁是？至于他的蛇身人首造型，纯粹是《山海经》等神话传说的"诽谤"，作为一个伟大的天文学家、哲学家、动物学家和音乐家，他根本就不需要以"奇装异服"来吸引别人的眼球。

女娲娘娘有点难办，她老人家的功绩过于伟大，同时也过于神奇。天漏，她补；没人，她造或者她生。仅从对人类的贡献而言，无出其右者。没有人，咱们什么都不用说了，我现在也不用辛苦地码字了；有人了，天漏不补，人也就像恐龙一样灭绝了，我也不用码字了。女娲"按理"应该是第一号"三皇"才对，只是我们无法以常理度之。

神农爷爷当然也够格入选"三皇"。他教会人民开荒种地，还开发药物给人治病，是一个伟大的农业学家和医药学家。

当时是怎样种地的呢？那时到处都是荒地，野草疯长。神农号召大家把野草烧了，然后用石刀、石斧，还有他老人家发明的先进农具耒耜开出地来。所谓"刀耕火种"就是这个意思。耒和耜据说是锹和犁铧的原型，起初是木质的，如《易经》所说"斫木为耜，揉木为耒"，后来有了铜，就鸟枪换炮了。野草的灰烬富含钾肥，没有人工化肥，庄稼也欣欣向荣，而且是放心的绿色食品。

神农开辟了农业的新纪元，培育了五谷作为食物来源。五谷是麻、黍、稷、麦、菽，另一说里稻取代麻，其实说"六谷"不就结了，非得"五"才顺口吗？（笔者按：这是因为战国时的"五行"说流行，什么都凑成五，五帝也是凑出来的，其实三帝就够了。）那时人已经很多了，肉类满足不了食品需求，神农解决了人民的温饱问题。

神农开发药物一开始风险极大，什么都亲口尝尝，九死一生。这种舍生忘死的崇高就值得后人敬仰，上天被他感动了，于是赐下一根神奇的赭鞭，从此以后神农才不用看见陌生的植物就咬一口。

民以食为天，何况神农还兼顾了人民的医疗保健，其德高望重完全是民意的体现，神农自己都不好意思不选自己做头领。不过说他老人家著有《本草经》一书，本人委实难以相信，理由和不信伏羲造书契一样：那时还没有文字啊，我不相信通过给绳子打结可以写出一本书来。我家有很多麻绳，我也会打结，可我甚至不会用结表达"认识你，真好"如此简单的话。

神农的出生和伏羲一样根正苗红。神农的母亲叫女登，她没有看见巨人脚印，但她却有另外的奇遇。

女登在某个春风沉醉的夜晚，不知道为什么独自在湖边散步，也许是从"桑林"归来吧。如果她热爱音乐，身上可能携带一把不知道多少根弦的瑟，边走边唱。唱着唱着，女登忽然感到头顶发热，一抬头看见半空中一双黄澄澄的龙眼正色眯眯地看着她。

女登吓得掉头就跑，瑟也不要了，一路跑回家。那次对视的结果便是怀上了儿子神农。远古圣人们的英雄母亲的名字都留下了，而父亲却无籍可考，这从另一面证实了母系社会浪漫史的萍水相逢属性。写史书的人已经被文化熏陶了，知道为尊者讳，所以不好意思说华胥和女登"自桑林返，乃生伏羲、神农"。

在神农氏的丰功伟绩里，我们应该注意到一个东西。这个东西太重要了，那就是火，而火却与神农无关。

"三皇"的说法有六七种之多，无论谁投票，伏羲和神农都稳居其二（除了比赛谁头多的"天地人"外），另外的候选人有女娲、祝融、共工、黄帝和燧人氏。女娲娘娘造人、补天属于神迹，那么她老人家也就属于神人了，她也不稀罕凡人的"三皇"之位，再说她家已经有了伏羲哥入选，那么也许我们可以把她的位置让给另外一个人，或者是一伙人。

这个人是燧人氏。这个名字很质朴，以至于不像一个人的名字，而像是一个同伙的名字。燧人氏是穴居人。燧人氏的专利只有一个——钻木取火。

这项专利技术成型，也许真的不是一人所为，而是众多人长期实践并且是偶然发现的结果。当时的情景有可能是这样的：石壁上光溜溜的，没地儿放贝壳、兽骨或者鱼骨等珍贵首饰，于是穴居人就想做个家具。那时没有铁器，给木头打孔是件高难度的活，只能用削尖的木棒子在木块上钻。那得钻多长时间啊？木头不耐烦了，于是"着急上火"。看见木头冒火，穴居的先民们肯定吓坏了，丢下做了一半的家具就跑，心里直嘀咕：怎么啦？这种事再发生几次，穴居人就会从大吃一惊变成喜出望外。火把洞里的"家具"和"首饰"都烧光了，但把洞里的猎物烤熟了，满室生香，穴居人尝尝觉得味道好极了。现在的烤肉也许是远古的遗风吧!

火不仅改善了人民的饮食,还增强了人民的体质。肉烤熟了,细菌也杀死了,生病的机会就少了。那时的人可生不起病,倒不是没钱(也确实没钱),而是没医生,普通的肠道感染就足以要命。"药物总监"神农要到三千年后才出生。

火还是文明的曙光,没有火,人类将永远生活在旧石器时代几百万年的漫漫长夜里。朱熹曾引用一位蜀地无名氏的名言:"天不生仲尼,万古如长夜",作为一位儒家子弟他推崇这句"广告词"无可厚非。燧人氏不生火,那才叫万古如长夜呢!

有了火,很多东西就水到渠成。文化生活也丰富了,陶器也诞生了,接着铜器也诞生了。

没有火的夜晚是寂寞的夜晚,天一黑除了睡觉别无选择。有人说神农时人们才学会结绳记事,我不这么认为。虽说那时人们还不会制作麻绳,但天然"绳子",也就是蔓藤多的是。大事系大结,小事系小结,这种方式不要多少技术含量,用不着麻烦神农吧?他老人家已经够操心的了。

当时保存火种唯一的办法就是在遮风挡雨处建一火塘,这一习俗至今仍在边远地区被原汁原味地保存下来。

火塘的好处太多了,除了烤肉、取暖外,也提供给大家一个社交场所。大家手牵着手,蹦蹦跳跳,那可能就是原始的舞蹈。有人说舞蹈起源于祭神大典,我觉得大典上的舞蹈已经接近于杨丽萍的现代舞,火塘边无拘无束的"舞蹈"也许更朴素、更原型化。很难想象,蹦蹦跳跳的人们会一声不吭,怎么着也得吼几嗓子吧?那些无意义欢快的吼声,也许正是诗歌的起源。

《诗经》中很多诗质朴得让人想哭,比如说"林有朴樕,野有死鹿",朴樕就是小树。诗里充斥着大量的语气词"兮"字,我疑心这是喊岔气的尾音。鲁迅先生认为诗歌诞生于劳动时喊号子，也算一解，不过喊号子好像没有进化，一直都是"唉嗨，唉嗨嗨"，如果不是这么喊的，还哼着小调，那说明他们不在劳动，而是从事文娱活动。我这里谈的是火塘，关于诗歌和舞蹈的起源就不多做考证了。

火塘边看对眼了的，还可以牵着手进小树林，没人觉得尴尬。人学会不好意思，是在衣服出现之后，是在圣人出现之后。圣人们峨冠博带，穿得严严实实的，说"非礼勿视"。"林中有小树"那首诗我后面还会提，圣人们对这首简单而生猛情诗的解读实在别开生面，让人目瞪口呆。

建火塘需要泥巴和石头。先民们发现有些泥巴烘烤之后变得很结实，于是有意识地把泥巴捏成各种容器形状，便有了罐子以及瓢盆碗之类的器皿。罐子可以烧水，也可以炖肉、做杂粮粥、煮野果汤，饮食文明开始萌芽了。我甚至怀疑那也是酒诞生的时候，而不用把发明权归给六千年后的杜康。因为煮熟的杂粮野果很容易发酵，吃剩下的放几天不就成酒了吗？先民喝了这种很原始但是不含工业酒精的酒觉得很爽，就更喜欢蹦跳和吼叫了，这大概是借酒助兴最直接的体现，不像后来的不肖子孙们把借酒助兴变成潜规则的游戏。关于酒的起源，纯属笔者猜测而已，不需当真。笔者自制过葡萄酒，有酒味，味道不咋地，燧人氏的酒估计也高明不到哪里去。您愿意相信是杜康发明了酒，就继续信着，我情愿相信杜康提高了酒的品质，而不是酒的发明者，就像伟大的艺术家皇帝宋徽宗把源于唐朝的斗茶搞成宋代的茶百戏一样。

那时的陶器很粗糙，吸水性很强，一罐水，人喝一半，罐子喝一半。有多粗糙你看看现在的砖就知道，砖就是原始的陶器，而且是唯一没有进化的陶器。青瓦也是陶器，后来有了琉璃瓦。琉璃瓦就是加了釉的瓦，著名的唐三彩就采用了加釉工艺，所以唐三彩是陶器而不是瓷器。精致些的、不是那么能"喝水"的陶器出现还要再过五千年，在黄帝时代才有。

现在出土的粗陶至少有上万年的历史，比如2004年在江西出土的陶器据说是一万三千年前的文物，属实的话，燧人氏的年纪起码要再加三千年。

火塘边的泥巴走进了文明，经过不知道多长时间的漫长等待，石头也闪亮登场了。石头是矿石，烤的时间长了，先民们发现石头流出了黄色的汁水，那就是黄铜或者红铜，取决于纯度高低，纯的是红铜，不够纯的是黄铜。注意不是青铜，青铜其实是一种加了铅和锡的合金，要到很晚才出现。

黄铜也称为红铜，之所以首先出现，是因为它的熔点只有九百多度，是火塘可以达到的最高温度。这也解释了为何铁器至春秋时代才姗姗来迟，因为铁的熔点比黄铜高五六百度，火塘怎么革新也达不到锅炉的热度。

黄铜和红铜虽然出现了，但没有证据显示它们被应用在生产工具上。年代约为公元前5000年—公元前3000年前的仰韶文化，分布在整个黄河中游，从今天的甘肃省到河南省之间，无论时间或地点都很符合三皇及稍后的五帝时代，从出土文物来看，当时的农具仍然是石制品。稍晚的、以甘肃为中心的齐家文化遗址中曾出土颇多红铜器，都是小型工具和装饰品。

陶器和黄铜的发明，让人类一下子迈进了新石器时代，而这都离不开火，离不开燧人氏。

黄铜硬度的局限，让燧人氏的子孙们依然摆脱不了对石头的依赖，比如黄铜做镐头和榔头都不合适；还受限于"科技"，黄铜的产量很有限，所以新石器时代有另外一个拗口的名字，叫"铜石并用时代"。那是神农"刀耕火种"的时代，是石器时代的尾声，不过这个尾巴拖得有点长，如果从出土的青铜器来看，长达数千年。

至于把共工、祝融和黄帝排进"三皇"的说法，简直形同儿戏，共工和祝融这对冤家在传说里纯粹就是一对捣蛋鬼，一点儿也不"高大上"。祝融据说是火神，他一"发火"谁都怕，古代打更的人喊"小心火祝"，说的就是敬请提防祝融发火。另一说是他保留了火种（你信吗？我宁愿相信火塘），所以备受人民爱戴。水神共工不干了，羡慕嫉妒恨，一怒之下撞倒擎天柱，于是天崩了，瓢泼大雨没完没了地下，于是才给了女娲一个工作机会——补天。这俩灾星凭啥就能位列"三皇"？写书的人是受虐狂吗？把黄帝算到"三皇"里，这简直就是成心跟司马迁老爷子过不去——黄帝是"五帝"之一啊，怎么归"三皇"里了？他比任何一个三皇都要年轻成百上千岁！

相对于伏羲和神农，我用了很多篇幅来叙述燧人氏和他（们）的时代，并不是我对燧人氏特别偏爱，相反，我很喜欢伏羲和神农的传奇。只是面对传奇，你除了惊讶之外，说不出多少话来，因为我们都是普通人，都不是传奇的一部分。传奇如同油画，只可远视，不可近观；凑得太近，当心蹭了一脸的油彩。

燧人氏就像我们熟悉的父老乡亲，如今在某些偏远的山区，人民仍然像活在燧人氏时代。正是这些普通、木讷、质朴的人民书写了我们的历史，而历史却遗忘了他们。历史是王侯将相的盛宴，离山野乡村是那么遥远，我想用这篇小文祭奠没有任何神奇光环的燧人氏。

伏羲"代燧人氏，继天而王"[①]，他和神农一样都是燧人氏的子孙，更不用说"三皇"之后的"五帝"了。

[①] 〔唐〕司马贞：《史记索隐·三皇本纪》。

第二章 迷离的五帝

一 黄帝篇

燧人氏发现火种，神农则借助火种，发展成燎原之势。神农所在的西北部落当仁不让成为当时最强盛的部落，成为先进生产力和文化的象征。

神农的故乡有两种说法，一个是陕西姜水（今宝鸡），另一个是湖北随州。湖北那地界直到周朝一直都是烟瘴之地，山东都算是"东夷"，何况两湖？当时最火爆的经济开发区和文化中心就是西北，相当于现在北京和上海的合体，就是杭天琪高歌的"黄土高坡"。此地不仅土壤肥沃，"还有身边这条黄河"，水草丰茂，又有崇山峻岭，端的是个大好所在，难怪西安成为十三朝古都（秒杀六朝古都南京）。陕西出俊男美女，乃有"米脂的婆姨，绥德的汉"之说。也许你会说，那是因为神农的基因好。但可能性不大，因为神农和伏羲一样也是异相，他是牛首人身——《西游记》里牛魔王的造型，身体还是透明的。

神农很丑，可是很温柔，他救死扶伤，扶贫济困，教化万民。别的部落也学会了"高科技"，渐渐就强盛起来，不拿神农当老大了。各部落之间为争夺水土资源打得头破血流，老百姓深受其害。神农爷想管却力不从心，于是天下大乱，民不聊生。这个大动荡的时期有多久，很难说得清，少则数百年，多则千年。

"五帝"之首，救苦救难的黄帝终于出现了。

黄帝生于陕西姬水，因而姓姬，这个姓氏将成为最正宗的皇族姓氏。他父亲是有熊国君少典。"有熊"顾名思义，该国有熊，而且熊将成为黄帝战胜蚩尤的战士或是武器。古人真是质朴，不像现代人名字起得花里胡哨不知所云。

黄帝与三皇身世上的区别是什么？三皇的父亲是谁，谁都不知道，《易经》都测不出来。黄帝的父亲很明确，而且是个有身份的大人物。这是一个从母系到父系社会过渡的暗示。

当农业大发展时，性别上的差异体现了出来，他们种的粮食比她们多多了，粮食就是财产，有财产的男人就有了当家做主的底气。当战争爆发时，男人的作战能力更是女人望尘莫及的，"战争，让女人走开"，说的就是这个意思。少典乃一国之君，作为一家之长自是不在话下。他的老婆叫附宝，儿子是黄帝，但他很可能并不是黄帝的亲生父亲。

据今本《竹书纪年》（以下简称《竹书》）载，附宝的怀孕经历和神农的母亲如出一辙。女登是被龙眼瞪得怀孕，附宝则是遭雷劈了。在一个夜莺歌唱的仲夏之夜，附宝一个人不知何故去了郊外，她贵为一国之君的妃子，居然可以在夜晚出去活动，还去了荒郊野外，可见当时的女子有多自由散漫。

她当时迈着轻快的步伐，嘴里哼着后来被孔夫子删掉的小调：路边的野果，该采就要采！就在这时一道绕着北斗七星旋转的闪电从天而降，结果她就怀孕了。我不知道少典听了老婆怀孕的传奇心里怎么想，也许他什么都没想，因为他工作之余也爱去郊外的小树林里放松一下身心。在当时男女野合并不是什么大不了的事，一直到周朝此类风俗犹存。《周礼·地官·媒氏》中有一条男女关系方面的规定，现在看起来都很开放："中春之月，令会男女。于是时也，奔者不禁。"

附宝的孕期很是漫长，十个月过去了，那孩子没出来；又过了半年，那小孩还没出来！再过半年，你们猜，那孩子出来没有？没有！一个月过去了，一个月又过去了，又一个月过去了，小孩终于出生了，附宝长长地松了口气。数学好的可以算算那小孩在娘胎里待了多长时间。

这个姗姗来迟的孩子很聪明，一面世就会说话，他就是黄帝。根据东晋人王嘉在《拾遗记》里发布的"可靠消息"，华胥怀胎十二年才生下伏羲，所以附宝的超长孕期算不上前不见古人，只能算后不见来者。

司马迁称黄帝姓公孙，颇有点蹊跷，黄帝那时不可能有这个姓。公孙这个姓氏到春秋中后期才有，意为公侯之孙，这个姓氏倒是保留下来了，李白还欣赏过公孙大娘的剑术。公孙的"长辈"公子（公侯之子）却不再是姓氏，而成了恭维性质的称呼。黄帝名号叫轩辕，是因为他老人家住在轩辕山上。轩辕山在哪？我不知道，《山海经》知道，说那是神山，经常可以看到西王母。西王母在《山海经》中的形象是这样的：人首虎齿豹尾，爱仰天长啸，还披头散发，不修边幅。她老人家跳起舞来该是何等动人心魄啊！更让人想不到的是，西王母还是个文学爱好者，和周穆王互赠诗歌，把穆天子弄得神魂颠倒，盘桓多日才离去（见《穆天子传》）。后来西王母"整容"了，进入道教的神仙系统，成了王母娘娘，一副慈眉善目、仪态万方的女神范儿。《山海经》的作者（们）趣味相当变态，大神级的人物没一个好看的，吴承恩想必从《山海经》里学到不少东西。

东汉时有个叫姚瞻的人，认为轩辕之丘就在甘肃天水（又是天水，伏羲和女娲的故乡）上邽城东七十里的轩辕谷，著名地理学家郦道元先生在《水经·渭水注》援引此说，根据是什么未提。汉代很奇妙，先是不管三七二十一把神农与炎帝合成一个人，接着又把黄帝的出生地西移至甘肃，更神奇的是，它罢黜百家，让儒家成了"东方不败"。不过说黄帝出生在甘肃也许并不离谱，天水离姬水不远，沿着渭河边走边唱就到了。天水在中国上古史里实在是个神奇的地方，文明始祖全是从那里来的或者离那里很近，这说明中原文明其实是从西部萌芽的。

西晋人皇甫谧可能是个爱起哄的人，他在《帝王世纪》（以下简称《帝纪》）给黄帝一下安排了两个出生地，分别是河南新郑和山东曲阜（寿丘），黄帝他娘附宝可怎么忙得过来？被这么一折腾，黄帝的出生地在全国就有五六个之多，这样也挺好的，促进了旅游业的发展。我们还是以左丘明的书为准吧，没有他的《国语》和《左传》，中国的古代史会成为什么样子？左丘明和司马迁一样身残志坚，是个盲人，所以又叫"盲左"，盲人的眼睛是雪亮的。孔子是左先生的超级粉丝，凡是左先生反对的他也坚决反对，"左丘明耻之，丘亦耻之"[①]。

轩辕也许与任何山都无关，它其实可以是车子。车厢为轩，固定牛马的杠子为辕，而且据说黄帝就是发明大车的人。

黄帝发明了大车，顺手还发明了指南木人。小木人立于车头，通过与车轮链接的齿轮作用，让小木人的胳膊永远指向出发的方向，这样便不会迷路了。想象黄帝威风凛凛地站在人类第一辆配备"导航系统"的牛车上（不会是马车，那时马还未驯化），头上束着牛皮筋，身上是兽皮制的牛仔装，手上提着那把著名的轩辕剑，那形象让最前卫的摇滚歌手都觉得自己土得掉渣。黄帝手举传说中的轩辕剑，吼叫着冲锋陷阵。他的"乐队"很庞大，

---

① 《论语·公冶长》。

也很杂，除了人多势众外，队伍中还有熊、罴、貔、貅、貙、虎等大型猛兽。太吓人了，于是不听话的炎帝尿了，败于阪泉（"三战，然后得其志"[①]），从此跟着黄帝混了。炎黄联手，更是兵强马壮，东夷领袖蚩尤让他的妖怪朋友们制造黑色大雾，试图乱中取胜，无奈黄帝的指南牛车实在牛，精确指引，找到蚩尤大本营，并斩之于涿鹿（今河北涿鹿县）。关于黄帝与蚩尤交战的故事，足以写成一部大部头的玄幻小说，有志者可以参考《山海经》《古今注》和汉唐以降的志怪笔记小说，我就此打住。在后面的章节里我会偶尔提到黄帝的一些著名神仙或妖怪朋友，他们或者与历史有关，或者与民俗有关，比如应龙、旱魃等。

炎帝和黄帝不打不相识，从敌人变成战友，随着他们的逐渐融合统一，便形成了伟大的华夏民族，于是我们这些后人便被称为炎黄子孙。

最后说几句炎帝。炎帝事迹多见于荒诞不经的神怪类志，《史记》提到他也仅有寥寥数语，而且形象不甚高大："炎帝欲侵陵诸侯，诸侯咸归轩辕"[②]，诸侯根本不理他，见他来打，一个个都跑去归顺黄帝了。我感觉炎黄二位在演无间道，炎帝分明是在给黄帝征兵嘛。

汉代时，炎帝突然来了个华丽转身，不对，是变身——他变成了神农！神农就是炎帝，炎帝就是神农，二者合而为一！这个戏法变大发了，对神农不公。此说流毒甚广，后世以讹传讹，我输入"炎帝"这个词时，后面就自动出现了"神农"。司马迁明显采用了先秦典籍，对"合体说"不予采信。我也不信，所以，把神农的物还给神农，把炎帝的物还给炎帝，且让两位远祖安心

---

① 《史记·五帝本纪》。
② 同上。

地活在我们的历史、传说和民俗之中。

黄帝战胜妖魔鬼怪一般强大的蚩尤之后，诸侯掂了掂自己的分量，眼含热泪，强烈推荐轩辕成为掌舵天下的车把式。

黄帝成为天子后，照说该过上安稳日子了吧，可他的生活更动荡了——他开始了东、西、南、北巡，全方位的巡！黄帝是用脚丈量天下，所以他居无定所，以兵营为家。

他这圈走得实在广大辽阔，气象万千。东巡一路走到海边，没法往前走了，就登丸山，攀泰山；西巡至崆峒山，和道教的两位大佬黄子和广成子举行了亲切友好的会谈，两位大佬分别赠送黄帝九品之方和自然之经，估计是宝印、宝书之类的好东西；南巡到了湖南湘江（记住这个地方，它与五帝中的另一位及其两位夫人有关）。

黄帝爷北巡时把一个蛮族胖揍一顿，那个蛮族叫荤粥（即獯鬻。不是加了肉的稀饭，"荤"念"xūn"，"粥"念"yù"，记不住就说"熏鱼"吧），就是匈奴的祖先。匈奴还有很多其他名字，比如山戎、猃狁、鬼方等，古书里那些佶屈聱牙的名字几乎都是指匈奴。匈奴是汉族心口的痛，时轻时重，时好时坏，烦了几千年。这是史书上第一次记载中原的民族和匈奴的交锋，当时黄帝"北逐荤粥"，四字而已，潇洒至极。

黄帝一路巡视下来，声望日隆，设左右大监监督诸侯，各地方大佬都服服帖帖，紧密围绕在黄帝周围，积极拥护、推动、参与黄帝的封禅盛典。"封"是指在泰山顶上筑坛祭天，以报天恩浩荡；"禅"是指在泰山下的小山梁父山祭地，以报地厚之德。

封禅说白了就是一个好天子的奖状。完成封与禅的仪式，一个鬼神鉴定、天地做证的伟大天子便是正版了，否则总有山寨的嫌疑。但封禅不是去泰山自驾游，不是想做便能做的，哪怕是权倾天下的天子。

封禅的"申请"手续极其复杂，现在已经没人能够说得清楚。封禅的前提倒是很简单，但是很诡异。

首先要有祥瑞出现，比如说地上出现奇花异草、珍禽异兽，天上还要降下天书，托梦给某人，某人醒来后果然在一个风雅所在（比如怪石、古阁）找到了天书，天书温柔地责备天子该上泰山一叙了，并有大神亲笔签名；天子也要亲自做梦，梦见神严厉批评他不该成天光顾着埋头搞业务，而疏忽去拜见天神。然后该天子就要诚惶诚恐地告知心腹大臣该怎么办，于是大家都知道怎么办了。在这方面，需要特别表扬的是宋真宗赵恒，他把全国变成了一个巨大的话剧舞台，作为导演和男一号他很长时间都难以走出跌宕起伏的剧情。

黄帝之所以搞封禅，还有一个原因是天上出现祥云（怎么个祥法，不详），这是最高级的一种祥瑞，无法以人力合成。所以黄帝对云情有独钟，他把官名和军队都以云命名，比如春官为青云，夏官为缙云，秋官为白云，冬官颜色很深，是黑云，中官则是后来天子们的指定颜色——黄云。可后来的天子们都不解风情，无人再以云彩作为官名。

黄帝的泰山之行顺风顺水，还得到了宝鼎神策。神策并不是神的政策，而是一种神草，即蓍草，又叫锯齿草，其茎可用于占卜。据说黄帝就是用这种神草推演了历法，其科学原理不明。

黄帝的两位重臣风后和力牧，按《帝纪》讲是黄帝做梦时梦见的。他跟随梦的脚步，于某个海角找到风后，在大泽发现力牧。这两人都非凡夫俗子，能文能武，据说共著兵法二十八卷，现在不知在何处。黄帝得此二人，治国平天下如履平地，政通人和。他以风后为三公，以力牧为将，另设五官分别为春官、夏官、秋官、冬官和中官。

据说黄帝在文化教育上还做出了伟大的贡献，他的史官仓颉创立了文字，此说源于战国，《淮南子》更是编出"天雨粟，鬼夜哭"的莫名其妙鬼话。文字对于文明的意义有多重要不言而喻，可是《史记》却对此不置一词，只字未提仓颉，因为司马迁认为没有任何证据证明仓颉造了字。荀子以及后来的章太炎、鲁迅师徒都认为文字不可能是一人所创，即使有仓颉其人，他所做的也许只是归纳、整理的工作。

黄帝时代有无文字直到现在也没有任何物证，那时苏美尔人已经在泥版上用楔形文字记账了，埃及人已经用象形文字记录法老的衣食住行。中国最早的文字则是发现于商代青铜器上的铭文以及龟甲和兽骨上的文字，即甲骨文，比苏美尔文明晚两千多年，比埃及晚了近一千五百年，比印度的铭文也要迟近五百年，和迦南文字基本同期，比脱胎于腓尼基字母的希腊文要早五百年左右。

黄帝时代有无文字，并不妨碍黄帝的行政运作，他的政体一直被后世的王国借鉴。（宰）相与左右监大约就是内阁的前身，五官是六部的雏形，三公后来则纯粹成了荣誉头衔，直到清朝都有，被康熙使绊子除掉的鳌拜就曾位列三公。

黄帝自从有了宝鼎和神策，精神境界得到极大提高，观天象，察阴阳，顺势而为。他斯文地按时种植庄稼和草木，还驯化鸟兽昆虫，相当于建立了国家植物园和动物园。《竹书》透露黄帝的动物园里有很多珍稀物种，凤凰在四面檐溜的楼阁（阿阁）里筑巢，男凤凰唱歌，女凤凰跳舞（"其雄自歌，其雌自舞"），麒麟在园林里漫步，神鸟风度翩翩地飞进园中（"神鸟来仪"），还有蝼蛄和蚯蚓。你可能觉得这有啥稀奇，谁没见过蝼蛄和蚯蚓？可你见过羊一样大的蝼蛄、粗大如天边彩虹的蚯蚓吗（"有大蝼如羊，大螾如虹"）？这是因为黄帝"土气"（"帝以土气胜"），所以蝼蛄、蚯蚓才能如此"茁壮成长"。

老人家经常出去视察山川河流，了解民情，巡察工作做得很到位（"劳勤心力耳目"①），不贪污不浪费（"节用水火材物"②），"有土德之瑞"③，所以叫黄帝。他不是也有云瑞吗？干吗不叫"云帝"？所谓"土德"云云，也是源于战国的说辞，其时"金木水火土"五行说盛行，其大家是个叫邹衍的齐国人，在齐国的稷下学宫一呼百应，提倡"五德终始"，宣王奉之为国师，还是个NO.2大帅哥。

总之在以黄帝为核心的部落联盟里，人民的生活是幸福的，整个联盟充满欢乐祥和的气氛。黄帝在位的第五十九年，老人家穿着黄袍于宫中接待两批来朝拜的外族友人，分别是贯胸氏和长股氏。我有本绘图版的《山海经》，上面有这两个部落人的相貌特征，贯胸国的人胸口有个洞，他们的贵族坐"轿子"特别朴素，用跟棒子穿胸而过，两人抬起就走人，画上人看起来很拉风的样子。在《竹书》里，接待贯胸氏和长股氏是唯一被提及的黄帝的外事活动。

黄帝有二十五个儿子，"得姓者十四人"④，得姓意味着有名分，那么另外十一个为什么没有名分？他们怎么了？干了什么大逆不道的事被杀或是被逐了吗？生于帝王之家，这是常见的悲剧曲目，我查不到相关材料，只能如此猜测。后世无数帝王和其子嗣大都发出过"愿生生世世莫再生于帝王家"的哀叹。

《史记》里只提到黄帝的正妃嫘祖，她生了两个孩子，长子叫玄嚣（即青阳），老二叫昌意，这两个孩子的后人"皆有天下"。嫘祖可不是个寻常女子，她是时装界的革命人物，发明丝

---

① 《史记·五帝本纪》。
② 同上。
③ 同上。
④ 同上。

绸的人。想象一下，没有丝绸的时装界该多土啊，所有爱美的女子、地主和地主婆都应该向嫘祖致以崇高的敬意。

《汉书·古今人表》提及黄帝另外的两个老婆，即次妃方雷氏和彤鱼氏，这没问题，可它把嫘祖辛苦生的大儿子玄嚣"过继"给了方雷氏，嫘祖地下有知对此肯定不高兴，但也没办法了。

不管黄帝有多伟大，他仍有离开人世的那一天。在位一百年后，"黄帝崩，葬桥山"[①]，桥山就在绥德一带。

五帝之二，颛顼（zhuān xū）必须开始上班了。

二　颛顼篇

颛顼帝名叫高阳，是昌意的儿子，黄帝的孙子。按说继位黄帝的该是青阳或是昌意，这两嫡子是犯了啥错误吗？

他们俩确实犯了错误，但究竟是什么错却不清楚。《竹书》提到黄帝在位的第七十七年把昌意流放到弱水（"昌意降居弱水"），《大戴礼记·帝系》说青阳和昌意这哥俩都被流放了，前者被贬到泜水（《史记》里说是江水），后者则被发配到若水（通"弱水"）。这"两水"到底在哪？有人说是河南，也有人认为在四川。顾颉刚先生认为是后者，这既符合成书于东汉时期《水经》的说法，在道理上也讲得通。从陕西到河南能叫流放吗？坐在牛车上，晃悠着双腿，哼哼着"信天游"就到了，只有难于上青天的蜀道才是发配地的首选。

据《左传·昭公十七年》，首先即黄帝位的并不是颛顼，而

---

① 《史记·五帝本纪》。

是他的大伯青阳，帝号少昊。少昊是个飞禽爱好者，他爸黄帝以云做官名，他则以鸟名和之。不清楚少昊的政绩如何，也不知道他在位多少年，《史记》压根没提他。《竹书》称颛顼十岁就开始辅佐少昊，二十岁取少昊而代之登帝位。那时的孩子真是早熟啊，黄帝十一岁就走上"帝"（还不能叫"皇帝"，也不能叫"天子"或"王"，只能叫"帝"）的工作岗位。

从颛顼的从政经历来看，昌意始终都不在父亲的接班人之列。青阳下岗了，他这个弟弟还是靠边站，倒是他的儿子上岗了。从这里我们可以看出黄帝选择接班人"不唯成分论"，老子是老子，儿子是儿子，一码归一码。不像后来，一人倒霉，九族都受株连。

《竹书》说，颛顼在位七十八年而"崩"，也就是说他活了九十八岁，无论是执政期还是寿命都很长，但跟他爷爷还是没法比。黄帝在位整整一百年，他的寿命跨度也极大，从一百一十一到三百岁。

黄帝"寿三百"连孔子的弟子都很困惑，其高徒七十二贤人之一、以口才好著称的宰我（咋起这么个名字？太自虐了）问孔子："黄帝咋活了三百年，他还是人吗？"子曰："是这样的，禹、汤、文、武、周公的先进事迹你不好好研究，问黄帝那么久远的人干吗？"宰我一根筋地追问："做学问就要彻底，不能碰到疑难杂症就回避，我非问不可。"孔子不愧是圣人，来个脑筋急转弯："他生前利民百年，身后人民敬畏他百年，其教诲流芳百年，故曰三百年。"很明显孔子绕了个大弯子（还说了一大段黄帝的德行和伟绩），目的就是要答非所问。宰我不知是被绕糊涂了还是不敢再问，接下来他自动转换话题，"请问帝颛顼"。

《史记》说颛顼有谋略，但是低调得让人看不出来（"静渊以有谋"），绝不会像孔明摇扇子那么嚣张，大雪天都扇扇子，把装酷进行到底。他继承了爷爷黄帝的光荣传统，比如按时种地，和大自然和谐共处，对鬼神表达崇高敬意。这些事他爷爷都做过，我相信颛顼对爷爷崇拜至极，小时候就一定把爷爷奉为神明。他也学他爷爷东西南北巡，只是终点有所不同。

往北他到了幽陵，就是幽州，五代时被儿皇帝石敬瑭打包送给辽国的燕云十六州之一，即现在的北京和部分河北、辽宁一带。不过不知道他的幽州行都干了啥，如果是自驾游可就没多大意思了。颛顼南巡到了当时人以为最南的地方——交趾，即现在的越南北部。西巡到了流沙，具体什么地方说法不一：《汉书·地理志》认为是张掖，在甘肃省河西走廊中部，以"张国臂掖"①而得名，西汉猛将霍去病在此把匈奴打得差点一病不起；也有人认为"流沙"泛指沙漠地带，这个更不容易了，沙漠里连"农家乐"都没有，只有孤烟直，标签都找不到地方贴，贴了也很快给流沙埋了。东巡他巡得比他爷爷还远（黄帝东巡只是到了山东，我怀疑他老人家是去泰山熟悉地形，为封禅做前期准备），到了"蟠木"。蟠木是什么？是扶桑，那时的扶桑可不是现在的扶桑树，那时的扶桑据《山海经》说长得比太阳还高，它罩着太阳，所以叫日出之地。

颛顼四方巡游的目的以及成果似乎非常显著，日光、月光照到的地方都是他的（"日月所照，莫不砥属"②），这好像又过于显著了，全世界都归他了。他爷爷那一通巡视很实在，收拾匈奴，结交仙友，立威于诸侯，还顺便给封禅踩点。不过颛顼跑了这么一大圈，也是蛮拼的，起码在那些偏远的地方留下了"到此一游"的足迹。

---

① 见《汉书·地理志》应劭注。
② 《史记·五帝本纪》。

《山海经》里说颛顼的政权并不稳定，共工试图夺权，但是被嫦娥的老公、神箭手后羿射得屁滚尿流，一路流窜到大西北，即现在的宁夏，恼羞成怒撞不周山而死。这个传说与《三皇本纪》出入太大了，在《三皇本纪》里，共工和后羿都是女娲时代的，比颛顼年长了两千多岁，这比"关公战秦琼"离谱得多。之所以出现如此巨大的误差，也从另一面暗示了当时没有文字，全凭口耳相传，各地口音相异，传到后来肯定面目全非。

《史记》里的颛顼简介不到百字，写得有点像给一个"三好学生"的年终评语，干巴巴的，非常笼统。学者兼作家柏杨先生直接无视《史记》关于颛顼的文字，在《中国人史纲》里说："他是五帝中的第二帝，号称玄帝，即黑颜色的君主。他也默默无闻，但在位七十九年中，却做了一件使天下所有男人都大为拊掌称快的事，就是他下令女人在路上遇到男人时，必须恭恭敬敬站在路旁，让男人先走，否则就流窜蛮荒。"颛顼做的这件事虽然令女权主义者很不喜欢，但这是个标志：母系社会结束了，从走婚的"男卑女尊"走向另一个极端"男尊女卑"，"父权制"由此而立。不过柏老说的那段话略有点不准确，兄妹通婚者才被扔到前不着村、后不着店的蛮荒之地，不让路的女人不是流放蛮荒，而是拉到街头示众。

颛顼还是做了些实事的，他让"家庭"这个社会的基本单位逐渐成形，确定了男人的统治地位，规定兄妹不许结婚。这个规定很好，很文明，现在所有的文明社会都把这个作为禁忌写进法律。颛顼上台第十三年制定了历法，一年三百六十天，和古埃及的历法一模一样。颛顼历沿用了近三千年，直到汉武帝时才被三百六十五天的太初历取代，非常了不起。

颛顼还是个热爱音乐的人，在位的第二十一年，他作了一首曲子，"效八风之音"[1]，名叫《承云》。屈原对这首曲子很是神往，在《楚辞·远游》中有："张《咸池》奏《承云》兮，二女御《九韶》歌。""咸池之乐"据庄子说是黄帝在洞庭命人演奏的曲目，融天地人于一体，用"咸池"的乐队演奏《承云》，娥皇和女英唱《九韶》，屈原真是浪漫得可以（笔者按：有人说《楚辞·远游》是西汉人的假托之作，不过我认为屈原说得出这种话来的）。

颛顼又是做日历又是做音乐，而且还与日月同辉，但不知道为什么他在五帝中最不受待见。

东汉大才子蔡邕（其女即大名鼎鼎的蔡文姬）在《独断》里说颛顼有三个儿子，三个儿子全都亡去变成厉鬼，其中有个鬼名气极大，即成语"魑魅魍魉"中的"魍魉"（"帝颛顼有三子，生而亡去为鬼。其一者居江水，是为瘟鬼；其一者居若水，是为魍魉；其一者居人宫室枢隅，善惊小儿"）。还有个说法，说他生了个怪兽儿子叫梼杌，"其状如虎而大，毛长二尺，人面虎足，猪口牙，尾长一丈八尺"[2]。你能想象这是什么样子的怪物吗？我想不出来，所以《山海经》类的神异读物想象力惊人，怎么难看怎么来。梼杌长相奇特，兼有预知未来的特异功能，所以楚国的史书就叫《梼杌》，"史以示往知来者也，故取名焉"[3]，这就是楚史名字的来历。

颛顼还有个儿子，蔡邕漏掉了，他便是大名鼎鼎又恶名远扬的鲧，《竹书》和《夏本纪》里都提到了。可从时间上判断几乎不可能，他是尧舜时代的人，和他爹隔了两百多年的时空，除非他会穿越。反正会穿越的也不止他一个（后面将会提及其他"穿

---

① 《吕氏春秋·古乐》。

② 〔唐〕张守节《史记正义》引《神异经》。

③ 〔明〕张萱：《疑耀·梼杌》。

越人"），就当他是颛顼的儿子吧，不过他的下场也很惨，因治水不力被舜处死。除了这五个儿子，传说颛顼还有一个儿子，那个儿子的名字骂人时经常被人挂在嘴边，叫"穷鬼"！我怀疑这是不是后人的恶搞，明人陈耀文《天中记》引《岁时记》："高阳氏子瘦约，好衣弊食糜，正月晦日巷死。世作糜，弃破衣，是日祀于巷，曰送穷鬼。"这个儿子似乎压根就不愿意来到这个世界，怎么作死怎么来，吃变质的食物，穿破衣，正月的最后一天（晦日）死于巷中，后人祭祀他的成本倒是挺低的，把不要的残羹破衣扔到巷子里就行了。宋陈元靓《岁时广记》也提到穷鬼，说法略异："昔颛帝时，宫中生一子，性不着完衣，作新衣与之，即裂破以火烧穿着，宫中号为穷子。"这个穷鬼有可能就是蔡邕所说的"其一者居人宫室枢隅，善惊小儿"，他自己不好好活着，还去吓唬别的小孩，这不太好，特此批评。

《帝纪》说颛顼的娘叫景仆（也叫昌仆、女枢），蜀山人氏，是昌意降居于若水时邂逅的。她的怀孕和黄帝妈妈附宝一模一样，被"瑶光"照怀孕了。对了，《竹书》里说，少昊的母亲也是因光而孕，是星光，"见星如虹，下流华渚，既而梦接意感，生少昊"。不过这位英雄母亲不是嫘祖，而叫女节。《汉书》里也说青阳的母亲不是嫘祖，而是方雷氏，一个儿子三个妈，这个少昊真是抢手，身份真是复杂，《史记》眼不见心不烦，干脆不提少昊为帝的历史，直接让颛顼上。《尚书·序》《白虎通义》及《礼记·月令》更将少昊列为五帝之一，少昊曾为帝当无误也。

甭管少昊了，也甭管颛顼是不是默默无闻，颛顼干的最大的一件事就是"走路，让女人走开"。最终他都得走开了，"颛顼崩，而玄嚣之孙高辛立，是为帝喾（kù）"[①]。

---

① 《史记·五帝本纪》。

三　帝喾篇

颛顼的儿子叫穷蝉，未能继承父亲大位，即位者是少昊的孙子高辛。颛顼是少昊的侄子，高辛又是颛顼的侄子。"嫘祖为黄帝正妃，生二子，其后皆有天下"[1]，很快就应验了。

高辛即位并不像《史记》里那几个字说的那么轻描淡写，在有限的史料中，仍可看出其中玄机。据说穷蝉是魍魉的哥哥，为争夺帝位，密谋杀害其弟，魍魉逃到凶险的雷泽，就变成了鬼，变成了成语的一半。注意蔡邕那句话里提及两鬼的居处，一个在江水，一个在若水，正是玄嚣和昌意下放的地方，巧合吗？！

《竹书》也提到颛顼驾崩之后的凶险局势，"术器作乱，辛侯灭之"。术器是谁，不得而知，但很可能与穷蝉有关，辛侯则是高辛无疑。

高辛的父亲叫蟜极，母亲姓甚名谁连皇甫谧这位俨然古代帝王的"新闻发言人"都不知道，其《帝纪》载："帝喾高辛氏，姬姓也。其母不觉，生而神异，自言其名。"别的帝王母亲怀孕都伴随电闪雷鸣，唯独他妈一点儿动静没有，不知不觉就把他生下了，实在省心。两千年后，他的后人郑庄公生得那叫一个困难，腿先出来，他妈武姜差点把命送掉，因此很讨厌这个儿子，干脆叫他"寤生"。寤生就是逆生，难产的意思。威名赫赫的郑庄公是史上名字最难听的名人，姬寤生，翻译成白话文就叫"姬难产"，相比之下，什么"狗剩""二蛋子"啥的简直好听死了。不过这个名字难听的人，做的事情却漂亮至极，虽然孔子削《春秋》时第一笔削的就是他。他的故事极为好玩，拍个电影绰绰有

----

① 《史记·五帝本纪》。

余，悲剧喜剧的元素都有，真是悲喜交集，后面再说。

帝喾，他的名字"喾"本身就酷毙了，这个字在汉语里被他垄断，专门用来称呼这位帝，除此以外，别无他用，就像武则天的"曌"一样。他还有别名叫"俊"，不过这是《山海经》上说的。

帝喾不但悄没声儿从母亲肚子里出来，一落地就会说话（和他曾祖父黄帝一样），还顺道把自己的名字给起了，他的无名氏母亲肯定觉得这个儿子太酷了，当然也可能会吓得半死。

这孩子还有更酷的地方——长着"骈齿"，就是有两排牙齿，实在太妙了，前排坏了，后排顶上，一百零五岁都能啃羊腿，我相信所有的牙医都不喜欢骈齿。这个秘密，司马迁都不知道，是皇甫兄悄悄在《帝纪》里说的，他还告诉我们这个"酷"娃："年十五而佐颛顼，三十登帝位。"

喾和他大伯颛顼一样，也是个音乐发烧友。《竹书》里很具体地描述了高辛的文娱活动，"使瞽人拊鞞（pí）鼓，击钟磬，凤凰鼓翼而舞"，瞽人就是盲人，该盲人技艺高超，玩鼓与磬两种打击乐器，好听到招来凤凰翩翩起舞，酷吧？更酷的是，曲子是帝喾自己编的，只是我想不通他为什么要找个盲人打击乐手，这再次证明盲人的眼睛是雪亮的。喾作了三支很有名的曲子《九招（sháo）》（又叫《九韶》）、《六列》和《六英》，《九招》流传久远，后来大禹高兴了就爱让人表演此曲，据说可以招来濒临灭绝的奇珍动物（"致异物，凤凰来翔"）。

不过《三皇本纪》的作者司马贞认为《九招》是舜的作品，"即舜乐《箫韶》。九成，故曰《九招》"。"九成"不是写了九次才成，而是指九个乐章，或者说是九次变奏，《九招》看样子还有交响乐的范儿。舜可能确实是音乐粉丝，他的岳父尧给他的"聘礼"中就有琴。考虑到舜的功绩太多，且《五帝本纪》未提他作曲方面的才华，就把《九招》归入喾的名下吧。

我觉得《史记》关于五帝的文字比《帝纪》和《竹书》差远了，提到高辛全是空泛的大话，一点儿实质性内容都没有。颛顼好歹还搞了一次环球之旅，日光、月光尽收眼底。高辛可能是个宅男，成天窝家里玩摇滚，要不就想心思，"其色郁郁"，那股不动声色的劲儿肯定是学他大伯；"其德嶷（yí）嶷"，德行高尚得"需仰视才得见"，其美德被司马迁翻译成文言文"普施利物，不于其身"。此外，他"可持续性"地继承了曾祖黄帝以及大伯颛顼做过的好人好事：不搞铺张浪费（"取地之财而节用之"），掌握节气变化从事生产活动，对鬼神继续表达崇高敬意。他的疆土和他大伯的一样辽阔，"日月所照，风雨所至，莫不从服"，"风雨所至"四字纯属多余。

《竹书》提到訾在玩音乐之余，做了一件符合他身份的大事："十六年，帝使重帅师灭有郐。"四十六岁那年，他灭掉了一个不听话的部落有郐氏，从此那个黑暗的部落就被"日月所照"了。

接下来，我们要来谈谈帝喾的家事了。谈帝王的家事不算八卦，因为帝王的家事即国事，不过帝喾的家事确实八卦，而且每一条都可以上头条。

司马迁不知道出于什么考量，先把帝喾的老婆裁员一半，只挑老三老四说事（老大和老二分别放到后面的《周本纪》和《殷本纪》，起码得提一下打个伏笔吧，老爷子有才华，就很任性），而且毫无"新闻"价值："娶陈锋氏女，生放勋。娶娵訾（jū zī）氏女，生挚。"就这些，他连老三老四的名字都懒得说，我实在想不通是为什么。以前每个"母后"都有名有姓，喾的母亲无案可查只能付之阙如。还有资料说，喾的母亲叫握裒，不过出处不明，聊备一格吧。老三和老四在赵国史书《世本》有备档，司马迁不可能看不到，她们俩的儿子可都是帝啊！陈锋氏和娵訾氏连姓都谈不上，它们是两个氏族的名族，就像昌意的老婆是蜀山氏族一样。《世本》说得很明确，老三陈锋氏名叫庆都，老四娵訾氏芳名常仪。我为什么非得要把这两个女子的名字说出来呢？因为我知道，还有表示尊重妇女，以示和不尊重妇女的颛顼划清界限。

我也任性一下，不顺着《史记》的顺序，且按一二三四的数字排序来讲。喾有四个老婆，生了四个儿子，四子皆有天下。

元配有邰氏，芳名姜原。有天没事出去踏青（"出野"①），蓝蓝的天空白云飘，身上穿着曾祖母嫘祖发明的丝绸裙子，一边走一边跳，衣带也是飘飘的。飘着飘着，她在地上看见了我们已经见识过的大脚印！又见大脚印，我已经麻木了，但姜原心花怒放（"心忻然说"②），一脚踏上去，效果一如聪明的你们所料——她怀孕了。只是我们都想不到的是，那一踏的风情如同触电，如此立竿见影："践之而身动如孕者"③！伏羲娘华胥踩的脚印质量明显不如姜原踏上去的好，好得让姜女士害怕万分，觉得这个儿子来路不正，一生下来就把小孩丢弃在小巷子（"隘巷"④）。我以为她是因为没法跟"又酷又俊"的丈夫交代才狠心把儿子扔掉的，帝喾那么英明神武，不那么容易被糊弄吧？

虽说大伯颛顼规定女子需给男子让路，但没说女子不可以进"桑林"呀。"桑林"非关日月，只管风月。纵"风雨所至"，也要"风雨兼程"。这孩子命大福大造化大，牛呀马呀避之唯恐不及，姜女士只好忍痛把儿子弃于林子里，偏偏那天林子里人多，她因害怕被控虐待儿童罪，就只好改主意。改主意不是不弃，而是继续弃，只是换个地方——放在水渠的冰面上！什么娘啊？为

---

① 《史记·周本纪》。
② 同上。
③ 同上。
④ 同上。

了自己有个交代，这么狠心。不过没关系，一只大鸟飞来，该鸟体贴入微，一只翅膀垫在孩子身下，另一只盖在他身上，两层羽绒被，孩子自然冻不着了。

姜原守在一边，看见如此神迹，她二话不说把孩子抱回去给老公：这样的孩子你敢不要？！喾自己的出生本就神奇得"来无影，去无踪"，大伯颛顼和曾祖父都是什么光照出来的，凭什么自己儿子的出生就要大众化？大众都是搓出来的，当不了帝，所以出生才平凡。

喾就这样收留了"弃"，连名字都懒得改，还叫"弃"，可见他心里头还是有些小想法，又不足与人道。弃后来有个挺高大上的名字"稷"或"后稷"，不过那是后人给他起的，其实是个荣誉称号，以表彰他在农业领域的杰出贡献，稷就是谷子。他的后人建立了伟大的周朝，长达七百九十年，足以媲美美尼斯的埃及王朝。

二老婆名字很好听，曰简狄，据说是有娀（sōng）氏的头号大美女。有次她和两个闺蜜在湖中游泳嬉戏，湖边有一片林子，突然一只玄鸟从她头上飞过，下了一只蛋。简女士居然伸手就接住了蛋，实在让人吃惊，更令人吃惊的是她把那只鸟蛋生吞下去了，最吃惊的在后头，那个鸟蛋让简女士怀孕了！看到这里，我的心情和帝喾不一样，我非常欣喜，终于看到大脚印和"光电效应"以外的怀孕方式了！我忽然想明白简女士为什么那天邀约两个闺蜜游泳了，那是两个证人呀！那两个闺蜜果断站出来做证：当真如此，玄鸟虽然飞得快，但不如简狄姐姐的手快！简狄的生育方式也极其古怪，破胸生出儿子！我怀疑古籍里胸是否为腹的误写（这样的例子有很多），不过就算是剖腹产也匪夷所思，那时候能做这种手术？！

玄鸟到底是什么鸟？有人说玄鸟就是燕子，不知道对不对，我总觉得这说法"化神奇为腐朽",就算玄鸟是燕子,让简狄怀孕的燕子一定是神奇的燕子,简称"神燕"。

郭老在《历史论》一文里,本着辩证唯物主义的思路,认为玄鸟乃男性生殖器的象征。虽然民间确实赋予"鸟"这方面的意思,但此鸟非彼鸟,让玄鸟就是玄鸟,飞行在传说的天空挺好。

帝喾怔怔望着来历不明的孩子,充满了"此情可待成追忆,只是当时已惘然"的惆怅感,心想以后一定要抽出一部分创作音乐的时间,多陪陪和玄鸟擦肩而过的太太。他给孩子取名契,无独有偶,这个字发音和"弃"是一样的,虽然这个孩子名念"谢"。契念谢,只此一例,是喾为儿子量身定做的,否则两儿子加一块叫"弃弃"挺不像话。契的后人创建了商朝,国运五百五十四年,在中国王朝排行榜上排第二位,仅次大周。现在做大买卖或小买卖的被称为"商人",就是因为商朝的人会做生意。

弃和契后来都跟着舜混,混得都不错。弃当上了农师,相当于周时的司农,契当上司徒,两人都位高权重。那时候就有司徒这个职位吗?如果有,契是第一个司徒。司马迁使用的个别名词有些明显超前,"公孙"姓氏和"司徒"职位应该都是在周朝时才有。

现在让我们来关注老三庆都和老四常仪的儿子们,她们生的儿子在事业上比姜原和简狄的儿子成功得多。

庆都生子叫放勋,即后来大名鼎鼎的帝尧,下面的一章专门讲他真假莫辨的丰功伟绩。庆都的怀孕和神农的母亲女登颇为相似,都与龙有关。一般人常在河边走,难免不湿鞋,庆都常在河边走,"常有龙随之"[①],随即她就怀孕了。儿子在她肚子里待的时间"很短",只有十四个月,比黄帝少了十一个月。我相信这个

---

① 《竹书记年》。

儿子并没有让喾吃惊，因为他已经有过两个神奇的儿子了，第四个儿子神奇一点儿又有什么神奇？

第三个儿子是第四个老婆常仪生的，叫挚。这个儿子与光无关，与大脚印无关，与龙无关，没有任何神奇之处，就那么自然而然地生下来了。喾对这个儿子喜欢极了。有多喜欢？他把帝位传给了挚，不给老大老二，也不给老幺，偏偏给了不尴不尬的老三，足证他有多偏心。

《帝纪》里说挚其实是老大，尽管他是最小老婆生的。假设这是事实，那就更"头条"了。第一个孩子是第四个老婆生的，那前面三个都在忙什么或者喾在忙什么？这也许暗示喾喜欢的只有老四，同时我们也必须理解喾确实很忙，"日月所照"的疆土需要料理，还要作曲、玩打击乐，和老四生孩子算是加班了。哪有时间和一、二、三夫人儿女情长？于是三位夫人只能"一二三"齐刷刷地"出野"或"出浴"，没情调的我们称之为"出轨"。

《竹书》称帝喾在位六十三年，活了一百零五岁。后世有一个皇帝的实际在位时间和他一样长，那个皇帝是乾隆。也有一说喾在位七十年，没关系，乾隆当了六十年皇上，三年太上皇，喾做七年太上皇有啥不可以？我甚至觉得他做七年"太上帝"非常必要，因为那是他扶持儿子挚的最佳方式。

喾为儿子挚继位应该花了不少心思，我们可以从尧的出生地看出些许端倪。《竹书》说庆都"生尧于丹陵"，丹陵在湖南攸县。喾的都城在亳（今河南偃师），从河南到烟瘴之地湖南可够远的，中间还要经过另一个烟瘴之地湖北。当年玄嚣和昌意也不过被父亲流放到四川去，蜀道虽难，但四川就在陕西隔壁，路途并不遥远。喾把怀孕的老婆庆都送到那么远的地方待产，肯定不是因为湖南有特别先进的"月子中心"，而是希望庆都的孩子离得远远的，好让爱子挚少一个潜在的竞争对手，真是用心良苦。

后面我们将会看到，庆都的孩子一直都没有回到河南。

可惜他挚爱的儿子挚太不争气了，誉崩后仅两年，他就被废。《史记》说挚"不善"，至于怎么不善，不清楚，清楚的是"而弟放勋立，是为帝尧"。

伟大的尧帝，是个中国人都知道他老人家，连韦小宝都知道"鸟生鱼汤"，那个"鸟"指的就是尧。尧帝之所以名气这么大，是因为他背后有两个强大的推手，一个叫"儒家"，一个叫"墨家"。好玩的是，这两个推手谁都瞧不起谁，亚圣孟子更是骂墨子为禽兽。我蓦然发现"禽兽"与人居然有共通点，尧便是其中一点。

好了，放勋，登上历史的大舞台吧，所有的布景都搭好了，就等着你唱念做打。

四　帝尧篇

《竹书》诠释了什么叫作"真龙天子"，放勋才是真正的"真龙天子"，后世那些自称或被称的几乎全是山寨产品，当然除了刘邦。刘邦的宣传班子仿帝尧模式，也让刘邦混成"龙子"。刘邦的母亲连个名字都没有，被人称为刘媪，刘媪就是刘老太，压根就不是个名字，可这位刘老太愣是和龙"合作"生下刘邦。刘邦成名前其实也没个像样的名字，叫刘季，意思是刘老幺。刘邦的故乡沛县有座龙雾桥，据说那就是刘季被怀上的地方。刘老太和龙"洞房"的情形很含糊，远不如帝尧母亲的浪漫精彩。

放勋母亲庆都经常与龙共舞，有一天这条赤龙口衔一张画儿送给庆都，图上画着一个人：八采眉，发长七尺二寸，面容上窄下宽，脚踏宿翼（宿是星宿的意思）。画上还题字——"亦受天佑"①。"既而阴风四合，赤龙感之"②，这句话含糊其词又意味深长，不管怎样吧，庆都在"阴风四合"之中怀孕了，怀上了原版"龙的传人"。

河北冀州的名字便由画中的"宿翼"而来，那是尧生活和战斗过的地方。《释名》："其地有险有易，帝王所都，乱则冀治，弱则冀强，荒则冀丰也。"（笔者按：尧的另一个出生地便是现在河北保定境内的伊祁山，所以尧复姓"伊祁"，是所有姓"伊"和"祁"之人的祖先。尧还有第三个出生地，在安徽与江苏交界的天长市，即传说中的"三阿之南"。丹陵也好，伊祁山或者三阿之南也罢，这三个"月子中心"离偃师都挺遥远。）

那孩子出生后，模样一如画上所画。什么是八采眉呢？不是眉毛有八种色彩，只有鹦鹉才那么绚烂，而是有光泽的八字眉，简单地说就是圣人之眉，你没有看到这样的眉毛说明你没有看见圣人。曹操的儿子曹植在《相论》一文开头论圣人之相时，首先隆重推出的就是"尧眉八采"。圣人尧成年后，身长十尺，正好一丈，人类历史上第一个名副其实的"丈夫"就这样高调地出现了，我们很快将会看到第二个"丈夫"也要出现，那个人便是始终站在治水第一线的大禹。

《竹书》说尧"封于唐"，其实他先被封于"陶"，然后才是"唐"，故而被称为陶唐氏。"陶"即现在的山东定陶县，"唐"有说是在河北，也有说在山西。尧于"唐"继承帝位，所以被称"唐尧"。李渊把国号定为"唐"，因李老汉认定其发迹地太原即昔日唐尧的帝都。③我相信李渊，他是个老实人，做皇上和不做皇

---

① 《竹书纪年》。
② 同上。
③ 唐代温大雅在《大唐创业起居注》中说："帝以太原黎庶，陶唐旧民，奉使安抚，不逾本封，因私喜此行，以为天授。"

上都是被他那个狠角色儿子李世民所逼。

司马迁在《五帝本纪》里，一上来就热情洋溢地讴歌帝尧"其仁如天，其知如神"，接着说他虽既富且贵，却不摆"高大上"的谱（"富而不骄，贵而不舒"），尽管他是名副其实的"高大上"，想想他的身高，姚明都矮一大截。好玩的是，太史公刚说尧不摆谱，立马就浓墨重彩描绘他出行的排场：头戴黄色冠冕，身穿黑色礼服，白马红车（"黄收纯衣，彤车乘白马"），要多气派有多气派！不过那时真的有马车吗？据《竹书》马车应该是夏朝时，由商人祖先相土发明的，这可是孔夫子的"春秋"笔法啊。

尧重复做着他家先辈们做过的好人好事，比如顺应天时，按时种庄稼，敬鬼神，勤俭治国。当我看到这些事迹的时候，脑子很乱，分不清谁是黄帝，谁是颛顼，谁是喾，谁是尧，他们的德行和作为没有任何区别，他们唯一不同的就是名字。总而言之，帝尧时代形势一片大好（"众功皆兴"[1]）。

形势如此大好，《史记》突然来了个蒙太奇手法，镜头对准正在主持会议的尧，只听他没头没脑地冒出一句："谁可顺此事？"意思是谁能把国家理顺。这让观众发蒙：百业兴旺发达，还有什么不顺的？

原来不顺的事情是发大水了。既然帝发问了，底下马上七嘴八舌地发起言来。放齐是个马屁精，第一个举手，大声说太子丹朱很英明。尧一口否决，说丹朱粗暴顽劣，不能为帝。尧的高风亮节顿时跃然纸上，只是一旦综合其他史实，这个场景基本站不住脚，虚构者不是司马迁，而是圣人和他们的弟子们。

大臣讙（huān）兜出了一个超级馊主意，他竟然推荐共工！如果我是尧，立马就踹这家伙一脚。共工不是早在颛顼时代就恼

---

① 《史记·五帝本纪》。

羞成怒头撞不周山自杀了吗？难道那次没死成又多活了一百来年？尧一口回绝了讙兜的馊主意，说共工此人口是心非，不可用。我举双手赞成帝尧的英明决定，共工岂止口是心非，完全是个职业麻烦制造者，在女娲时代把擎天柱撞断，从而提供给女娲一次极好的工作机会。女娲和帝尧差了足有两千年，共工是怎么穿越的？他后来再次穿越和大禹争斗，也许穿越是他锻炼身体的方式，就像夸父喜欢追太阳一样，纵被渴死累死也在所不惜。

另外一个擅长穿越的人是后羿，众所周知他有个老婆是著名舞蹈演员嫦娥，非众所周知的是他和三皇伏羲与女娲的女儿宓妃谈恋爱，并且成功取代宓妃的正配河神（或河精，或河伯）。颛顼时代后羿听说共工穿越了，跟随而来，拿共工当靶子，共工没被射死，但被活活气死了。据《山海经》说，尧时代后羿也出现了，并射死了帝的九个儿子，谁让那九个"帝二代"那么丧心病狂地"炫富"，动不动就溜出来在天空闪亮登场，把天下所有人的眼睛都给亮瞎了。不过这事听着不靠谱，天上有十个太阳，怕是连海都给烘干了，怎么会发大水？更不靠谱的是，那个生下十个太阳的"辉煌"的帝，不是天帝，而是帝俊。帝俊就是帝喾，帝喾是尧的亲爹！

不喜欢"穿越"说法的，可以把共工理解成一个部落共工氏，该部落的首领们不仅继承前任的职位还继承前任的名字，这样一来，魔幻的色彩就没有了，只剩下现实主义，不过这个现实仍然是基于想象或推理。那么可以把后羿理解成一个部落吗？答案是不可以，因为后羿的部落不是以后羿的名字命名，而是叫"有穷氏"。

在没有文字的上古时代，一切全凭口耳相传，历史与传说编织在一起，煮成一锅粥，根本不可能还原所谓的真实。某些我们以为合理的解释也许离真实更遥远，不如就让上古史活在传说的魔镜中吧，也挺好的，挺好玩。上古的先人们一派天真烂漫，好得天真，坏得也天真。

讙兜不知道究竟是别有用心还是崇拜共工会玩穿越，抽冷子又向尧举荐共工，尧没办法，就让共工去当工师。工师权力很大，百工之长，举凡建筑、炼铜和手工业全归他管。工师这个职位到汉代一落千丈，成了工匠的代名词，在东汉哲学家王充眼里就是个采矿石的矿工（"铜锡未采，在众石之间，工师凿掘"[①]）。

我早在第一章中就说过共工是个灾星，无论他怎么穿越，他的本性都没变。他在工师岗位上表现一如所料，"共工果淫辟"[②]。

尧明知共工"不可"，仍然给足讙兜面子，因为他得罪不起。讙兜是大部落三苗的老大，《山海经》里说："讙头生苗民"，传说他人面、鸟喙，还有翅膀，"手足扶翼而行"，这个怪异的行走姿势说明他不会飞，翅膀只是个摆设，像个羽毛织的披风，装酷用的。讙兜的三苗很强悍，后来给舜制造了不少麻烦，直到大禹，借助天灾才把"苗头"给彻底灭了，三苗此后再未出现在史册里。

尧问在座的四位大佬谁可治水，大佬们一致推荐鲧。尧说鲧不听话，祸害乡里（"负命毁族"[③]）不可用。大佬们肯定收了鲧的贿赂，使劲给鲧说好话，说他真不是那样的坏人，先用用再说呗。"尧于是听岳用鲧"[④]，这几个字颇堪玩味。往好里说，尧有民主作风；往不好里说，尧没什么主见，明知鲧是个什么样的人，还听信一面之词，您老不是"其知如神"吗？

其实都不是，原因很简单，尧拿他们没办法。《五帝本纪》后面有句话说得委婉，但很清楚："四岳举鲧治鸿水，尧以为不

---

① 〔东汉〕王充：《论衡·程材篇》。
② 《史记·五帝本纪》。
③ 同上。
④ 同上。

可，岳强请试之。"四岳"强"尧所难，尧却只能委曲求全。他不敢得罪讙兜，更不敢开罪四位老大，被儒、墨抬上天的圣主帝尧并没有传说中的那么风光，有八采眉也不顶事。

鲧走上工作岗位九年，一事无成。很明显，四岳无知人之能，尧不追究他们的妄荐之罪也便罢了，过后又"蒙太奇"地跑来直接问"四岳"："朕在位七十载，你们中有谁可以来接我的班吗？"第一个把"朕"垄断成皇帝自称的是秦始皇，太史公又预支了称谓，尧应该说"俺"或"额"才对，取决于山东话或山西话对他的影响。

这"四岳"到底是何方神圣，让尧如此言听计从？

《史记》里把"四岳"当成四个人，但没说他们是谁；《史记集解》记载西汉人孔安国（孔子十一代孙）认为四岳"羲和四子也，分掌四岳之诸侯，故称焉"。权力确实够大，执掌国家军权。《国语·周语》里认为四岳是一个人，"共之从孙四岳佐之"，身份很明确，四岳是共工兄弟的孙子（从孙）。四岳确实不必是四个人，就像"八大山人"无须八个和尚组队，"二蛋"也不需要两个人担纲。四或是一没有定论，南宋夏僎在《尚书详解》里和稀泥说："以四岳为一人，或谓四人，于经无害，故两存之。"不过夏僎也许没注意到《齐太公世家》里的说法："太公望吕尚者……其先祖尝为四岳，佐禹平水土，甚有功。虞夏之际封于吕，或封于申。"姜子牙的先祖就是四岳，四岳因为辅佐大禹治水有功，而被封于吕、申两地，这意味着四岳不可能是一个人被封于两地，但四个人分两块地盘又太少，这个问题只能留给他们自己处理了，我想不明白。

如果四岳真的是共工从孙，那么共工当时怎么着也都一百多岁了吧？玩穿越的人身体素质确实不同凡响。

《史记》中尧出场时，司马迁把他打扮得像个与日月同辉的圣主，可这圣主做事纯属阿斗型，没见他做成任何一件事！太史公反讽的功夫了得。如尧这般窝囊的"圣主"实在罕见，那个懦弱、因郁闷而医治无效的光绪偶尔还敢和慈禧唱对台戏哩！

除了讙兜和四岳外，别忘了尧还有两个哥哥：弃和契，他们的后人创立了中国最长寿的两个朝代周与商。弃自小就有雄心壮志（"屹如巨人之志"[①]），《五帝本纪》的尧时代里，他没有露脸。但《竹书》里他露脸露大发了——"放帝子丹朱"。他不知道用了什么手段，把丹朱给流放了！

外有权臣，内有家贼，尧的帝位一不小心就会被别人的屁股坐上去，他只能小心翼翼地平衡各方势力，不让政变发生。

尧肯定聪明绝顶，据说围棋就是他发明的，《世本》张澍集注引《博物志》说："尧作围棋，以教丹朱。"围棋是所有智力游戏里最复杂的，它的规则很简单，我儿子三四岁时就会玩，但要玩它可就太难了。仅有二色的围棋，气与势瞬息万变，黑白之数瞬间颠倒，这就是"博弈"。

电脑发展到现在功能非常强大，可最好的围棋软件连业余一段都对付不了。被誉为围棋奥林匹克的"应氏杯"老板应昌期悬赏一百万美金，只要通过专业初段的九子关即可，二十年来无人领走那笔赏金。直到2015年10月，谷歌研发的DeepMind"阿尔法狗"才首次击败人类的职业棋手，但那是超级电脑才做到的，而不是一款简单的围棋对局软件，所以"阿尔法狗"不符合领赏的资格。

孔子在《论语·阳货》中对那些饱食终日无所事事的人说："干吗不去下围棋呢？下围棋可以陶冶情操"（"不有博弈者乎？为之犹贤乎已"）。围棋是符合中国国情的游戏，西方人玩不了。国际象棋那直来直去的路数和"千古无同局"的围棋相比，显得

[①] 《史记·周本纪》。

格外天真。

尧发明围棋的初衷充满了父亲对儿子的盈盈期许：丹朱性格暴躁，围棋能让他静下来；丹朱头脑简单，围棋能让他复杂起来。尧花了那么多心思培养儿子，肯定不是为了让他成为一个职业九段，而是为了让儿子成为九五至尊，是真正的望子成龙。尧比他父亲喾高产，有十个儿子，其中九个儿子参与考察舜的日常生活，被舜影响得温良恭俭让（"尧九男皆益笃"[1]），其后这九子却莫名其妙地不翼而飞，不见任何史料，什么说法都没有，只剩丹朱。

丹朱的妈妈叫散宜氏（传说里丹朱的妈妈另有其人，是个鹿仙子，这个听听就可以了），不知道为什么《五帝本纪》里不提尧的妻室，尧既然那么伟大，妻以夫贵，怎能名不入正史？当然颛顼的老婆们也没被提及，这个可以理解，他让女人"走开"嘛。既然只剩下丹朱这么一个宝贝儿子，尧只能把全部希望都寄托在他身上，尽管儿子资质欠佳。

很难想象，当尧听到放齐推荐丹朱走上首领岗位时，他会一口谢绝，还生怕别人不知道丹朱有多差劲，说他"顽凶"，于情于理都说不过去，这个地方编的痕迹太重了，要不就是尧太装了。当然瞎编的人不是司马迁，他只不过照搬被"圬"（粉刷）过的"史料"而已，比如《史记》里关于黄帝的某些段落，几乎一字不改从孔子和宰我的对话里抄下来。即使在《五帝本纪》里，我们仍然可以看出尧心迹的蛛丝马迹。尧临终前，"知子丹朱之不肖，不足授天下，于是乃权授舜"，注意那个"权"字，妙不可言，"权"有变通之意，意思是实在没辙了才让位于舜！

尧清楚丹朱有几斤几两，因此他需要找个能干的人来辅佐儿子。他先问四岳他们当中谁可继承他的大位，四岳异口同声地说

---

[1] 《史记·五帝本纪》。

他们不配。尧明显是在试探四岳，表面又显得对他们极其尊重。尧把帝位摆在四岳面前，就像古希腊神话里的厄里斯把"献给最美女神"的金苹果摆在三位女神面前一样，那个"金苹果"引发了十年之久的特洛伊之战，死人无数，还导致"无数英雄竞折腰"，好些个半人半神的超级猛人稀里糊涂地永垂不朽了。"金苹果效应"是人类嫉妒心理的体现。可想而知，四岳中的任何一人接受了帝位，他就立刻成为另外"三岳"的敌人，一旦打起来，四岳就会变成"四丘"。尧很聪明，但四岳也不傻，难得谦虚起来，不惜骂自己品行低下，不配为帝（"鄙德忝帝位"①），同时他们一致推荐舜。

尧早知舜的大名，当即"准奏"。他给舜提供工作的同时，还提供了自己的两个女儿娥皇和女英，让她们同时嫁给舜。这在中国历史上空前绝后，他是唯一一个同时把两个女儿嫁给同一个男人的帝王。他让舜成为双保险"驸马"，那两个女儿还肩负着特殊而神圣的使命——观察舜到底咋样（"观其德于二女"②），他把女儿当间谍在用，女婿当成工具在使。只是他做梦都想不到，舜的魅力有多大，那两个女儿死心塌地地爱上了舜，其后才有了湘妃竹的传说。在那个充满眼泪的传说里，强势的舜盛极而衰，成了另一个弱势的悲剧人物，此是后话，慢慢再说。强和弱，如同黑与白，不定什么时候就掉个个儿。

舜的工作能力超强，内务外交都得心应手。舜在内务方面"慎和五典"③，五典就是父义、母慈、兄友、弟恭和子孝，为美满家庭树立标杆，同时使百官都遵纪守法。在外交方面，他在保

---

① 《史记·五帝本纪》。
② 同上。
③ 同上。

持大部落风范的同时又让外国友人宾至如归，所谓"四门穆穆，诸侯远方宾客皆敬"①。怎样才能让"四门穆穆"？这个技术含量超高，地球人未必都能理解，后面再说吧，不过我也没多大把握能说明白。

考察了女婿舜的治国能力后，尧的下一个考核项目就匪夷所思了。那个项目类似现在非常火的电视真人秀——野外生存体验。在电视节目里，那些参赛选手处境都很艰难，吃不好喝不好睡不好，有的人在镜头前崩溃大哭。但他们不至于有生命危险，因为剧组和救护人员就在不远处跟着，猛兽都吓得躲得远远的。

舜可就没这么好命了，于暴风雷雨之中，尧命他进入山林川泽。那时深山老林里什么猛兽都有，不像现在看到一个野生老虎都是新闻。大泽里的各类怪物正目光炯炯地等着入选《山海经》，舜就在猛兽和怪物们的目光中孑然而行，没有剧组和医护人员相随，滚下山坡自己爬起来继续行走。他看起来就像一个行走的泥团，嘴里唱着歌给自己打气。怪物、猛兽和它们的小伙伴都惊呆了：到底谁才是怪物呀？

当舜雄赳赳地出现在尧面前，尧竖起大拇指夸他方向感真好（"舜行不迷"②）。看到这里，我挺困惑，尧是想让舜成为一个特种兵吗？没听说哪个帝王这么往死里训练他的继承人，除非他真的想让他死。

尧本来打着如意"围棋盘"让舜辅佐儿子丹朱，他当然希望舜能干，否则怎能应付险恶的讙兜、阴险的四岳和凶狠的职业穿越人共工？他也知道舜能干，否则也不至于一上来就把女儿嫁给他，还一下子嫁两个。可他哪里料得到舜那么能干，和李世民一

①《史记·五帝本纪》。
② 同上。

样能干！舜给他的不是惊喜，而是惊吓。当他看到舜全须全尾地自山林川泽"体验"归来，他就明白什么叫作请神容易送神难了。

按《五帝本纪》的说法，尧在祭祀先祖的文祖庙举行盛大仪式，正式委任舜代他行天子之职，舜惴惴不安地接受了（"舜让于德弗怿"）。尧为帝七十年，当了二十八年"太上帝"（不能叫"太上皇"）后撒手人寰，"百姓悲哀，如丧父母"，全国举丧三年，取消一切文娱活动。

这就是儒家推行的"三年之丧"的源头，推广者是孔子，他创造性地把臣为君、子为父、妻为夫服丧三年制为礼，然后信心十足地告诉他的弟子们"夫三年之丧，天下之通丧也"[①]！圣人的自信心太强大了，他能把一个人的小想法说成天下通例，简直莫名其妙。这个三年之丧对于国政乃至个人的影响不可估量，宰我就质疑孔子说三年太久了，礼和音乐都荒废了，被孔子骂没良心。其理论根据是小孩三岁才能离开父母的怀抱，三年之丧，就是纪念在父母怀抱的三年。（笔者按：孔子的孝道还是不够狠，如果再加上为娘怀胎十月之苦，凑个三年零十个月岂不更显"孝顺"？）

"三年之丧"期满后，舜跑到南河（河南境内的黄河）的南岸去了。他去南岸不是因为憋了三年需要度假，而是为了把帝位让给丹朱，于是自己躲了起来。他这一招也许是学许由。

许由是尧时代的隐士，名气极大（不知道他怎么把名气"隐"得这么大，广告界人士可以学学），尧想把天下交给他，许由便躲到颍水之阳的箕山下。尧不死心，再次登门相邀，许由受了奇耻大辱似的，跑到颍水边洗耳朵。真是名士风范十足啊，另一个更有范儿的人马上就出现了。那人是个农民，正牵着牛准备

---

① 《论语·阳货》。

给牛饮水，见许由神经分分的鬼样子就问他干吗，许由就把他"受辱"的经历述说了一遍，该农民转身牵牛就走，说他洗耳朵把河水弄脏了，他的牛喝了会闹肚子。许由听了兴许一头就栽河里去了，如果他没有掉河里，那他起码得用水洗把脸再继续"隐"。

丹朱如果接受了舜的"馈赠"，那他真是白学围棋了，大局观太差。因为没人拿他当天子，诸侯都去朝见舜而不理会丹朱；歌手们唱歌歌颂舜而不理会丹朱；打官司的也去找舜（"舜让辟丹朱于南河之南。诸侯朝觐者不之丹朱而之舜，狱讼者不之丹朱而之舜，讴歌者不讴歌丹朱而讴歌舜。"[①]记住这几句话，因为它们将神经质地反复出现）。

昔日幽静的南岸顿时冠盖如云，鼓乐喧天，丹朱的宫殿冷冷清清，凄凄惨惨戚戚。虽然歌手们的歌声声声入耳，舜并没有跑到南河里洗耳朵，而是无可奈何地仰天长叹：天意如此啊！于是在诸侯、臣民的祝福声中登上天子之位，正式成为帝舜。

一切看起来如此美好，但这是真的吗？粉底固然可以遮盖雀斑，但风吹雨淋之后，原来的面目就露出来了。

《竹书》又名《汲冢纪年》，是中国最早的编年史书，战国时魏国史官所作。它一直埋葬在魏襄王的墓里，幸运地躲过秦始皇的那把火，直到西晋，被一个叫作不准（fǒu biāo）的盗墓贼从汲郡古墓挖出来，那些竹简泄漏了尧和舜的隐私。可惜司马迁没有机会看到那些竹简，以他老人家的求实精神，如果他看到，《史记》也许不是现在的样子。

遗憾的是，《竹书》原本在宋代突然消失了，它的消失也许不是偶然，而是必然。程朱理学在宋代大行其道，程朱师徒孙（朱是二程第三代弟子李侗的学生）三人都成了"圣人"。"理学"

---

① 《史记·五帝本纪》。

成立的前提必须有尧舜圣主在那供着，尧舜在《竹书》里不得不说的事必须消失，后人根据先宋文献淘换出来的《竹书》已经十丢其九。但我们依然可以从那些残存的片言只语里窥见历史的真相，唐人张守节在《史记正义》里引古本《竹书》："昔尧德衰，为舜所囚也。""舜囚尧，复偃塞丹朱，使不与父相见也。"（在今本《竹书》里已经看不到了）这段话可以入选最佳历史微型小说，故事完整，前因后果一清二楚。

"德衰"是否包括由于任用"淫辟"的共工对国家和臣民造成的损失和伤害？是否包括无能的鲧耽误治水九年？想想一个国家有九年泡在水里，那是多么可怕的灾难啊！你可以说尧也不希望这些事发生，他是被逼无奈。他确实无奈，可一个帝王不能制约、反倒受制于权臣，连一个合格的君主都算不上，还圣主，好意思吗？就治国而言，他比后世的李世民和康熙差远了。"德衰"是否还包括把舜送去"野外生存体验"？当舜九死一生归来，他眼里的岳父是个什么样的人？在娥皇、女英眼里，尧是个什么样的父亲？

舜囚禁尧，肯定得到权臣支持，否则不可能成功，这也暗示了尧当时众叛亲离。尧的哥哥弃还把丹朱流放了哩，也许正是弃和舜联手把丹朱给"偃塞"了，使得这对父子不得相见。弃和契后来在舜治下都得到重用，不是偶然的吧？《史通》里说"舜放尧于平阳"，平阳在山西临汾附近，据说囚禁尧的地方还有记号，大概是类似"闲人免进"的标识吧。如果真有所谓的"三年之丧"，也许是舜制造的假象，那三年是尧被囚禁的三年。

尧去世后，舜走个过场让位给丹朱，毕竟丹朱才是尧指定的接班人。丹朱在舜于南河"度假"的三年曾为帝，所以古籍里有"帝丹朱"之说。

《竹书》并非孤证，圣人榜排名第三的荀子在《正论》里直指尧舜禅让是胡说八道，不值一提（"夫曰尧舜禅让，是虚言也，是浅者之传，陋者之说也"）。荀子直率得可爱，像个大活人。

尧和他父亲喾一样，都未能如愿以偿。喾扶挚上马走了七年，一松绳挚两年后就翻身落马，丹朱也没好到哪里去。

"其知如神"的尧太天真了，压根就不知道人性有多黑暗。当年他们母子被打发到湖南、河北或者安徽的"月子中心"的经历，还是没有让尧吃一堑长一智。舜就像年轻时的尧，尧不就是取挚而代之吗？舜取丹朱而代之，"历史总是惊人的相似"！

尧比高祖黄帝还高寿，在位九十八年（《竹书》说是一百年），享寿一百一十六岁，在五帝中最长寿。如果你问我他真的那么长寿吗，我只能像个外国人一样对你耸耸肩。远古的人没有出生证，没有文字，数字概念也未普及，一切全凭口耳相传，尤以白胡子老头和白发老太的话最有权威。既然书上这么说了，无法深究，姑妄言之，姑妄信之吧。

"俱往矣，数风流人物，还看今朝"，不管尧舜之间发生了什么恩恩怨怨，尧都要把舞台让给舜了。

舜，你准备好了吗？看你的了。

五　帝舜篇

舜是苦出身，不像其他四帝都含着金汤匙出生，虽然他是颛顼帝的第七代子孙。颛顼的儿子穷蝉因为某种原因被父亲打入冷宫（此种因由通常是政变未遂），祸延子孙，其后人全成了卑微的平头百姓，所谓"自从穷蝉以至帝舜，皆微为庶人"[1]。

---

[1] 《史记·五帝本纪》。

舜出身贫寒，出生却和其余四帝一样不同凡响。舜的母亲叫握登，和黄帝、少昊、颛顼的娘一样，因为"光电效应"怀上舜，汉儒郑玄说"舜母感枢星之精而生舜"[①]，"枢星之精"是什么，这远远超出了我的理解力和想象力，我只知道那是一道光，很耀眼。握登在一个叫姚墟的地方生下舜，所以舜姓姚，就像黄帝生于姬水而姓姬一样，姚墟在冀州，就是赤龙赠给庆都的画上，尧大脚所踏之地（笔者按：另有一说称姚墟不在河北，而在山东菏泽）。

司马迁声称"自黄帝至舜、禹，皆同姓……"[②]此说有误，黄帝、颛顼和喾都姓姬，尧则姓伊祁或伊、祁。先秦时代，姓和氏是分开的，姓从母，表示血缘关系，因此同姓者不相婚配；氏，表示社会关系，代表身份贵贱、官衔或封地，比如尧是陶唐氏，舜为帝后，以自己的部落名"有虞"为帝号，所以他是有虞氏。

司马迁撰写五帝所本资料都是战国以降的资料，战国时虽说是中华文明大爆炸的"百花齐放"时期，但当时的诸子百家出于自身"论点"的需要，肆意篡改史料为己所用，反正没有文字的上古时代本身就是一笔糊涂账，大家一起糊涂，顺便浑水摸鱼。只是他们改大发了，不免露出马脚：自黄帝至大禹，怎么可能是一条母系血缘下来的？！

舜的母亲握登和前四帝任何一个的母亲都不搭界，但这并不妨碍她借鉴前辈的受孕方式，她甚至还"青出于蓝"。握登所受的"枢星之精"能量过于强大，导致婴儿双目产生突变。舜生下来每只眼睛都有两个瞳仁，所以他名叫"重华"。后世还有个双瞳仁的名人，叫项羽。舜年幼时，母亲握登就过世了，舜开始了

---

① 《尚书纬·帝命验》郑玄注。

② 《史记·五帝本纪》。

他悲惨的童年及青少年生活。

舜有双瞳仁，而舜的父亲连一只瞳仁都没有，所以名叫瞽叟，这其实算不上名字，仅仅是个缺乏敬意的外号而已——瞎老头。他确实是个瞎子，不仅眼瞎，而且心瞎，"盲人的眼睛是雪亮的"不适合他。

这瞎老头可能挺有本事，应该还置下一份至少小康的家业，否则他不可能在握登死后就续上弦了，人家总不至于图他眼瞎吧？他跟第二任妻子生了个儿子叫象。他很溺爱这个小儿子，这可以理解，一般父母都很宠爱老幺，可这瞎老头喜欢小儿子到了足够引起司法部门严重关注的地步：他时常琢磨着杀掉大儿子（"常欲杀舜"[①]）！舜的后母和弟弟象也要杀他，舜在家里成了被通缉、猎杀的对象。舜朝不保夕，成天想着"如果还有明天，你想怎样装扮你的脸；如果没有明天，要怎么说再见"。如果有明天，他根本不需要考虑怎么装扮自己的脸，在脸上掐一把，知道疼就谢天谢地；如果没有明天，他更不用操心怎么说再见，因为没有任何人要和他说再见，他在家里完全是个多余的人，就像卡夫卡笔下最后变成虫子死去的格里高尔。

舜很机灵，也许因为双瞳仁的缘故，他可以看穿别人的心思，所以一次次地逃过了三人组的追杀，想杀他，门都没有（"欲杀，不可得"[②]）。舜在家里经历的密集"逃生训练"没有白受，否则在不久的将来，他能否通过岳父为他准备的"野外生存体验"就不好说了。真是："故天将降大任于是人也，必先苦其心志，劳其筋骨，饿其体肤，空乏其身，行拂乱其所为，所以动

---

① 《史记·五帝本纪》。

② 同上。

心忍性，曾益其所不能。"①舜完美诠释了孟子对于"成功代价"的定义。

舜年纪稍长，就离家出门打工，其活动范围涵盖山西、河南和山东，尤以山东为最。他擅长的工种实在是多，好像没有他不会的，真是"遭虐待的孩子早当家"。他先去历山一带做农夫耕田，教当地人打井，他掘井的技术先进，当地人称之为"舜井"；接着去雷泽做渔夫打鱼，又去黄河边烧制陶器，再到寿丘一带制作日常生活用具；然后又去做生意，在顿丘批发产品，然后拿到负夏去卖，赚取差价（"贩于顿丘，就时负夏"②）。

农、工、商领域他全都涉猎，而且成为这三个领域的龙头老大，当然，其逃生术也是超一流。他之所以无所不能，是因为他受过的苦"曾益其所不能"。

舜出门在外，只要家里带信需要他，他马上回来帮忙（"即求，尝在侧"③）。舜用劫后余生、死而后已的精神孝顺父亲、尊敬后母、爱护弟弟，每时每刻都谨小慎微，没有丝毫懈怠。尽管他在外面已经是个成功人士，回到家里仍然时刻都有生命危险，他确实不敢也不该"懈怠"，因为一不留神就要跟自己说再见了。

他这种强悍到变态的爱心依然打动不了眼瞎心也瞎的父亲、狼心狗肺的继母和没心没肺的弟弟，但打动了朝野。舜二十岁时，以孝道闻名于世，闻者莫不惊叹。"四岳"在他面前自惭形秽，自觉他（们）的德行不配为帝，于是向帝尧隆重推荐舜。尧当然也是知道舜的，他手下的狗仔队早就出动四处搜罗舜的动向。

原来舜在打工赚钱之余，还大搞"精神"的建设。舜在历

---

① 《孟子·告子下》。

② 《尚书大传》。

③ 《史记·五帝本纪》。

山务农时，农人为抢占耕地经常大打出手，都想让自家田地多个一两分；一年后当舜离开时，历山农人互相谦让，都希望对方田地多个一两分。这是韩非子在《难一》里说的，韩先生嘴一向很损，和他老师荀子有得一拼，难得听他表扬谁。

舜离开历山去河滨。河滨地区制作陶器的小作坊很多，不知道是工艺不过关还是偷工减料，所产陶器皆为粗劣产品。舜蹲点一年半载之后，河滨陶器成了信得过的拳头产品，这也是韩非子说的，被司马迁引用："河滨器皆不苦窳（yǔ，劣质之意）。"

舜的社会价值还远远不止于此，他离开某地后，其影响却持续发酵。

他待过一年的地方，荒地成为良田，荒村成为兴旺的村落；他住过两年的地方，村落就进化为城镇（Town）；他生活过三年之地，便发展成都市（City）。用司马迁的话来说就是"一年而所居成聚，二年成邑，三年成都"。舜一个人直接或间接创造的经济总量顶得上成千上万人的努力，实在是能干，尧很喜欢，心想用舜来辅佐丹朱再合适不过了。那时他还不知道舜的能力还没完全发挥出来，他未来女婿的能力远远超过他的期待，不，是远远超过他的心理承受力。

尧的"其知如神"不清楚到底表现在什么地方，他手下的官员一个比一个强悍，却无人正经做事。当时社会上有十六大贤人，谓之"八恺""八元"，他一个都没有录用，这十六个被尧冷落的"二八"后来全被舜委以重任，尧、舜在人事管理方面也是高下立判。如果尧当初在"八恺""八元"中挑两个做女婿（他不必把两女同时嫁一人），丹朱说不定就坐稳帝位了。"八恺""八元"分属两大家族（或部落），彼此相互牵制，任一方都不会做大，同时他们又会齐心协力对抗旧臣，三足鼎立，丹朱稳居中央。

韩非子在《说疑》一文里分析尧被舜取而代之，是因为对臣下了解不够透彻，"不知其臣之意行，而任之以国"，结果满盘皆输。用围棋的行话来说，尧舜博弈，尧输了劫争，又无劫材，只能眼睁睁地看着被"屠龙"。韩先生才华横溢，见识非凡，然而悲剧的是，他对自己的同班同学李斯了解得也不够透彻，跑到秦国试图大展宏图，终为李相进谗言于嬴政所害。鬼谷子的两个弟子孙膑与庞涓也彼此为敌，同学何苦为难同学？没办法，都是"金苹果"惹的祸，嫉妒心作祟使然。

　　历史没有如果，舜成了尧的女婿。尧赏赐女婿的东西相当丰厚，计有"絺（chī）衣"〔细葛布做的衣服，当时的高档衣料，质地轻柔细薄，又叫"夏布"。粗葛布叫"绤（xì）〕、琴（尧大概喜欢弦乐，不像他爹喾爱玩打击乐）及牛羊牲畜，又派人建造装粮食的仓库，看来要送的粮食不少，也难怪，除了两个女儿，还有九个儿子也跟过去考察舜呢。

　　舜从一介贫民一步登天成为乘龙快婿，照说家里的"三人狙击小组"该有所收敛甚至巴结舜了吧？不，你们和我一样都小瞧"三人组"了，他们真的是三朵奇葩，以前怎样对待舜，现在一切照旧。这三个活宝可能都患有强迫症，属于迫害妄想狂，否则我倒真挺佩服他们，起码他们不是势利眼，甭管舜的社会地位和经济地位发生了什么变化，他们以不变应万变：过去想杀你，现在想杀你，未来还要杀你！"瞽叟尚复欲杀之"[1]，那个瞎老头偏执、强悍得让人心惊胆战、泪流满面。

　　翌日，舜身穿絺衣，神清气爽地坐在岳父赏赐的琴前，手指在琴弦上滑过，一串悦耳的音符顿时流淌开来。娥皇和女英姐妹俩站立左右，听得如醉如痴。

---

[1] 《史记·五帝本纪》。

突然，象鬼鬼祟祟出现在门口，他目光迷离地盯着两个嫂子，又看了看琴和抚琴的人，说爹让他来叫舜去给仓库顶上泥。

舜丝毫没有因为象打断而不悦，站起身微笑着说他随后就到。象低头而去，他不敢看哥哥的眼睛，那两只瞳仁就像哈哈镜，他的影像落在上面看上去好似《山海经》里的鬼魅。

娥皇和女英早在嫁给舜之前，就已经得知她们的公婆和小叔子有多阴险、恶毒，刚才看到象不怀好意的眼神她们就感觉到事有蹊跷，于是她们叮嘱舜千万要小心。

舜不慌不忙地脱下新衣服，换上粗麻的旧衣服，在旧衣服外面又套上一件旧衣服，然后又是一件，一件复一件，直到把所有的旧衣服全都套上身。二女看着他把自己裹得像粽子一样，面面相觑，不明所以。在二女怔怔的目光中，舜径直走进储藏室，拿出两顶斗笠，背在身后就出去了。

娥皇说："不下雨，他要斗笠干什么？"女英说："是啊，他拿斗笠干什么？姐姐，我们去看看。"

远远地，她们看见舜弓着身子，正在仓库屋顶上忙活，突然他的四周蹿起火苗，火借风势，越烧越旺。娥皇和女英惊骇得喊不出声来，眼瞅着舜就要被火海吞没。只见舜不慌不忙地从背后拿出斗笠来，一手一个，从屋顶上纵身一跃，像只大鸟翩然在空中滑翔。她们不懂得空气浮力原理，那两只斗笠在她们眼中简直就是命运的翅膀，护佑着她们的重华哥安全着陆。舜在快要落地时出了点状况，下降速度骤然加快，四仰八叉摔倒在地。姐俩赶紧上前搀扶起舜，舜拍拍"防弹衣"说他没事，然后扑灭斗笠上的火苗，懊恼地说，如果斗笠没被烧出洞来，那就完美了。舜实在是牛，照此来看，他是人类历史上第一个使用降落伞的人，他如果穿越到我们这个时代，我们也许就移民去火星了。司马迁关于舜使用斗笠逃生的经过语焉不详："舜乃以两笠自扞而下，去，得不死"，太含糊了，我不得不给舜做个详细说明。

舜逃过火劫，水劫又来了。这回他那个瞎子爹传话来让舜去帮他打井。舜对两个妻子说，这回肯定是真的要我去打井了，我打的井有品牌的，叫"重华井"，我爹肯定听说过我打井的技术有多好。

女英说："要不要让达爹派几个护卫护送去打井？"娥皇没说话，心说："那天起火的时候我们的九个兄弟都不知道跑到哪里去了，还指望爹派兵来？"舜说："不用了，如果这真是一道坎而我过不去，你们父亲必定小瞧于我。放心吧，我会回来的，回来唱歌给你们听。"

舜把自己里三层外三层裹了个结实，提着耒，在腰间别了一根石凿子就出门了，一边走一边唱着歌。

舜选好井址，亲自指挥几个帮工挖土，怎么挖，挖多深，特意叮嘱帮工甲把靠近井底的一侧井壁掏空。帮工走后，象催舜赶紧下去把井眼凿出来。舜下井前，看到象脸上的笑容就知道他要拉什么屎了。

舜下井后，躲进帮工甲挖出的洞里。帮工甲够意思，洞挺宽敞，手脚都施展得开。舜不慌不忙地用耒和凿子对帮工甲挖出的洞进行"深加工"。这时就听井口传来"轰隆隆"的声音，石头和泥土倾泻而下。舜很配合地发出几声"惨叫"，井口隐隐传来象得意的大笑，说："爹娘，这下给他十个斗笠他也飞不上来了。"瞧瞧，还是象的计策高明吧（"本谋者象"①）。瞽叟说："好儿子，爹没看错你。"象妈说："得了吧，你拿什么看？是俺看出儿子有本事，这下好了，俺也不用动脑子怎么杀他了，俺的脑子都快用光了。"后来他们说什么，舜就听不见了，洞口已

① 《史记·五帝本纪》。

经被埋住。

"三人组"把井填好，做出塌方的假象。象以功臣自居，在井边就开始制订瓜分舜遗产的方案。还别说，象对"分割"蛮有追求的，只要两个漂亮嫂子和那把琴，牛羊仓库都归父母。他的原话是："舜妻尧二女与琴，象取之。牛羊仓廪予父母。"[1]象提到自己时使用的都是第三人称，心理学家认为，一个人习惯性地自己喊自己名字是自恋狂的特征之一，象被他变态的父母宠得脸皮如橡皮一般厚实。

象分配好战利品后，就屁颠儿屁颠儿地来到舜的居处，对娥皇、女英说明了一下悲剧是怎样发生的，然后厚着脸皮说以后就由他代替哥哥照料两位嫂子。娥皇和女英表示见不到舜的尸体就不信舜死了，娥皇说舜出门前答应过她们要给她们唱歌，他就一定会回来唱的。

象大言不惭地说他也会唱歌，而且唱得比舜好听，不管三七二十一，他一边乱弹琴一边就乱唱起来："你可知道我在爱你，怎么对我不理睬……"

突然，象停止了歌唱，不是因为娥皇、女英捂着耳朵跺着脚，也不是因为他自己忘词了，而是因为他见鬼了——舜出现在门口，他看上去像刚出土的兵马俑，正笑眯眯地看着他！

象哪里知道，舜在给井选址时就确定了最佳逃生路线，井在一个坡地上，二蛋留洞的井壁在坡上，舜用耒和石凿打穿墙壁厚度的一层土并非难事。舜就这样从洞里爬出来，顺坡而下回到家。〔笔者按：刘向《列女传》的头一篇《有虞二妃》里说舜之所以脱困于"火热水深"是因为娥皇和女英授他鸟飞之术（鸟工）和龙潜之术（龙工），如果属实，这二女起码还有未卜先知

---

① 《史记·五帝本纪》。

的能力，否则龙工和鸟工的顺序颠倒了，舜会死得很惨。再说尧有女如此，还要舜干什么？）

看到舜走进来，象汗毛都竖起来了，想喊他爹娘来救他，可嗓子像被一只无形的手扼住，气都喘不过来。娥皇和女英喜极而泣，扑进舜的怀里，又是哭又是笑。象确定舜不是鬼后，赶紧说：哥哥，我刚才正在用你的琴为你歌唱，抒发心里浓浓的伤感和对你的怀念之情（"我思舜正郁陶"①）。

舜没事人一样对象说：这还差不多，兄弟之间本就该关爱彼此（"然，尔其庶矣"②），让你们虚惊一场。

象彻底崩溃了，这件事之后，与舜真正成为相亲相爱的一家人。

尧听了女儿的汇报之后，决定把领导百官思想工作的重任交给舜。舜的孝行早就传遍朝野，所以大家都很顺从他，有毛病的改毛病，没毛病的找毛病（"于是尧乃试舜五典百官，皆治"③）。

舜从此进入顶级大臣之列。农业一直是中国各朝代的头等大事，历史上的农民起义难以数计，多是因为粮食不够吃。胃空了，胃酸无处发泄，火气就大。舜主政即抓农业是抓到重点了。他启用被尧埋没的"八恺"后人，令他们总揽各项农业事务，他们没有让舜失望，工作进展井然有序，农业欣欣向荣（"舜举八恺，使主后土，以揆百事，莫不时序"④）。搞定农业，接下来舜任用"八元"的后人在部落联盟积极推广、普及"五典"，成效显著，祥和之气暖如春风，吹向社会各个角落，连外族友人都跟

---

① 《史记·五帝本纪》。
② 同上。
③ 同上。
④ 同上。

着学习起来（"举八元，使布五教于四方……内平外成"①）。

舜接下来整顿朝纲。他处理的第一个人是穿越人共工，把他流放到幽州变成北狄，北京密云据说是共工的流放地；第二个是共工的"崇拜者"讙兜，被流放到湖南的崇山，变成南蛮；第三个遭整顿的是三苗部落，被整个"移民"到三危山（大西北甘肃敦煌）成为西戎；第四个是治水不力的鲧，被流放到羽山（山东蓬莱）。这样的整肃结束于尧六十九年（"六十九年，黜崇伯鲧"②），障碍肃清的第二年，在一个风和日丽的春天，舜正式代尧行天子之职（"七十年春正月，帝使四岳锡虞舜命"③）。

四岳是舜受封大典的主持人，其地位、声望不言而喻。讙兜因为举荐共工，双双获罪；四岳力保鲧治水，延误治水九年，为什么舜不追究他们的责任？大概有两个可能：其一，四岳在尧面前举荐了舜，于舜有知遇之恩，舜知恩图报；其二，四岳势力太强，尧都去问他们要不要接掌帝位，可见其身份特殊，舜没能力动他们。

朝纲既定，舜着手"四门"，也就是让"四门穆穆"的高难度运作。有多难？"四门"驱的是妖，比驱妖更难的是，让妖怪去对付别的妖怪。我在上一节就说过，我没把握能讲明白"四门穆穆"的技术要领，不过如果你能把《山海经》当成科普读物来看，那你就没有理解障碍了。

《五帝本纪》里，司马迁一直克制着不沾神鬼的边，所以他说："至《禹本纪》《山海经》所有怪物，余不敢言之也。"后来他绷不住，开始"言"了。

---

① 《史记·五帝本纪》。

② 《竹书纪年》。

③ 同①。

长话短说，当时天下有四大怪物，分别为帝鸿氏的儿子混沌、少昊的儿子穷奇、颛顼的儿子梼杌以及缙云氏的儿子饕餮，这四怪物的性能指标和外貌特征详见《山海经》。帝鸿氏即黄帝，估计混沌就是那不得姓的十一个儿子之一。缙云氏是谁？唐人张守节认为缙云氏也是黄帝，这个明显是胡说。黄帝当年以云命官名，夏官就是缙云，古人以官职或封地为氏，孔安国认为缙云氏为黄帝手下为夏官的诸侯，这个说法比较靠谱。你们可能会说黄帝的儿子那该多少岁了？可不是嘛，那四个爹里最年轻的是颛顼，他的儿子也该有两百岁了，不过考虑到那四个浑小子是妖怪，无须以常理度之。司马迁说梼杌"不可教训，不知话言"，意思就是梼杌不懂人话。这是少见多怪了，人家是妖怪，凭什么听人言？梼杌也有人喜欢，楚国人就独创地以妖怪名字命名他们的国史。

　　这四个妖怪让人民不省心，不时得停下来看看草丛和树林是否有异样的东西出现，人民停下脚步就意味着社会不再前进，同时胆子小的外族友人也不敢来观摩学习了。舜绝对不愿意大好形势被这四个莫名其妙的东西葬送，尧未能解决的遗留问题，他来解决。舜出手了，但我看不清他是怎样出手的，他让我想起古龙笔下的李寻欢，"小李飞刀，例无虚发"！

　　舜连轴转出现在"四门"，谈笑间把四怪物移民到东南西北的荒凉之地，这还不算完，他不知道用了什么法子让四怪物成为镇守边疆的勇士，抵御入侵的山精水怪（"流四凶族，迁于四裔，以御螭魅"[①]，"螭"通"魑"，是山妖，魅是泽怪）！这下好了，四门敞开，歌舞升平，从四门而入的外族友人来访，都肃然起敬，于是乎"四门穆穆"！必须要指出，"四岳"在"四门"起到了重

———————————
① 《史记·五帝本纪》。

要作用，"谋于四岳，辟四门"①，这意味着舜和四岳结成联盟了。说句题外话，舜的招数被王莽学去了，他有样学样，《汉书·王莽传》载："敢有非井田圣制，无法惑众者，投诸四裔，以御魑魅。"王莽够狠的，舜毕竟是让妖怪对妖怪，他却用异议分子（反对井田制的人）去对抗妖怪，这不直接让人送死了吗？实在有欠厚道。

讙兜、共工和鲧这几个不听话的敌人被逐，大佬四岳又成了盟友，还有谁能跟舜叫板？丹朱根本就不堪一击，舜随时可以"屠龙"。按《五帝本纪》说法，尧去世前八年，舜开始接掌天子业务，尧三年之丧期满，姚重华正式成为五帝之一，"天下归舜"。

舜上台后，开始了一系列重要的人事任免举措。禹出任司空（司空也是预支的称呼），全权负责处理"水土不服"。舜启用禹，其实冒着极大的政治风险，一旦禹失败，舜将面临千夫所指，弄不好帝位都保不住。舜在识人方面确实比尧技高一筹，"八恺""八元"就被使用得很到位。不过任禹并非舜一人主张，又是四岳向他推荐的。笔者认为，鲧和四岳应该是同盟，鲧被流放之前，把儿子禹托付给四岳。四岳真的挺守信用，利用他们的势力和威望向舜推荐禹，这其实形同赌博，万幸的是，他们赌赢了。

治理水患是当务之急，接下来就要考虑农业生产了，弃被任命为司农，全面负责农业生产（"后稷为司农"②）。弃和兄弟契一样，在尧时代虽然参与国家政务，但没有任何官职（"未有分职"③），一下子便成为权臣，直接成为"八恺"的顶头上司。弃

---

① 《史记·五帝本纪》。
② 《汉书·东方朔传》。
③ 同①。

的弟弟契则成为"八元"的领导，官授司徒，主抓教育，推行"五教"。

与"五教"对应的是"五刑"，德育感化不了，便大刑伺候。"五刑"由皋陶（yáo）所创，他被尊为中国司法界的鼻祖，同时他还走进传说，成为一位神祇——狱神。皇甫先生在《帝纪》里为我们展示了皋陶先生的画像：青绿色的脸，像一只剥了皮的瓜，嘴唇长长、尖尖的，呈鸟喙状，长得很像我们熟悉的谨兜，据说这样的嘴形可以辨是非、察人情。

皋陶经手的案子没有一例冤假错案，但这和他的鸟喙嘴并没有多大关系。他养了一只宠物，叫獬豸（xiè zhì），外形似羊似鹿，头顶正中长一只角，所以又叫独角兽。碰到复杂的案子，皋陶便让獬豸登场，獬豸断案简洁明了，谁有罪它的角就顶谁，两人争斗，谁理亏它就咬谁，于是真相大白。獬豸因此成为吉祥物，自古以来便被视为法兽。皋陶创造了五刑，还顺手创造了成语"画地为牢"，监狱的雏形就这样低成本地诞生了。我估计那时的犯人们很听话，他们被指定待在画定的框框里，就绝不敢跑出来，好似孙悟空被唐僧施了紧箍咒，不敢乱说乱动。皋陶大法官就是唐僧，紧箍咒便是"五刑"。

"五刑"是墨、劓（yì）、刖、宫、大辟，舜即位第三年指示皋陶研发出来，据说它被画在树皮上，比巴比伦的《汉穆拉比法典》还要早三百多年。

墨，即刺青，现在很多爱美爱得不行的人士喜欢在身上"墨"。作为刑法的"墨"又称黥，则是在脸上刺字或图，再染上黑色染料，质量极好，一辈子都不褪色。林冲被招安时，脸上字迹犹存，弄得他很没面子。拳王泰森脸上的"墨"迹面积很大，他给自己施以如此严重的"墨刑"，不知道他是怎么想的，真可不必自虐。

劓，鼻子旁边一把刀，意思很明白：割鼻子。商鞅在秦国变法时，割了一个人的鼻子，那个人是秦孝公的庶兄嬴虔。

刖，斩去左、右脚或双脚，又称膑，不过膑是指去掉膝盖骨，膝盖骨有半月板，比较符合刖的字形。商鞅当年在秦国砍掉很多人的脚，谁在路边倒灰烬，都会招致刖刑。孙膑之所以被称"膑"，就是因为他的膝盖骨给他同学庞涓挖掉了。刖刑在战国时代深受各国君主喜欢，导致假脚生意异常火爆，齐国制造的假肢以做工精良、物美价廉著称，为齐国创造了不少收入。

宫刑，所有中国人都知道是指什么，仅次于肉体死刑大辟，它是精神上的死刑，它还有别的名字，叫腐刑、淫刑和蚕室刑。所有的太监都是宫刑练成的，虽然他们中的很多人为了谋生自己要求被宫。司马迁因为李陵直言获罪于汉武帝，被处死刑。汉武帝时准许以宫刑或者纳罚金五十万（汉景帝时只需三十万，看来汉武帝为了筹钱充军饷实在急了，让死囚"身价"暴涨）抵死刑，司马迁拿不出相当于五十斤黄金的赎金，于是只能"自请宫刑"。司马迁痛不欲生，在给友人的书信里写道："是以肠一日而九回，居则忽忽若有所亡，出则不知所如往。每念斯耻，汗未尝不发背沾衣也。"①是要完成《史记》的信念支撑他活下去。我们都应该向太史公致以崇高的敬意！

大辟，即死刑，死法多样，分为戮、烹、醢（hǎi，把人剁成肉酱，还加上盐）、烙（把人当烙饼，活活烙死）、车裂（戏文里称之为五马分尸）、枭首、弃市、绞刑、凌迟等。商鞅的结局很惨，被处死后，再遭车裂分尸，冲在声讨商鞅队伍最前面的那个人没有鼻子。商鞅执法过于严苛，得罪人太多，"作法自毙"指的就是他。现代社会的大辟简单化成枪毙。

---

① 《汉书·司马迁传》。

这五种刑法一直被沿用至清末，起码有四千多年的历史。五刑很重，所以舜指示有些犯人可以酌情改判成流放，于是对应"五刑"又有"五流"。根据罪的轻重，流放地点远近迥异，最远的流放地称为"三居"，不是说牢房有三居室，而是指"四夷之外、九州之外"，反正是有多远滚多远，去了就休想回来。不过我对"三居"的操作有疑问：押送犯人的差役怎么办？他们就算回得来，也是"少小离家老大回"了，或者他们就在"三居室"定居了？

皋陶大法官政绩斐然，所有的坏人都觉得混不下去了，就像子夏说的："舜有天下，选于众，举皋陶，不仁者远矣。"[①]意思是坏人一个个都跑到别的地方祸害去了。为表扬皋陶对于社会治安的贡献，大禹后来封皋陶于皋（即现在的安徽六安，六安又称皋城），皋陶姓由此而来，衍生出皋、陶二姓。不知道怎么回事，皋陶成为李姓的始祖，唐玄宗后来追封皋陶为"大唐德明皇帝"。皋陶未必稀罕这个荣誉称号，他被儒家尊为"上古四圣"之一，与尧、舜、禹并列，活了一百〇六岁，死在大禹前面。如果他死在大禹之后，他的下场可能跟大禹的"好战友"伯益一样。

舜确实知人善用，禹、弃、契和皋陶在各自岗位上都发光发热，接着舜又任用倕代替共工任工师管理工匠，有趣的是，工师这个职位有了新名字，就是以穿越人共工的名字命名。看来共工威望很高，都被流放到密云水库了，其名居然还成了官职的"注册商标"。共工不是唯一的"注册商标"，后面还有，尧的天文官羲和，后来成了夏朝的天文官的代称，王莽登基后推行上古礼制，其天文官就叫"羲和"。

舜任命伯益为虞官，主管草木鸟兽，有史料说伯益是皋陶

---

① 《论语·颜渊》。

的儿子，不过查无实据；任命伯夷为礼官，主管祭祀大典，相当于周代的五官之一司士；委任夔为乐官，夔在音乐上极有天分，和帝喾有得一拼，击打石制的乐器就能让野兽载歌载舞，他若鼓瑟吹箫抚琴弹吉他和钢琴，该是何等盛况！那时的音乐可不像现在的流行乐那么简单，担负着伦理和谐、与神灵交通的作用，如果你瞎唱什么"江南Style"可能会被割去舌头。

舜委任龙为言官，相当于后世的御史大夫，负责纳言颁令。又令十二牧收集整理天下对天子品行的议论，这看上去与龙的职分有重叠，但十二牧是十二大诸侯，他们代表"天下舆论"。

《史记》称赞"此二十二人咸成厥功"，是哪二十二人？禹、弃、契、皋陶、伯益、伯夷、夔、倕、龙，加上十二牧是二十一人，第二十二个人是谁？他叫彭祖，不知道他干了什么，尧时即获封于彭城（今江苏徐州境内），据说他活了八百岁，他好像专门负责长寿，不知道他积了什么德，找到这么好的工作。宰我干吗不问孔子"彭祖寿何八百"，他可能怕把老师活活气死，就不敢问。彭祖是大彭国的始祖，大彭是商朝的两个超级大诸侯之一，另一个是豕韦，而且豕韦是大彭的旁支，彭祖这样的人才叫"命大福大造化大"哩。

舜制定了独特的九年官员考核制度，三年一小考，考核三次，以三考的总成绩来决定升迁或降职。舜的政治智慧让他把尧留下的烂摊子收拾得国泰民安，繁荣昌盛。其间发生了点不和谐的声音，被流放到三危山的三苗可能没听说过"五刑"，仗着天高地远又作乱了，舜采取了"分北三苗"的举措，英明而且仁厚，把三苗隔离开来，分而治之。《五帝本纪》里有句话耐人寻味，"天下明德皆自虞帝始"，这又是春秋笔法，既然文明德政始于舜，那么尧的伟大始于何时？这句话把"其仁如天，其知如神"的尧帝置于一个非常尴尬的境地——尧出局了。舜有"明德"，天下人都向舜竖起两根大拇指，于是舜成了出彩中国人。

舜的内务在二十二大金刚辅佐下处理得有条不紊，下面我们有必要关注一下舜的"外事"活动。

舜九年，我们大家都熟悉的老朋友西王母来访，我很好奇她那天打扮成什么样，她有没有装饰一下她的虎齿豹尾？她送给舜的礼物倒是显得温文尔雅，都是玉——白玉环和玉玦。玉环没问题，玉玦就值得商榷了，"玦"通"绝"，古人绝交时才送玉玦，"绝人以玦"就是这个意思。西王母毕竟是天界友人，不懂这个习俗很正常，想必舜不会怪罪的。不像美国人，能把刮痧理解成家暴。

舜二十五年，息慎氏（又叫肃慎氏）来访，他们向舜进贡弓箭。据《山海经·大荒北经》记载，他们的居住地是东北海，这个记载是准确的。息慎就是后来和大宋纠缠不清的女真族的祖先，女真后来叫女直，为的是避辽兴宗耶律宗真的讳，这是个很善于学习汉文化糟粕的民族。金朝第五代皇帝金世宗完颜雍在金推崇儒法，比南宋犹有过之，儒家学者的地位在金扶摇直上，他的谥号长达十四字，叫"光天兴运文德武功圣明仁孝皇帝"。这家伙在政治上倒是有番作为，但是杀起自己的叔伯来，手段阴险、毒辣，此为"圣明仁孝"乎？当然了，中原的"圣君"们在杀自己家人方面一点儿不比他"落后"。

舜三十五年，有苗氏来朝，不过不是人家主动来的，而是舜派禹把人家打怕了才来朝的，"帝命夏后征有苗"①，有苗就是三苗，夏后就是禹。这里提一下，上古的帝王都是称"后"而不是

---

① 《竹书纪年》。

"帝"，那时的"帝"其实都是指神仙，比如白帝、赤帝，《山海经》里的帝尧其实是众神之一，而不是帝王，级别最高的帝是玉皇大帝。古籍里对商以前的帝王称呼有些乱，一会儿"帝"一会儿"后"，后人只好将错就错。

舜四十二年，玄都氏来朝，献宝玉。《逸周书》里说这个部落首领成天沉迷于鬼道，凡有事就卜卦问鬼，谋臣一律不用。有本事的人在家乡没有就业机会，只好外出求生。鬼们把人们逼走后，没有竞争意识，也就不好好工作，于是乎玄都氏就亡国了。他们的君主若生得晚些，听孔夫子的话"敬鬼神而远之"是不是就好了？可能也不顶事，用儒家语录做指路明灯，效果就像瞎子打灯笼。儒家在战国时创造了一个罕见的"乌鸦嘴"成绩单：儒圣或是他们的弟子主事哪个国家哪个国家必不强大！后世只有一个人的乌鸦嘴功力不比儒家威力小，那就是球王贝利：他看好的夺冠球队一律不夺冠，有的连小组赛都过不了关，比如2014年世界杯中的西班牙。

舜的"外事"活动有案可查的就这些，在五帝中他是最多的了。奇怪的是，尧的在位时间比舜长六十年，可是不见他有任何"外事"活动，可能是天灾人祸太多，无暇他顾。

舜治国、"外交"之余，不忘孝道。他乘坐帝王的车驾回家探亲，见到父亲仍然毕恭毕敬，唯恐侍奉不周有失孝道，"夔夔唯谨"[①]，"夔夔"是恐惧的意思。瞽叟可能是个精神病患者，谁知道他会干出什么来，难怪舜害怕。也可能瞽叟把妻子握登早逝迁怒于儿子，就像武姜因为难产而迁怒自己的儿子郑庄公一样。舜封那个不成器的弟弟象为诸侯，封地在有庳。象的德行和能力都

_____

① 《史记·五帝本纪》。

不配为诸侯，舜封赏他明显是以权谋私，不过别担心，亚圣孟子会替他开脱的，稍后再说。我特别提到象的封地，是因为有庳就在湖南零陵，舜将在那里离开人世。

舜亲自选定的二十二人里，禹的功劳最大，他"披九山，通九泽，决九河，定九州"①，在国庆典礼上"兴《九招》之乐"②，引来珍奇物种和凤凰前来跳舞助兴，其风头俨然九五至尊。

舜只有一个儿子叫义均（或均），与女英所生，因封于商（今河南商丘），所以又叫商均。史籍中关于商均的记载极少，只知他和丹朱舅舅一样"不肖"，所谓"不肖之子"就是不像父亲的儿子，舜与尧同病相怜。

舜和尧摄政的轨迹都一模一样，尧在位七十年后，由舜行天子之职二十八年；舜在位二十二年后，让禹行天子之职十七年，直到南巡时猝死于湖南苍梧的野地里（"苍梧之野"③），葬于当地的九嶷山，也叫零陵的地方。

舜六十一岁时登帝位，在位三十九年，正好享寿百岁。百岁那年，他从都城蒲阪（今山西永济市）出发，过陕西、河南，穿湖北，最后到湖南，如果他没死在湖南，说不定就到两广了。广西还真有苍梧县，在广西东南，再往下就无路可走了，前方是一望无际的南海。舜的另一个生命终点据说就是广西的苍梧，娥皇和女英寻找舜来到湘江，听到舜的死讯，失声痛哭，泪水把竹子打得斑斑点点，于是有了湘妃竹的传说；最后她们双双跳江自杀，于是有了湘夫人的传奇。屈原作《湘君》和《湘夫人》就是祭奠舜和两夫人生死两茫茫的

---

① 《史记·五帝本纪》。
② 同上。
③ 同上。

悲歌与恋曲。

李白的《远别离》一诗也为舜和他的两位夫人一咏三叹："或言尧幽囚，舜野死，九疑联绵皆相似，重瞳孤坟竟何是。帝子泣兮绿云间，随风波兮去无还。恸哭兮远望，见苍梧之深山。苍梧山崩湘水绝，竹上之泪乃可灭。"可怜舜以帝王之尊，最终只剩下一座孤坟，而且连孤坟的确切地点后人都找不到了，哭泣的"帝子"是指舜的两位夫人。当史实被圣人们阉割，我们只能在传说与诗歌里徘徊、感慨、思索。毛泽东晚年批注《二十四史》，于"魏文帝被利用"条目中写下的六个字"尧幽囚，舜野死"，即是引自李白的诗。

无论舜的生命终点是湖南还是广西，他在风烛残年不畏艰难险阻地长途跋涉都匪夷所思。他和他父亲瞽叟一样得了强迫症吗？当年他岳父给的野外生存体验还没过够瘾？临死前还要玩把大的？这可真是过把瘾就死了。再说，按正史里的说法，那时大禹行天子之职，舜还用得着"巡"吗？

如果舜没有突然得神经病，那么就只有一个解释：他被流放了，而且娥皇与女英不准随行照料。他和尧的结局也是一样，尧死于囚禁地平阳，舜死于流放地苍梧。也许舜临死前和弟弟象见了一面，毕竟他已经到了象的封地有庳，如果象亲手安葬了哥哥，也不枉舜生前善待他一场。

舜留下十六字真言"人心惟危，道心惟微；惟精惟一，允执厥中"[①]。这十六字被儒释道三家奉为至宝，各有各的说道，十六个字被演绎成十六万字都不止，尤以朱熹为甚，他在《中庸章句集注·序》里喝醉酒似的云里雾里地一顿论说，不知道他想说什么。这十六个字没那么复杂，不过含沙射影，翻译成白话文也简

---

① 《尚书·大禹谟》。

单，"人心诡诈，治国之道微妙，只有尽心尽意，坚守信念，秉持公正（方可）"。他这话是对禹说的，他眼里那个诡诈的人是谁？联想到荀子等人认为禹以政变的方式夺得天下，舜的话就更显得意味深长了。

对于正史里关于"舜南巡崩于苍梧"的说辞，唐代史家刘知几在《史通·疑古》中讥讽道："苍梧者，于楚则川号汨罗，在汉则邑称零桂。地总百越，山连五岭。人风娞婳（wǒ huà，意为文身，身上有刺青，表示不开化。亚马孙丛林里的原始部落便有文身习俗），地气歊（xiāo，升腾之意）瘴。虽使百金之子，犹惮经履其途；况以万乘之君，而堪巡幸其国？……何得以垂殁之年，更践不毛之地？兼复二妃不从，怨旷生离，万里无依，孤魂溘尽，让王高蹈，岂其若是者乎？历观自古人君废逐……未有如斯之甚者也。"意思是苍梧那个鬼地方，远在千山万水之外，人不开化，瘴气弥漫，舜为啥要在将死之年跑到那里作死？跑那么远的地方，两个老婆还不跟着，"万里无依"，非得要做孤魂野鬼吗？见过被流放的帝王，但没见过被放得这么狠的！刘先生这番话当真痛快淋漓，他是个明白人、真性情的人！刘先生还只是把苍梧算在湖南（汨罗），要是舜"巡"到广西，刘先生不定会激动成啥样。

禹的名字叫"文命"，孔子的后人孔安国在《尚书·大禹谟》的注疏里有："言其外布文德教命，内则敬承尧舜"，当真是一家人不说两家话。要我说，"文命"的意思就是"斯文地要你的命"，不管怎样禹没有亲手杀死舜，手上一滴血都没有，确实很斯文。其实禹叫"文命"的原因简单至极，他生来"胸有玉斗，足文履已，故名文命"。我情愿相信《竹书》里异相的说法，也不愿信孔安国的"理直气壮"。

舜最后无能为力，无可奈何地踏上通往苍梧的奈何桥，把天下留给禹，就像当年尧把天下留给他一样。

去者终须去，来者终会来。舜的离开，代表五帝时代的结束，夏朝的大幕开启，部落联盟结束，封建的家天下从此成为其后四千年的定例。

六　五帝小结

我们所说的五千年文明其实很含糊，从三皇开始算又远超五千年，最早出土的陶器逾万年，可以对应燧人氏；在甘肃与河南之间发展的仰韶文化距今约七千年，可以对应伏羲；发源于甘肃天水（又是天水）的大地湾文化距今约五千多年，可以对应神农。根据《史记》神农早于黄帝，那么我们把黄帝作为五千年古国的源头合适吗？

五帝时代属于上古时代，由于史料和文物的缺乏，史学上称之为"非信史时代"，通俗地称为"传说时代"也行，口耳相传的东西流传下来的本来就很少，再被后人有意或无意地编造甚至篡改，已经面目全非。所以我们看到不同古籍中对于同一个人的记载出入会那么大，三皇五帝中没有任何一人的出生或者死亡地点是明确的，这样也好，一下子多出好多旅游景点，有利于经济发展。

五帝时代到底有多长？《史记》中没有黄帝、颛顼和喾在位的时间，但《竹书》上有。《竹书》不在二十四史之列，但它的重要性也许远远超过你我的想象。

1996年春启动的夏商周断代工程正是基于《竹书》里的星象，比如由"五星如连珠"推算出尧、舜、禹及夏、商交替的年代；又比如"懿王元年，天再旦于郑"，"天再旦"是指日全食，据此可以推算出公元前899年4月21日为懿王元年！2000年11月9日断代工程发布年表，禹建立夏朝始于公元前2070年，那么我们可以估算出五帝时代究竟有多少年。按《竹书》黄帝在位一百年，接下来的少昊《史记》根本没提，《竹书》提到少昊时也晕晕乎乎的"登帝位，有凤凰之瑞。或曰名清，不居帝位"，到底是登帝位还是不登呀？我读书少，你别这么忽悠我。即使被这么忽悠，我还是相信少昊曾为帝无疑，因为后来的颛顼"生十年而佐少昊氏，二十而登帝位"，也就是说少昊至少为帝十年。

我才疏学浅，实在弄不明白为什么少昊成了敏感词，连《竹书》这么童言无忌的书提到他都颠三倒四，顾颉刚先生干脆认为少昊是王莽为篡汉加进来的六帝"金天氏"，目的是补齐世系，表示自己加塞进两汉之间也是天命所归。不过，无论是王莽还是为王莽造势的刘向、刘歆父子都应该没有机会看到《竹书》，更遑论篡改《竹书》。少昊为帝的时段只能是个谜。

不管五千年断代的不确定性，有一点我们可以肯定，五帝时代是部落联盟制，谁胳膊粗谁是老大，比如说炎帝掰手腕输给了黄帝，那么只能让黄帝做老大。

根据尧舜的活动地点来看，尧的陶唐氏和舜的有虞氏大抵都属于山东以鸟为吉祥物的部落集团，少昊便是鸟图腾的崇拜者。"陶唐"中的"陶"（yáo，与尧同音）是山东定陶，而舜的出生地姚墟也有一说是指山东菏泽，至少舜当年打工的地点主要就是在河南和山东一带，那么他们就是邻居了，尧嫁二女与舜，是部族间常见的通婚。他们当时最大的敌人应该是蚩尤的后人九黎族。蚩尤当年的大本营在山东，所以又叫东夷，被黄帝打败后，他的后裔迁到南方，良渚文化可能就是他们的杰作。出土的良渚玉器上，有很多鸟的图案，这一定程度说明了他们以鸟为图腾。令人费解的是，黄帝的儿子青阳（即少昊君）为何要继承他老子的死对头蚩尤的遗志，以鸟为吉祥物呢？

我大胆地猜测一下：少昊有没有可能是蚩尤与黄帝某位妃子生下的孩子？如此才能讲得通少昊以蚩尤的图腾为图腾，也能解释他在登上帝位之后又突然被废，因为他的"历史问题"东窗事发了，这同时也解释了史籍中对少昊讳莫如深的冷处理，为尊者讳嘛。当然，这仅仅是本人的怀疑，没有根据。

尧舜联手，抓了不少九黎族的俘虏，这些俘虏便是所谓的"黎民"，现在我们把"黎民百姓"混为一谈了，其实那时黎民和百姓是两码事。尧舜部落里的部族很多，上百之数，所以有"百姓"之称，百姓属于治下的自由民。

尧舜的山东背景很重要，没有这个背景，他们也许不会被儒、墨抬到上古四圣的地位。

你肯定会问为什么另外三帝不能获此殊荣？黄帝太久远了，孔子都不愿意谈，批评宰我谈黄帝是没事找事；颛顼口碑不佳，生的孩子全是鬼；喾是个作曲家和打击乐手，挺不务正业的，而且在立储问题上存在重大错误，立挚不立尧，挚还"不善"，所以喾也不是合适的人选。此外这三帝跟山东没啥渊源，尤其是黄帝把山东人蚩尤都打垮了。

儒、墨两家的龙头老大孔子和墨子都是山东人，而且他们都是商人后裔，他们尊奉父系祖先舜和母系祖先尧为圣主，简直水到渠成，天经地义。《国语·鲁语上》里舜就被当成商族的始祖神，"商人禘舜而祖契"。有说墨子是河南人（可能性不大），这也没关系，他是宋人，一样是商人后裔。

孔子和墨子两位老大心照不宣地把尧和舜打扮成金碧辉煌的圣主，成了接受后世香火的神明，二老则顺势成了神的祭司。"圣主"的牌位是儒、墨两家的庙宇，庙里挂口钟，随便撞一下便作黄钟大吕之响，响彻山谷，于是"小想法"衍生为"大道理"，然后小庙的祭司便进化为"万世之师表"。

对于史册里不小心留下的一些事关圣主的事情，比如舜封象为侯有以权谋私之嫌，圣人孟子没有正面回答这个问题，而是做了个想入非非的假设为帝舜开脱。亚圣说如果舜的父亲瞽叟犯事进了皋陶画的牢，他就算不做帝了，也要越牢把瞽叟偷出来，然后找一个僻静的所在享受天伦之乐。亚圣真是个善解圣意的人，只是他这个假设一毛钱都不顶：舜封象这个人渣为诸侯都没事，何况把父亲从牢里放出来？他用得着越狱吗？

孟子有句名言："不孝有三，无后为大。舜不告而娶，为无后也，君子以为犹告也。"①这句话告诉我们一个信息：舜结婚的事他的瞎子爸爸和后母不知道！《五帝本纪》里舜孝顺到了变态的地步，结婚这么大的事，他怎么舍得不禀告自己的父亲？再说他的结婚阵势那么大，全村人都该知道吧？为什么偏偏舜的家人不知道？那时他们在哪里？难道真的像庄子在《盗跖》里说的："舜流母弟？"哪个是真的？哪个是假的？退一步说，舜没有"流放"家人，只是不告诉他们，原因孟子替他想好了：他是怕父亲不让他结婚，不结婚就没有后代，所以才"不告而娶"，在君子看来就等同于告而娶之！孟子真是太体贴了，好温柔的圣人。

关于舜不领结婚证就结婚，屈原也知道，他在《天问》里忧心忡忡地问："瞽叟为何不让儿子结婚？搞得舜在家里很郁闷？尧为何不通知姚重华的家长，就让两个女儿和舜成亲？"（"舜闵在家，父何以鳏？尧不姚告，二女何亲？"）这下好了，"不告而娶"之后，又来"不告而嫁"，尧、舜都被绕进去了，看起来尧是主要责任方，我们完全可以想象瞽叟在结婚登记处责问办公人员："尧不告姚，欺叟瞽乎？"屈原只是问问，他不提供答案，你

---

① 《孟子·离娄上》。

爱咋想咋想，所以他只是个诗人，圣人则要负责给世人提供答案。

孟子显然知道民间流传的类似于"舜流母弟"这样不中听的言论，于是他再次站出来做辩护律师说："（舜封象于有庳），象不得有为于其国，天子使吏治其国，而纳其贡税焉。"[①]这段辩护词意思很清楚，象在封国内不得干涉政务，只管收取官吏送上来的税金，光拿钱，不干活，真是"睡觉睡到自然醒，数钱数到手抽筋"，问天下几人有此好命？可孟子显然认为象委屈大发了，下结论说"故谓之放也"。唉，人比人气死人，我什么时候才能被人这么"放"一把？我不需要封地，给我在风景区找一间房间，提供饮食，让我安静地写书就可以了。有庳在湖南，舜的都城在山西蒲阪，中间隔了河南和湖北，象确实是"放"了，不过享受诸侯级待遇，不算"流放"也算是"下放"。讽刺的是，舜自己后来也被"放"到湖南去了，而且待遇远不如他的弟弟。

子虚乌有的尧、舜、禹禅让被编出来、"辩"出来后，一切都好商量了，有了理论基础，说什么都会理直气壮，所谓"名不正则言不顺"嘛，然后圣人们眯起眼睛给人们描绘一幅令后人无比神往的远古蓝图——"大道之行也，天下为公"[②]！在烽烟四起的春秋、战国时代，这个大同世界如同神话吸引着颠沛流离的人们。要怎样重回大同？听圣人的话，"请跟我来"。

顾颉刚先生认为："禅让之说乃是战国学者受了时势的刺激，在想象中构成的乌托邦"，"是墨家为了宣传主义而造出来的"。1936年，顾先生写了篇《禅让传说起于墨家考》的文章，如果说禅让是墨家炮制出来的，那么儒家就是推波助澜者，而且青出于蓝。

---

① 《孟子·万章上》。
② 《礼记·礼运》。

属于儒、墨两家专利的"禅让说"后来被纵横家拿来忽悠，奇葩的是，孔孟和他们数以千计的弟子们都未能实现的"大道之行"，居然让纵横家搞成了，那是中国历史上有案可查、屈指可数的几次"禅让"之一，货真价实，如假包换。

这部大片的男一号是燕王哙，游说人是一流纵横家苏秦的弟弟——二流纵横家苏代。他收了宰相子之的佣金，于是便用尧、舜、禹的高大上往事来劝哙，哙兄虽然不怎么聪明，但也不算特别傻，不答应让位。苏代的合伙人、哙兄的部下、名字怪怪的鹿毛寿上场了，他独辟蹊径，从许由洗耳朵的无厘头逸事着手，说许由没接受尧提供的工作机会，结果皆大欢喜，两人都获得了美好的声名。男一号动心了，什么都没失去而赢得名声，没有比这个更划得来的了。战国之世诸侯国多如牛毛，国君们为搞出知名度，促进旅游观光和吸引人才，花重金请名人打广告是常有的事，所以战国时名人特多。

打着小算盘的哙兄试探性地让位于子之，他万万没想到子之不是许由，竟然立马就接受了。哙兄虽然无法接受子之不求上进、不当许由这个残酷的现实，但也只能真的把位置让给了子之。因为苏代和鹿毛寿为哙兄准备了一个隆重的仪式，在那个场面上哙兄只能把牙齿和眼泪一起吞进肚子。这个阴谋、阳谋与虚荣交织的"禅让"闹剧导致燕国大乱，让位的哙被杀，接位的子之被醢了，哙兄的太子平也死于乱刀之下。齐宣王趁火打劫，把燕国洗劫一空，不知道有多少无辜百姓遭了殃。宣王入侵燕国前，咨询了一位大名人要不要把燕国拿下，大名人说"动手吧"，那位大名人就是孟子。韩非子说国家有五大蛀虫"五蠹（dù）"，其排行榜名列第一的就是儒家，纵横家敬陪末座。

尧如果禅位于舜，他的国家一样会大乱，因为他儿子丹朱以及另外九个儿子，还有他背后的利益集团也不会答应，拼个鱼死网破也要把舜赶下去。强势一方只有以"迅雷不及掩耳"的政变方式才能把反抗力量扼杀于萌芽状态,历代朝政更递无不如此。李渊就是被儿子李世民逼得没辙才"禅位"去做太上皇的。还有两次发生在宋朝,书画皇帝宋徽宗畏惧金兵,命令儿子钦宗继位,钦宗也不傻,死活不肯,实在没辙了才硬着头皮上,后来两人都被金兵当作俘虏抓走;宋高宗赵构让位于孝宗,做了二十五年太上皇,原因很复杂,不过那是最像样的"禅让"。乾隆的"禅让"就不提了,他是为了向爷爷康熙致敬而退下来的,不过他退而不休,啥事都管,嘉庆只是名义上的皇帝。

关于尧、舜"禅让"的谎言或者传说就到此为止吧,禹的"禅让"说道就更多了,我们留在下一章再说吧。

第三章 半遮面的夏朝

一 鲧、禹父子

众所周知，大禹的父亲是鲧；非众所周知的是，鲧是五帝之一颛顼的儿子。《竹书》载："三十年，帝产伯鲧，居天穆之阳"；《夏本纪》一上来也说"鲧之父曰帝颛顼"。颛顼在位三十年时，正好是五十岁的天命之年。那么尧舜时期的鲧多大岁数了？颛顼在位七十八年，他去世那年鲧四十八岁，历经訾六十三年，挚九年，尧九十八年，他被舜流放到羽山时是尧九十七年，那么他便二百一十七岁了！我只能把鲧当作穿越人了，穿越人永远年轻，这样想我才有勇气往下写。

鲧被四岳强烈推荐治水那年"才"二百零八岁，和穿越前辈共工、后羿相比，他还是个小青年，四怪之一黄帝（帝鸿）的儿子穷奇也比他年长百来岁，按辈分鲧是穷奇的从孙。有些史书说鲧就是梼杌，这是毫无根据的臆测。虽然看起来他们确实有点像，同一个爹，岁数都够穿越人级别，但梼杌明明被舜和四岳在"四门穆穆"运动中联手"保送"到蛮荒之地保卫边疆去了，难道他有空当回来治水？

这两种可能都不存在，因为鲧一直在尧帝手下为官，爵位是伯爵（"崇伯"），爵位不算太高，前面还有公和侯爵，四岳肯定是公侯身份。崇是鲧的居地，据说是山西襄汾、曲沃、翼城间的崇山，后面还会出现另一个位于湖南的崇山。

尽管鲧的群众基础和名声不太好（"负命毁族"），他应该还是有能力的，四岳举荐他的一个理由就是没有人比他更适合治水，也是，穿越人见的风浪多了去了。

屈原在《天问》里问："不任汩鸿，师何以尚之？"意思是既然鲧没能力治水，为什么还要举荐他？屈原问得真天真，若是事先"剧透"，鲧自己死活都不会去干治水总指挥的，甭管四岳还是五岳推荐。

鲧和当朝权臣的关系不错，起码和四岳关系匪浅，在尧面前也说得上话。他对舜这颗冉冉升起的政治明星兼驸马羡慕嫉妒恨，据韩非子说，鲧当时的话很没有政治水平，说舜一介匹夫，怎能担当国之重任？用他，国家前途堪忧（"不祥哉！孰以天下而传之于匹夫乎？"①），又说"尧不听，举兵而诛杀鲧于羽山之郊"②，这句话笔者认为不成立，鲧一个戴罪之人，还用得着举兵围剿吗？再说，尧会因为这么一个私下的小报告把鲧杀掉？相反，鲧若私下里在尧面前大说舜的好话，尧倒真有可能杀了他。

《山海经》就更离谱了，说鲧没经帝同意，偷了息壤就去堵水，悲摧的是，他使用息壤不得法（估计匆忙中，他忘了拿息壤的使用说明书），水没堵住，还因盗窃罪被帝派出的杀手祝融杀死于羽山。那个帝既不是尧也不是舜，而是天帝，天帝又叫天皇，就是司马贞声称有十二个头的那个家伙。祝融也是备选的三

---

① 《韩非子·外储说右上》。
② 同上。

皇之一，没当上"皇"改当杀手，穿越三千年的时空把鲧杀死。祝融是专业玩火的，鲧是业余玩水的，水能灭火，但业余的还是比不过专业的。

按《山海经》的说法，笔者认为鲧不是罪人，反倒是个英雄，他盗息壤不是为了走私，而是为了天下百姓。错在天帝头太多而心眼太小，他把息壤的使用说明书给鲧不就没事了吗？天帝的十二个头开会后可能觉得理亏，便把息壤的使用说明告诉了鲧的儿子禹，禹于是"布土以定九州"。

《山海经》真是部奇书，想象力天马行空、天真烂漫，经常冒出几句萌萌的"穿帮"台词，我很喜欢。比如那个迎着太阳跑"马拉松"的夸父，一会儿说他是渴死的，过一会儿又说是被应龙杀死的。反正它就是一部"巫书"（鲁迅说的），没必要太较真，不过它里面有些蛛丝马迹可以和史籍里的零星碎片产生微妙的联系。

杀鲧的应该是舜而不是尧，《史记》也是这么说的，"乃殛鲧于羽山以死"。舜要杀鲧的动机很充足，谁让你说我坏话来着？！但理由并不充分，鲧因治水不力被流放已经得到惩罚，就像谨兜和共工被流放一样，当初不杀他说明他罪不至死，何以在羽山期间把他杀死？这个不充分的理由恰恰证明了舜的动机。

鲧的性格和遭遇都有点像商鞅，他们低估了潜力股的升值空间。商鞅就是因为得罪了嬴虔和嬴驷这爷孙俩才在他的靠山秦孝公死后招致杀身之祸。也许鲧想当然地以为继承尧大位的必是丹朱，舜不过是个辅政大臣而已，他哪里知道当舜做"代理帝"之后不久，尧就已经是傀儡或者说已被软禁在平阳了，舜大权在握，立刻把鲧的流放改判成死刑。

屈原对此又想不通了，说既然鲧都关押了那么久，干吗又要杀他？（"永遏在羽山，夫何三年不施？"）屈原有赤子之心，适合做诗人，他做不了政客，最后在舜的流放地汨罗投江自杀，给自己的一生画了个悲壮的句号。

甫管鲧是被谁杀了，可以肯定的是他被杀了；另外一件可以肯定的事是他有个儿子叫禹，这个儿子做大的时候，叫大禹。

关于禹的出生有两种说法，这两种说法的差异之大让任何地球人都想撞墙。

《山海经》说鲧临死前剖腹取出儿子禹，也就是说禹是单性繁殖的，这是中国传说里最令人难忘的一个空前场景，但不是绝后。五百多年后，殷商朝的一个猛男，不对，是一群猛男，比鲧更厉害，一次可以"生"两个儿子，留待以后再说。穿越人体质特殊非我等所能想象，我奇怪的是为什么舜在杀了鲧之后，立马让"婴儿"禹子承父业？如果你知道这是《山海经》的习惯性"穿帮"就不会太吃惊了。不过屈原还是想不通，问：父亲的肚子生出儿子是什么样的"化学反应"？（"伯禹愎鲧，夫何以变化？"）屈原太可爱了，他问得好萌啊。

《竹书》透露了禹较为正常的一种生育方式，他妈叫修己，没事出去踏青，然后怎样？你猜对了，在出行途中，因光电反应珠胎暗结，光是星光。（"母曰修己，出行，见流星贯昴，梦接意感，既而吞神珠。"）禹的生产方式和契异曲同工，契的妈妈简狄剖腹（或胸）生下契，修己剖背生下禹（"修己背剖，而生禹于石纽"）。修己还有别的名字，有莘氏之女，叫女志，或叫女嬉。她之所以有不同的名字，是因口耳相传之故，名字传走样了，其他人等都有类似的情况，这就解释了为什么上古的人名字很多，现代人的名字也很多，大多是上网穿的马甲。石纽，据《蜀王本记》说是广柔县，即现在四川北川县。笔者认为这有道理，还记得颛顼的父亲昌意和大伯青阳发配到哪里吗？泜水和弱水，此二水均在四川。这似乎暗示鲧是在父亲颛顼被指定为接班人之后才回来的。

舜杀了鲧之后，让禹继续治水，这并非舜的本意，而是四岳的举荐。墨子对于舜杀其父而用其子的做法不能接受，于是便四处"发帖"暗示鲧、禹并非父子，只不过没人听他的，无论正史野史都把鲧、禹当成父子，《山海经》《天问》《竹书》和《史记》均执此说，墨子在这个小问题上栽了大跟斗。其实从年龄上判断，鲧和禹确实不太可能是父子，就像鲧和颛顼不可能是父子一样，禹做鲧的重孙都着急了点儿。

禹在父亲的人生悲剧里学到不少经验教训，为人很低调。舜任命他做治水总指挥，他下跪叩首，举荐弃、契弟兄俩和皋陶，直到舜说还是你来做吧（"汝其往视尔事"[①]），这才赴任。禹做事勤奋，为人谦和（"克勤，其德不违，其仁可亲"[②]），和鲧的为人处世迥异。也难怪，文命兄当时无势，不得不夹着尾巴做人。后来当他势力渐长、声望渐高时，他又是另一副模样了。

禹接受任命后，和伯益、后稷一起奔赴抗洪救灾的第一站是尧的出生地之一冀州。禹确实是个实干家，而且特别能吃苦、特别能战斗，穿着简易的工作服，住在简易的工棚里，风餐露宿。他翻山涉水，根据地势高低，因地制宜，该填堵处就填堵，该疏通处就疏通，把平地的积水导入江河，再由江入海，于是水患消除。不像他父亲鲧不知变通之道，不管三七二十一，只要看到水就堵，水四处漫溢，鲧就疲于奔命四处堵，最终把自己堵在羽山上再也下不来。

据《山海经》和《淮南子》透露，大禹治水时还和共工打了

---

① 《史记·夏本纪》。
② 同上。

一仗，《荀子》也说"禹有功，抑下鸿，辟除民害逐共工"。看样子共工被舜流放到密云后，不老老实实反思罪行，反倒变本加厉，又跳出来兴风作浪。大禹邀请到曾和黄帝一起工作过的四龙——应龙、黄龙、白龙和苍龙参战，这才把共工彻底制服。共工的一生是穿越的一生，他在每个时空的结局都是一样——失败。共工此后再未出现在"媒体"，他可能意兴阑珊，不想穿越了，把密云当作最后的故乡。清人顾炎武参观过共工故居，他在《昌平山水记》里说："其城仍在，亦曰共城，在密云县东北五十里。"

禹搞定共工，不需要打仗了，这才能一心治水。他以身作则，和千千万万征召而来的百姓同食同宿，整天泡在泥水里，完全体现了一个首领的领头作用，风里来雨里去。禹长途跋涉途中，步伐很有特点，被称为"步不相过"，意思是前后脚非交替而行，而是一只脚始终跟在另一只脚的后面，这种跛行的步伐被称为"禹步"。大禹本不走禹步，走的路多了，也便成了禹步。

禹的步姿被巫觋（xí，指男巫，巫则特指女巫师）研究并附会成神奇的仪式，其理论根据是禹乃圣人，鬼神猛兽、毒蜂毒蛇甚至暴龙都不敢伤他，充分体现了"禹步"具有非同一般的神力，于是巫觋做法时突然步履跟跄，迈起"禹步"。和动感强烈的跳大神相比，"禹步"安静得像跳交际舞。后来道家发扬光大，把"禹步"搞成一个体系，由"禹步三"到"三步九迹"，再到什么"步罡踏斗"，一路把"禹步"升级成"神步"。

道经《洞神八帝元变经》甚至把"禹步"的来历也升级了，煞有介事地说："昔大禹治水……届南海之滨，见鸟禁咒，能令大石翻动。此鸟禁时，常作是步。禹遂摹写其行，令之入术。"原来禹步是"鸟步"，这种鸟散步时产生咒语的力量，能令大石翻动，于是禹就学而习之，灵验得很，屡试不爽（"自兹以还，术无不验")。这个劳什子"元变经"的作者写作能力挺差，只知道强调"步咒"的效果，"前因"的信息付之阙如。比如那是什么鸟？那鸟为什么要翻石头，它喜欢举重吗？《北梦琐言·逸文》载："南方有鹳（guàn），食蛇，每遇巨石，知其下有蛇，即于石前如道士禹步，其石阽然而转，因得而啖。"寥寥数语，话说得一清二楚，其表达能力值得道士们学习。鸟是鹳，大型水陆两栖鸟类，腿细长如鹤，步伐优雅，喜欢吃蛇。蛇躲在大石下，鹳一点儿都不着急，走几步，石头感动得受不了，自动翻身把蛇出卖了。

"禹步"其实说明禹是跛子，由于他十数年来腿脚长期浸泡于泥洼之中，积劳成疾，得了风湿性关节炎，走路一瘸一拐。战国时期杂家的代表人物尸佼在其著作《尸子》里说："禹于是疏河决江，十年不窥其家……生偏枯之病，步不相过，人曰禹步。"意思是禹因忙于工作，十多年不着家，得了"偏枯"的毛病，所谓偏枯就是偏瘫。晋人李轨在《扬子法言》注解里说得更明白："姒氏，禹也，治水土，涉山川，病足，故行跛也……而俗巫多效禹步。"那个"俗"字用得太好了。

从"禹步"的来历里，我们深深体会到禹治水真是殚精竭虑，任劳任怨，他成就伟业除了方法对头外，还有鞠躬尽瘁的奉献精神，二者缺一不可，"没有人可以随随便便成功"，禹让我想起舜爱唱的"歌谣"。解除水患，是真正意义上的拯救苍生，他是中国版的挪亚，从现在起我们称他为大禹，他当得起这个"大"字，不管他将来做了什么。大禹还是个大个子，比尧矮一寸，四舍五入，他也是个"丈夫"，大丈夫！

大禹"三过家门而不入"的先进事迹，中国的小学生都知道，而且理由小学生也都知道：大禹公而忘私，高尚得一塌糊涂。这个传说是孟子所言："禹疏九河……八年于外，三过其门而不入。"①

关于大禹的妻子涂山氏，值得多说几句，因为事关"夏二代"，大禹的儿子启，为中国历代王朝的交接定下了一个不良的基调。涂山氏有个娇滴滴的名字，叫女娇，貌美如花，出身于名门望族。涂山是现在哪里，至少有三种说法，分别是浙江、江西和安徽的怀远县。我是安徽人，因此强烈相信女娇是安徽人。女娇在看见大禹治水的英姿后，深深爱上了大禹。大禹当时迈着"左准绳，右规矩"②的"禹步"，肩上还有三尺三的扁担，配上九尺九寸的伟岸身躯，实在太酷。

女娇爱上大禹后，就直接跑去问大禹爱不爱她。大禹听到女娇的表白，看着女娇的娇容，在零点零一秒内就爱上了她。大禹工作之余，一有空就去桑林和女友相会，一路上挥舞着三尺三的扁担撒欢奔。

大禹和女娇有没有成婚有两种说法，一说成婚了，一说没有成婚。我没有办法核实他们有没有结婚证，但孟子想必坚信大禹是成婚了，否则一个未婚生子的人怎么能当四圣之一呢？好吧，大禹和女娇成婚了，成婚不久就离开家了，率领众人奔赴下一个治水工地。这一去就是十三年（孟子认为是八年）。

女娇是个有音乐天分的女子，把相思寄托在乐曲当中。她的原创歌曲只有四个字——候人兮猗，有效的字只有前面两字，后面二字是虚词，相当于"啊，哎"，表示叹息再叹息。女娇要"候"的那个"人"当然就是她的禹哥文命兄。女娇的歌没有名字，我义务给它起名叫《常回家看看》。

据吕不韦说女娇版的《常回家看看》乃南音的起源，后来

---

① 《孟子·滕文公上》。
② 《史记·夏本纪》。

周武王的两个弟弟——周公和召公——下乡采风，这哥俩收集整理的南音，便是《诗经》第一部《国风》里的首两卷"周南"和"召南"。我们耳熟能详的"窈窕淑女，君子好逑"即来自"周南"。所谓"采风"，"风"指的就是"国风"。我2014年回国有幸在福建听过一次南音，台上的女子一袭长裙，横弹琵琶，歌声如泣如诉。虽然我一句歌词都听不懂，但那单纯的旋律和嗓音依然令我非常感动，眼前出现一幅远古的画面：一个白衣女子站在芳草萋萋的山坡上望着苍茫的远方，心里哼着思念的歌谣。

女娇想必经常守望在家门口，一咏三叹地唱着"候人兮猗"吧？女娇是个有想法的女子，她要让禹哥听见她作词作曲的歌，可是当时她有孕在身，不便远行，怎么办呢？她有办法，她让她的侍女赶往禹哥的工地去唱！当时的情景很有趣，因为没有麦克风，侍女必须要走到禹的身边，先介绍一下歌曲背景，然后再开唱，禹哥身边的民工有福了，这是人类历史上的首次工地慰问演出。在身边战友和民工的起哄声里，文命兄羞涩而幸福地笑着。《吕氏春秋》里这段关于大禹与妻子的小故事很美，走抒情路线。

《淮南子》走的则是荒诞路数，据说大禹治水到了离家不远的嵩山，怀孕的女娇去看望大禹。大禹当时正在从事一个艰难的工程，打通辕辕山来疏导洪流，其工作方式连火星人都无法理解。

大禹跟女娇约定，听到鼓响她才可以去见他。大禹忙中出乱，不小心碰落的一块石头把鼓砸响了。女娇听见接头暗号，便去看望大禹。当时的大禹为了提高工作效率，化身为熊，正在生猛地开山裂石。女娇大惊失色，掉头就跑，一路跑到嵩山脚下变成石头。大禹追上来，喊道："把儿子还给我！"石头北向裂开，一个孩子以孙悟空的方式诞生了（"石破北方而启生"①）！大禹给

---

① 《汉书·武帝纪》颜师古注引《淮南子》。

那个孩子命名为"启",因为他是从石头中开启出来的。据说生出孩子的石头高十米,周长四十三米,人称"启母石"。

这个古怪的传说被庄严地接受,汉代时在嵩山七十二峰之一的万岁峰下,建了一座"启母庙",并铭刻《启母阙》碑文以表彰涂山氏为大禹治水所做出的巨大牺牲。

我对这个匪夷所思的传说耿耿于怀,这个传说太丑陋了,大禹化身为熊,把老婆吓得落荒而逃,编造这个故事的人动机是什么?丑化大禹还是颂扬大禹?如果是颂扬,编造者口味很重;如果是丑化,理由是什么?

安徽也有个"启母石",在怀远县涂山,又叫"望夫石"。大禹和女娇婚后四日便离家治水,一走就是十三年。女娇朝思暮想,天天都去一个地方,心里吟唱着"候人兮猗",看着唱着,终于化身为石,那个地方就是女娇与禹的初恋之地,那里曾有一片茂密的桑林。

大禹为治水付出的巨大努力和献身精神以及其成就的伟业配得上后人永远的敬仰与纪念。屈原在《天问》里提醒后人不要忘了鲧,很有道理。大禹不仅吸取父亲失败的教训,也把父亲曾用过的"堙土法"用上了。没有父亲的先驱,大禹能成功吗?"鲧何所营,禹何所成?"意思是洪水得治,鲧和禹父子的作为分得清吗?"纂就前绪,遂成考功","考"指的就是大禹的先父鲧,没有鲧,就没有禹。

鲧的失败也许很大程度上是因为性格上的缺陷,"负命"说明其桀骜不驯,得罪舜招致杀身之祸。大禹治水十三年才成功,鲧才干了九年就被撤职查办,再给他几年,说不定他也能成功。

鲧地下有知,肯定会为儿子欣慰、自豪。治水成功的大禹在舜的联盟里如日中天,一如舜当年在尧时代的模样。

二　九州方圆

尧、舜时代天下分十二州，大禹治水时把十二州打散规划为九州，从那时起，"九州"就成了中国的代名词。古人认为天圆地方，所以中国是九州方圆。

不清楚舜对于大禹划定九州有什么看法，不管他有没有看法，九州都在大禹运筹帷幄之中。九州是冀、兖（或沇州）、青、徐、扬、荆、豫、梁及雍州，这个顺序是有讲究的。洪迈在《容斋随笔·禹治水》里有详议，总而言之是合乎五行之术，这是大禹成功的秘诀，而鲧之所以失败则因打乱了五行（"汩陈五行"）。好玩的是，在文末洪迈轻描淡写地提了句"此说予得之魏几道"，而不说他信还是不信。魏几道是这么说的："天乃锡禹洪范九畴，彝伦攸叙"①，意思是天书《洪范》规定了天地运行常理，治水的技术要领便是循五行而为。魏几道的说法其实来自《尚书》里的《洪范》篇，洪迈怎么可能不知道，只不过他不信《洪范》是天书罢了，不动声色地摆了魏几道一道。

"五行"始于战国，给大禹的天书里怎么会有"五行"？传说中，《洪范》也是写在乌龟背上的，而且也是出现在洛水，所以也叫洛书。出现在大禹面前的乌龟和当年向伏羲献书的那只是同一只吗？可能不是，因为要把龟背上好不容易刻上去的字擦掉很难，不如再派一只乌龟省事。

乌龟的问题留给方士们去考证，我们来看看大禹定下的九州。每个州都有不同的赋税以及贡品，屈原对此大为感叹："地方九则，何以坟（fèn，做动词，区别土质肥沃度）之？"意思

---

① 《尚书·洪范》。

是大禹到底根据啥把天下分为九州？

屈原到底是诗人，思维很跳跃，我紧赶慢赶的还是赶不上，他接下来的问题又回到大禹治水的工作程序上："应龙何画，河海何历？"应龙是有翅膀的龙（莫非是恐龙的一种，翼龙？），用翅膀帮助大禹划出渠道，江河就顺道而流。我也忍不住要问：既然应龙的翅膀如此管用，大禹何苦化身为熊吓唬自己老婆？应龙真够忙的，当年黄帝大战蚩尤时他就帮了大忙，大禹修理共工要他帮忙，治水又请他帮忙。应龙是战士，也是挖土机，真是能者多劳啊。从屈原的发问里，不难推测屈兄也是《山海经》的粉丝。

冀州是天子的直辖州，都城所在，面积超大，包括山西全境及河南、天津、河北、内蒙古和辽宁的部分地区。当时冀州的土壤并不肥沃，属于砂质盐渍土（"其土白壤"[①]），列第五等，可是它的赋税却是最高的第一等，歉收年才能降为第二等。这看起来似乎很不合理，凭什么五等的土地要交一等的税？这就像要年薪一万的人按年薪一百万的税率交税一样，这么搞谁还愿意做"首都人"？大禹不可能傻得像盐碱地一样，错位的税率暗示了当时冀州的主要收入不是农产品，可能是渔牧业、林业、盐业等等。东北的鸟夷族进贡野兽皮毛，为了他们顺利从海路转入黄河航道，大禹贴心地树立了转弯的标志——碣石（"夹右碣石"[②]），那是最环保的交通标志。

兖州包括山东西部、北部及河北、河南的部分地区，该州的土质是膏肥的黑坟土，但不知道为什么居然排在盐渍土之后，列为第六等，税赋则为第九等。兖州人可能不太会种田，花了十三

---

① 《史记·夏本纪》。
② 同上。

年时间才赶上兄弟州的耕作水准（"作十有三年乃同"①），该州的特色产品是漆和丝，这也是他们的贡品，凡有特色的就得上供，以前如此，后来亦如此。

渤海东北的辽东和泰山东面的山东半岛属于青州，从地理位置来看，该州肯定不是以农业为主，它的土地是第三等的白坟土，赋税则是第四等。其贡品为盐、细葛布（尧赏给舜的絺衣便是此衣料所制）、海产品、磨玉的砺石、泰山产的丝、玉石、麻、畜产，还有金属铅，另一个很常见的贡品是松，我不明白大禹要松树干什么，我怀疑"松"是指松香。铅是制青铜的重要合金之一（另一个是锡），不过从出土的夏朝文物来看，没有发现青铜器，那时的铅可能用于陶器的釉料，加了釉的陶器可以解决渗水的问题。

20世纪50年代在河南偃师（据说是帝喾的都城）的二里头遗址，其一期至二期（公元前2080年—公元前1590年）只发现木、石、骨制成的兵器，而三期至四期（公元前1590年—公元前1300年，即商代的上半期）才发现少量青铜器。（笔者按：1975年在甘肃马家窑发现一把孤零零的青铜小刀，据说那是公元前3000年的，也就是说大约在神农时代。对此，我无法印证。）

东边沿海，北至泰山，南边和淮水之间的区域是徐州，即现在的河南、江苏和安徽的部分地区，土质是红色黏性肥土（赤埴坟），属于第二等，赋税则为第五等。该州进贡的物品有五色土、五色雉羽毛、浮磬石、珍珠贝及渔产、制琴的名桐、赤黑色的纱和白色绸缎。

五色土是青、赤、白、黑、黄，对应东、南、西、北、中建立社坛。社坛是什么？五色土有什么用？五色土确实没啥用，主

---

① 《史记·夏本纪》。

要是天子用来玩"过家家"游戏的。

诸侯的封地在哪个方向，就会得到相应颜色的土，不管什么颜色的土上面都要覆盖一层黄土，黄土代表天子，所谓"列（或裂）土封疆"就是这么来的。另外一个意思相同的成语是"裂土分茅"，茅是白茅，诸侯用白茅把两种土包好，恭恭敬敬带回封地建立分社。社坛是祭祀的场所，早期的人们是坚信有救世主的，社坛又叫"社稷坛"，社祭祀土地神，稷祭祀主管五谷的神，所谓"社祭土、稷祭谷"；也有一说社指祭天，稷指祭地，社稷由此成为江山的代名词。不清楚"过家家"游戏是否是大禹原创，后世的帝王们一直乐此不倦，玩到清代玩完，看来这个游戏确实好玩。

那么五色土为什么偏偏是这五种颜色，而不是别的颜色呢？女娲补天用的五色石便是这五种颜色，可见神话对历史的影响，或者说历史对于神话的反馈。另外，五色土与五行说无关，根据长沙出土的战国缯书判断，五色与五方相配是在"五行说"滥觞之前，那时齐国第二帅哥邹衍还没出生。

浮磬石产自安徽灵璧县，是灵璧石的一种，可以用来赏玩，不过主要是用于制作打击乐器——编磬，帝喾就挺擅长玩这个的。后来有了青铜之后，才有编钟。浮磬石的音质，清亮悠扬，泛音宽厚，很有气势。1970年中国第一颗"东方红"人造地球卫星上天时，在太空播放的《东方红》乐曲，就是由灵璧磬石制作的编磬奏响。

扬州北起淮河，东南临海，所谓"淮海惟扬州"①便是，它的面积比直辖州冀州还大，江西、浙江和福建全境，安徽、江苏，粤东部分地区，甚至台湾周围的大小岛屿尽是扬州。此地有茂林

---

① 《史记·夏本纪》。

修竹，芳草碧连天，土质为湿土（涂泥），按说很适合农作物生长，不知道为什么大禹时代居然是最差的第九等，那一带大部分地区在历史上可一直是鱼米之乡啊。也许当时的人无心务农，那里有现在已经消失的东西，这从他们的贡品可以看出些许端倪：象牙、犀牛皮和牦牛尾，你现在能在这些地区看见大象、犀牛和牦牛吗？大象和犀牛生活在热带和亚热带，而牦牛则生活在高原地区，比如现在的青海、西藏，有"雪域之舟"的模范称号，它怎么和大象、犀牛跑一个州里了？那时扬州的气候、地貌和现在相比，变化差异实在太大了，想必扬州有很多区域属于寒冷地带，不适于种植水稻类的南方作物。它的贡品还有竹箭、美玉、衣料、贝锦及橘子、柚子等水果。该州税赋和冀州一样倒挂，九等田，七等税（丰年为六等），看样子那三个大型动物为扬州人民创收不少。

荆州包括湖南全省、湖北部分地区，南及广东。该州的土质和扬州一样，也是涂泥，但列第八等，税赋则为第三等，这得多少"灰色"收入才能弥补如此严重的失衡？他们的非农产品实在多，我都不好意思一一列写，怕有赚稿费之嫌。扬州的三大动物他们都有，还有磨刀石、木材、竹材、丝织品等。需要特别说明的是，他们的贡品里有"金三品"，不是金子，而是三种成色的铜，纯度高的铜是红铜，有杂质的含锌铜是黄铜，可以肯定的是"三品"里没有青铜。青铜比红铜和黄铜的使用价值高太多了，地位也高多了。

豫州在荆山和黄河之间（"荆河惟豫州"[①]），它在九州中心，除青州为徐、兖州所隔，与其余七州均有交界，所以它是"中原"。该州田属四等，税二等，可是它的贡品和其他兄弟州比起

---

① 《史记·夏本纪》。

来实在寒碜：漆、丝、麻制品和磨刀石，靠这几样东西能弥补逆差吗？我很怀疑。也许占地利之便，倒买倒卖的"走私"让他们挣了不少东西（那是没有货币，所以不能说"挣钱"）。

世界上首先使用货币的也是苏美尔人，五千年前他们就有钱了。苏美尔人是个谜，没人说得清他们的来历，他们的语言都是独立语系，被闪族人灭掉后，就再也没有出现在历史上。他们来到这个世界，好像就是为了给其他民族做一次文明的示范，然后就"挥一挥衣袖，不带走一片云彩"。

梁州多山，故名梁州，范围包括陕、甘省境、四川全境及云南、贵州部分地区，以及豫州、雍州交界。《夏本纪》说"华阳黑水惟梁州"，意思是梁州在华山以南及黑水之间。黑水是哪条江哪条河自古没有定论，宋人认为黑水指的是泸水，泸有黑的意思。泸水又叫金沙江，诸葛亮于建兴三年（225年），亲率大军南渡泸水，平定云、贵地区的叛乱，诸葛亮不仅表现出了出色的军事才能，还以德服人，七擒七纵孟获，这个神奇、好听的故事也许属于"路透社"性质，《三国志》没有记载。不过司马光信以为真，在《资治通鉴》里说："七纵七禽，而亮犹遣获，获止不去，曰：公，天威也，南人不复反矣。"大禹"道九川"时，黑水又出现了，指的是西起甘陇，经西南，入南海的一条江，可事实上并没有这么一条水。《山海经》里倒是有黑水，黑水专家们搞出十来个黑水的所在地。

梁州田地是青泥土，列第七等，赋税第八等，可上下浮动三级。此州的贡品都与山产有关，黄金（和"金三品"不是一个意思）、银、铁、镂钢，还有用来制造箭头的砮石、磬石以及熊、罴、狸、狐皮毛。需要说明的是，铁和镂钢肯定不是我们熟悉的铁和钢（笔者按：钢铁是在战国时才有的，这里提及的铁和钢也许是指不同成色的铁矿石），否则就用不着用砮石做箭头，扬州也用不着进贡竹箭了。镂是雕刻的意思，镂钢看样子是用于装饰。由于河道疏通，西倾山一带的羌族沿着桓水（又叫白水，即现在的白龙江）来往，做做小生意。

第九州是雍州，在黑水与西河之间，包括秦岭以北的陕西境、甘肃、宁夏全境及青海部分地区。该州的土质是什么？黄土高坡，自然是黄土。黄土纤细，为一等，特别适于耕种，所以当初神农、黄帝才选择在陕西落户。不过该州有大片沙漠和石岭地带，并不适于农耕，所以它的税率是第六等。它的贡品主要是各类玉石和兽皮。三危山也在该州，舜当年流放三苗于此，三苗后来闹事，舜采取分而治之的方法。按《夏本纪》的说法，三苗遵纪守法，并且安居乐业了（"三危既度，三苗大序"）。

真的如此祥和吗？别的史书上不是这么说的，这句话甚至和《夏本纪》后面的记载直接抵触，大禹明确地对舜说三苗凶狠不听话，要舜留心。（"苗顽不即功，帝其念哉"）不管舜有没有留意三苗，大禹是把三苗放心上了。

三苗不是安居乐业，而是彻底安息了。

"三苗将亡，天雨血，夏有冰，地坼及泉，青龙生于庙，日夜出，昼日不出。"[1]撇开"雨血""青龙"等魔幻意象，"地坼及泉"不就是地裂（地震）吗？墨子先生也许看过《竹书》，他在《非攻下》里关于反常现象的描述与上述引言如出一辙，略作了改编而已，说："昔者三苗大乱，天命殛之，日妖宵出，雨血三朝。龙生于庙，犬哭乎市，夏冰，地坼及泉，五谷变化，民乃大振，高阳乃命玄宫，禹亲把天之瑞令以征有苗，四电诱祗。有神人面鸟身，若瑾以侍，搤矢有苗之祥，苗师大乱，后乃遂几。"从这段话里，可以清楚看出是大禹灭了三苗，三苗自此以后再未出现。

---

[1]　古本《竹书纪年》。

大禹灭三苗被墨子高度圣化及神化。高阳便是颛顼，那时他人在天上，心系故土，特命天官下凡，交给大禹"瑞令"。大禹持上天"瑞令"，又有"人面鸟身"的大神相助，自然就成了替天行道的圣人。"人面鸟身"的大神在《山海经》里注册在案的有四位，分别是北海的禺强、东海的禺虢（guó）、东方句（gōu）芒，还有一个住在北极天柜的山上，九首人面鸟身，所以名叫九凤，估计是个女神。我不知道其中哪位大神和大禹并肩战斗来着，我猜想墨子先生大概也是《山海经》的粉丝。

墨子先生的文笔很漂亮，那段文字很有"魔幻现实主义"范儿，不输加西亚·马尔克斯。如果把"魔幻"的部分去掉，现实就是大禹乘三苗地区大地震之机，一举把人家给灭了，三苗人可能以为大禹是来抗震救灾发扬部落联盟人道主义精神的，翘首以待，结果变成伸着脖子让人砍，可不血雨满天飞吗？不是"非攻"吗？人家地震时就可以攻？"兵者，诡道也"，三苗人不懂。

大禹工作能力强是毫无疑问的，治水、治国、打仗样样行，在这些方面他比舜更厉害。

大禹也许还真有你我都想象不到的想象力，他还是个作家。你知道《山海经》的作者是谁吗？据说就是大禹和伯益合著的！伯益是大禹治水时的同事之一，负责教灾民种稻，他们两人哪来的时间写作？不是写作，应该是口述。这不是我信口开河，有资料为证。

西汉刘歆给皇帝上表时说："《山海经》者，出于唐虞之际……禹别九州，任土作贡，而益等类物善恶，著《山海经》。皆圣贤之遗事，古文之著明者也，其事质明有信。"那个皇帝是西汉的最后一个皇帝，谥号可怜得紧，叫"哀帝"。这个刘歆搁现在一定是广告界的风云人物，他太敢开牙了。《山海经》说的是"圣贤之遗事"？你欺负哀帝不认字吗？"其事质明有信"？你给我找一只人面鸟来即可，不过别拿猫头鹰说事。

王充在《论衡·别通篇》说道："禹、益并治洪水，禹主治水，益主记异物，海外山表，无远不至，以所闻见作《山海经》。非禹、益不能行远，山海不造。"王先生的理论根据是因为大禹和伯益治水走过千山万水，见过大世面才能"说"出《山海经》。清代学者毕沅考证《山海经》，采取折中的办法："作于禹益，述于周秦，其学行于汉，明于晋。"[①]他说的禹益是指这两个人的时代，而不是大禹和伯益二人。历史学家陈槃先生认为《山海经》是齐国帅哥邹衍写的，他是从《周礼》注疏中找到邹帅哥的，我不知道对不对，作为一个备注吧。

我对汉儒的逻辑推理能力很失望，他们适合玩"天人合一"那种不着四六的玩意儿以及研究哪种下跪姿势最酷。《山海经》里有些地名，比如"长沙""零桂""桂阳"等都是秦汉以后的郡名，大禹怎么知道的？大禹说他自己是父亲鲧剖腹产的，那鲧到底是爹还是娘？大禹成心恶心自己吗？大禹和他的同事伯益、后稷以及几十万人民历经千辛万苦才完成治水大业，大禹自己累得得了"偏枯"，走路都走不好。可是在《山海经》里他的成功是"随随便便的成功"，因为天帝给了他息壤就把水治住了。这么一来，大禹和他的小伙伴们的功勋便被抹得干干净净，一切不过是天帝的赏赐而已，大禹脑子难道也风湿了吗？否则怎么可能编出这种对谁都没有好处的故事？

朱熹认为《山海经》乃附会《天问》的看法扇了汉儒一耳光，不过他也有点矫枉过正，说《天问》附会《山海经》还差不多。《山海经》始于大禹时代可能性颇大，当时治水工地上各色人等都有，工余大伙凑一块侃大山，讲一些奇闻轶事、奇谈怪论

---

① 〔清〕毕沅：《山海经新校正序》。

丰富一下文化生活，流传下来也许便成了《山海经》的一部分。从事这么大的工程，巫觋是少不了的，他（她）们一搅和，奇闻便成了神迹，"禹步"可能就是这些巫觋"研发"出来的。

夏朝是个巫术颇为流行的时代，2015年初在郑州郊区挖掘出一个据说是夏朝遗址的城墙，那些城墙是土墙，这再次证明那时的人没能力建造石头城池。那些土墙里发现孩子的遗骸，这说明当时建个土墩子都要搞巫术仪式，拿可怜的孩子作为祭祀牺牲。鲁迅说《山海经》是巫书，很有见地，比那些东拉西扯的儒生们强太多了。袁珂认为《山海经》是战国时楚人所作，这和鲁迅的"巫书"见解吻合，楚地的巫术承于中原而发扬光大，战国时巫术在中原已经不时兴了，但楚地仍然"神魂颠倒"。

《山海经》绝非一时一人之作，时间跨度太大，非穿越人不能为也，说《山海经》是共工躲在密云水库写的都比说大禹是作者靠谱。《山海经》最后应该成书于西汉，有个证据：大禹的儿子启在《山海经》里被改名为开，这是为了避汉景帝刘启的讳。

大禹定九州，并安排了各州相应的税率，于是《史记》（其实是《禹贡》）上说"成赋中国"，"中国"这个词就这样突然悄悄地诞生了，"中"是相对于东南西北四夷而言，我们在正中，所以叫"中国"。大禹接着道（通"导"）九山、九川，他这么日理万机，还有时间和兴趣搞"文学创作"？我不相信大禹是《山海经》的作者之一，他没有那个天真烂漫的情怀，当然这只是我的猜测，没有根据。

大禹究竟是不是个文学家我们先放在一边，让我们来关注他作为政治家的作为。天帝也不关心大禹的文学成就，因为他完成了"三九"伟业，便给他颁发奖状：天下和姓氏，姓是姒，氏是（有）夏。《国语·周语》里说"皇天嘉之，祚以天下，赐姓曰姒，氏曰有夏"，说得一清二楚，我们有理由相信"皇天"就是有十二个头的天皇，也即天帝。

奇怪的是《夏本纪》对"皇天"只字不提，没头没脑地冒出三个字"赐土姓"，因为前面的主语是大禹，这一下子造成双重错觉：第一，大禹给谁赐"土姓"？那一段里没有宾语，总不至于是个九山、九川、九泽吧？山、川、泽本来就姓"土"嘛！第二，"土姓"是表示姓"土"吗？"土姓"其实是"土与姓"，"土"代表领土，即天下。幸亏有了"盲左"的《国语》，否则我们这些后人就两眼一抹黑，全瞎了。《史记》沿用《禹贡》的说辞，这倒符合司马迁的初衷"《禹本纪》《山海经》所有怪物，余不敢言之"，但您老不是在讲述"四门辟"时提了四个妖怪吗？为何反在大禹"授勋"一事上吞吞吐吐？如果不接受《国语》，那么禹的姓和氏都没了出处，这是个学术疏漏。

虽然我不喜欢也不相信十二个头的怪物，但至少大禹的姓与氏有了根据。所谓"皇天赐姓"十有八九是大禹自说自话或者是他身边的"深喉"吼出来的。反正他有着无与伦比的话语权，他说什么就是什么，他不说别人也可意会，连他的"风湿性关节炎"不都成了神圣的"禹步"吗？

九州搞定了，奖状也有了，大禹该消停了吧？

三　功成身"进"

九州是地理区域，接下来大禹又搞了个大动作：划分行政区域，或者说是政治版图。根据亲疏远近，以帝都（"王畿"）为中心，画了个半径两千五百里的大圆圈，每五百里为一"服"，是为"五服"。大禹的文学想象力不得而知，他的政治谋略真比舜高了不止一个档次。

在大禹大手笔划九州、定五服的治国大政里，《史记》里没有一字提到舜，这很反常。因为那时舜是帝，即使治国方案由禹建议，最后的方针也应该由舜制定、发布，禹只是执行人。舜默默地坐在冰凉的帝位上，看着大禹朝气蓬勃地迈着"禹步"，号令天下。

九州和五服让部落联盟进化为国家，大禹建立的国度叫"夏"，又叫"华夏"，"华"因伏羲和女娲而来，他们的母亲叫华胥。

现在让我们来看看什么是"五服"。"五服"最早见于《尚书·禹贡》："五百里甸服：百里赋纳总，二百里纳铚，三百里纳秸服，四百里粟，五百里米。五百里侯服：百里采，二百里男邦，三百里诸侯。五百里绥服：三百里揆文教，二百里奋武卫。五百里要服：三百里夷，二百里蔡。五百里荒服：三百里蛮，二百里流。"《史记·夏本纪》基本全文照抄以上文字。

"服"就是服务的意思，是人民为诸侯服务，诸侯为天子服务。服务当然是有报酬的，比如说爵位、官职随之衍生，谁在哪一服，封地多大，爵位多高，官有多大，全是大禹说了算。这就意味着大禹借助"五服"的分饼式运作，有了自己的直系人马。

甸服是离帝都最近的方圆五百里，直径一千里，所以周襄王说"规方千里以为甸服"[①]。离天子近，意味着是信得过的自己人，否则"卧榻之侧，岂可许他人鼾睡"，爵位和官衔自然也是最高的，后来的史实证明了这一点。

甸服里面又分五种"服务"，每种服务都很"朴素"：最靠近王城的一百里地区，整捆连穗带秸都要缴纳；二百里以内缴纳禾穗，杆子不要了，大概考虑到运输不便吧，杆子体积太大，再

---

① 《国语·周语》。

说百里内的秸秆应该已经满足烧灶之需，大禹有统筹学的基本概念；三百里以内要缴纳去了秸芒的穗；四百里外的缴纳带壳的谷粒；五百里外的缴纳去壳的米粒。大禹想必设计了转换公式来收取这些外表差异极大的谷物，若按同等重量计算，最外面的可亏死了；若按同等体积来算，三百里以外的居民肯定情愿被流放到"三居"。甸服说白了就是天子的粮仓，秸秆和谷壳也许用于喂牲口吧。

甸服以外五百里的范围叫侯服：靠近甸服一百里是采邑，也即重臣的封地，采邑又叫食邑，是大臣们的粮仓；以外的百里是男爵的封地，其余三百里用来封诸侯。苏东坡根据侯服的定义在《书传》里说："此五百里始有诸侯，故曰侯服。"苏先生望文生义了，不要太迷信大师，大师一样会犯错。其实甸服里就有诸侯，而且都是大诸侯。比如周代东虢、西虢、蔡、晋等诸侯就是在甸服内。东虢、西虢分别封给周武王的两个叔伯虢叔和虢仲；蔡（又叫祭）封给武王的五弟叔度；晋国封给武王的儿子叔虞，几百年后晋献公嫌地盘太小，主动要求迁出王畿。

侯服以外五百里的区域叫绥服：靠近侯服的三百里，对其居民施行"文教"，文教估计包含"五典"的道德教育以及"五刑"的法制宣传，反正不会是认字扫盲。余下的二百里地带部署军事力量，有保土守疆之责，相当于边防军，他们要面对的是四夷和重刑犯们。

绥服以外五百里方圆是要服：距离绥服三百里居住夷人，另二百里是犯人流放地，那是一类很特别的犯罪分子，犯"蔡"刑。"蔡刑"是一种仅次于死刑的重罪，到底是什么不得而知。但在这个地带流放重罪犯人和下文《皋陶谟》里提到的"流刑"

发送距离五千里相差太远（"辅成五服，至于五千里"①），绥服在四服以内，东西或南北相加（"辅成"）不过四千里，为什么"蔡刑"的处罚反倒轻于流刑？合乎逻辑情理的处罚应该把流刑犯安置于绥服外围两百里，"蔡刑"犯送到"三居室"才对。

要服以外五百里成为荒服：内三百里安置蛮族，所以蛮族不同于四夷，我们经常把"蛮夷"混为一谈其实是错误的，"蛮"在"夷"之外。三千年后辽国称宋国为"南蛮"实在搞笑，他们学了宋朝文化及政府体制，反过来嘲笑宋人为"蛮"，没文化冒充有文化是要闹笑话的，还是"国际笑话"。荒服外二百里是流刑犯的归宿，这与"蔡刑"犯矛盾。侯服"三百里诸侯"也是错的，连累苏东坡也犯错。

《禹贡》作者和汉儒的治学能力差不多，文字很好，但缺乏逻辑修养。《禹贡》是《尚书》里的一篇，而且很有名，但它也许是战国时期的伪作（就像《洪范》一样），作者偷偷把它塞入《尚书》。古怪的是，它受到后来的儒家的热烈欢迎，因为有了它，大禹便可以和尧、舜一起流芳千古，成为"圣人"们手里的筹码和王牌。

《尚书》是儒学经典之一，被认为是中国最古老的史书，但是它自身的历史很可疑。"尚书"最早被称为"书"，这个名字是墨子亲笔题的，他说："故尚者夏书，其次商周之书。"②王充顺着墨子的思路发挥，在《论衡》里说："尚书者，以为上古帝王之书，或以为上所为，下所书。"王充说的完全是废话，史书当然事关帝王，帝王的事当然由下面的史官所记，我还没听说过哪个帝王是历史学家。关键在于《尚书》到底是什么时候写

---

① 《史记·夏本纪》。
② 《墨子·明鬼》。

的，我知道那是关于上古的书，我现在不也在写上古的事吗？

东汉儒者马融说："上古有虞氏之书，故曰尚书。""有虞氏"指舜，舜的时代有文字吗？如果有文字，皋陶干吗把"五刑"画在树皮上，而不是"写"在陶片上？舜自己就是制陶大师，想当年在河滨（黄河边）时愣是凭一己之力，把劣质陶器打造成出口部落的优质产品，那时若有文字，舜一定会在壶底印上"姚重华监制"。

"五服"搞成之后，华夏的声威传到四海的尽头（"声教讫于四海"[①]），四海其实是虚指，并不是真的有四个海，西边是流沙，肯定没有海，反正总而言之，大功告成，天下太平。天帝再次适时出现，给大禹颁发奖牌——玄圭。这回司马迁没有采用《禹贡》的说法，很明白地说："于是帝锡禹玄圭。"帝是天帝，就是给禹"赐土姓"的那个大神，不是帝尧也不是帝舜。《竹书》上也说："禹治水既毕，天锡玄圭，以告成功。"

孔传说帝是指尧，他明显没有时间和逻辑概念，舜登上帝位之后才任命禹为"司空"开始治水，那时尧已经跟天帝在一起了。这也说明了孔子的这个北宋后人没有好好读过《史记》。《夏本纪》明确说明："尧崩，帝舜问四岳曰：'有能成美尧之事者使居官？'皆曰：'伯禹为司空，可成美尧之功。'""美尧之功"即为治水。尧去世后，至少历经十三年禹才为大禹，那时候尧倒真的在天上，已经升格成"天帝尧"了。

司马迁之所以不采用《禹贡》说辞，是因为那个说法实在说不过去。《禹贡》上只有四个字"禹锡玄圭"，禹给自己发奖牌，这是很当疑的。"锡"当然也可以是"被锡"，古文主动、被动词不分，那么谁是颁奖人？如果舜真的禅让与禹，《禹贡》干吗不

---

① 《史记·夏本纪》。

明明白白、从从容容地说"帝舜锡禹玄圭"呢？说得过去的解释就是要么舜不愿意，要么就是舜正在准备南巡到苍梧的行李。那么，颁奖人是谁，或者说"天帝"是谁，说不清。

现在我们来看看那块奖牌玄圭本身。圭是一种玉器，上圆下方，这一点没有疑问，作为重要的礼器之一，中国历朝历代都有。"玄"通常是指黑色，于是飞过简狄头顶的玄鸟被"唯物"化成黑色的燕子。玄圭，还偏偏就不是黑色的玉，而是天色的，想想也是，哪个奖牌是黑咕隆咚的呀？"天色"也符合天帝的身份，至于"天色"到底是什么颜色，我说不上来，玄圭到底是什么颜色，且让我们把它留在想象里。

《夏本纪》里，大禹完成授勋仪式之后，司马迁突然来了个"镜头闪回"，皋陶、大禹和舜的座谈会内容被披露了。场景很是突兀，好像没有彩排好，就把《皋陶谟》里的台词塞进来。

三方会谈乏善可陈，基本是一些空话、套话、废话，但大禹的言辞很犀利。

皋陶一上来就说，我们要以德服人，提出聪明的谋略，为天子分忧（"信道其德，谋明辅和"）。大禹附议，表示皋陶说得很对，问他如何做到，皋陶几乎又把刚才的话重复一遍，说我们要提高自身道德修养，目光要放远些，团结各族人民，提拔一些能干的人，知人善任。

大禹揪住皋陶的最后一句话，把尧舜时期的历史遗留问题翻出来并予以抨击，说知人善任谈何容易，否则何必担心讙兜这样的家伙？又有什么必要放逐三苗？又怎会害怕巧言令色的坏蛋？（"何忧乎讙兜，何迁乎有苗，何畏乎巧言善色佞人？"）大禹没有提自己的父亲鲧，也没有提举荐鲧的四岳，他的做法体现了"以德服人"的风范，因为符合儒家的道德标准"为尊者讳"。

皋陶再次把道德升级，搞出一个令人头昏眼花的"九德"概念："宽而栗，柔而立，愿而共（恭），治而敬，扰而毅，直而温，简而廉，刚而实，强而义。"我懒得翻译了，翻出来也不知所云，因为其中重叠处甚多，比如宽、柔、扰（通"柔"，不是捣乱的意思）、愿、温、恭、敬几乎就是同义词，还有栗、毅、直、刚等也是。

皋陶自己在脑子里运行了一下"程序码"，结果证明"九德"功能强大，每天做到任意"三德"就可以持家；每天做到任意"六德"就足以立国。

皋陶最后总结说，必须要让有九德的人在位才行，没有九德的人混上去，一旦查出来就五刑伺候。他其实又绕回原点：怎样才能知人善任？就算真的有具备"九德"的神人，难道"九德"是刻在脸上吗？在脸上刻字那是墨刑。搞笑的是，皋陶还一本正经地问大禹他的话是否可行（"吾言厎可行乎"）？

大禹就像宰我被孔子绕晕了一样，脑子严重缺氧，不假思索地说皋陶的话完全可以贯彻执行（"汝言致可绩行"）。皋陶先生谦虚地说他才疏学浅，只不过是想为帝业添砖加瓦而已（"余未有知，思赞道哉"）。

舜一直插不上嘴，趁皋陶这个话痨喝水润嗓子的空当，赶紧问大禹还有什么话要说。大禹声情并茂地表扬自己当年治水的辛劳、成效，以及他调粮赈灾的英明决策。虽然他说的倒是实情，不过这么往死里自我表扬，也未免太不谦虚了。皋陶咽了口唾沫，使劲鼓掌说：是啊是啊，你说得太好了！（"然，此而美也。"）

大禹接下来的话就让人目瞪口呆了，他对舜说："你在帝位上要小心啊！应该做你力所能及的，不要轻举妄动。要以身作则、以德服人，天下才会响应你的教化。要时刻保持清醒，安心等候上天的命令，如此你的命运才会美好。"（"慎乃在位，安尔止。辅德，天下大应。清意以昭待上帝命，天其重命用休。"）

这番话把舜刺激得语无伦次，连声说："吁！臣哉！臣哉！"
这话照字面翻译出来就是：哎，你！你这个大臣啊！我们气急
时，好像也是如此口气：你！你！你这个……

舜喘了口气说，你们做臣子的应该是我的手足耳目才是。他
没底气往下说，再说下去他可能马上就得起身去苍梧了。

舜话锋一转，不疼不痒地就服饰和音律扯了几句，接下来他
就像个受气的小媳妇，本着"有则改之，无则加勉"的态度说：
我有不当之处请指正，不要当着我的面赞扬我，背地里说我坏
话。（"予即辟，汝匡拂予。汝无面谀，退而谤予。"）

舜又把已经淡出我们视野的丹朱拎出来做反面教材，狠扁一
顿说丹朱光知道享乐，水路不通也要行船，在家里召集狐朋狗友
鬼混，结果身败名裂，断子绝孙。希望大禹引以为戒。（"维慢
游是好，毋水行舟，朋淫于家，用绝其世。予不能顺是。"）

《五帝本纪》结尾时说："尧子丹朱，舜子商均，皆有疆土，
以奉先祀。"这才多久丹朱就"用绝其世"了？舜说这番话时尚
在帝位，那么丹朱最多拥有封地三十来年，不仅"疆土"没了，
连香火都断了，尧地下有知当不瞑目也！

从丹朱的所作所为，可以看出他有多么意懒心灰，估计他围
棋也懒得下了，父亲当初教他围棋不是为了让他在棋盘上驰骋，
而是为了让他驰骋天下。天下没了，要棋盘干什么？棋盘只会让
他伤感、失落，生命于丹朱，除了挥霍还有别的意义吗？不清楚
丹朱到底是怎么死的，也许是非正常死亡。后世的亡国之君，比
如陈叔宝还在杨坚的隋朝得个善终呢，李煜要不是写了那首深受
小资们爱戴而招致赵匡义猜忌的"小楼昨夜又东风"，他也不至
于死（所以赵匡义不是小资，而是老封建、死封建）。在丹朱的
罪状里，有一点匪夷所思——"毋水行舟"，他脑子进水了吗？在

水路不通的河里划船？那时候到处都是水，他偏偏要找一个水浅的地儿泛舟？他是不是"顺便"在齐腰深的水里淹死了？丹朱应该有孩子吧？他的孩子不能继承封地吗？怎么就绝了呢？是赶尽杀绝吗？我很想知道商均的结局是什么，可是找不到相关资料，有时候，没消息就是好消息，祝商均好运吧。

大禹对丹朱不屑一顾，慷慨陈说他全力以赴搞定洪水，完成五服大业，疆域达五千里，九州内每州设十二师，还有"五长"，除了三苗，所有部落都听话。

"九州""五服"之外又冒出"十二师""五长"，大禹的花样实在太多了。何谓"师"？据郑玄说，师是辅佐州长的，相当于副州长，每州有十二个副州长是不是太多了点儿？《周礼·大司马法》里倒是提到"师"，每师两千五百人，不过那是治水时的编制，治水功成之后，还要保持每州三万人的抗洪队伍吗？成本太高了！这和军队不一样，军队随时准备战斗，如果真的每州有十二师的配备，那就说明大禹治水并没有完全成功，十二师像军队一样随时可能奔赴灾难现场。

我赞同《尚书大传》的看法，师是地方行政编制，八家为邻，三邻为朋，三朋为里，五里为邑，十邑为都，十都为师。里、邑、都的编制沿用了很久，民国时还有里长。每州十二师意味着有四十多万户，每户按三口计，当时九州人口逾千万，比两千三百年后的三国时代人口还多！

至于"五长"，简直就不知所云。郑玄说"五国立长①"，说了等于没说，哪五国？不是九州同了吗，从什么地方冒出五国？《尚书正义》里说："五国立贤者一人为方伯，谓之五长，以相统治，以奖帝室。"五国的首领为大禹分忧。方伯就是诸侯之长

---

① 《毛诗正义》。

的意思，"伯"不一定是指爵位，后来的周武王就曾被帝辛（即商纣王）封为西伯，即西方伯，而周武王当时的爵位是侯爵（周侯）。不过，夏朝真的有方伯吗？方伯应该始于商朝，大禹之后历代夏天子治下从未有方伯记载。

不过《尚书覈诂》（"覈"通"核"）对此有不同看法："疑此五长，即为五爵。"这个好像说不通，五爵是公、侯、伯、子、男，最高等和最低等的爵位差异之大就像奥运冠军和县级冠军之间的区别。如此封赏五国之长，大禹等于交了一个朋友，但是多出了四个低于公爵的敌人，四个敌人的眼睛还都是红红的，大禹有这么傻吗？

笔者认为，所谓"五国之长"也许就是"五服之长"。一服又叫一方，国不是可以称为"方国"吗？五爵用于五服就说得通了，甸服最靠近帝都，他的最高长官爵位自然高，武王的叔叔、弟弟和儿子都在甸服，全是公侯；五服最外面的荒服住的都是蛮族和犯人，有哪个公侯身份的人愿意和此等人物为伍？它的长官爵位最低可以理解。有个诸侯国叫骊戎，戎就是蛮族，它的君主叫"骊戎男"，和"凤凰男"不是一个意思。还有楚国旁边的许国也是男爵身份，其君主称为"许男"。

楚国是标准的蛮夷之地，他们蛮横到强行称王，和周天子平起平坐。周夷王时，楚君（子爵）熊渠说："我蛮夷也，不与中国之号谥。"[1]自己玩自己的，自己当王不算，还一口气把三个儿子都封了王。楚国国土面积很大，可是官方爵位只是子爵，周王拒绝了他们晋爵的要求之后，他们这才四处闹事，并最终干脆称王。周王是个坚持原则的人，按照祖先礼制，夷族在第四服"要服"，只能封子爵，否则就乱了名分。名分是顶顶重要的，司马

---

① 《史记·楚世家》。

光的鸿篇巨制《资治通鉴》的主题歌用一句话概括就是："我能想到最浪漫的事，就是和你一起谈谈名分。"

其实蛮夷的祖先并不是蛮夷，他们和非蛮夷有着共同的"高大上"祖先——黄帝。《山海经》载："有北狄之国。黄帝之孙曰始均，始均生北狄。"北狄是后来乱华的"五胡"之一鲜卑人的祖先。楚国人的祖先也是黄帝的孙子，屈原《离骚》的头一句就表明楚人的根正苗红——"帝高阳之苗裔兮"，苗裔意为子孙后代，高阳是五帝之一颛顼。颛顼到舜不过百来年而已，他的后人就成"夷"了，真是人走茶凉、世态炎凉啊！

以上关于"五服"对应"五国"和"五爵"的说法，纯属个人意见，没有根据，但自认比前说靠谱些。

大禹终于在舜面前把自己的丰功伟绩表白完毕，舜憨憨地说：这全是你的功劳啊（"乃汝功序之也"）！

四 "会计"往事

皋陶听了大禹的自我表扬后，令全民都要敬大禹之德，胆敢不学大禹，后果很严重——大刑伺候。（"皋陶于是敬禹之德，令民皆则禹。不如言，刑从之。舜德大明。"[1]）《夏本纪》里这个皋陶看上去很陌生，和《五帝本纪》里那个长着一张瓜皮脸、鸟喙、带着宠物獬豸断案、制定"五刑"的皋陶简直不像一个人，这样的马屁精你能指望他公正执法？

最具讽刺意味的是后面四字"舜德大明"，什么都以大禹为准则，关舜什么事？他除了眼不见为净，还能有什么办法？

---

[1] 《史记·夏本纪》。

就算"眼不见"还不够，还得把耳朵堵上才行。乐官夔又来了，他可是玩摇滚打击乐的，他以美好的音乐附议皋陶。

夔演奏了大禹最爱的曲目《九招》，当时的情形远非只言片语所能形容。司马迁再次破戒，让我们看到那神异的一幕。

乐声响起的时候，来了一批特殊的客人——已经故去的祖先们的灵魂出现了（"祖考至"）。不清楚是哪些祖先，说不定黄帝、颛顼和喾都盛装出席了；尧应该没来，否则舜情何以堪？不说别的，大舅子丹朱一家绝后，舜就不好交代。当时，鸟在空中盘旋，兽在地上起舞，那些灵魂估计悬在半空，向出席盛典的各位大人物们挥手致意，那场面透着股可怕的喜庆。

当演奏到第九重变奏时，掀起了新的高潮：大腕神鸟凤凰最后出场，滑翔而至，加入已经在空中飞了一阵子的飞鸟队列，地上的兽们跳得更欢了。舜诗兴盎然，现场作词唱起来："陟天之命，维时维几！"大意是努力工作，顺应天命，保持警惕。接着又唱道："股肱喜哉，元首起哉，百工熙哉！"这句歌词很直白，就是大臣、元首和百官今儿真呀真高兴。

皋陶的唱和听上去像泼冷水，他唱道：元首做事拖沓，大臣们就懈怠，那就大事不好了！（"元首丛脞哉，股肱惰哉，万事堕哉！"）在庆祝天下大治的庆典上唱这种歌曲实在太煞风景了，就算谏言也得换个时候吧？就算非得要谏言，语气也得委婉些吧？

舜只好说："行，大伙都好好散去吧。"（"然，往钦哉！"）也不知道他有没有和远道而来的祖先灵魂们道别，盛典戛然而止。

皋陶真的是一个正直的诤臣吗？夔的"交响乐"《九招》真的是为舜演奏吗？我认为他们其实都在取悦大禹。他们的目光很锐利，紧接"往钦哉"下面的一句简直就是在扇舜的耳光："于是天下皆宗禹之明度数声乐，为山川神主。"搞了半天，那个庆典只是为了显明大禹多才多艺，通晓度量（度）、数学（数）和音乐，治水更是不在话下，于是天下尊奉他为山峰与河流之神！

中国历史上没有任何一个人在生前被封神，大禹空前绝后。《夏本纪》关于大禹封神的神话来自《尚书·吕刑篇》，也许真有大禹封神这回事，不过幕后导演也许就是大禹自己，制片主任是皋陶，主题音乐是夔，群众演员是百官。这符合大禹高调的行事派头，注意一下他跟舜说话的腔调，他把自己表白成一个零缺点的完人，跟舜说话时居高临下。大禹被封神简直水到渠成，皋陶太能干了，"令民皆则禹。不如言，刑从之"这句话把他这双重身份表露无遗，我搞不清司马迁到底在表扬皋陶还是用春秋笔法损他。

到了这一步，无论舜心里有什么想法，大禹都已经成了真正的天子。《夏本纪》里关于舜禹禅让的文字和尧舜"高风亮节"的段子几乎一模一样，把主语和宾语的名字换一下就行了。

当年尧"令舜摄行天子之政，荐之于天"[1]，"帝舜荐禹于天，为嗣"[2]；尧去世时，舜号召全国守丧三年；舜去世时，大禹也做如是动员。你可能有疑问，为什么尧之前的三帝黄帝、颛顼和喾便没有"三年之丧"的身后哀荣？三位老人家去世时只有三个"崩"字，继任者就上班了。

其实古人服丧习俗，各地方、各氏族根本没有统一标准，孔圣人自己不是说"性相近也，习相远也"吗？为什么丧礼之"习"一下子就被统一了，并迅速成为"天下之通丧"？他是"圣人"，说话自然有人听，而且他的那套极合帝王们的圣意，于是乎"三年"自汉以后真的成了"通丧"，宋高宗的《起复诏》一上来就模仿孔子的语气说"三年之丧，古今之通礼也"。

---

① 《史记·五帝本纪》。
② 《史记·夏本纪》。

虽然儒、墨两家联手把尧、舜、禹抬上神龛，但墨子强烈反对这个死人能把活人折磨死的"礼"，他在《节葬下》里非常幽默地说：如果天下都实行三年之丧，将会导致人口减少，因为服丧期间不许有夫妻生活。墨子是这么说的："此其为败男女之交多矣。以此求众，譬犹使人负剑，而求其寿也。众之说无可得焉。"意思在实行三年之丧的政策下要想人口增加根本不可能，就像一个人想长寿却拿剑抹脖子一样。战国之时，什么都不缺，缺的是人，人就是财富，就是军队，就是权力。因为这个原因，"三年之丧"从未作为礼制实行过。

尧"三年丧毕"，"舜让辟丹朱于南河之南"；舜"三年丧毕"，"禹辞辟舜之子商均于阳城"①。阳城据说是现在的河南登封市，离舜的归宿之地非常遥远，但是离舜的都城蒲阪非常近，大禹真有"孝心"的话，是不是该去苍梧为舜守孝三年？真要让位于商均的话，大禹就更应该去苍梧，一举两得。

大禹思来想去还是决定不去苍梧，他体贴地为大臣们着想，去那么远的地方，大臣们去求他登帝位多不方便啊，皋陶身体也不太好，经不起颠簸，再说那么多大臣一起跑长途，开销多大啊。

舜像孤魂野鬼一样死去，所以李白为舜喟叹："九疑联绵皆相似，重瞳孤坟竟何是。"那座孤坟极有可能是舜的弟弟象对他哥哥的最后报答。

有些过场还是要走一走的。于是大禹在一个阳光灿烂的早晨，坐着牛车从山西到了河南，还赶得上吃晚饭。"三年之丧"没说不能吃饭，否则要不了几年，"九州方圆"里一个人都没有了。反正意思到了就行，摆一个禅让的姿态就行了。《夏本纪》关于大禹"辟位"的"新闻资料"是从《孟子·万章》里来的，如果苟

---

① 《史记·夏本纪》。

子看到了，他会用山西话说："别扯淡了，假的就是假的，伪装应当剥去。"（"夫曰尧舜擅让，是虚言也。"[1]）孟子听到了，估计要吐血。

大禹要的效果全有了。当年舜在南河之南"辟位"时，"诸侯朝觐者不之丹朱而之舜，狱讼者不之丹朱而之舜"；现在"天下诸侯皆去商均而朝禹"。不太清楚舜有没有给唯一的儿子商均设计什么"事业规划"，尧为丹朱可是煞费苦心。史书偶尔提到商均，对他的评语和丹朱一样，只有两个字"不肖"。

以大禹当时的声望和权势，商均再能干都是白搭，他父亲多能干，还不是被架空了。大禹如愿以偿"即天子位，南面朝天下，国号曰夏后，姓姒氏"。"姓姒氏"出现得太晚了，从没听说过谁在晚年给自己起个姓氏，准备投胎用吗？之所以出现这个情况，是因为司马迁刻意回避神话传说引起的，导致大禹的姓氏没了来处。

《夏本纪》没有记述大禹登上天子之位的盛况，大概司马迁又是为了"避嫌"吧，可是夔的"音乐会"也很神奇啊，怎么不避呢？庆幸的是《竹书》为我们呈现了一幅玄幻大场面。

当时九州的花草树木听说大禹当上天子之后，一根根、一棵棵都精神抖擞起来，愉快、茂盛地成长着，把九州方圆装扮成九州花园，美不胜收，比天堂还美。所以青龙从天上下来，懒洋洋地躺在郊外的草地上，肚皮朝上，爪子交叉着，无所事事地望着天空发呆。大神祝融出现在崇山，向大禹表示热烈的祝贺。（"夏道将兴，草木畅茂，青龙止于郊，祝融之神降于崇山。"）

天帝没来是因为他已经没什么礼物给大禹了，天下、姓氏和玄圭，该给的或者不该给的他全都给了，只好派祝融作为代表

---

① 《荀子·正论》。

致意。只是他实在不该派祝融来，祝融可是杀死大禹父亲的凶手啊，当然这是《山海经》说的。《山海经》据刘歆和郑玄说是大禹口述的，如此一来，我的思绪一下就凌乱了，替大禹着急，他将以什么样的姿态和语气迎接祝大神的到来？

祝融可能挺天真的，以为自己在羽山杀死鲧，他出现在崇山就相当于套上马甲，大禹就认不出他了。他选择的降落地点崇山，甚至比羽山还要糟糕，因为鲧的爵位是"崇伯"，祝融以这样的方式祝贺鲧的儿子、纪念禹的父亲吗？崇山在湖南张家界，那是三苗首领讙兜的流放之地，祝融是去警告讙兜不要作乱？三苗都灭了，讙兜成了光杆，还能干什么？祝融到底是太会选地方还是太不会选地方？

大禹估计也不敢计较，祝融是喜怒无常的大神，心情好的时候他可以帮助人生灶起火做饭，心情不好他能把做饭的人变成烤肉。再说大禹当时忙得很，也没时间跟祝融计较。他还要赶去洛水迎接乌龟，《竹书》载"洛出龟书，是为《洪范》"，看起来魏几道所说"天乃锡禹洪范九畴"是靠谱的，但遗憾得很，时间上错了。魏几道说的《洪范》是大禹治水之前所得，是治水技术指南；《竹书》则说"禹治水既毕"，《洪范》才出现，那么分明是奖品。不管怎么说吧，反正《洪范》很有范儿，很神奇，和它的使用者大禹都被儒家当成压箱底的宝贝。

大禹的神奇经历别说五帝比不了，连伏羲都比不上，伏羲有的他全有，伏羲没有的他也有。伏羲尽管有蛇身，生前也没有被"封神"，虽然他老婆是女神。伏羲当年不是有白马献河图吗？大禹也有河图，只不过不是白马所献，而是人面鱼身的河精，伏羲时代的"河马"进化为"河精"，这个可以有。河精钦点大禹治水，又把治水的技术要领画在"河图"上，大禹这才成就千秋大业。（"禹观于河，有长人白面鱼身，出曰：'吾河精也。'呼禹曰：'文命治水。'言讫，授禹《河图》，言治水之事，乃退入于渊。"[①]）难道魏几道说的"天书"是指这份"河图"吗？时间倒是对得上，就是内容出入较大，一个是文字，一个是漫画，看来要解释得严丝合缝还真不是件容易的事情。

天帝提供息壤，河精提供河图，大禹想不成功都不行。鲧就没这么好命。没办法，人比人气死人。《山海经》和《竹书》的巨大差异，再次证明在没有文字的时代，想象力是如何天马行空翱翔于现实之上的。更牛的是，大禹死后又被封了一次神，被道教收编为三宫大帝中的水宫大帝，另外两宫是尧和舜，尧是天宫大帝，舜是地宫大帝。

《夏本纪》里对大禹当上天子之后的作为一笔带过，只说他让伯益主政，十年后东巡死于会稽山。《竹书》提供了详尽得多的夏天子编年史。

大禹元年，首先做的事便是迁都，把舜的都城从山西搬到河北冀州，他这么做的目的是为了避开舜的影响力。舜行天子之职二十八年，在位三十九年，影响力太大了，大禹在舜的旧都为帝，就活在舜的阴影之下。如果大禹真的是被"禅让"的，他就不会有这种顾虑，也就用不着伤筋动骨迁都。舜当年也干过同样的事，把都城从太原搬到蒲阪。

大禹之所以定都于冀，而不是别的地方，恰恰说明其高明的政治谋略。因为冀是尧的故地，尧和舜在过家家游戏中弄掰了，由亲家变成仇家。在冀州，大禹不仅能摆脱舜的政治场域，而且可以借助于尧氏族旧部力量，对抗虞氏潜在的不合作，可以说是一箭双雕。大禹迁都是其统治艺术高度成熟的表现，后来他孙子太康迁都则纯属瞎胡闹。

[①] 《竹书纪年》。

大禹向列邦颁发"夏时制",当然不是现在的夏时制,我也不知道那个大禹的"夏时制"内容是什么。但是没关系,孔子的弟子们认为他们的老师知道,说孔子主张天下都学习夏朝的历法,《礼记》给"夏时制"起了个非常可爱的名字,叫"夏小正"。遗憾的是,现代研究表明,"夏小正"并非源于夏朝,它是关于战国中期的气候、气象和星相的记载,按月而记,是月历。众所周知,《礼记》是儒家的经典之一,所收文章是孔门弟子作品,那么我们有理由相信春秋末期的孔子不可能知道"夏小正"。

大禹还做了件特别有名的事:把天下的铜都收集起来,铸成九鼎,每州一鼎。有人怀疑"九鼎"之说,但笔者认为这个还真有可能。

鼎不必是青铜,红铜、黄铜都可以。大禹是个讲排场的人,搞个九鼎撑场面很符合他的作风,起码比"黄帝采首山铜"铸鼎靠谱得多。黄帝铸鼎的传说,是方士们拿来忽悠英明神武的汉武帝的。大禹的九鼎被夏商周当作传国之宝,每鼎逾千斤,周室衰微时,各大诸侯都对九鼎虎视眈眈,"问鼎中原"即由此而来。秦武王嬴荡(这名字起的)就是因举鼎而死,他自恃力大无穷,非要秀一把举重,那鼎实在太重,嬴荡用力过猛,腰裂而亡,他举的东西重如泰山,他的死轻如鸿毛。

大禹二年,他本来想传位给皋陶,无奈皋陶死了。("二年,咎陶薨。"[1])一般说来,帝王之死才能称为"薨",皋陶非帝而似帝,大禹给他的好兄弟这么高级的待遇,还是很对得起这位兄弟的。

大禹五年,他把诸侯召集到女娇的故乡涂山开会,会议议题不详。("五年,巡狩,会诸侯于涂山。"[2])也许大禹想以这样的

---

[1] 《竹书纪年》。
[2] 同上。

方式表达对亡妻的悼念，让天下诸侯都来听听"候人兮猗"的爱情主打歌。果真如此，大禹倒也是条有情有义的汉子，确切地说是"丈夫"。

涂山会议之后，大禹南巡到济江。在江面上看到两条黄龙背起大禹的御舟，船夫们都吓得半死，唯独大禹泰然自若，说道："得之，我幸；不得，我命。害怕作甚。"黄龙们被他的大无畏精神吓得落荒而逃。（"南巡狩，济江，中流有二黄龙负舟，舟人皆惧。禹笑曰：'吾受命于天，屈力以养人。生，性也；死，命也。奚忧龙哉。'龙于是曳尾而逝。"①）大禹对黄龙说的话，被徐志摩学了去，他后来模仿"禹体"给林徽因写情书："我将于茫茫人海中访我唯一灵魂之伴侣。得之，我幸；不得，我命。"大禹真的了不起，对现代文学都产生了影响。

大禹七年，他又召集诸侯开会，会议地点在浙江会稽。会议议题很明确——审核各诸侯对九州都做了哪些贡献；衡量诸侯贡献的标准也很明确——你该交的税交了没有？现在的"会计"之称，就是从"会稽"而来。《夏本纪》最后一句话就是："会稽者，会计也。"会稽大会上，大禹秀了一把帝王至高无上的派头，杀掉防风氏首领。（"八年春，会诸侯于会稽，杀防风氏。"②）

因为防风氏没有交够税吗？没交够，来年再补交呗，何必杀人？大禹杀防风氏不是出于税务问题，更不是防风氏做的贡献不够大，仅仅因为防风氏迟到了，大禹觉得他很不给自己面子。无论防风氏怎么解释都没用，大禹坚持把他处死。

大禹当时既是天子又是山川之神，心理膨胀到了极点，无法容忍别人有意无意的一点儿冒犯。据说防风氏被杀的法场就在绍

---

① 《竹书纪年》。
② 同上。

兴县的刑塘村，《会稽志》中有："防风氏身三丈，刑者不及，乃筑高塘临之，故曰刑塘。"《国语·鲁语下》所载："昔禹致群神于会稽之山，防风氏后至，禹杀而戮之，其骨节专车，此为大矣。"别以为这是无稽之谈，说这话的人就是孔圣人。

《夏本纪》虽然没提防风氏这个巨人（当然也就没提大禹杀他这件事），但后来的《孔子世家》里司马迁全文援引《国语》关于防风氏的记载。当时吴国攻入越国会稽，找到一根巨大的骨头，吴人的好奇心和我一样强，听说孔子博学大名，就派使者去请教孔子。

估计该使者不会千里迢迢扛着一个大骨头从越国去鲁国，所以孔子应该没有看到骨头，但孔子一听就猜出那是防风氏遗骸。本来人家只是想知道大骨头是怎么回事，孔圣人话里的一个字又勾起了吴使的好奇心，便问"群神"都是哪些知名神仙（我也特想知道）。孔子又使出绕晕宰我的那套功夫："山川之神足以统管天下，守护山川之神的就是神，祭祀土地神（社）和谷神（稷）的是公侯，他们全都属于王。"（"山川之神足以纲纪天下，其守为神，社稷为公侯，皆属于王者。"）孔圣人说的话每个字我都认识，可我根本不知道他在说什么！谁要用这种调调跟我说话，我肯定会疯掉，吴国使者涵养挺好的，临走时说话的口气像个和尚："善哉，圣人！"当然那时候还没有和尚。

孔子对于"群神"的解释让我醉了，没心思考证吴人挖出来的骨头究竟是恐龙骨头还是人骨头。南宋大学者吕祖谦可能不喜欢醉酒的感觉，又不好意思和圣人较真，于是悄没声儿地在《左氏博议》里把"群神"改为"群臣"："昔禹致群臣于会稽之山。"一字之差，天人相隔，甚于千里之遥也。

孔子回答吴人什么是群神的那段话，简直是一场"偷换概念"的"盛宴"。他首先偷换的是群体与个体的概念，"群神"被他解释称"山川之神","山川之神"是谁？大禹呀，孔子连防风氏都知道，不可能不知道大禹生前便被封为"山川之神"吧？第二步，他偷换神、人概念；第三步，他干脆捣糨糊了：一个王者把神和人一锅端！

糨糊也罢，恐龙或是防风氏也罢，让我们赶紧回到会稽山，作为"群神"或是"群众"之一和大禹在一起，因为大禹来日无多。

大禹做"会计"的时间只有几个月，从春天做到秋天，一直做到死，比诸葛亮还要鞠躬尽瘁。（"秋八月，帝陟于会稽。"[①]）大禹去世时，年仅六十八岁，比尧在位的时间还短，看来"偏枯"之症对大禹的寿命影响极大，五帝里寿命最短的颛顼都活了九十八岁。

有传说称大禹后来为防风氏平反，并恩准防风氏后人立庙祭祀，因为查明防风氏是因为治水才迟到。这个可能性不大，因为大禹没有时间搞外调，再说大禹刚杀了人立马就平反，不太符合大禹的作风，那时他可是"山川之神"兼人间天子，怎能犯下如此严重的过失？

《竹书》说大禹仅做了七年天子，《夏本纪》说是十年，有三年误差，我们该信哪个？

五　承前"启"后

《夏本纪》里关于大禹指定接班人的记载非常匆忙，司马迁好像有点不耐烦了。"举益，任之政"，"以天下授益"，就这些，再没别的了。也难怪，这段说辞用于尧、舜，又用于禹和益，实

<hr>

① 《竹书纪年》。

在让人产生"审美疲劳",司马迁自己首先就"疲劳"了。

　　其实《五帝本纪》和《夏本纪》里关于尧、舜、禹、益禅让的记载全部来自孟子《万章》里的一段话:"益避禹之子于箕山之阴。朝觐讼狱者不之益而之启,曰:'吾君之子也。'讴歌者不讴歌益而讴歌启,曰:'吾君之子也。'"司马迁把这几十个字用到了极致,分别套在四个人身上!

　　"讼狱者不之益而之启"和"讴歌者不讴歌益而讴歌启"这两句话是不是特别耳熟?对的,司马迁提前把它用在舜身上了,"狱讼者不之丹朱而之舜","讴歌者不讴歌丹朱而讴歌舜",所以在后面司马迁实在不好意思再让打官司的人(狱讼者)麻烦禹、启父子了,也不好意思再讴歌谁了。

　　韩非子倒是认为大禹禅让了,理由是大禹并非高风亮节,而是他做王时做得太辛苦了:手把手教百姓种田,累得腿部受损,腿毛都磨光了,即使奴隶都没他那么辛苦。("禹之王天下也,身执耒臿以为民先,股无胈,胫不生毛,虽臣虏之劳不苦于此矣。"①)于是乎,大禹就禅让了。假如韩非子说的是真的,这其实算不上"禅让",而是权衡得失之后的退缩。

　　韩非子这段话经不住推敲,"身执耒臿以为民先,股无胈,胫不生毛",这是因为大禹奉帝舜之命治水太辛劳了,累得得了偏枯之症,那时的大禹仅仅是个司空而已,还没有"王天下"哩。韩非子的论据首先就站不住脚,论点就不用提了。

　　司马迁写得那么潦草,也许还有别的原因,他没底气多说了。史籍里对于禹禅位于伯益的质疑太多,我相信太史公看到过相关消息,起码他看过《战国策》和《天问》。

　　《战国策·燕策一》说:"禹授益,而以启人为吏。及老,而

---

① 《韩非子·五蠹》。

以启为不足任天下，传之益也。启与支党攻益而夺之天下，是禹名传天下于益，其实令启自取之。"这段古文像白话文一样明了，大禹明里说让伯益继承大位，暗地里使一个高明的阴招：他把儿子启的人马安插到伯益身边，伯益缺少自己的人马，他的政令怎么可能得到执行，他的位置怎么可能稳固？

伯益是大禹身边资格最老的臣子之一，大禹刚被舜任命为司空时伯益就是他的左膀，右臂是弃（后稷）。他和大禹一起征召民工，一起规划治水方案，洪灾之后，他发给灾民稻种并且教他们耕种的技术（"令益予众庶稻，可种卑湿"①），汉儒们甚至认为他们俩还有着共同的文学爱好，合著《山海经》。

伯益和大禹在一起工作的时间比皋陶还长，如此显赫的履历居然被人认为资格太浅，人民不服他做天子？"益之佐禹日浅，天下未洽。"②这样的言论听上去像安插在益身边的启的马仔们炮制出来的借口，而且还不太高明：伯益辅佐大禹的时间无论如何比启长得多吧？伯益治水的时候，启还在女娇的肚子里转筋哩！我最吃惊的是孟子居然和马仔们持相同观点，孟子说："益之相禹也，历年少，施泽于民未久。"③我只能无语。

启的马仔们还是有点本事，除了不负责任地批评伯益资历浅外，同时不负责任地讴歌启，说启做天子那是必须的（"禹子启贤，天下属意焉"④）。启为什么贤，做了什么"贤"事？可以试举二三例为证乎？例子嘛，这个真的没有。没有也没关系，只要会"讴歌"就行了，如果著名音乐家夔愿意给他们谱曲的话，效果就更好了。这样的歌从启的"竞选"班子传唱开来，很快传

---

① 《史记·夏本纪》。

② 同上。

③ 《孟子·万章上》。

④ 同①。

遍大街小巷，并且最终传到孟子的耳朵里。启的马仔们说的唯一一句实话就是：启，"吾君之子也"。绕了那么远的弯路，浪费那么多的人力、物力和口水，最终实在没辙，亮出最后一张牌：我爸爸是大禹！

伯益不知道是太自信还是太迟钝，他竟然仿效尧、舜、禹，《夏本纪》里说"益让帝禹之子启，而辟居箕山之阳"。孟子说的是"益避禹之子于箕山之阴"，其间的差异在于一阴、一阳，司马迁把孟子的"阴"改成了"阳"！

万章问孟子：人家说大禹传子不传贤，属于政治腐败，有这回事吗？（"人有言：'至于禹而德衰，不传于贤而传于子。'有诸？"[1]）孟子来了一段饶舌乐："传给贤者或是传给儿子，全是老天说了算。舜得大位是因为舜贤明，禹得位是因为禹贤明，启得位同样是因为启贤明，能够继承他老子大禹的遗志。伯益资历太浅，给群众的福利不够多。"舜、禹做了什么事大家都知道，万章你怎么不问启都做了什么事？估计他像宰我一样被绕晕了。孟子接着总结："莫之为而为者，天也；莫之致而至者，命也。"[2]原来说破天，启即位乃是天意，那还废话什么？

关于启的贤明与否，墨子先生有不同意见，《非乐上》贴大字报一样把启一顿狂批："启乃淫溢康乐，野于饮食……湛浊于酒，渝食于野，万舞翼翼，章闻于天，天用弗式。"启仗着是帝二代，为所欲为，在野外饮酒作乐也就罢了（这个弄好了叫风雅），还跳黄色舞蹈，举办性派对"海天盛宴"，群众影响极坏。据舜回忆，废太子丹朱只是躲在家里搞腐化（"朋淫于家"），就导致严重的后果——"用绝其世"，启竟然光天化日之下搞腐败，老天爷都看不

---

① 《孟子·万章上》。

② 同上。

下去了，决定废了他，不过看样子没废掉。孟子和墨子都是圣人，我们该信哪一个？

考古学证明墨子说启不贤是有道理的，孟子说启贤明是没道理的。启的大名最早见诸《归藏》。

《归藏》《连山》和《周易》并称"三易"。《连山》已经失传，据说成书于夏代，而且字数多达八万言，这个不太可能，因为夏朝没有文字；还有说它是神农氏的作品，如果有人"大胆假设"神农用绳子打结打出《连山》我也没法子。《归藏》起初在传说中是商代的书，然而1993年在湖北省江陵县荆州镇王家台十五号秦墓发现的竹简残书，证明《归藏》的成书年代最早该是西周后期，因为它提到了周穆王，就是和西王母互赠诗歌的那位天子，它不比《周易》早多少。虽有"文王拘而演周易"的说法，但想必周文王写的是草稿，《周易》的成书年代或许是春秋末期，孔夫子是编者兼作者之一。

夏有《连山》、商有《归藏》、周有《周易》，听起来很好，但这不是真的。还有一种说法称这三本书都是周公旦作的，三书合成"易经"，三位一体，《周易》是谜面，《归藏》是推理，《连山》则是谜底。这个说法肯定是算命先生"算出来"的，《连山》在三书中最早，《周易》最晚，哪有先出谜底再出谜语的？逆向思维很好，但不能这么逆，先有儿子再有爹，谁都受不了如此"逆向"。

无论如何，《归藏》比孟子"年长"得多，里面有一卦是这么说的："昔者夏后启是以登天帝弗良而投之渊。"意思是启想登天，天帝不爽，就把他扔到深渊里去了。启大概游泳技术不错，从深渊里爬起来继续做天子，孟子也许觉得他游泳技术好就说他贤吧。《归藏》第四十四卦说："昔者夏后启卜乘飞龙以登于天而支占。"原来是巫师让他乘龙飞天的，看来启很尊重人才。

屈原认为伯益既不傻也不是心太软，他根本就没有跑到什么箕山之阴或者箕山之阳，而是直接登上天子大位，只不过被启推翻了。《天问》如是说："启代益作后，卒然离蠥，何启惟忧，而能拘是达？"这句诗有点朦胧，我解释一下。启取代伯益作后（帝），突然遭遇不测，但是为什么启又能摆脱不测，飞黄腾达呢？原因很简单："皆归射鞠，而无害厥躬。"意思是益的军队临阵倒戈，于是乎启化不测为力量。屈大诗人接着替伯益打抱不平道：凭啥伯益做天子就被推翻，大禹却做得很爽？（"何后益作革，而禹播降？"）我以为接下来屈原就要解释原因了，哪知道他诗人脾气上来了，一下子把我甩得晕头转向，他说因为启十万火急跑到天帝那里去，取来《九辩》与《九歌》两首乐章才坐上大位。

屈原这个说法是从《山海经·大荒西经》来的，西晋大学者郭璞是《山海经》权威，他作注说那两支神曲是被启偷走的。不过从书上来看，启先后三次去天宫做客才得到神曲，郭璞怎么判断出启是个小偷呢？是因为他爷爷鲧曾经是个小偷，还是因为他看过《归藏》从而判断启做客是真，做小偷也是真的？启去做客时打扮得很潮，耳朵上挂着两条青蛇，座驾是两条飞龙。

耳朵上挂两条蛇并不算标新立异，这是《山海经》里很多时髦神仙的标配。四个人面鸟身的神至少有三个耳朵上都挂着两条蛇，他们是北海的禺强、东海的禺虢和东方句芒，从墨子的"魔幻现实主义"作品《非攻下》来看，他们中有一位可能是启的父亲大禹在灭三苗战役中的战友。还有那个在中国知名度极高的马拉松选手夸父，不但耳朵上挂两条蛇，手上还握着两条黄蛇，他们超前的审美观不是我们这些现代土包子能够理解的。

我特别想知道屈原为什么说启拿到《九辩》与《九歌》就搞定伯益了，可他突然跳到启是怎样从石头里出生，诗人的思维真是难以捉摸！楚怀王后来和屈原闹掰了，不知道是不是因为屈原思维太跳跃，他跟得太吃力，就像我一样。屈原离开他之后，他"再唱不出那样的歌曲，听到都会红着脸躲避"。

刘知几在《史通·杂说上》引《竹书》说："后启杀益。"就这么简单，如同历朝历代的政变史一样，不一样的只是人名，手段是一样的。王夫之在《楚辞通释》卷三里透露了更多信息："《竹书纪年》载益代禹立，拘启禁之，启反起杀益以承禹祀。"《晋书·束皙传》也说："益干启位，启杀之。"伯益并不甘心让资历深得没有来历、贤明又没有证据的启做天子，他努力了，但是失败了。失败的结果是连命都没有了，在天下的博弈中，只有两种结局：要么拥有一切，要么失去一切。伯益的行动至少证明一件事，没有避什么箕山之阴或箕山之阳。屈原说话有点颠三倒四，但他有句话说得对极了：伯益的军队临阵反水。

那些喊"吾君之子也"的都是有军权和话语权的诸侯，他们都是大禹的旧部，当年在"五服"中应该都分到一块大饼的，伯益怎么可能支使得了他们？

启如愿以偿，子承父业，成了夏代的第二任天子——夏后帝启。不知道他登基时耳朵上有没有挂两条蛇？那两条蛇有可能被有扈氏吓跑了。

有扈氏是东方鸟夷部族，又叫九扈，以鸟为图腾，和颛顼的大伯青阳颇有渊源。青阳就是帝少昊，但史书对他曾为帝的历史讳莫如深，既不肯定也不否定，少昊是个可疑的影子帝王。有扈氏很强大，当时活动在豫州河南及黄河北岸一带，他们听说"贤明"的启当上天子，非常生气，决定采取行动，把启推翻。《夏本纪》只提了一句"有扈氏不服"，至于为什么不服就不说了。

有扈氏为益打抱不平，对大禹予以强烈谴责，凭什么大禹从舜那里继承大位，却自私地把位子传给屡屡举办"海天派对"的启？于是乎他们"以尧舜举贤，禹独与子，故伐启"[1]。《淮南子》认为有扈氏为义而战、为义而亡（"昔有扈氏为义而亡"[2]）。至于有扈氏是不是真的为义而战就不得而知了，也许他们想的是风水轮流转，少昊之后，他们不做老大已经很久了。

《夏本纪》里说有扈氏也是大禹分封的十一国之一，封国就在有扈，这十一个封国的诸侯都以封国所在地为氏（笔者按：《史记》里说"为姓"，如前文所述，我认为那时姓和氏是两码事，氏更重要，乃身份的象征），下文将要提到的斟寻氏和斟灌（或斟戈）氏也在十一国之内，记住这两个名字，他们与夏朝的兴衰荣辱休戚相关。

启对有扈氏心存忌惮，出征前，他在六卿（又一个被司马迁预支的职位）面前发表演讲，演讲词叫《甘誓》，"甘"是指即将发生大战的地点甘水（今洛阳市西南），有扈氏军队正在那里举着棍子、晃着石斧、张着弓箭耀武扬威地等着启。启好不容易才把在箕山之阴或之阳流窜的伯益搞定，有扈氏又来挑衅，这日子没法过了。

启战前动员时情绪激动，动作很大，有点歇斯底里，蛇在他耳朵上实在挂不住了，掉到地上，启也没心思弯腰去抓。他指着六卿的鼻子说：你们六个听好了，有扈氏这个鸟族严重侮辱五行（"威侮五行"，确实是很严重的错误，但五行是如何被侮辱与被损害的，我很不明白），不用"三正"（"怠弃三正"，汉儒认为"三正"是指天、地、人，这个太扯了吧？就当"三正"是三个德高望重的代表吧），我替天行道剿灭这个该死的有扈氏！左边的士兵如果不进攻左边的敌人，右边的士兵如果不进攻右边的敌人，就

---

① 《淮南子·齐俗》许慎注。
② 同上。

是不听命令；驭手不好好驾车，就是不听命令。服从命令听指挥的，在祖庙犒赏，否则，在社坛里处决，连带妻儿一并处死！

这篇颠三倒四、充满戾气的誓言全文引自《尚书·甘誓》，它成为后世讨伐檄文的模板。这里面有个关键的诀窍，就是绝对不能说出己方出兵的真正理由，你看启有没有说因为"有扈氏不服"，我很不爽才要打他们？他以五行、三正的名义把自己打扮成了正义的化身。

他爹大禹出征三苗时，也是义正词严，文辞倒是比《甘誓》强很多："济济有众，咸听朕命！蠢兹有苗，昏迷不恭，侮慢自贤，反道败德。君子在野，小人在位。民弃不保，天降之咎。"①四个字一句，很整齐，很有气势，既不威胁自己人，也不提三苗让他不爽，主要是老天要处罚他们，他只能辛苦一趟替天行道。"替天行道"成为中国历史的一个关键词，每一次政权的更替这个词都会出现，连地痞、流氓、无赖和文盲都会卷起袖子、挥着拳头大呼小叫。

启就这么语气坚定、态度诚恳地带兵出征甘水，一番大战之后，启和六卿赌赢了。没办法，用孟子的话讲就是"一切都是天意，一切都是命运，终究已注定"。有扈氏"不怕痛不怕输，只怕是再多努力也无助"，他们输得很惨，虽没有像三苗一样彻底消失，不过全部落都成了奴隶。他们的生命力很顽强，到周朝时还存在，仍然用祖先的名字"扈"，仍然是奴隶。

《夏本纪》写完启战胜有扈氏后，接着就把他写死了。"夏后帝启崩，子帝太康立"，也不提什么"三年之丧"了。启是帝又是父亲，太康更应该吊丧三年呀，为何匆匆忙忙就上班了呢？

《竹书》上说启一共在位十六年。启的十六年并不省心，刚

---

① 《尚书·大禹谟》。

上台有扈氏就光着大脚丫子给他一个下马威，后五年后院起火。

在位第十一年，因为某种众所周知的原因，启把不听话的儿子武观流放到西河（"放王季子武观于西河"）。武观也作"五观"。五观和四岳一样，可以是一个人，也可以是五个人。《竹书》显然认为五观是一个人，《楚语》也持同样观点，《离骚》和《尚书》则认为是指启的五个儿子，他们是《尚书》里《五子之歌》的作者。墨子也认为五观是一个人，他在《非乐》篇里干脆把五观写成武观。这是否暗示了墨子之时还没有《五子之歌》？那么《尚书》中著名的《五子之歌》就极有可能是战国后期才被编出来的。

启十五年，"五观"这五个熊孩子在西河搞兵变，启派彭伯寿率兵镇压。彭伯寿是大彭国的诸侯，祖上便是活得地老天荒的长寿之王彭祖。

五观谋反的事，《逸周书》也提及"用胥兴作乱，遂凶厥国"，启没有处死他们，算得上是个好父亲。在这方面启比后世那些个皇帝强多了，汉武帝杀子、汉成帝杀死两个幼子、王莽杀子和孙、北魏孝文帝杀子、武则天杀子、雍正杀子……做帝王和帝王的儿子风险很大。据统计中国古代皇帝的非正常死亡率高达百分之四十四，我不知道有哪个职业的风险有这么高。

启至少有六个儿子，这六个孩子个个都不是省油的灯，"五观"之所以谋反，是因为不满兄弟太康被立为太子，他们都想从事那百分之四十四的高危职业。

太康确实不是个好天子，一上台就把都城从夏邑搬到斟寻（我们很快将会知道那个地方有多可怕），不知道他是怎么想的。迁都之后也不理政事，史书倒也没说他干了多少伤天害理的事，只说他是个疯狂的打猎爱好者，有一次他出门打猎，一去就是一百多天！

我很奇怪，太康既然如此酷爱打猎，就去做个猎手好了，做什么天子？以他的王子之尊，他打猎的人力、物力都不会有任何问题。如果他"禅位"于"五观"中的"一观"就好了，就不会有后来那些令后人头昏、令圣人们头疼的故事了。

一个国家一百多天没有天子，可想而知会乱成什么样。民怨四起是一定的，更可怕的是鸠占鹊巢，这两件悲摧的事情都被太康赶上了。

等太康美滋滋地打猎归来，他骤然发现自己已经不是天子，而成为猎物。有个猛人站在洛河对岸不让太康回国，只要太康一踏近河边，对方就用箭瞄准他。太康打动物是个好手，打人就不行了，尤其是河对面那人，跟他比箭术就像跟乔丹打篮球、跟马拉多纳踢足球一样，毫无胜算。

在这悲剧时刻，感人的一幕出现了。太康的五观兄弟和母亲偷渡到洛河对岸，在一个僻静的河湾等候太康。启这六个儿子比晋武帝司马炎的二十五个儿子好太多了，启地下有知，可以含笑于九泉。

五观看到太康来了，于是开始轮流朗诵他们创作的诗歌《五子之歌》。歌里追述了祖父大禹的辉煌伟绩，批评了太康不做天子做猎手的后果：宗庙被毁，兄弟几个加上老母亲无家可归，现在说什么都晚了。夏朝的历史已经在《五子之歌》的悲声中被改写。

据《竹书》载，太康在位仅四年就死了。太康经常打猎，而且可以在野外生存体验一百多天，肯定是个很健壮的男人，但说死就死了。怎么死的，史书没有相关记载，也许可以归入非正常死亡一类吧。丹朱和舜大概也可以归入此档。

太康年纪轻轻就死了，加上忙于打猎，也许来不及生儿子，于是他的弟弟"五观"之一中康成为夏朝的第四位天子，就算太康有儿子大概也没用，他这个夏朝第三任天子连国都回不去，哪来的话语权？《史记·夏本纪》似乎不愿过多提起夏朝往事，轻描淡写地说了句："太康崩，弟中康立，是为帝中康。"这也成为司马迁记载夏朝帝王的基本句式——某某崩，某某立。没有任何事件记载，连时间都没有，枯燥得令人抓狂。

好在字数不多，全文照录，作为备忘："中康崩，子帝相立。帝相崩，子帝少康立。帝少康崩，子帝予（zhù）立。帝予崩，子帝槐立。帝槐崩，子帝芒立。帝芒崩，子帝泄立。帝泄崩，子帝不降立。帝不降崩，弟帝扃（jiōng）立。帝扃崩，子帝廑（jǐn）立。帝廑崩，立帝不降之子孔甲……孔甲崩，子帝皋立。帝皋崩，子帝发立。帝发崩，子帝履癸（guǐ）立，是为桀。"直到夏朝的两个著名昏君孔甲和桀上台，才有几笔"荒唐言"。

按司马迁的记载，夏朝自大禹至桀历经十七代，其实他少算了两代，在帝相与少康之间还有两代，而且那两代长达六十八年，比大禹至相加在一起的时间还长，司马迁当然知道，他故意把这两代省略了。少了这六十八年，夏朝就成了一笔糊涂账，某些帝王的在位时间就不好算了，所以自大禹之后，司马迁绝口不提某某为帝多久。从他仓促、窘迫的笔触里，司马迁似乎只想尽快跟夏朝说拜拜。

六　后羿是谁

那两个让司马迁为难的家伙都不姓姒或（有）夏氏，他们一个是有穷氏，另一个是伯明氏，都是弑君篡位者，但他们都没有改朝换代。异姓为王而不更朝的事很罕见，也让儒家子弟们感到棘手，只得竭力掩饰这段一朝多姓的历史。司马迁虽非儒家，但西汉是儒家的天下，他这么做能够理解，倒是司马贞在《史记索隐》里对此颇有微词。

《竹书》里提到这两个家伙，但同样没有把他们算在夏朝帝王里，含糊其词地说："自禹至桀十七世，有王与无王，用岁四百七十一年。"有意思的是"无王"二字，就是指那两个人在位的时间，可那两个人真的是王，不承认也不行。《竹书》说夏朝历经四百七十一年很准确，根据夏商周断代工程，夏朝约自公元前2070年至公元前1600年。《帝纪》倒是大大方方承认了这两个人，分别排第六和第七位，不过皇甫谧先生认为夏朝只有四百三十二年，不知何故少了三十九年。

后世异姓为王者多的是，为什么儒家偏偏对这两个人耿耿于怀，挖空心思遮遮掩掩呢？第一，后世异姓王者都改朝换代，"换了人间"，那么换个人歌颂就行了，于是所有的"×太祖"出生都光芒四射，朱元璋出生时紫光冲天，搞得村里人以为他们家着火了，可见明太祖当年的住宿条件有多差，肯定四面墙都透风。第二，后来有文字记录，没法掩盖了，所以夹在两汉之间的王莽"新朝"有名得很。

夏朝的那两个麻烦制造者不满足这两个条件，那就尽可能让他们消失。

那个在洛河对岸逼住太康，不让他回国的人是谁？他就是大名鼎鼎的后羿！

太康当然不敢跟他比试箭法，他是箭神啊。后羿身份的复杂，在中国上古史里无出其右，而且"被尝试"多种死法。

不知道后羿的中国人大概极少，他在民间的知名度甚至超过尧、舜、禹、汤。大家都听说过后羿射日的故事，都知道后羿的太太是嫦娥，可作为夏帝的后羿知道的人就不多了。其实后羿的"后"字就表明他曾为帝，在夏朝帝称为"后"，比如启，正确的称呼是后启，而不是帝启。后稷不算，后稷是弃死后人们对他的尊称，大概也有追封这个"弃儿"为帝的意思。

有种说法认为射日的后羿和夏帝后羿不是一个人，从时间上看，他们确实不该是一个人，从时间上看共工也不该是一个人，但后羿的身份比共工复杂得多。共工不曾为帝，所以拿他当个穿帮的穿越人就好了，从三皇穿到大禹，最后在密云定居，他住的城叫共城。

后羿没那么简单，他的事迹给人造成错觉，让人以为真的有两个后羿。

一个是穿越的后羿，从三皇穿越到颛顼又到尧帝时代，他以一个神箭手的形象出现在中国的传说与史册里。这个后羿有两个老婆，一个是嫦娥，一个是洛神宓妃（伏羲和女娲的女儿）。关于嫦娥奔月的原因有两种说法：一种是因为吃洛神的醋，她吃了西王母给后羿的不死药跑到月亮上躲清静去了，后来发现月亮上太清静，又后悔了，可是上去容易下来难，所以李商隐替她难过："嫦娥应悔偷灵药，碧海青天夜夜心。"另一种是因为后羿的坏徒弟逢蒙，逢蒙有次趁师傅不在家，就想把不死药偷来自己吃掉，嫦娥为了不让他得逞，只得把灵药吞吃了，于是便飞到月亮上。这夫妻俩也真的是，拿了药就早点吃呗，还搞出那么遥远的两地分居来。

后羿后来就死在逢蒙手上，因为逢蒙觉得杀了师傅自己便老子天下第一。一种说法是逢蒙用箭在背后把师傅射死的，孟子百忙之中还关注了一下这件小事，并认为后羿死于徒弟之手他自己也有责任，虽然不是主要责任人，但他认为师傅选错徒弟就是错。孟子说"是亦羿有罪焉"[1]，指的就是此事，后羿听见了怕是会气活。还有一种说法是逢蒙用桃木棍把师傅砸死的，鬼之所以怕桃木就

---

[1] 《孟子·离娄下》。

是因为这个原因，这可能是道士们收编后羿时创作出来的故事。在这个故事里，后羿化身为一个大神——钟馗，职业捉鬼者。

东汉学者高诱给《淮南子》作注时说："羿古之诸侯，河伯溺杀人，羿射其左目……有功于天下，故死托祀于宗布。"宗布便是道士们喜闻乐见的钟馗。高诱这段话里，有几个关键词：诸侯、河伯、有功。有功是指后羿在尧时代射九日，诛杀从《山海经》里跑出来的六个怪物：猰貐（yà yǔ）、凿齿、九婴、大风、封豨和修蛇。这个没问题，他是著名箭手嘛，孟子也仅仅拿他当作箭手。但后羿怎么就成了诸侯，又跟河伯扯上关系？

高诱的注释里写得有一点儿含糊，后羿射河伯左目，并不是因为"河伯溺杀人"，而是为了宓妃。宓妃和河伯夫妻生活不美满，和后羿一见钟情，于是后羿让河伯成为"瞽伯"。这个地方问题也不大，最大的问题是为什么后羿成了诸侯。他不一直只是个神箭手吗？唯一的解释就是，后羿真的就是诸侯，不是高诱瞎编的。

我认为高诱的注释是从屈原的《天问》来的："帝降夷羿，革孽夏民。胡射夫河伯，而妻彼雒（luò）嫔？"这几句的意思是：老天为何降下夷羿，更改夏朝，让夏朝人民深受其害？他为啥要射河伯，又娶洛神为妻？

从屈原的诗里，我们很容易推测出那个危害夏朝的"夷羿"就是后羿，因为他娶洛神为妻，拿河伯当靶子！

根本就没有什么第二个后羿，真实的后羿只有一个，他曾是夏朝的帝王之一。高诱说得没错，他确实是诸侯，有穷氏的诸侯。

嫦娥是后羿身份的烟幕弹，如果没有她，后羿就没那么复杂了，虽然从三皇跑到夏朝有点扯，共工能，后羿凭啥不能？《山海经》里穿帮的和荒诞的东西不少，口耳相传的传说很容易走样，但并不意味着《山海经》纯属虚构，我们可以从中找到许多史书中对应的人物和事件，尽管它们看上去变形变得厉害。

神神道道的《山海经》里偏偏就没有神奇的嫦娥！郭沫若认为《山海经》里帝俊（帝喾）的老婆、生下十二个月亮的常羲就是常仪，帝挚的妈妈，又进一步把常仪推测成嫦娥："常羲若常仪之初字，义、羲、仪，古同歌部"[1]，又说"生月的常羲，后来成为奔月的嫦娥"[2]。我认为，退一步说"生月的常羲就是奔月的嫦娥"，那么也说明嫦娥和后羿没关系。因为嫦娥至少比后羿年长两百岁，虽说老妻少夫不算罕见，但也不能老成木乃伊吧？

最早提到嫦娥和后羿的也是《归藏》。《归藏》提到嫦娥吃不死药奔月，也提到了羿的射术超凡入圣："昔者羿射陼比庄石上羿果射之曰履□"，意思是想当年后羿可以射中远处的小东西，就跟射附近庄里的大石头似的，所以他后来才有本事射日。但嫦娥和后羿在不同的卦辞里，两人一点儿关系都没有，连普通网友都算不上，他们没有任何交流。

是谁把嫦娥和后羿撮合成夫妻的？最早暗示嫦娥和后羿关系不一般的是《淮南子》，后世的传说多由此而来。东汉时，高诱为《淮南子》作注，首次为嫦娥和后羿颁发结婚证书："恒娥，羿妻。"

为什么嫦娥对后羿身份的认证造成极大的困扰？因为曾在夏朝为帝的后羿的老婆叫玄妻或纯狐，这个女人和嫦娥一点儿联系都没有。如此一来，疑问就产生了：这两个不同女人的丈夫是否仅仅重名而已，就像有无数的张三李四一样？如果嫦娥压根就不是后羿的老婆，我们是否就没有这个困扰了？我们只不过被《淮南子》先入为主影响罢了，没有任何证据证明嫦娥是后羿的老

---

① 郭沫若：《释祖妣》。

② 郭沫若：《出土文物二三事》。

婆！张衡在天文历法方面很在行，但他需要加强婚姻法的学习，不能因为嫦娥和后羿是名人，就随便给他们开结婚证。

如果嫦娥不是后羿的老婆，那么后羿的老婆是玄妻就没有任何疑问了，后羿也不用担心被逢蒙打死了，虽然他后来还是被人打死。打死他的不是他的徒弟，而是他收留的一个流氓，后羿真够命苦，在任何一个时空里都躲不过被杀的宿命，用孟子的话来说就是"是亦羿有罪焉"。

孟子关于逢蒙杀死后羿的动机再一次混淆了后羿的身份，逢蒙杀死他师傅是为了夺得天下第一弓箭手的名号，这完全掩盖了后羿真正的死因。孔子酷爱批评乱臣贼子，可他对夏朝最大的两个贼子视而不见，他的弟子之一南宫适曾提到后羿和另一个贼子的儿子，孔子不置一词，顾左右而言他。

后羿的部落有穷氏就在太康的新都斟寻附近，有穷氏不是大禹分封的嫡系十一国，"有穷"之"穷"通"穹"，"穹"在古义里有弓箭的意思，后羿是部落的首领，也是部落的头号弓箭手。据《竹书》载，太康一上台就把都城搬到斟寻（今山东潍坊），不知道出于什么考虑，难道是为了打猎方便？他肯定想不到，仅仅四年光景，他就从打猎粉丝变成另外一个猎手的猎物。

如果他没有迁都，夏朝的历史轨迹肯定是另外一个样子。历史很大，但改变历史的因素可能极小，以至于一个小小的嗜好就已足够。

在太康去河对岸度假的那一百多天里，国都斟寻具体发生了什么不得而知，但结果却是明确的：后羿占领斟寻，他从有穷氏的头号箭手一跃而成夏朝的头号大人物，天下都成了他的猎物。

那时大禹余威尚在，夏朝是天下正朔，后羿不敢直接登堂入室为帝，而是扶植了一个傀儡天子，自己担任幕后策划。他这一招很厉害，后世无数枭雄竞相模仿。在这方面做得最好或者最差的是曹操，搞了一辈子策划，到死都没称帝，他儿子曹丕从策划走到前台后，给他颁发了荣誉皇帝证书，是为"魏武帝"。

被后羿推荐上位的是"五观"之一的中康，那时太康已经死了。我们不难推测，后羿抓获了在洛河对岸流亡的六兄弟和他们的母亲，太康崩了，中康立。可怜"山川之神"大禹历经千辛万苦建立的夏朝，仅在其身后二十多年，江山就落入异姓人手中。

大禹朝的乐官夔在夏朝这段政变史里扮演了一个充满悲情的角色，他对得起大禹祖孙三代。他的音乐造诣我们已经见识过，飞禽走兽都给他搞得神魂颠倒，孔子也和我们一样感同身受。

当时鲁哀公请教孔子一个非常奇怪的问题，他问后夔是不是只有一只脚，这个问题比吴国使者请教大骨头还要离谱。这本来只是Yes或者No的问题，可孔夫子从舜重视音乐讲起，讲他如何在各地寻找人才，终于在草莽之中找到夔，夔的音乐才能通天彻地，不仅能让人心旷神怡，还能陶冶情操，舜对引进的这个人才非常满意，给予高度评价：像夔那样的人，一个就足够了。绕了这么一大圈，才告诉鲁哀公一个秘密——夔有两只脚。可怜这位国君能把"若夔者一而足矣"[1]理解成夔只有一只脚，他的文化程度可能小学都没毕业，孔子跟他讲的那番大道理他能懂吗？鲁哀公还有可能是《山海经》的粉丝，《山海经》中有种叫作夔的怪物，身形巨大，但是只有一只脚（"状如牛，苍身而无角，一足"）。博学通天的周公旦后人如此不求上进，难怪叫"哀公"，是够悲哀的。

音乐家夔精通当时的各种乐器，官职高（乐正），又不是残疾人，所以他肯定能赢得美女的芳心。《左传·昭公二十八年》里说"昔有仍氏生女，鬒（zhěn，头发茂密）黑而甚美，光可以

---

[1] 《吕氏春秋·察传》。

鉴，名曰玄妻。乐正后夔取之，生伯封……"。这个漂亮女孩是有仍氏部落大美女，一头乌发黑得发亮，走到哪儿都是闪亮登场，她若生在现代，肯定是天下第一洗发水广告模特。

这个女孩还有一个名字叫纯狐。玄妻确实是个狐狸精，后世的妹（mò）喜、褒姒、妲己跟她老人家比起来简直不是一个量级，无论是美貌还是美貌造成的后果。她一个人涉及了夏朝三代"人事纠纷"，谁能跟她比？玄和纯其实都是黑的意思，可见该美女头发黑得一塌糊涂。

古代儿童读物《幼学琼林》特别提醒小朋友关注："张丽华发光可鉴，吴绛仙秀色可餐。"绛仙是隋炀帝的宠妃，姓吴。炀帝有次深情地对身边人说："古人言秀色若可餐，如绛仙真可疗饥矣。"①

《幼学琼林》的作者真是用心良苦，让小朋友从小就知道"书中自有颜如玉"的道理，该道理出自宋真宗赵恒的大作《励学篇》，那首诗把读书的功利性阐述得淋漓尽致。赵先生自己有千钟粟、颜如玉，也有黄金屋，什么都不缺，只少一件古今帝王都稀罕的感天动地的封禅盛典。他最终实现了愿望，向后人证明他其实是位多么伟大的导演和演员。

夔爱上"颜如玉""发可鉴"的玄妻很正常，可惜是个错误，正确的他们相逢在一个错误的时空。以夔当时的身份地位，绝对是一人之下，万人之上，皋陶死了，伯益也死了，只有他活得生机勃勃，名字前面有尊贵的前缀"后"，后夔，如同后稷一样，堪称无冕之王。可他老婆还嫌不够，上面《左传》引文里省略的那几个字是对纯狐的评语"生伯封，实有豕心，贪婪无餍，忿颣无期，谓之封豕。有穷后羿灭之，夔是以不祀"，没有一个字说

---

① 〔唐〕颜师古：《大业拾遗记》。

她好。意思是这个漂亮女人像大猪（"封豕"）一样贪得无厌，还经常发脾气。后夔历经舜、禹、太康、中康，是四朝元老，娶玄妻时肯定有把年纪了，也许他在某些方面不能带给她幸福，她才"忿戾无期"吧？（也有说"封豕"是伯封，单看这句似乎也通。《左传》紧接着说："且三代之亡，共子之废，皆是物也。女何以为哉？夫有尤物，足以移人，苟非德义，则必有祸。"很明显是指带来祸水的女人。）

从时间上判断，后羿占领斟寻时，纯狐已经徐娘半老，可依然能够迷倒后羿。根据《左传》玄妻为后夔家族招致灭顶之灾，后夔从此绝后，那么可以推测后羿是为了得到她才对她老公和儿子伯封下手的。还有一种说法说夔和儿子因为支持中康搞复辟被后羿处死。这两种说法其实可以并存不悖，无论怎样纯狐都被后羿纳入后宫，成了夏朝实际的"第一夫人"。

民间演义动情地宣布纯狐之所以改嫁后羿是为了打入敌人内部，给后夔和儿子伯封报仇，从动机上来说是成立的，可惜和史册上的记载相悖。《左传》上关于玄妻的记载最为详细，也最权威，左丘明的评语言之凿凿，直接把那个美丽的女人从人变成非人，他不至于故意栽赃玄妻吧？后来后羿又被人杀死，她再次打入敌人内部，顺便生了两个儿子。这是后话，还是让我们来看看眼下吧。

中康在位的第五年，发生了一件可怕的大事，天文官羲和擅离职守，跑去喝花酒（"湎淫"①，湎指酗酒），导致时序错乱，未能准确预测一次日食（"废时乱日"②）。又见羲和，羲和不是尧时代的天文官吗？他还活着吗？答案是否定的。

尧时代的天文官名字叫羲和，中康时代的天文官职位叫羲

---

① 《史记·夏本纪》。
② 同上。

和。如果再往前追溯，羲和还是帝喾的老婆之一，更神奇的是她生了十个儿子，更更神奇的是，这十个儿子都不是人，而是十个太阳，被后羿射死九个。这是《山海经》上说的，信不信由你。

日食在古代是件了不得的大事，《左传·昭公十七年》引《夏书》所载"辰不集于房"就是指日食。仅有的一个太阳不知道跑哪儿去了，多可怕呀，所以中康暴怒，想必后羿也害怕，自己明明没有射那个太阳，它怎么就不见了呢？于是他们达成共识，派大将胤讨伐羲和，胤出征前模仿启，也搞了个出征演讲词，叫《胤征》，可惜没有流传下来，如果写得像《甘誓》一样，不传也罢。一个天文官渎职，直接把他抓起来不就完了，用得着派兵讨伐吗？那时的天文官势力极大，他（们）还是大巫，对星象具有最终的解释权，进而影响国家方针政策。以羲和的地位，他的封地不会小，有封地就有军队。尧时代的四岳据说就是羲和的四个儿子，可见羲和的权力有多大。

《夏本纪》里中康就做了这么一件事，《竹书》说中康第六年，他封了一个大臣昆吾为伯，这是个很重要的细节。明人杨慎《封建》载："夷羿篡弑矣，昆吾雄伯矣"，说的就是他，但和《殷本纪》提到的和夏桀一起干坏事又一起被灭掉的昆吾不是同一个人，因为他不是穿越人。

我们将再也不会看到穿越人了，因为离文字的诞生已经越来越近，记载也越来越准确，但是穿帮人和事会越来越多。

夏末的昆吾是中康时代被封为雄伯的昆吾的后人，以昆吾为氏，成为一方诸侯，昆吾氏后来成为夏桀时期的超级豪强。他有多强？他在夏、商、周三朝都排得上号："夏昆吾、商大彭、豕韦、周齐桓、晋文，谓之五霸！"[1]

---

① 〔宋〕朱熹：《孟子集注》。

从昆吾氏的历史来看，很明显昆吾是支持夏朝的。中康并非毫无作为，他还是勉力在朝中安插了一个自己人，昆吾一脉是后来夏朝复辟的中坚力量之一。

中康这么做想必让后羿很不爽，不久中康就崩了。中康在位仅七年，我猜想他大概也是非正常死亡。

中康死后，《夏本纪》里说他的儿子相继位，《竹书》里说相是中康的侄子（世子），我倾向于相信《竹书》，后羿应该没那么傻，不会让一个与自己有杀父之仇的人成为天子。后羿并没有对启的后代们赶尽杀绝，他是看谁不顺眼一个个地杀。相的运气不错，不像他的两个伯伯那样早早就崩了。后羿如果想让他正常地"非正常死亡"应该不是件很难的事，或者相有勾践的本事，让后羿放松警惕。相在商丘登上帝位，其实只是个傀儡而已，但毕竟命还在。《竹书》上关于相在位期间发生的事，其实和相半毛钱关系都没有，真正主事的是后羿。

后羿留下相一条命，不清楚出于何种原因，但这个决定再次改写了夏朝的历史，而且对于他个人也意义非凡，虽然那时他永远都不知道、也不在乎结局了。

《帝纪》里的说法看起来合理："帝相一名相安，自太康以来，夏政凌迟，为羿所逼，乃徙商丘。"相在旧都斟寻和后羿处得不愉快才要搬到商丘，这也暗示了后羿不仅无意杀死他，而且还准许他登上帝位。

公平地说，后羿算不上穷凶极恶，不像后世的那些篡位者恨不得灭尽九族、斩草除根。明代燕王朱棣从侄子建文帝手中夺得江山，逼得朱允炆放火自焚，随后杀尽侄子的家人、亲信，因为没有在灰烬中找到侄子的尸体，朱棣撒下天罗地网，花了好几年也没找着，朱允炆遂成失踪人口。据说他下南洋跑新加坡去了，反正到今天也没找着，现在朱棣应该心里很踏实了吧。

后羿觉得是时候从幕后策划走到前台了，于是就把相辞退，自己正式成为有夏氏第六代国君有穷氏后羿，这话听着有点绕口，但只能这么写。

后羿登上帝位后，他马上成了另一个太康，甚至有过之而无不及。不过无论是后羿还是太康，都不能成为最爱打猎的帝王，没有最爱，只有更爱，他俩跟夏末的另一位君主相比简直不值一提，那位叫孔甲，后面再细说。

后羿动不动就出去打猎，他和鸟兽的交流时间比跟纯狐的更多。后羿跟爱妃都没什么交流，跟朝臣就更甭提了。他把朝政交在义子寒浞手中，那个年轻人聪明伶俐，对自己忠心耿耿，纯狐在枕边说寒浞应该被选为夏朝第一杰出青年，男女老少没人不喜欢他。一小撮不喜欢寒先生的完全是出于嫉妒，这一小撮人包括跟随后羿多年的老臣武罗、伯困、熊髡（kūn，剃发的意思，也是一种刑罚）和龙圉（yǔ）。

因此，我按图索骥推演，寒浞委屈地向他汇报：达爹，那几位叔叔对您出去打猎好像很不高兴，我很不理解他们为什么不理解您打猎的伟大意义。您去打猎，不仅仅起到锻炼身体的作用，更重要的是让天下人都见识夏朝国君举世无双的箭术，您不是在打猎，而是为国家打形象广告啊！后羿被寒浞哄得心花怒放，打猎出勤率更高了，更加信任纯狐和家仆们赞不绝口的义子。后羿想让那四位臣下跟他一起去"打广告"，可他们接受不了新思想，后羿与他们渐行渐远，远到他们一个接一个地在世上消失，后羿都无动于衷。

后羿有足够的理由信任寒浞，他是寒浞的贵人，是他的再生父母。后羿想得一点儿都没错，他对寒浞的恩情确实比天高、比海深，不过他想不到的是寒浞的心有多高、心思又有多深。后世一提到枭雄，首先想到的可能是曹操和司马懿，这两人加一块儿都比不上这位后羿朝的"杰出青年"。寒浞在历史中被儒者们"雪藏"了，后人甚至都不知道他曾经为帝，而且是夏朝在位时间最长的帝王，长达六十年！除了寒浞，中国帝王在位时间达到六十年的，即使算上五帝中的四帝一共只有八位，除了商朝的太戊、康熙和乾隆爷孙俩，还有一个就是寒浞。

寒浞来投奔后羿时完全是一条丧家之犬，他被伯明氏部落首领驱逐出境，连他的父母都表示要跟他划清界限，他完美地诠释了恶棍是怎样炼成的。这小子生就一副好身躯，力气大，脑子灵，父母把这个儿子当爷爷宠着。史书没有具体说他如何祸害乡里，但周围的地球人都受不了他。他的恶行传到酋长耳朵里，于是他便被递解出境，终身剥夺伯明氏部落公民权。

寒浞恶名远扬，大家都知道伯明氏出了个坏分子，用盲左文绉绉的话来说就是"伯明氏之谗子弟也"[1]。不知道为什么后羿会收留他，谁反对都没用，后来更收他为义子，接着授予他丞相之位，国家大事全放手交给他，最后把自己的命也交给他了。

七　寒冷之夏

就像后羿不甘寂寞走上前台一样，他的义子、"杰出青年"寒浞也憋不住要上台走秀了。他已经完成了所有的准备工作，义父的亲信被他隔三岔五地弄掉一个，最后满朝都是寒青年的党羽。不仅如此，在义父打猎期间，他还很好地"照顾"了落寞的玄妻，即纯狐女士。可怜后羿浑然不觉，一边打猎一边打广告，爽得很。他跟太康一样，都不知道自己什么时候成了猎物。他死

---

[1] 《左传·襄公四年》。

得比太康惨多了，真的像动物一样死去，变成别人的盘中餐。

话说一个秋天的黄昏，后羿兴冲冲地狩猎归来，他身后的牛车上放满各式猎物，计有野雉、麋鹿、狼、狐狸，还有一头黑熊（谢绝考证）。后羿坐在"吱呀吱呀"的牛车上，心悠悠地荡着，他打算用那张黑狐的皮给纯狐做个围脖，真是再合适不过了，想必她会高兴地扑上来给他一个热烈的拥抱。和她小别有些日子了，真的很怀念她温柔的怀抱。在众多的妃子中，后羿最喜欢的其实就是纯狐，想到马上就要见到她，他嘴角露出一抹浅浅的笑意。

后羿一进家门就笑不出来了，因为胸口被扎了一刀，接着一刀又一刀。在迷离的血光中，后羿依稀看见朝他下手的都是自己的家仆，凶手的后面站着他的义子寒浞，寒浞身边站着纯狐。后羿倒下前，仍用尽最后一口气朝前方射出最后一箭，那一箭软绵绵的像鹅毛一样落下来。他喷出一大口血，双目圆睁，倒在地上，眼睛一眨不眨地望着苍穹。天空无语。

寒浞居然把后羿的尸体大卸八块，煮熟了，让后羿的儿子们吃。那些孩子们哪里吃得下去，于是寒浞把他们一个个杀死在门口（"其子不忍食诸，死于穷门"[1]）。

寒浞篡位不难理解，但他对后羿尸体的处理方式简直不可理喻，他得多恨后羿才能残忍得如此丧心病狂！可寒浞没道理那么恨后羿呀，后羿无论如何都是他的恩人，他没有必要在杀人、篡位之后还要如此大张旗鼓地显示自己的残忍吧？除非寒浞不是人，无法以人的理智和情感度之。

屈原在《天问》里问道："浞娶纯狐，眩妻爱谋。何羿之射革，而交吞揆之？"翻成大白话就是寒浞想娶纯狐，后羿的那个很"眩"的老婆和他狼狈为奸，后羿之箭可以射穿革甲，如此猛

---

[1] 《左传·襄公四年》。

人怎会被人当作食物算计？"交吞"是双关语，指寒浞吞灭后羿，也指羿死后被煮成肉羹，他的家人被逼着去吃。

屈原的诗和《左传》所记吻合，其中一句颇耐人寻味——"眩妻爰谋"。"眩妻"有人直接当成玄妻，是错误的。"眩"字很妙，与"玄"谐音，但它是个形容词，意为炫得让人惑乱。这一方面形容了她的漂亮，另一方面形容了她内心的不漂亮。她让寒浞对她产生想法不是她的错，但她推波助澜，进而密谋除掉后羿，这就是她的错了，她岂止是狐狸呀，简直毒如蛇蝎。

把后羿当作动物和食物处理，究竟是寒浞的主意还是玄妻的坚持？二者必居其一。寒浞的可能性不大，因为他没有动机；玄妻的可能性最大，因为她有动机。她对后羿越狠就越说明她对后羿的恨有多强烈，那么野史里说她嫁给后羿其实不过假意逢迎、伺机为丈夫和儿子复仇的说法就可能是真的，至少在逻辑上成立。

盲左对玄妻的看法也许存在盲点，这很正常，他的眼睛虽然是雪亮的，但不至于像圣人们一样永远正确。如此一来，一个肮脏的狗血闹剧，立马就被洗白成热血正剧：音乐家后夔美丽妻子的复仇故事，纯狐不仅外表美，心灵更美。她为后世的美女间谍们做了一个示范，更证明了美丽作为一种武器比箭或剑更为锋利。西施后来居上，成就比纯狐更大，纯狐报家仇，西施酬国恨。

就算纯狐真的像盲左评语里说的如"封豕"，在物质上很贪婪，脾气不太好，但这和她爱家、爱丈夫、爱儿子并不矛盾。谁告诉我们一个正义的复仇者一定要人格完美、精神高尚？

虽然纯狐的复仇是正义的，可是她的方式很变态，也许后羿那个禽兽也用同样的方式处理后夔和伯封，纯狐不过以牙还牙而已，我只能说人在对待同类方面比动物恶毒一万倍。孟子一本正经侮辱动物说"人之所以异于禽兽者几希"①，焉知动物不会说"禽兽之异于人者几希"哩！

假如后羿的下场不是因为被报复，那么寒浞和纯狐就是十足的变态，只能这么解释：寒浞对情敌恨之入骨，纯狐为取悦新欢无所不用其极。

还是让我们选择"复仇说"吧，只有从这个角度看，那段充满阴谋与凶杀的夏朝历史才有一点点亮色，否则实在太黑暗了。画面太美不敢看，画面太丑就更不敢看了。

无论史书还是野史都没有说纯狐和后羿生了孩子，但《左传·襄公四年》里明确地说，她和寒浞生了两个儿子，寒浇（áo）和寒豷〔笔者按：此字念yì，什么意思，纪念羿？这个字表示猪喘息，表示他是大猪（封豕）的儿子？这是我见过史上最无厘头的名字〕，看样子她是真的爱上寒浞了，打算死心塌地跟他过下去。她这两个儿子都不是纨绔子弟，领兵打仗很有一套，是寒浞最为倚重的军事统帅。

《竹书》上只提了寒浞的一个儿子寒浇，而且不可能是纯狐的儿子，因为寒浞杀死后羿的那年，就封儿子寒浇为诸侯，封地在过（今山东省莱州市附近）。（"八年，寒浞杀羿，使其子浇居过。"）其余部分与《左传》所载高度吻合，更为难得的是《天问》里的几句诗也和《竹书》《左传》无缝对接，看来这段历史的可信度很高。

《竹书》里浇的出生年份应该是错的，原因是它后面提到纯狐生了孩子，那孩子年纪轻轻就死了，留下一个寡妇叫女歧："浞娶纯狐氏，有子早死，其妇曰女歧，寡居。"屈原在《天问》里也提到女歧，说女歧是浇的嫂子，这说明浇不管是不是纯狐生

---

① 《孟子·离娄下》。

的，他都不可能在寒浞杀死后羿那年出生。《竹书》在它所谓的
"无王"时代显得颇为凌乱。

《天问》里也没提到那个名字很奇葩的寒豷，那么到底有没
有这个熊孩子？这个问题我真的回答不了，但我倾向于相信有寒
豷这个人。如果没有的话，左丘明就太逗了，他好好的虚构这么
个名字特别让人难以忘怀的人干什么？

寒浞应该有不少孩子，其中浇和豷最重要，就算浇不是纯
狐生的，从后来发生的事判断，寒豷年龄偏小，是纯狐儿子的可
能性大。既然《竹书》和《左传》在纯狐和寒浞有孩子这个问题
上达成共识，那么保险起见取平均值吧，寒浞和纯狐只有两个孩
子，一个孩子死了，另一个叫寒豷。按《左传》的说法，寒豷被
封于戈（今河南商丘附近）。寒浇是不是纯狐的儿子，有八卦上
的意义，但对于那段历史毫无影响，只要他是寒浞的儿子就行。

寒浞大权在握之后，开始了一系列针对中康儿子或侄子相
的行动。他先把相从首都商丘流放到斟灌（今山东寿光市），寒
浞没有立刻杀死相，大概因为顾忌忠于夏朝的两大部落斟灌和斟
寻。寒浞的觉悟还是不算高，斟灌氏是大禹的嫡系人马，把相流
放到那里无异于纵虎归山。很可能是相主动申请外调，他身边有
个谋臣和勇士靡是个很厉害的人物，他一定不希望看到相在寒浞
眼皮子底下无所事事，而且随时有性命之虞。只是不太清楚相以
什么借口说服寒浞把他送往斟灌，那个借口一定强到让寒浞无法
拒绝，要不就是寒浞跟后羿一样，觉得他"勾勾践践"的，掀不
起什么风浪。

相被迫离开商丘，在流亡斟灌的途中，靡忠心耿耿地跟着
他。两双手在凄风苦雨中紧紧相握，他们握住的不仅仅是友情和
忠心，还有夏朝的未来。

相居斟灌之后的第六年，有件事值得一提。"十五年，商

侯相土作乘马。遂迁于商丘。"①这句话顺序反了，应该是侯爵相土移居商丘之后，才被称为"商侯"，相土是玄鸟蛋所生的契的后人。"作乘马"便是制作马车，但我有点怀疑他是马车的发明者，启伐有扈氏不就出动战车了吗？倘若相土发明马车属实，那就证明《尚书·甘誓》是假的，这个可能性很大。不管相土是不是马车的发明人，他都是商朝的奠基人，商丘是商朝的发源地和发祥地。

寒浞开始了他的帝国征服史。他首先灭掉戈，然后把这个地方赐给寒豷。这是个妙招，斟灌离戈不远，相又被监控了。相想必生就一副苦相，他的命实在是苦，他的灾难还远未到头。

灭戈之后，寒浞消停了六年，史书上没提他做了什么，不过他脑子肯定没闲着，从他后来做的事来看，他在谋划一举扫清夏朝所有的嫡系力量。

寒浞的军事才能毋庸置疑，他打仗从无败绩。后羿在世时，他就率军把几个不听话的部落淮夷、风夷、黄夷和于夷打服，逼着他们来朝上贡，可谓战功彪炳。他被后羿委以重任，不是光靠拍马屁和哄女人这种软招子，他软硬都行。

风、黄、于都是彪悍的东九夷，非常难搞。《后汉书·东夷传序》："夷有九种，曰畎夷、于夷、方夷、黄夷、白夷、赤夷、玄夷、风夷、阳夷。"直到夏朝的第九代天子帝予才把九夷彻底打趴下，让他们俯首称臣。

淮夷不属东夷，他们活动在江淮、黄淮一带，生活方式与别的夷类迥异，他们居无定所，靠水路在国与国之间做买卖，是中国最早的商业团体，哪里有买卖他们就出现在哪里，叫他们"漂夷"可能更合适。淮夷直到春秋战国时代依然很活跃，

---

① 《竹书纪年》。

他们以失败者的形象出现在《诗经·鲁颂》里："憬彼淮夷，来献其琛，元龟象齿，大赂南金。"给鲁僖公进献珍宝、大龟、象牙、巨玉和南方出产的黄金，可见他们多么有钱。后世的漕帮（即后来的青帮）继承了淮夷的路子，在这个意义上，淮夷比任何一国的存在都长久。寒浞当初帮后羿打淮夷想必是为了捞点硬通货，有穷氏不缺弓箭，缺的是钱。

在接下来的三年里，寒浞完成了三件大事：他的儿子寒浇率军灭掉斟灌氏；次年再灭斟寻氏；等夏朝的这两大力量肃清了，寒浞决定杀死废帝相，杀死相的仍是寒浇。那时寒豷可能还太年轻，不堪重任，据《左传》，他后来参与了寒浞与夏朝的终极之战。

我相信那时候寒浞一定得意之极，说不定还开了一场盛大的歌舞晚会以示庆祝。

典礼上的女主人是纯狐，她的手被握在天下最有权力的男人手中。她想起后羿了吗？那是全天下最有艺术范儿的男人（笔者按：那时的主流艺术就是音乐，舞蹈主要是跳大神时用的。尧、舜、禹几位"圣人天子"均对音乐推崇备至，包括颛顼和喾，都会玩音乐。《山海经》提到了启在听神曲《九歌》或《九辩》时的舞姿："左手操翳，右手操环，佩玉璜。"翳是白色羽毛织成的华盖，用来装饰车顶，帝王专用；玉璜是巫师祭祀时佩戴的最重要的礼器之一，启分明就是在跳大神）。眼前的男人不懂艺术，但同样有范儿，从一个小混混成君临天下的天子，多么"励志"啊！纯狐当然不知道后世如她家寒先生的混混多的是，她更不知道的是寒先生辛苦工作了六十年，在中国历史里连个名分都没有。

寒浞是个很有想法的人，当他把夏朝的军事力量摧毁并杀死夏朝唯一一名正言顺的继承人相后，他把夏朝更名为寒，只不过后世史家没人拿他当回事，他的"寒朝"仅仅是他自说自话，《夏本纪》直接对他无视，提都不提他。

"寒朝"也许称为"寒潮"更合适，它把"盛夏"突然变成严冬，可冬天依然有生命之根蕴藏于地下。寒浞以为万事大吉了，又有个能干的儿子浇，他还有什么不放心的？于是便尽情享受，怎么爽怎么来，具体细节可参照舜对丹朱的指责以及墨子给启的说道。《竹书》里说："浞恃浇皆康娱，日忘其恶而不为备。"

浇比他老子还猛，不仅打仗百战百胜，本人还力大无穷，可以陆地行舟。孔子的弟子之一鲁国大夫南宫适说了一番话让他老师大为欢心："羿善射，奡（ào，即浇）荡舟，俱不得其死然；禹稷躬稼，而有天下。"①他说浇荡舟，绝不是指在水里划船，本人还曾在特拉华水峡里划过船哩，有啥稀奇？他指的是浇力气大得可以在陆地上划船。后羿和寒浞虽都有技术强项，但都不得好死，大禹和后稷以身作则务农却能拥有天下。这话说得太不准确，后稷从未"有天下"，过了一千年，他的后人才建立了大周。伯益也曾"躬稼"，为啥他和他的后人都不能"有天下"？还有大禹"有天下"真的是因为他"躬稼"吗？

孔子当时没好意思回答南宫适，因为南宫先生的话里包含着一个极其高级的奉承：他拿禹、稷来比拟孔子。孔子待南宫出去之后，大赞："此人真是个有德的君子啊！"（"君子哉若人！尚德哉若人！"②）宰我真该好好学学南宫适，免得动不动就挨骂。

《潜夫论·五德志》里说："浇才力盖众，骤其勇武而卒以亡。"这话断章取义，浇和后来举鼎而死的嬴荡不一样，他不是逞强而死，而是被一个比他更强的人干掉了，那个强人的名字听

---

① 《论语·宪问》。
② 同上。

起来弱不禁风，叫女艾。

多年之后，寒浞才知道他那个神勇的儿子浇当年犯了个多么大的"小"错误。浇杀光了当时废帝相宫殿所有的士兵、随从、妻妾，甚至仆人，但有一个女人从城墙的洞里爬出去了（那时是土墙，挖洞不难），这个女人蓬头垢面的，巡查的寒军谁都没有在意这个连性别都看不出来的乞丐。这个女人叫缗，是相的妃子，当时她已经怀孕了，这个坚强的女子愣是一路乞讨逃回娘家有仍氏部落（缗和纯狐居然是老乡）。有仍氏又叫有任氏，一说在山东，一说在河北，我觉得是在山东，而且应该离相遇难的斟灌不远，很难想象一个孕妇能从山东走到河北。

除了这个小的疏漏外，浇还有一个大疏漏，他让相身边的谋臣靡逃走了，这是个致命的疏忽。没有这个"智勇忠"全面发展的三好大臣，相就算有十个儿子都白搭。靡逃往有鬲（lì）氏（今山东德州），秘密地在那里收编斟灌、斟寻两地的残余夏兵（"夏之遗臣伯靡，自有鬲氏收二斟之烬以伐浞"①），这一切寒浞都蒙在鼓里，成天在娱乐城"康娱""不为备"。一个毫无准备地花天酒地，一个时刻准备厉兵秣马，真是政治版的"龟兔赛跑"。伍子胥后来拿这段故事警告夫差，夫差不听，后果很严重，成了春秋版的寒浞。

靡在征兵，缗则在生孩子，那个孩子就是复兴夏朝的少康。少康自小听妈妈讲那过去的故事，对杀父仇人寒浞恨之入骨，同时低调为人，保持高度警惕。〔"慙（jì，憎恨之意）浇，能戒之。"②〕他长大后在部落里当了一个不大不小的官，管理牲口，叫牧正。东晋的张湛是这样解释"牧正"的："养禽兽之长也。"③相

---

① 《竹书纪年》。
② 《左传·哀公元年》。
③ 〔东晋〕张湛：《列子注》。

当通俗易懂，比杜预说"牧官之长"强多了。孙悟空亦曾为"牧正"，只不过职位名有点难听，叫"弼马温"。

少康在"养禽兽"方面成就突出，一传十，十传百，最后传到了浇的耳朵里。浇并没有多重视少康，都懒得亲自出马，只派了名为椒的手下去有仍氏交涉，要求引渡这个生下来就是通缉犯的牧正。少康的警惕性果然高得很，闻到"辣椒"味，他早早就溜走了。椒找不到人，只好走人，少康也走人，他走到姚重华先生的部落有虞。

有虞氏在舜"南巡"死于苍梧之后就开始没落，活动范围从山西、河南两地缩小到河南虞城那块地方。有虞氏人很厚道，没有计较少康高祖父大禹和曾祖父启当年是如何把风光无限的有虞部落挤兑成一个小小的围城——虞城。他们收留了少康，并给了一份看起来很奇怪的工作"庖正"。庖正其实就是厨师长，少康还真是个全能型人才，会养禽兽，还会做菜，这样的好男人哪里去找？

养禽兽和厨艺还仅仅是少康的业余爱好，他的专业其实是军事。

有虞氏的族长叫虞思，他看出少康非池中之物，就像尧看出舜的不同凡响来，于是虞思仿效先贤尧，把两个女儿同时嫁给少康。尧当年给女儿的陪嫁是琴、高级衣料、粮仓、牛羊牲畜，外加九个儿子蹲点。虞思的家业虽然不知道比尧少多少，但他给两个女儿的嫁妆要丰厚得多——一座城池，外加五百名士兵！那个小城叫诸纶，方圆只有十里，但足够少康建立一个根据地。《左传》上说："有田一成，有众一旅。"那时的少康还只是"旅长"，手下有五百人。等到靡率斟灌和斟寻两部来会师时，少康就是"军长"了。再等到他爷爷中康埋下的一枚棋子昆吾响应他时，少康就是"司令"了。

少康天生就是个做帝王的料，他把巴掌大的小城当作王国来经营，搞得风生水起，很得人心。流亡的夏朝遗老遗少听说诸纶"小城故事多，充满喜和乐"，大家便前来投奔前东家的儿子，少康大方得很，给他们一个个都封了官（"能布其德，而兆其谋，以收夏众，抚其官职"①）。甭管少康给的官职有多大权力、有多少薪水，总比朝不保夕的流亡好得多，那些官衔还带来心理上的安慰和对未来的期待。

小城的客人越来越多，其中有个人叫女艾（也叫汝艾）。这个人名字女里女气，有资料真把他当成女人，还有更离谱的把他当成寒浞的儿媳妇女歧。女艾不仅是个男人，而且是个超级猛男，很快我们就将看到他有多猛。

少康没有把女艾留在身边做贴身卫士——尽管他特别需要——而是把他"送"给寒浇，让他成为一名间谍。女艾只要露一手功夫，没有哪支军队不欢迎这样的士兵，女艾顺利在寒浇的部队站稳脚跟。浇的警惕性不比少康小，尽管他收下女艾，但并没有把他很欣赏的这个士兵收入自己的贴身卫队，刀尖上舔血的人永远保持着狐狸的觉悟和狼的凶狠。

女艾肯定跟少康学了怎样做思想工作的技术要领，自己进入不了卫队没关系，那就发展一个。

女艾发展的特工不久来报告，浇经常光顾他寡嫂女歧的住处，让女歧给他缝衣服。看来浇是个保持艰苦朴素作风的帝二代，衣服破了都舍不得扔，而且也舍不得雇人缝，而是让在家待业的寡嫂给他缝，一缝就缝一晚上。其实他们俩算不上乱搞男女关系，女歧年轻守寡，她有追求幸福的权利，浇贵为王子，有几个女人算什么？古代迦南有些部落规定，兄长早逝，弟弟必须

---

① 《左传·哀公元年》。

娶嫂子，不管嫂子是不是丑八怪；契丹人更进一步，不仅要娶嫂子，父亲死了，还可以娶继母。礼仪之邦的鲁国鲁隐公被父亲鲁惠公扒了灰；日月当空的武女士先是李世民的五品才人，然后成了太子李治的老婆……跟那些后辈比起来，浇算得上是个羞涩的男生，跟寡嫂见面还得找件破衣服做借口。

屈原明知故问：浇没事去他嫂子屋干吗？（"惟浇在户，何求于嫂？"①）不知道寡妇门前是非多吗？然后他自问自答：哦，原来是女歧给他缝衣裳，后来两人缝一起了（"女歧缝裳，而馆同爰止"②）。

女歧无意之中在寒冷的夏朝扮演了一个热气腾腾的角色，这是个可怜的女人，她唯一的错误就是不该长得漂亮。如果她长得难看些，浇就不会来找她补衣服，她也就不会跟浇有任何关系。跟把脑袋别在裤腰带上的人打交道，最好不要有裤带上的联系。

浇找女歧缝衣服很快作为绝密情报被送到女艾手中，女艾于是做好相应部署。女艾的内线杀手一直猫在院子的某处角落里。等天黑下来，屋里火塘的火也黯淡了（那时没有灯），杀手贴在窗户上听到他们不均匀的喘息变得均匀之后，轻轻地翻窗而进，摸黑走到床边，举起锋利的石斧。这时他忽然意识到面临一个迫在眉睫的单项选择题：那两个脑袋哪一个是浇的？他也不好意思把他们拍醒问清楚，时间不等人，只好看准一个人头一斧子砍下去，反正有百分之五十的可能性。

被杀手砍头的偏偏是无辜、可怜的女歧！浇听到动静，翻身而起，具体经过不详，以他的身手，那个误杀女歧的杀手肯定跑不掉了。就算光着屁股的浇没空抓他，闻讯而来的侍卫也能把那

---

① 《楚辞·天问》。
② 同上。

个杀手剁成肉酱。

内线暴露了，女艾也就只能回到少康身边，他向少康保证他一定要剁了浇那个王八蛋的项上人头。

八　少康中兴

一天，少康忽然大声宣布要出去打猎，大家都惊呆了。这太不像少主的风格了，他小人家成天日理万机，走路脚后跟都不着地，怎么会突然有空去打猎？就算出去打猎，那么大声干吗？不怕奸细听了去，招来寒浇偷袭吗？寒浇是什么人？说他如狼似虎都是抬高了虎狼，他比狼更凶，比虎更狠。跟他交过手的，都说不出浇厉害在哪，因为他们全都死了。少康不怕浇，因为他有信心，他真的做到"用人不疑，疑人不用"。

寒浇将信将疑地带着部队"如约"而至，蓦然发现"通缉犯"少康真的就在一箭之遥的林子边抱臂冷冷地看着他，还对他勾了勾小指头。

少康身边只有一个人，那就是寒浇的昔日手下女艾。寒浇看见女艾，怒气冲头，恨不能立马把他撕成碎片。就是这个人，害得他没有了翩翩风采的缝衣人，他要为她报仇！

寒浇对身后摆摆手，表示用不着他们，他一个人就可以干掉对面两个人。女艾迎上来，两人二话不说挥起石斧就打起来。打着打着，寒浇第一次害怕了，他想不到世上还有比他力气更大、格斗技术更好的猛人。

为什么我肯定他们是用石斧交战？当时的兵器主要有五种：戈、矛、斧、殳（shū）和弓箭，均由木、竹、石头和兽骨所制，只有石斧可以用来近身格斗，而且势大力沉，很适合两位猛人使用。石斧安上长木柄，再接上矛头就成了戟。夏朝的出土文物也有石刀，那是日常用品或者是用于赏玩，不适于格斗，两刀相碰肯定会断裂。

寒浇还真不是个莽夫，不逞匹夫之勇，眼看打不过，掉头就跑。《竹书》说"浇既多力，又善走"，女艾跑步肯定跑不过他。你们可能会问：他们干吗不骑马追逐？那多潇洒啊。问题是那时候既没有马鞍也没有马镫，马不适合作为坐骑，在光溜溜的马背上一不留神就会溜下来摔个半死。那时的马主要用于战车，跟牛的作用差不多，因为马跑得比牛快，所以马车渐渐取代牛车，但马作为坐骑的安全性远不如牛。演《超人》的演员克里斯托夫，在马鞍、马镫、头盔的完美保护下仍然被摔得半身不遂。牛同样不能作为坐骑，稳倒是稳，速度太慢。当时的交通基本靠走，通讯基本靠吼。

女艾真是个牛人，他知道自己没有浇跑得快，懒得去追，只吹了声口哨，一只猎犬应声而出，顺着女艾手指的方向，扑向跑得上气不接下气的寒浇。寒浇就算跑得比卡尔·刘易斯还快，也快不过四条腿的猎犬，于是发生人兽大战。浇为犬所困跑不掉，女艾不慌不忙地赶上来，一顿拳打脚踢把浇打翻在地，再踏上一只脚，这还没完，他取下别在腰上的石斧，砍下了浇的脑袋。

你们可能会奇怪：浇的士兵为什么不上来帮忙，任凭老大被砍头？当时打仗是很讲规则的，主将交手，其余人等一律待在一旁看热闹，如果上去帮己方主将，那是件很跌份的事儿。这个"优良传统"一直保持到春秋末期才作废，宋襄公在遵守游戏规则方面做到极致，尽管他被无数人嘲笑，我却尊重他，他是春秋时代最后一个理想主义者。

浇的手下看见头儿的头都被剁了，哪敢恋战，谁知道少康身后的林子里藏了多少伏兵？他们一哄而散，其实后面根本就没有追兵，只有两个人和一条狗。对于浇的结局，屈原再次发出感叹：女歧的脑袋已经被砍了，浇为啥还不谨慎，以身涉险而遇害呢？（"何颠易厥首，而亲以逢殆？"）

没了寒浇，寒浞的损失太大了，虽说他另一个儿子寒豷也是猛人，但跟浇没法比。此消彼长，少康已经有能力跟奸贼寒浞正面叫板了。

寒浞死了个能干的儿子，少康的儿子却长大成人，并且还特别能干，他就是杼（zhù），也叫予或者佇。《国语》对他盛赞有加，曰："杼能帅禹者也。"

杼不仅仅是个帅才，还是个发明家。《世本》里说"杼做甲"，杼用鞣制的兽皮做成护甲，可以有效地降低石矢、竹箭以及木制矛头的杀伤力，这在冷兵器时代是个革命性的贡献，此后一直沿用数千年。即使有了金属之后，皮革护甲也未被铜、铁甲胄完全取代，因为金属甲胄制作成本高，又重，所以皮革与金属经常混搭在一起用。

寒浇被灭，下一个就是寒豷。对寒豷一战至关重要，可以说是少康复辟夏朝的"诺曼底战役"，指挥这场战役的就是杼。《竹书》说："伯子杼帅师灭戈。"当时寒豷拥军坚守其封国戈，无论夏军怎么叫阵他就是不出城应战。夏军一冲上来，守军一排箭雨或者石头、滚木甚至开水招呼过去，穿着革甲的夏军在攻城战里占不了什么便宜。那种箭是竹制的，竹子多的是，制作又简单，寒豷不担心武器不够用，石头、砖头、滚木啥的更是管够。他只要守住这个城，等他爹的援军来到，内外夹击，那时一定要把在城下耀武扬威的那个"通缉犯"的儿子予碎尸万段。

杼和豷就这么僵持住了，谁也拿谁没辙。时间越长对夏军越不利，杼看着豷在城头挥胳膊伸腿地向他挑衅，只能干瞪眼。豷居高临下地望着夏军退守在一箭之遥不敢冲上来，我想他会得意扬扬地唱起来：这一座城池，有我的故事。梦从这里开始，心在别处坚持！他唱得实在太难听了，真的像猪喘气。杼捂着耳朵走到队伍最后面，心里恨得直痒痒：这个混账有个猪一样的名字、猪一样的嗓子，可偏偏长了一副聪明的人脑子。

杼心里直犯愁，摆了好几个不同的思想者造型都不管用。后来他干脆仰面朝天地躺在草地上一动不动。那天天气很好，阳光把他照得睁不开眼，他差点就快睡着了，直到一个卫士紧张地把他摇醒——卫士以为他主子突然死过去了。杼一把揪住卫士的领子，一下子就把猝不及防的卫士摔倒了。

卫士吓坏了，以为杼要发脾气。杼侧身望着那个卫士，忽然大笑起来，卫士很紧张，一动不敢动。杼起身把卫士从地上拉起来，说："走，咱们去把城墙上的那只猪宰掉！"

杼让那个卫士把几位将军召集到他的皮帐来开会，会后大家各自散去做安排。杼跟自己的贴身侍卫们交代了自己的计划，那些猛男们闻言全傻眼了。他们哪里想得到如此细腻、惊险、刺激的招数？就是风险太大了，可侍卫们知道主子的脾气，不敢多说什么。

寒豷刚啃了只羊腿，打着饱嗝正要去找一个妃子谈谈心、缝缝衣裳啥的，突然有人来报，夏军攻城了，冲在最前面的就是杼！

寒豷没太往心里去，但也没了找乐子的心情，抄起墙边的兵器殳。殳本来用于打击乐器，顶上带钩，后来演变成兵器，又叫杖或杵，长一丈二尺，木柄，头部由四片锋利的竹板合在一起，有棱无刃，谓之"积竹"。别小看这个绑在一起的竹片，其硬度足以刺穿人体。

宋初徐铉在《说文注》里说："积竹，谓削去白，取其青处合之，取其有力。"明代时积竹又叫"攒竹法"，更为通俗易懂，就是把竹子最结实的部位攒在一起。几根筷子合在一起尚且不易折断，何况"积竹"。殳是当时威力最大的作战武器，能使用这种兵器的力气都不小，力气越大，它的威力也越大，它是后来丈八蛇矛的前身。《说文》里说："殳，以杖殊人也。"清学者段玉裁解释了何为杖："杖者，殳用积竹而无刃。"那么"殊人"是什么意思？西汉初毛亨、毛苌叔侄在给《诗经》作注时说："殳长丈二而无刃是也。殊，断也。"厉害吧，殳可以把人打断。

寒浞拎着殳走向城楼时，心想："要是杼那王八羔子出现在城下就好了，老子非把他打成两截不可。"寒浞只是想想而已，杼王子之尊，怎么可能亲自攻城？

寒浞上了城头，眼前的一幕让他目瞪口呆，真是想什么有什么，冲在队伍最前面的就是杼！寒浞朝天举起殳，大喊：射，射死他！

寒浞忽然发现自己的叫喊似乎有神咒的力量，冲在最前面的夏军中箭，一个个地倒下了，接着第二排又倒下了，然后……寒浞欣喜地发现杼像个刺猬一样，晃了两晃三四晃也倒下了，再也不动了。后面的夏军看见主帅没了，无心恋战，转身撒脚丫子就跑。喧闹的战场顿时鸦雀无声，城下躺着一具具沉默的尸体，寒浞也沉默了，但是心跳得很快：就这么着把"通缉犯"少康的儿子干死了？老子不费一兵一卒就赢了？

寒浞只盯着杼的尸体，别的一概不管，他的眼里只有杼，他对杼的恨意并不假。寒浞的心狂跳起来：哈哈，达爹不是总认为哥哥浇比我强吗？看看到底谁强？！浇被杼的老子的手下杀死，老子把"通缉犯"的儿子杀死，也算是给哥哥报了大仇！将来，达爹的大位舍我其谁？！

寒浞笑够了，把殳扛在肩上，潇洒地说：打开城门，把夏军的脑袋全给割下来，杼的脑袋你们不能动，老子亲自割！

寒浞小心翼翼地把城门打开一道缝朝外看，外面一片死寂，很难想象不久之前曾发生过众声喧哗的战争。横七竖八的尸体叠放得像噩梦一样，规则或者不规则，暗红的血液把黄土染得脏兮兮的，夏军的灰色绣双红龙旗在风中孤独地飘扬着（笔者按：夏军旗帜的颜色是我编的。战国那帮书生根据五行说胡扯什么黄帝土德瑞，所以旗帜是黄色的，夏朝属木德，所以旗子是青色的，我才不信哩！我编的比那帮书生更靠谱，后启不是脚踏两只赤龙去天帝那里做客或者做小偷吗？所以龙是夏朝的吉祥物。为什么是灰色的呢？因为灰色不在五行色青、赤、白、黑、黄内，我看着踏实）。

寒鶈把城门再打开些，风裹着甜丝丝的血腥气拂面而来，他用舌头舔了舔嘴唇，然后缓缓跨出一步。他每走出一步就停下来，朝前方打量，那里一点儿动静都没有，夏军溃逃时掀起的灰土已经尘埃落定。

寒鶈放心了，把殳扛在肩上，右手拔出腰间的石斧，直奔杼的尸体而去。就在他们离尸体几十步远的时候，惊人的一幕出现了，那些尸体翻身而起，若无其事地拔下革甲上的箭，弯弓搭箭朝寒鶈他们射去！

寒鶈和他的小伙伴们完全惊呆了，应该说是吓傻了，他们倒是听说过诈尸，但谁也没见过，何况是如此壮观的"诈尸"！胆大的吓得转身就跑，胆小的吓得迈不动步。寒鶈最先反应过来，大喊：其中有诈……他不喊还好，一喊更糟：可不是有诈，诈尸呀！寒鶈的士兵乱成一锅粥，体力差的当场就被踩死了。

寒鶈没有机会把话说完，他忽地觉得喉头一冷一热一紧，就仰面朝天倒下了。寒鶈的军队就这样溃败了，没死的被杼收编，戈城的土墙上竖起了灰红两色儿的旗帜。

《左传·哀公元年》载"使季杼诱鶈"，季杼就是杼。杼的皮革恰到好处地被箭射破，又不至于对身体产生太大的伤害，于是杼和他的士兵就装死，寒浞就上当了。当然，战斗的经过和杼的计谋都是我想象的，我的想象也许比战国时的儒生说的话靠谱些。《左传》没有透露杼诱浞的任何细节，我总不能不负责任地说杼男扮女装给浞补衣服，然后用针把浞给活活扎死吧？杼的这一招和三十六计里的第十四计"借尸还魂"虽形似，但有本质上的区别，其实它是"第三十七计"——"集体诈尸"。

寒浇和寒浞一死，寒浞就成了没有胳膊的残疾人。这个从未打过败仗的枭雄从此节节败退，被伯靡率领的两斟联军和昆吾部打得无还手之力。终于，伯靡攻陷寒浞的大本营，亲手杀了寒浞祭奠相的亡灵。寒浞的脑袋被高高悬挂在飘扬的红灰军旗下面，寒浞苦心经营六十年的王朝破碎了。少康在为父亲报仇的同时，也为杀父仇人后羿报了仇，后羿地下有知，该为自己当初的一念之仁庆幸。

纯狐的结局呢？我不知道，我希望她善终。我希望她见到后羿和伯封时说："我为你们报仇了！"

寒流退去，夏朝重新回到了大禹子孙的手中。少康把都城建立在商丘，那是他父亲相当年的流亡之地，是梦破碎的地方，也是梦开始的地方。因少康建都于此，故商丘有了另外一个名字夏邑。

那些袖手旁观的诸侯们看到大势已定，于是纷纷跑来锦上添花恭喜少康就位，就像黄帝当初击败炎帝和蚩尤之后被诸侯拥为天下共主一样。当寒流汹涌之时，那些观望的诸侯们在哪里？现在他们全都出现在夏邑，齐心协力张罗少康夏家铺子重新开张的典礼，如《竹书》所言："诸侯始闻之，立为天子，祀夏配天，不失旧物。"

少康光复夏朝的大业里，谁功劳最大？追杀寒浇的女艾？诛杀寒浞的伯靡？还是诱杀寒浞的季杼？他们功勋卓著，但功劳最大的人不是他们，而是少康的岳父虞思。没有方圆十里的"一成之田"作为根据地，少康就是断线的风筝；没有那五百人的"一旅之众"，少康就是孤魂野鬼；没有二女为他生下英明神武的儿子季杼，能否最终驱走寒流还是个问号。

于是少康登基那年，虞思享受了帝王一般的尊荣，来朝的诸侯像朝拜天子一样拜见虞思（"帝即位，诸侯来朝，宾虞公"①）。

少康二年，少数民族同胞东夷之一的方夷前来拜谒。《竹书》上提到这个事件时云淡风轻："二年，方夷来宾。"宾就是臣服，东夷哪里轻易就会认输？少康上台的第二年，应该是忙于内务，哪里有空讨伐？方夷为什么主动"来宾"？这将置另外八夷于何地？他们可没打算"来宾"，也许九夷内部闹矛盾了，其中因由无籍可考。

先秦史籍里，很多都是这种天气预报式的，一句话就是一年甚至好几十年，其中尤以鲁国史书《春秋》为甚，几乎只剩下人物生卒年表。如果没有《左传》和其他别的史料相佐证，后人根本就不知道礼仪之邦鲁国发生了多少"非礼"的事。

打了多年的仗，吃苦的肯定是百姓。等国家稍微稳定，少康把工作中心从战争转移到农业生产上。粮食，才是硬道理，历代王朝的更替基本上都和粮食有关。中国的百姓历来温顺有加，他们只有饿急了才有兴趣成为创造历史的主人。后稷的后人似乎都继承了祖先务农的手艺，少康时代的司农不窋（zhú）也是后稷的子孙，他同样担任祖先曾任的职位，是主管农业的最高行政长官。那时的司农比现在的农业部部长地位高得多，差不多是副相的位置。不窋肯定尽心尽力地为少康工作，因为寒浞罢免了他的

---

① 《竹书纪年》。

官职（"三年，复田稷。后稷之后不窋失官，至是而复"[1]）。看来寒浞打仗内行，搞经济建设却是外行。历朝历代，农业生产都是头等大事，寒浞轻视农桑，倒台是早晚的事。

少康时代又有洪灾发生，他派一个叫冥（多不吉利的名字）的人去负责水利，冥的爵位是商侯（"十一年，使商侯冥治河"[2]）。冥在少康时代的地位比后稷的后人不窋更高，在《竹书》中他居然出现了两次，这样的待遇完全是位极人臣。他的后人一代又一代地承袭这个爵位，直到有一天不稀罕这个爵位了，于是建立商朝，给别人封爵。

少康在位的第十八年，他干了一件他曾祖父太康曾做过的事——迁都，原因不明，新都城叫"原"，在河南省济源市境内。徐文靖《竹书统笺》引《左传》杜预注"沁水西北有原城"说："盖少康自夏邑迁原也。"

少康迁都后的第三年因病医治无效，其子杼毫无争议地子承父业。杼五年，把都城从原迁到老丘（今开封市陈留镇）。

大禹的子孙似乎酷爱搬家，从大禹到杼七代君主搬了五次家，大禹和相迁都可以理解，一个是情非得已，一个是形势所迫，其余的也许与洪涝或干旱等灾害有关。太康那次搬家最不靠谱，究其原因也许这家伙太任性了，把祖宗的基业都搬丢了。不过自从杼迁都于老丘之后，他后面的五代君王都没再挪窝，老丘作为夏都历经逾两个世纪的漫长岁月：帝杼十二年、帝槐（芬）四十四年、帝芒五十八年、帝泄二十五年、帝不降五十九年、帝扃十八年，长达二百一十六年。

杼八年，他远征东夷，经过数年征战，杼取得前无古人的武

---

[1] 《竹书纪年》。
[2] 同上。

功霸业：东部九夷被他悉数征服，捎带着把东海的三寿国也给收拾了。东夷是蚩尤后人，骁勇善战，黄帝斩杀蚩尤后，其后裔分散在东海一带，不时出来骚扰一下，自五帝到夏从未消停过。寒浞曾打服其中三夷，寒浞一死，他们全都"勇敢"地撒野了。东夷的行事方式很像后来的匈奴，打得赢就打，打不赢就跑，充分体现了游击战的精髓。

杼能征服九夷，靠的是他的伟大发明革甲。九夷皆擅长射箭，这种技能让他们的敌人疲于奔命，累得不行了，最后只能讪讪撤军。有了革甲，竹箭或石镞的威力大减，它几乎不能对带甲士兵产生致命伤害，大都只是皮外伤，皮外伤的疼痛很容易让人恼羞成怒，于是化愤怒为力量，把射箭的人往死里揍。东夷就是被杼发明的革甲革了命。

没有东夷的掣肘，夏朝的势力空前强大，东南抵闽越，西至伏羲的故乡天水，自帝杼开始，夏朝进入全盛时期。据说杼凯旋时，捕获了九尾狐。我想象力有限，不知道有九条尾巴的狐狸什么样，我知道的是，九尾狐属于顶级祥瑞，如同黄帝的"宝鼎神策"。中国史籍有个常规套路，只要某位君主做成一件大事，必有稀奇古怪的东西出现，那些东西让科幻都弱爆了，属于玄幻。

《竹书》载："征于东海及三寿，得一狐九尾。"郭璞说："太平则出而为瑞。"九尾狐的产地是东海的青丘国，是狐仙级别，至少四千岁以上，因为它每多长出一根尾巴需时五百年。不过怎么处理这个"瑞"是个敏感问题，因为它喜欢吃人，如果杼不喜欢被吃，那就只有把它吃掉，其肉有强大的辟邪功效（《山海经·南山经》记有："又东三百里，曰青丘之山……有兽焉，其状如狐而九尾，其音如婴儿，能食人，食者不蛊"）。杼得到九尾狐没过几年就崩了，看来狐肉没有延年益寿之效。有没有九尾狐对于帝杼来说并不重要，对于我们来说只是多了点谈资而已。

九尾狐的产地青丘比狐仙更值得一谈。大禹所划的九州之一青州得名即源于青丘，青丘还是蚩尤的另一个葬身之地。《归藏·启筮》云："蚩尤出自羊水，八肱八趾……黄帝杀之于青丘。"蚩尤有八只胳膊、八只脚，造型如同蜘蛛。青丘应该就在山东沿海一带，山东不少地名里有"青"字，比如潍坊市西面有青州市，胶州湾有青岛市，日照市的南面有青口，淄博市北面有地方名叫高青。《说文》："青，东方色也。木生火，从生丹；丹青之信，言必然；凡青之属，皆从青。"这个解释太深奥了，或者说"青"太深奥了，敢情炼丹之术也是从"青"而来。青乃东方之色，难怪古代的炼丹方士们都从东方而来。总之青"是种很玄的东西，如影随形无声又无息，出没在心底"，出没的次数多了就结成丹。

杼十三年，水利工程师商侯冥积劳成疾，病逝于治河途中，《竹书》隆重吊唁："（杼）十三年，商侯冥死于河。"

杼在位时间不长，仅十七年就去世了。但他对夏朝的影响之大仅次于大禹，如果把少康比成汉文帝，杼就是汉武帝。他重整河山，让夏朝从乱世走向盛世，《竹书》对他一生的总结很确切："杼，能帅禹者也，故夏后氏报焉。"

杼的儿子槐，也叫芬，子承父业。他在位的第三年收到一份大礼——九夷集体来朝拜（"三年，九夷来御"[1]），这份礼物是父亲杼留给他最大的遗产。

芬在位期间，波澜不惊，无内患亦无外忧，他舒舒服服地做了四十四年的太平天子，幸福指数极高。

芬十六年，发生了一起冲突，两诸侯有洛国用与西河国冯

---

[1] 《竹书纪年》。

夷互相看不顺眼，打了一架（"洛伯用与河伯冯夷斗"①）。他们不是争夺领土、资源或者美女，只不过路上偶遇，一言不合就打了起来，纯属偶发事件。据说当时先动手打人的是洛伯用，这很不好，破坏了安定的大好局面，有关方面特此批评了用先生。《归藏》也提到这起冲突："昔者，河伯篮与洛伯战而枚占，昆吾占曰：不吉。"看样子后来两诸侯国并没有开战，他们请德高望重的昆吾氏为他们算了一卦，结果是不吉。昆吾是个厚道人，他如果说"大吉"，河、洛还不打得血流成河？对于帝芬而言，这只是个小插曲，并无大碍，说不定就是他让昆吾冒充算命先生去调停的。那时候的人很单纯或者说很莽撞，战争这么大的事就取决于对篮草与龟壳的解读，而解读权在巫师。

芬三十三年，昆吾去世，爵位由他儿子继承，封地在有苏（"三十三年，封昆吾氏子于有苏"②），昆吾氏完美地诠释了何谓世袭封侯。有苏在今河南武陟县，有苏氏将诞生一个家喻户晓的美女——苏妲己。

芬的父亲杼是位发明家，芬也是个发明家，而且他的发明现在世界各国还在用：在位的第三十六年，他发明了监狱。《竹书》云："三十六年，作圜（yuán）土。""圜"通圆，不过不是团圆，而是团团围住，关起来的意思；"土"指土墙。《释名》曰："（狱）又谓之圜土，筑其表墙，其形圜也。"即圆形的土墙建筑物，把犯人关在里面，皋陶的"画地为牢"终于在夏朝第九代实体化。商、周两朝沿用"圜土"作为监狱的代称，《周礼·地官》说：谁违法乱纪，就要被抓起来关进监狱（"若无授无节，则准圜土内之"）。

---

① 《竹书纪年》。
② 同上。

国泰民安，连犯罪分子都有了着落，芬在位的第四十四年，他安心离开人世，把天下交给他的儿子芒，是为帝芒。

九　盛极而衰

帝芒的都城仍在老丘，老丘的意思是在旧的高台之上再加高台，杼迁都至此后，夏朝真的是再上"高台"。商丘是夏朝的涅槃之地，而老丘则是夏朝的福地，简直就像是老天赐下的应许之地。夏朝在老丘朝气蓬勃，一点儿都不"老"，"发明家"杼真是太会挑地方了。

杼在老丘没过几年就崩了，但他的儿子芬在这块风水宝地做天子做得很爽。可是没有最爽，只有更爽。芬的儿子帝芒比他爹爽多了，在长达五十八年的时间里，只有三件事值得一提。

帝芒即位的那一年，他不惜血本把祖传压箱底的宝贝玄圭拿出来，沉到河里祭奠河神。玄圭是什么？如果我没记错的话，那是天帝当年颁发给其先祖大禹的奖牌，名副其实的传家之宝啊！可他不知道听谁忽悠，居然把这个宝贝扔到河里了。大禹在天之灵一定会骂这个六世子孙：你个败家玩意儿，家里有那么多宝玉，你非得扔老子的心肝宝贝！（"元年壬申，帝即位，以玄珪宾于河。"①）"宾于河"需要解释一下，这个"宾"和某某夷"来宾"不是一码事，是"沉祭"的意思。沉玉祭河之俗不知始于何时，后世效法的帝王很多。

沉玉往事有段挺有意思的小插曲。《左传·昭公二十四年》载："十月癸酉，王子朝用成周之宝珪沉于河。甲戌，津人得诸

---

① 《竹书纪年》。

河上。"周敬王的儿子朝十月十一日（癸酉）把祖宗的宝玉沉到黄河里，第二天（十二日，甲戌）就被摆渡人在河岸上捡到了。难道那块玉长脚了，自己从河里爬到岸上去了？如果玉没长脚，那么我们有理由相信王子朝做了手脚，不知道哪个环节出了问题，他未能"回收"宝玉，反便宜了一个摆渡人。可是那个"幸运"的摆渡人倒霉死了，周大夫阴不佞为了得到宝玉不惜发动一场战争，抓住摆渡人，所谓"匹夫无罪，怀璧其罪"。阴不佞得到宝玉后本想卖个好价钱，却发现宝玉变成了石头，他居然用这块石头从周敬王那里得到一个巨大的赏赐——一座城（东訾城）！宝玉真是价值连城，阴不佞也真是阴。大禹的玄圭肯定比成周之宝珪更为珍贵，帝芒有没有安排好让玄圭爬上岸的相关事宜？

芒在位的第十三年，闲得发慌，于是他做了一件"大事"：在海里抓到一条大鱼（"十三年，东狩于海，获大鱼"[1]）。抓条大鱼都能上头条，可见夏朝当时风平浪静到了无聊的程度。

第三十三年，商侯从商丘乔迁到殷（"三十三年，商侯迁于殷"[2]）。"殷"与"商"都有了，连在一起就是"殷商"。帝芒当时当然不知道这意味着什么，商侯自己也同样不知道，还有一百七十五年的时间，殷商将取代大夏。

这个商侯便是子亥（商朝立国后他被尊为王，于是称他为王亥），搬到殷后，他就不再是商侯，而是殷侯了。史书上说他是冥的儿子，郭沫若在《中国史稿》中也持同样看法（"因冥子王亥的时候……"），可我觉得不太可能。冥死于杼十三年，他的儿子从那时开始继任，他任爵都已经八十一年了，那么他的年龄该

---

① 《竹书纪年》。
② 同上。

有百岁左右了吧？从后来发生的事来看，那绝不是百岁老人干得出来的。

笔者认为，王亥应该是冥的孙子甚至重孙，冥和王亥之间的资料在史籍中丢了。至于说相土是契的孙子也挺离谱的，契是尧的哥哥，尧活了一百一十六岁，然后是舜、大禹、启、太康、中康到相十五年，估算一下有两百年，相土的爹得多大年纪才生下相土？不过这两位跟鲧相比那又是小巫见大巫了。没有文字的年代真好，人们一不小心就特别长寿，活好几百岁。

芒在帝位上逍遥了五十八年，只干了两件"大"事：沉玉、钓鱼。可能也挺无聊的，于是他便到天上玩去了，让他的儿子泄成为夏朝第十二代君主，也把闹心的事留给了儿子。

泄在位的第十二到十六年，出了一件大事。

事情的起因是殷侯王亥，他带着大群牛羊到有易部落放牧。他身体可真好，就算他出生在他爹冥去世那年，彼时也已经一百一十八岁了。王亥沿途放牧牛羊，顺便以物换物做买卖，商人天生就喜欢做生意。本来这是件挺好的事，可王老先生做生意做出"花"来，闹出了花边新闻——他和一个丰满美丽的有易女子好上了。屈原形容那女子"平胁曼肤"①，"平胁"是说两胁是平的，肉多，建议以后称呼肥胖人士为"平胁人"，比较古雅。一百多岁的王先生和那美女在床上谈心时，被有易氏的牧人碰个正着。屈原替王老先生操心：亥正在云雨时，怎么就被牧人抓了现行？（"有扈牧竖，云何而逢？"②）

屈原犯了个技术错误，他把有易当成有扈了，另外他有点少见多怪，王亥游牧在外肯定是住在帐篷里，布帘子一掀，什么都

---

① 《楚辞·天问》。
② 同上。

看到了，隐私权毫无保障。那个女子是有夫之妇，偏偏她的丈夫是有易国君绵臣。绵臣震怒，后果很严重，他派人杀了王亥。绵臣心眼够小的，一个至少一百一十八岁的人能干啥？孔夫子都说了"七十而从心所欲不逾矩"，七十岁就是让人放心的年纪了，一百多岁的老老头还能逾啥矩？

绵臣杀死王亥之后，一不做二不休把他的牛羊全部据为己有，只把尸体还给王老先生的家人，这段风流孽债就是《竹书》上所说的："殷侯子亥宾于有易而淫焉，有易之君绵臣杀而放之。"

绵臣敢这样做说明他认为自己理直气壮，确实，理在他这边。只不过绵臣太天真，他根本不明白，理不是用嘴说的，而是用斧头砍出来的。

四年后，绵臣为他的"理直气壮"付出了高昂的代价。王老先生的儿子上甲微借了河伯的部队攻打有易，杀死绵臣为父报仇，顺便把整个有易据为己有，这才叫"气吞万里如虎"。绵臣小家子气扣留了王亥的牛羊，上甲微却占领了他整个国家，这便是所谓"中叶衰而上甲微复兴，故商人报焉"[①]。王亥和他儿子上甲微在商代地位极高，商代甲骨卜辞中追尊亥为王，故他的名字叫"王"亥，也被尊为高祖亥，上甲微也受到非常隆重的祭祀，《竹书》载："(武丁)十二年，报祀上甲微。"

《山海经·大荒东经》也提到了王亥之死，而且破例没有神神道道，一副实话实说的模样。不过王亥的"造型"很奇特，一出场我们看见他手上抓着一只鸟，正准备吃鸟头（"两手操鸟，方食其头"）。他有那么多牛羊，干吗要生吃一只鸟？除非他有怪癖。其实"方食其头"是误植文字，是后人根据插图加上去的，原文没有这四个字。他刚一出场，马上就死了，可怜的王亥。

---

① 《竹书纪年》。

"王亥托于有易、河伯仆牛。有易杀王亥，取仆牛。"仆牛就是肥牛的意思，好像有易人见财起意，杀了王亥一般。其实有易人没有那么不讲道理，王亥也没那么可怜。

《山海经》省略了王亥招致杀身之祸的原因，但是讲了有易人的结局。"河伯念有易，有易潜出，为国于兽。"河伯虽然帮上甲微灭了有易氏，但他顾念旧情，放跑了一些有易人，那些幸存者在蛮荒之地组成新国。河伯为什么暗助有易人，从"王亥托于有易、河伯仆牛"可见端倪，河伯不是有易的邻居就是有易人，至于他是伏羲女婿、又被后羿射瞎眼睛等风言风语咱们就不提了。问题在于，河伯为什么帮上甲微对付有易？我能猜到的，大概是河伯有什么把柄或者人质攥在上甲微手里，他被迫做了一个帮凶。上甲微绝对是个狠角色，不过没有最狠，只有更狠，他弟弟比他更狠。

上甲微继承了父亲的爵位，也继承他父亲的花心。屈原批评上甲微瞎搞，连儿子都顾不上了（"负子肆情"①）。这还没完，上甲微的弟弟和他嫂子好上了，并杀死上甲微，篡了上甲微的殷侯爵位，后来又把爵位传给自己儿子。屈原在《天问》说"眩弟并淫，危害厥兄"，指的就是此事。依然没完，"并"字暗含还有别的"眩弟"，据说就是王亥的弟弟王桓，王桓也看上了那个"平胁"的有易女，因而和哥哥争风吃醋。事实上是王桓雇凶杀死王亥，但账算到绵臣头上。屈原曾称玄妻纯狐为"眩妻"，这些"眩"哥、"眩"妹们干的事，眩得人都不敢看。

屈原愤愤不平地问："何变化以作诈，后嗣而逢长？"②为啥这一家人作奸犯科，偏偏他们的后代兴旺长久？商代是够长的，

---

① 《楚辞·天问》。
② 同上。

取夏朝而代之，拥有天下五百五十多年。中国人爱说祖上积德才能福荫子孙，瞧瞧王亥这一家烂人干的烂事，可他们家却"福报"天下无双。当然还有另一说道："好人不长命，祸害遗千年。"中文就是如此奇妙，正反两面都能振振有词。如此"眩"的双重逻辑老天爷都晕，屈原的"天问"其实应该是"问天"，只因"天尊不可问，故曰天问"①，问天也罢，天问也好，反正问也白问。

殷侯这一家的破事估计把帝泄烦得够呛，他一直睁一眼闭一眼地看他们折腾。上甲微借兵河伯他不管，杀了有易国君他也不管，占领有易国土据为己有他还是不管，殷侯就这样一点点壮大起来。

帝泄二十一年，他封九夷中的六夷为爵——畎夷、白夷、玄夷、风夷、赤夷、黄夷，另外三夷——于夷、方夷、阳夷——不知道何故没被"提干"（"命畎夷、白夷、玄夷、风夷、赤夷、黄夷"②），这也许意味着东夷内部闹矛盾了，一派被招安了，另一派坚持"独立运动"。

泄在位二十五年，去世后传位给儿子帝不降，《世本》称为"帝降"，不降和降竟然是一回事，实在让人晕。

不降在位的第六年，出兵讨伐九苑。九苑是一个国家，在哪里不清楚。《竹书》专家清人雷学淇在《竹书纪年义证》卷九里说："九苑，国名，地系未详。"不降时国力似乎挺强大，谁不服就打谁。

发生在帝不降三十五年的一件事，看上去似乎与不降无关，其实与他关系极大，或者说与夏朝关系极大。那一年，殷侯又吞

---

① 《楚辞·天问》。
② 《竹书纪年》。

并一个诸侯国皮氏。殷侯的势力越来越大了，当初他们灭有易氏时还需要借兵，这回直接自己出兵就搞定了。当初不降的爹泄没有管制殷氏，不降也同样听之任之。

不降在位的第五十九年，身体还硬朗，但是把帝位让给弟弟扃，而没有传于儿子孔甲。不降看出自己那个儿子孔甲自小就混账，实在不放心把天下交到他手上，生怕自己死后出岔子，便提前退休，安排弟弟扃来接班。

不降可谓用心良苦，实在是没办法了，才改变自大禹以来的传子祖制，这种家族内部的转让，史称"内禅"。不降看人很准，只不过他看不见未来，他那个混账儿子二十六年后仍然爬上了天子宝座。

不降逊位之后，做了十年的"太上帝"才去世，所以有的史书说不降一共在位六十九年。《竹书》在给不降的悼词中盛赞："三代之世内禅，惟不降实有圣德。"

扃在位期间，处境可能比较尴尬，夹在圣德哥哥不降与魔王侄子孔甲之间，两头都得看脸色，他这个帝王当得憋屈，在哥哥不降去世的第八年也离开了人世。

扃的儿子廑（又叫胤甲）继位，是为帝廑。他上台伊始就把都城从老丘搬到西河。老丘是夏朝的发祥地，作为帝都已经二百一十六年，各项设施都很完备，胤甲干吗着急忙慌地要搬到遥远的"郊区"西河呢？西河位于河南洛阳与陕西华阴之间，曾有个名叫冯夷的国君和有洛国君用因为相互看不顺眼而在此打过一架。

帝王一上任就迁都，原因大致有二：自然因素（比如发大水了，商朝几次迁都是因此）或者政治因素。后者也有两个原因：一是破旧迎新，比如舜和大禹；二是大敌当前，实在没办法，尤其是从历史悠久的旧都搬家。西周从镐京迁往洛邑，因为犬戎所迫，西周变成了东周，于是一天不如一天。胤甲之于夏朝，亦如周平王之于东周，从此夏朝由盛而衰，一步步走向末日。

逼得胤甲如丧家之犬离开老丘的瘟神便是其堂兄孔甲。孔甲自幼便性格乖僻，被父亲不降剥夺继承权后，更是雪上加霜，本来就有性格缺陷，再加上被父亲抛弃的心理伤害，他差不多就是个疯子了。不过奇怪的是，史书上并没有孔甲干了多少伤天害理事例的记载，反正就说他是个昏君。

胤甲不能拿他这个堂兄怎样，不降生前一定和他们父子达成过协议，不得伤害孔甲性命。夏朝一直有一个后世王朝没有的优良传统，那就是他们家族内部不互相残杀，起码在胤甲之前还没发生人伦惨剧。

胤甲惹不起疯子只能躲着疯子，他搬到西河的第四年，因为思念古都老丘，于是用音乐抒怀，是为西音。《竹书》说："四年，作西音。"胤甲的音乐天分可能遗传其远祖母涂山氏，涂山氏作南音，她的十五世子孙胤甲作西音，敢情音乐天分和帝位一样是可以遗传的，不管隔了多少代。

《吕氏春秋·音初篇》关于西音说得颇为详细："殷整甲徙宅西河，犹思故处，实始作为西音。长公继是音以处西山，秦缪公取风焉，实始作为秦音。"殷整甲当为胤甲之误，长公便是大力士辛馀靡，因把周昭王的尸体从水里捞起来而被封为长公，封地在西翟。辛力士觉得胤甲的调调很合自己的胃口，便发扬光大。秦缪公即大名鼎鼎的秦穆公，春秋五霸之一，在繁忙的工作之余，下乡采风，很喜欢西音，便把它作为秦国的音乐，于是秦腔诞生了。那时候的猛将们怎么个个都那么有音乐细胞呢？这样文武全才的人现在太少了。

胤甲作西音那年，昆吾氏从有苏迁于许。昆吾这一迁迁出春秋时的大国楚国，楚灵王剑指中原时向郑国讨要许地把老祖宗供出来说："昔我皇祖伯父昆吾，旧许是宅。"①楚灵王的家谱修得好，只是用一千多年前的"故居"作为领土诉求，这就纯属装疯、卖傻、耍横了，按他的逻辑接下来他还可以声称有苏也是他们家老宅。

胤甲八年，出现了可怕的天文奇观：天上同时出现了十个太阳！后羿当初难道没有射中那九日的要害？他们疗养了几百年又活过来了？《楚辞·招魂》云："十日代出，流金铄石些。"说得太对了，十日同出，金石都会化成液体，哪里还有人能活命？闻一多先生在《楚辞校补》里说："又言十日并出，则十日同时俱出，故其为热酷烈，异于常时。"老实说，这个注释跟没注一样。所谓"十日并出"可视为《山海经》的余响，不必当真，那一年也许发生了我们万幸没有见识过的特大旱灾。屈原在《天问》里一口气问了老天一百七十多个问题，临了也没好意思问天帝为啥生了十个太阳儿子。

音乐家胤甲当年就死了，死得有点蹊跷，但史书上没有任何关于他死因的线索，也许他是"平胁人"，中暑热死了。

按不降生前的安排，孔甲不应该为帝，继任者应该是胤甲的儿子。就算胤甲无子，他总该有兄弟或者其他堂兄弟，无论如何也轮不到孔甲，一定有什么故事发生了。我们不能想象其细节，但当可意会那一定是经典的"帝王家事"，我们后来将看到无数出表演。

我们来不及猜测了，混世魔王孔甲登场了。他登基的地点不是老丘，而是西河，这说明他当时就在西河，否则他不会那么快就从千里之外的老丘"及时"赶到西河，除非他算准了胤甲什么时候死。更何况西河当时闹大旱，躲都来不及，孔甲何苦要从老丘凑上来挨热？胤甲搬家看来白忙活了。

---

① 《左传·昭公十二年》。

司马迁自中康之后就一直没说话，孔甲一上台他就一顿狂批，内容涉及个人品德修养及国际大环境。太史公说孔甲搞封建迷信反动会道门，生活作风腐化不堪，国运衰败，很多诸侯都离他而去（"好方鬼神，事淫乱，夏后氏德衰，诸侯畔之"[①]）。接下来我以为太史公会举两个例子说明一下孔甲的坏人坏事，但太史公让我们惊喜地看到孔甲是个对动物蛮有爱心的人。

动物是两条龙，一雌一雄。孔甲不知在哪里抓住它们的，把它们当宠物养，也许想着将来把它们驯服就可以像老祖宗启一样脚踏双龙上天偷宝贝去。但养龙跟养猫养狗不一样，是个高技术活，孔甲周围没有一个人有这手艺。

孔甲后来终于打听到一个上古部落陶唐氏（笔者按：尧的陶唐氏是合成的，他先封于陶，再被封于唐，才叫"陶唐氏"，和古陶唐氏两码事。据《吕氏春秋·古乐》，古陶唐氏远在黄帝之前），有个没落户叫刘累，曾跟消失的养龙专业户豢龙氏学得养龙技术。孔甲充分体现他求贤若渴并尊重人才的风范，特事特办，剥夺了他看不顺眼的大诸侯豕韦氏的封地，赏给刘累，又赐姓刘技术员为御龙氏，昔日的破落户摇身一变就成了一方诸侯。

刘技术员可能不养龙已经很久，手艺生了，没多久那条雌龙就给养死了。刘累不是个优秀的养龙员，但却是个好厨子，他把死龙做成酱肉给孔甲吃，孔甲觉得好吃极了，那味道谁吃谁知道，我说不上来多好吃。

孔甲是个吃货，虽然他不知道他吃的是什么，但他非常喜欢那风味独特的刘记酱肉，吃完了，又差人来要。刘累吓坏了，只得偷偷溜走。那条雄龙的下落不明，不知道是进了孔甲的肚子还是被刘累放生了。

---

① 《史记·夏本纪》。

《史记》中这段关于吃货孔甲的故事，全文引自《左传·昭公二十九年》，我没看出孔甲坏在什么地方，不就是嘴馋一点儿吗？如果你不馋的话，你就可以站出来指责他。应该被严厉批评的是刘累，这人太不靠谱了，申请当技术员，结果成了炊事员，又成了诸侯，真是"不想当诸侯的养龙员不是好厨子"。据说刘累畏罪潜逃至鲁阳，更名换姓为范氏。

　　按《竹书》载，孔甲养龙应该是发生在他为帝的前三年。第三年他就跑到东阳萯山打猎，可能是想找到那种美味酱肉的替代品。

　　《吕氏春秋·音初》里说，某日天色昏暗，风大，孔甲迷路了，误入民宅，正赶上民妇生孩子。孔甲有点烧包，"微服"亮出了自己的真实身份。周围人有的说天子驾到，这孩子必定大吉大利；另有人说，这孩子享受不了这福分，将来必有灾祸。

　　孔甲采纳第一种意见，说："让他做我的孩子，谁还敢来害他？"他若只是收那孩子做义子倒不失为一桩佳话，可他不管三七二十一把那孩子抱走做儿子就太变态了，他又不是没儿子，而且有很多儿子。他的变态之举也许是因为当年被父亲降或者不降刺激而生出的毛病，若是没有后来的变故，孔甲真有可能把帝位传给这个抢来的孩子。

　　这个孩子长大后，发生了一起罕见的事故。帐幕掀动，屋橼开裂，产生连锁反应，放在某处的斧子震落下来，砍断了那孩子的脚。看来孔甲当时的住房条件很差，想必是住在临时搭建的帐篷里。那房梁也太不结实了，那孩子也太倒霉了，本来的王侯之命，结果成了特等残废，只能去做门房了。孔甲一声长叹："呜呼！出了这等祸事，命该如此吧！"百感交集之中，孔甲创作出《破斧之歌》，这便是最早的所谓"东音"。

　　那一年，是孔甲在位的第五年。既然叫"东音"，那么说明当时孔甲在东方某地，肯定不在西河，也许他即位的第三年某天出门在东阳贲山打猎一直就没再回去过，否则他不太可能每次出来打猎还特地带上孩子跑长途吧？孔甲酷爱打猎看来遗传自太康，其音乐天分来自涂山氏。

大禹一家在音乐上的贡献太大了，东、南、西、北音他一家就搞出了三个方向的原创。现在就差北音了，北音的历史最悠久。《吕氏春秋》里说古时有娀氏有两个美女，住在九层高台之上，用膳时必须要有鼓乐相伴，雅得不行。有一天某位帝派一只燕子去看望两位美女（很奇怪的安排），美女很喜欢燕子，把它抓住养在玉筐里，过一会儿，打开筐子来看，燕子向北飞去，筐子里有两只蛋。美女面北而歌"燕燕往飞"，这就是北音。

这个帝应该是帝喾。他有个老婆简狄便是有娀氏，有只玄鸟曾从她头上飞过，轻轻地飞过，下了一只蛋，简女士服下鸟蛋，生出商代的祖先契。"北音"在《诗经》里留下印记，《邶风·燕燕》一诗，三次吟唱"燕燕于飞"，涕泪交加，痛彻心扉，出自卫庄公大老婆庄姜的手笔，以送别远嫁他方的"二妹"。那个"二妹"叫戴妫，是卫庄公的二老婆，正室与小妾之间的感情如此深厚，实在罕见。其实故事错综复杂，其中有亲情、友情、奸情、阴谋以及杀戮，先按下不表。

不太清楚孔甲什么时候回到西河，《竹书》里最后一笔关于他的记载是在位九年驾崩（"九年，陟"）。他去世那年，那个被斧子斩断一只脚的孩子才六岁。那一年，"殷侯复归于商丘"①，殷侯又成了商侯。殷侯、商侯这个称呼倒腾了好几次，好像植入广告似的，殷商，殷商，不绝于耳，他们很快就要君临天下了。

孔甲的运气比太康好多了，太康才出去一百多天，工作机会

①《竹书纪年》。

就被后羿抢走了，孔甲游猎至少两年多不着家，位置还在，起码他在安排内务方面很有一套。他上台不久就废了大诸侯豕韦氏，居然没出乱子，这说明当时夏王朝的根基还是很稳的，没有"德衰"到哪里去。

孔甲驾崩后，他的儿子皋（一作昊）继位。

帝皋上台后，立刻给他爹擦屁股，为豕韦氏"平反昭雪"，恢复其爵位和封地。豕韦氏和昆吾氏一样，成为忠于夏朝的中坚之一，没有他们，夏朝会提前多年覆灭。皋不像孔甲那么任性、霸气侧漏，他用怀柔的方式稳定局势。

《竹书》上说皋在位短短三年（有资料说他在位十一年，应该没这么长）就死了，可是从后面发生的事情来判断，皋是位了不起的君主，在那么有限的时间里，他居然把"东音""西音"不绝于耳的夏朝经营出中兴气象，豕韦和昆吾后来都为夏朝尽了最后一份努力，无奈无力回天。

皋的儿子发（一作后敬，也叫发惠）即位那年，盛况空前，诸多诸侯带着礼物纷纷前来祝贺，更在宫门前载歌载舞，一副民族大团结的快乐祥和气氛定格在诸多史籍中。"诸夷宾于王门，再保墉会于上池，诸夷入舞。"[①]）如此盛大的就职典礼，除了当年的大禹，无人有此荣耀。

发哥觉得既然天下太平，诸侯都很听话，那么自己的主要工作就是于软玉香怀之中饮酒作乐。他蒙眬的醉眼看不见商侯的实力越来越强，周围的小国就像有易氏和皮氏一样陆陆续续被消灭、占领，商侯的地界已经远远超出了商丘地界，大到足以和夏王朝分庭抗礼的程度。他也不知道商侯子主癸年纪老迈，吞并的业务由其长子子履（即后来的成汤）负责。

---

① 《竹书纪年》。

七年后，"酒精"考验的帝发，终于一病不起。临死前，他是否还在回味就职典礼那天的盛况？他是否意识到那个"盛况"不过是已经四百多岁的夏朝的回光返照？无论他死前想什么都没用了，他把一个巨大的烂摊子留给他的儿子履癸。

帝发驾崩那年，泰山发生大地震。（"七年，陟。泰山震。"①）夏朝也要发生地震了，并且天崩地裂。

十　履癸履历

履癸随他先祖大禹姓姒，据《禹贡》说此姓尊贵无比，乃天帝所赐。现在知道履癸的人不多，但一提"夏桀"大家便都老相识一般地说"哦，知道"。我们真的知道"夏桀"吗？

履癸便是帝桀，桀是死后的谥号，成汤夺了他的天下，留给他一个刻薄的名号。末代帝王的名字很少有好听的，履癸不用觉得难为情，什么纣王、幽王、泯王、炀帝等等一大堆。如果履癸没有被商汤推翻，他的谥号极有可能是威啊武啊宗啊之类的，"成者为王，败者寇"，如此而已。

履癸的个人素质好得让天下男人崩溃：英俊潇洒、智力超群、孔武有力。据说他可以赤手空拳搏杀熊、犀牛和老虎，这样的猛人在那个冷兵器时代会被人奉若神明，而他竟然还是个权倾天下的帝王！

跟履癸比起来，每个人都会觉得自己的身世太凄惨、素质太寒碜。后世有两个帝王和他极其相似，素质出众，结局悲摧，他们便是商纣王和隋炀帝。看来集万千宠爱于一身未必是好事，

---

① 《竹书纪年》。

过多的幸运比苦难更能"毁人不倦"，它会让人产生一种狂妄的错觉，觉得自己是超越众生的神，用现在的话来说就是"男神"，想干吗就干吗。

履癸登基元年，他干的事就让人想不通，起码笔者我想不通。他迁都。迁都没问题，西河确实不是个好地方。老丘是首选，其次还有祖先的阳城、夏邑、原城、商丘，最次的是斟寻，那是太康失国之地，用它作为帝都太晦气了。斟寻比南京（建康）更不适合为都，所以朱棣当上皇帝之后，马上迁往燕京。朱棣的残忍嗜杀绝不输于履癸，可他守住了江山，所以叫明成祖，而不是"明桀"。

履癸不可思议地选择了斟寻，他太有才、有财、有权就任性。成功者的任性叫作坚持，失败者的任性叫作偏执。他也许抱着给祖宗洗刷耻辱的想法，意思是老祖宗太康在这个倒霉的地方倒大霉了，我偏要在此做大做强。想法不错，很有性格，一片雄心（加孝心）照丹青。可斟寻的风水太差了，就是个烂泥潭，扎进去的人全都遭遇灭顶之灾：太康折了，干掉太康的后羿折了，干掉后羿的寒浞也折了。"似女鬼"不信邪，但斟寻就是这么邪性，男神也改变不了它的风水。不过，履癸差点就做到了，就差那么一点点。

履癸的履历表之详细超过夏朝任何一代帝王，仅次于大禹，可惜在所有的史籍里，履癸都是一个反面教材。儒家、墨家、法家、道家、杂家等口径出奇统一：履癸是个很黄、很暴力的昏君，其劣迹罄竹难书。

意外的是，司马迁没有引用任何一家先秦史料中关于履癸恶行的绘声绘色描写，话说得非常笼统，只有寥寥数言。说是自孔甲以来，很多诸侯都不太听从朝廷了，履癸不会做工作，仗着自己脑子灵、力气大，一味动蛮，把不听话的诸侯打得一头包。商侯子履积极团结了受了委屈的诸侯，于是声誉鹊起，用孟子的"万章体"来写就是"诸侯朝觐者不之履癸而之汤，讴歌者不讴歌履癸而讴歌汤"，履癸没有"举汤于天"，而是囚汤于夏台监狱，可能履癸觉得子履认错态度好，没过多久就把他释放了。

履癸实在太厚道了，他应该很清楚商侯一家近百年来的发家史：只要他们家吃了点小亏（哪怕是自找的），他们一定要连本带利赚回来。子履一出狱就投身于入狱前的革命活动，用拉拢、打击双管齐下的方式纠合诸侯，然后举兵讨伐履癸，就像当年上甲微讨伐有易氏一样。

履癸败走鸣条，放逐而死，成了桀。桀临死前对身边人说：如果当初在夏台把那个小王八蛋杀掉就好了，我现在就不是这样的下场。（"吾悔不遂杀汤于夏台，使至此。"[①]）

桀的意思是凶残，这是履癸在中国史册里的注册商标，在《史记·夏本纪》里我看不到这点。他连一个直接威胁自己王位的人都没有杀掉，他真的有那么残暴吗？我觉得司马迁对此持怀疑态度，他用空白表达自己的态度。我越来越觉得太史公对"春秋笔法"的运用比孔夫子含蓄、得体也幽默得多。一想起他老人家把《孟子·万章》里关于伯益和启的几句话拆散了分派到尧、舜、丹朱、大禹、伯益、启的头上，我就想笑，我喜欢这个"破绽"。

履癸不是个好帝王，这一点毋庸置疑，光是丢掉祖宗四百多年基业这一条就让他成为一个超级败家子。但这并不意味着后人可以踏着主旋律的鼓点，肆无忌惮地把所有的屎盆子都往他头上扣，以证明商取夏而代之是多么合乎"天道"。

战国杂家尸佼在其著作《尸子》里耸人听闻地说：夏桀无道

---

① 《史记·夏本纪》。

的时候，猪狗都不想活了，跳水自杀；美女都不爱梳妆打扮，一个个蓬头垢面，可劲地把自己造得难看，觉得美丽是种罪过；歌手们为了不唱歌，吞炭把嗓子搞坏，飞鸟把翅膀弄坏，走兽把脚弄断；山把宝贝藏起来，水泽拒绝提供清水！（"昔夏桀之时，至德灭而不扬……犬成群而入泉，鼍衔薮而席隩，美人婢首墨面而不容，曼声吞炭内闭而不歌。飞鸟铩翼，走兽决蹄。山无峻干，泽无佳水。"）这都什么乱七八糟的，夏桀无道，猪狗鸟兽都要闹自杀？！狗跳水自杀绝不可能，因为狗天生会游泳，其泳姿就是著名的"狗刨式"。吞炭之说其实是个漏洞，它抄袭自春秋时著名刺客豫让的故事，把刺客置换成歌手，诚意和创意都显不足。

在履癸众多的罪行里，矗立着一个纪念碑式的著名建筑物，叫"倾宫"，比萨斜塔和它相比弱哭了。它高耸入云，云影过处，从远处看就像要倒了似的（"倾宫"的名字就是这么来的），里面装潢奢华，玉石为墙，走廊都是由美玉和象牙镶嵌而成。夏桀若是能在当时拥有这样的建筑，绝对是个神迹。

1999年，在河南偃师挖掘出距今约三千六百年的宫城遗址（正好是夏末商初时），东西宽三百米，南北长三百六七十米，其面积还比不上一个中学校园，大概和一个小学校园差不多大（笔者按：我的中学母校比这座保存完好的宫城面积大八万平方米）。城墙和宫墙全由夯土筑成，你能想象一个木土结构的楼能"巍峨"成什么样子吗？

所谓夏桀的"倾宫"如何奢华、规模宏大、高耸入云纯粹是后人的编排，他们可能照着秦始皇的阿房宫和汉代未央宫的规模为履癸"设计"倾宫。从考古发现判断，夏桀也就是一土豪，充其量多造了几幢土楼而已，跟普通民居比肯定严重超标。好吧，我们就把这些超标土楼称之为"倾宫"。

据管仲说："昔者桀之时，女乐三万人"。①女乐就是女子歌舞表演者，她们的地位和现在的某些女性演艺人员差不多。管仲是笔者很佩服的一个人，还是笔者老乡，可他老人家这句话实在不靠谱得很，那么小的宫城里如何容得下三万人？！还跳舞？不被挤死就不错了。管仲是搞经济的，按说对数字应该很敏感才是，女乐就有三万人，开什么国际玩笑？当时夏朝军队人数可能还不到这个数目，成汤的嫡系部队才万人而已。

管仲大概是按照他老板齐桓公的强大女色阵容再乘以五百到一千倍给夏桀配备他想象中的超级豪华舞阵。管仲肯定知道春秋时代最高规格的舞蹈队只有六十四人，那是天子舞乐阵容。这六十四人分成八列，每列八人，组成一个好看的正方形队列。春秋期间，有些大诸侯追求排场，也采用周天子的规制，所谓"八佾舞于庭"②，佾（yì），即队列的意思。这是严重的"礼崩乐坏"，是"非礼"，是僭越。皇家阵容都是逐朝升级的，没听说过缩编，很难想象夏朝的帝王女乐比周天子的更大、更气派。

《竹书》说："三年，筑倾宫。"夏桀筑倾宫是为了一个女人，那个女人叫妹喜，有施氏（今山东省滕州市）的头号大美女。她的部落最高行政长官（也许是她父亲）不愿意被打得一头包，听说履癸像喜欢集邮似的收集美女，就把妹喜献了出去。

履癸看见妹喜，就像一个邮票收藏家看见大清蟠龙邮票，一见钟情，于是立刻收兵，上演了一出化干戈为玉帛的好戏。妹喜被送给履癸，听起来、看起来都是个悲剧人物，可是妹喜真的爱上了履癸这个有着天使面孔、魔鬼身材的男人和权倾天下的帝王。

履癸柔情似水，觉得原有的土房子都不够土气，根本配不上

---

① 《管子·轻重甲》。
② 《论语·八佾》。

水灵的妹喜，于是盖了座超级土气的倾宫。倾宫房间很多，比较适合捉迷藏。我臆测，每次履癸找不到妹喜就会问：亲爱的，你在哪？妹喜会很聪明地在一个角落说：我不告诉你。匆匆那年，他们的爱情故事让人脸红也让人眼红，他们捉迷藏的时候都藕断丝连。

那一年，发生了一起事件，九夷之一的畎夷闹独立。履癸收拾了畎夷，过了三年，有个少数民族主动臣服（"六年，岐踵戎来宾"）。这说明履癸在谈恋爱之余，还是没有忘记本职工作的。

妹喜什么都好，脸蛋好、身材好，就是面部表情不够丰富——她不爱笑。帝王专家皇甫谧对妹喜很了解，在《帝纪》里说，履癸偶然得知妹喜听见丝绸撕裂的声音就会发笑。爱听丝绸撕裂之声的还有周幽王的爱妃褒姒以及商纣王的宠妾妲己，九百年里三大美女嗜好相同，我不知道说什么好。我只能得出托尔斯泰式的结论：剩女们各有各的烦恼，美女们的爱好殊途同归。

履癸还有一个令人发指的罪行是"酒池肉林"。据皇甫先生说，履癸建立了一个巨大的池子，可供三千男女在里面开派对！池子里装的不是水，而是酒；池边的树上挂着肉脯，三千男女抬头吃肉，俯身喝酒，裸身相抱，如此场景真是人类史上罕见的腐败奇观。六百多年后，商纣王不让夏桀专美于前，又让此奇景重现。妲己爱上了妹喜的爱好，商纣咋就不能喜好夏桀的喜好？

"酒池肉林"固然充分体现了履癸腐败得变态，但从另一方面也说明了当时的夏朝富得流油——那么多的酒需要多少粮食？！当时没有水泥，光是渗透到土里的酒就不知道有多少。那么我们是不是也得表扬一下履癸在经济建设上的非凡成就？

我在前文提过皇甫先生俨然是古代帝王的新闻发言人，其著作《帝纪》是关于中国古代帝王最全的档案汇编，连遥远的三皇历史都给他摸清了，很了不起，但好得不像真的。刘知几在《史通》中对《帝纪》颇有微词："多采《六经》图谶；引书之误，其萌于此矣。""图谶"源于匪夷所思的河图洛书，融入先秦巫师们的卜辞，是方士用来忽悠帝王的敲门砖。图谶是"纬书"的一部分，"纬书"相对"经书"而言，"天人合一"把两者一下子就连在一起，董仲舒由此成为交叉学科的学术带头人。

汉代时独尊儒术，于是有些人想方设法，把那些神神道道的东西附会于儒家六经。谶纬说白了就是一套系统的迷信，不过很多帝王借助于它登上帝位，比如王莽和刘秀，以至于后来"纬书"喧宾夺主成为"内学"，而"经书"反倒成了"外学"，"天人合一"心法的创始人董仲舒地下有知该高兴还是不高兴？

《帝纪》里某些东西甚至超出了刘知几批评的范围，既非纬书，也非引书引错了，而是来自皇甫谧自己的想象。

"酒池"之说，最早来自战国时代，尸子说桀、纣奢靡无度，"六马登糟邱，方舟泛酒池"，六匹马运酒糟，酿出的酒也许可以灌满一个小型游泳池，在里面泛舟怕是够呛。考虑到尸子能说出猪狗鸟兽为了自绝于夏桀而闹自杀、自残，他的话怕是要打些折扣才行。

第一个站出来"扩建"酒池的人是汉文帝时的韩婴，他在《韩诗外传》第四卷里说："桀为酒池，可以运舟，糟丘足以望十里，而牛饮者三千人。"光是堆出来的酒糟就达十里之遥，夏朝的粮食实在太多了！这么多的酒，泛舟应该没问题了。刘向在《列女传·夏桀妹喜传》中巧妙地再创造了一番，添加了醉鬼、死鬼，还有妹喜这个女鬼："为酒池可以运舟……醉而溺死者，妹喜笑之以为乐。"刘向的想象力相当不错，说娥皇、女英以莫名其妙的"龙工""鸟工"之术两次助姚重华先生逃生的也是他。刘知几先生对他这位本家评价也不高，在《史通·杂说》里说："广陈虚事，多构伪辞。"

皇甫谧的《帝纪》在刘向的基础上继续添砖加瓦，发挥出"肉林"："肉山脯林，以为酒池，一鼓而牛饮者三千余人，醉而溺水。"成汤讨伐履癸时都不好意思编这个经济和腐败的双重神话。明人冯梦龙在《情史》博采"众家之长"，把韩、刘、皇甫三家之说合在一起："肉山脯林，酒池可以运船，糟隄可以望十里。一鼓而牛饮者三千人，妹喜笑以为乐。"以讹传讹，一至如斯！考虑到冯梦龙是个小说家，小说是可以虚构、夸张的，所以通过阅读历史小说学历史是件不太靠谱的事。

　　"酒池肉林"之说源自战国，不过男主角是商纣王，而不是夏桀。《殷本纪》说："以酒为池，悬肉为林，使男女倮相逐其间。"司马迁的说法大体可信，起码他没有夸张说酒池里可以泛舟。我能想象的酒池大概就是大些的酒窖而已，肉林不外是在树枝上挂几片肉罢了，虽然这确实很腐败，然而跟后世无数帝王们的享受相比简直土得掉渣。

　　最早记载妹喜的《国语·晋语一》里只有寥寥数语："昔夏桀伐有施，有施人以妹喜女焉，妹喜有宠，于是乎与伊尹比而亡夏。"既没有倾宫，也没有肉林、酒池和裂缯之声。韩婴扩建酒池，刘向安排生活化场景，皇甫谧贴心地为三千人配备肉林，还为妹喜设计了性格化的"裂缯"桥段，古代的有些文人有着惊人的想象力。

　　现在让我们来关注夏朝的男主角履癸吧。

　　履癸在位的第十年，他和妹喜依偎在"小学校园"的某个角落，一起观看浪漫的天文景观——流星雨。（"十年，五星错行，夜中，星陨如雨。"[①]）流星雨很好看，可是接下来地面发生的灾难就很难看了：地震，伊水和洛水枯竭。有天灾不可怕，还能比大禹时的洪水可怕？还能比十日并出的热情似火可怕？可怕的是

---

① 《竹书纪年》。

人祸。

第十一年，履癸在少康娘家部落有仍召开诸侯大会，有缗氏觉得大会的发言废话连篇，懒得听下去，中途退席回去了。有缗氏大概没听说过"会计往事"，不知道防风氏是怎么死的，也许他觉得自己是东方大诸侯，主持人不敢拿他怎么样。履癸看见有人这么不给他面子，便像他祖先大禹一样勃然大怒，下令讨伐有缗氏，谁劝都没用。

大会非圆满闭幕之后，履癸让人给妹喜传话，说他晚两天回倾宫，他要出趟差去教训一个目无尊长的诸侯。履癸出差回来之后，倾宫没有倾倒，有缗氏却已经倒了，不复存在。（"十一年，会诸侯于仍，有缗氏逃归，遂灭有缗。"[①]）可见当时履癸的军事实力有多强，一个大诸侯国说灭就灭了。

《竹书》说："十三年，迁于河南。初作辇。"履癸又迁都了，"河南"不是河南，而是指黄河的南岸。何谓"辇"？这个字很形象，两个男人（夫）拉一辆车。履癸确实挺会享受，也很聪明，把简陋的黄包车升级成宽敞、豪华的卧铺，这样他和妹喜就可以"且行且珍惜"了。

履癸如果知道后世的帝王如何升级车辇，他一定会流下伤心的眼泪。双人车辇很快会升级成四人、八人乃至十六人的大轿子，双人换成双马乃至五马，齐桓公的大车上不仅有床，还带厨房，酒更是应有尽有，吃喝玩乐全都可以在车上进行。论生活奢侈、作风腐化，履癸跟齐桓公根本不是一个量级的，可是却没人批评齐桓公是无道昏君，因为他是春秋第一霸主，孔子都是他的粉丝。拿履癸有很多女人说事，就更是没话找话了，后世没有三宫六院的帝王请举手！

---

① 《竹书纪年》。

履癸唯一的错误就是丢掉江山，从此承受来自取夏而代之的商汤的舆论宣传和后世添盐加醋的诽谤，商汤如果不把履癸说得无恶不作，怎能体现得出他在替天行道？当商汤作为一个成功的篡位者热情洋溢地批评夏桀时，想必忘了他先人干的那些破事、烂事。

第十四年，履癸命令大将扁率军攻打岷山（也叫蒙山），他没有亲自出征，留在新都陪妹喜，两人坐在豪华的车里兜风，浪漫得很。

岷山的诸侯仿效有施氏诸侯，并且变本加厉，一下子献出两个美女，这两美女有可能是双胞胎，一个叫琬，一个叫琰，都是美玉。要命的是，履癸对这两个玉女又是一见钟情，喜欢她们超过妹喜。妹喜是大清蟠龙，琬、琰则是两枚品相完美的黑便士邮票。

履癸成天和两个"黑便士"待在一起起腻，把妹喜一个人丢在"土楼"倾宫里辗转反侧，一遍又一遍地唱着不知所云的歌。妹喜对于履癸来说，是个可怕的灾难，她才是酒池，能让他淹死、醉死。屈原替履癸遗憾："桀伐蒙山，何所得焉？"这话的潜台词是桀得到两个女人，可是却得罪了另一个女人，实在不值当。

第十五年，商侯子履迁于亳，亳的具体地点没有定论，一说在商丘东南，一说在偃师。这两个地方其实都是亳，商丘附近的叫南亳，偃师是西亳，当时商侯的都城在南亳。那一年对于商朝有特别意义，被定义为成汤元年。

《竹书》说："十七年，商使伊尹来朝。"注意其措辞，商仿佛和夏是对等国家，伊尹是商的外交大使，其实那时商只是夏朝下属的一个诸侯国而已。

那一年，不知怎么地，妹喜和伊尹搭上关系了。出于对两块美玉的羡慕嫉妒恨，妹喜决定报复曾和她一起看流星雨、又见异思迁让她一个人独守空房的履癸哥，她成了继纯狐之后的第二个女间谍，如果纯狐算得上第一个的话。

伊尹作为外交官和间谍在夏都待了三年，有妹喜为内应，他带着很多夏朝高层的顶级机密回到商都，在北门碰到商的两个大臣女鸠和女房（"二十年，伊尹归于商，及汝鸠、汝方会于北门"①）。伊尹迫不及待地就跟这两人说起他在夏朝的见闻和谋划，他口才好极了，当场作文《女鸠女房》，中心思想便是"第三只眼睛看夏朝兼论堡垒从内部攻破的可行性研究及可操作方案"，据说这篇即兴之作曾被当作范文收入《尚书》，但现在看不到了，不知道丢哪里去了。

孔颖达引"纬书"说《尚书》原有三千二百四十篇，孔子挑了一百二十篇留给后世做教材，取名《尚书》，另选十八篇为《中候》，余下的三千一百二十篇被扔掉了（"孔子求书，得黄帝玄孙帝魁之书，迄于秦穆公，凡三千二百四十篇。断远取近，定可为世法者百二十篇：以百二篇为《尚书》，十八篇为《中候》。以为去三千一百二十篇"②）。

第二十一年，商侯俨然帝王一般，东征西讨，先后征服两个国家——有洛和荆。不是说商侯温文尔雅、以德服人吗？怎么这么暴力，还一下子打俩？（"二十一年，商师征有洛，克之。遂征荆，荆降。"③）《夏本纪》里说"汤修德，诸侯皆归汤"，从何谈起？！诸侯归汤，不是因为汤的德行，而是被修理怕了。

履癸听说商侯干的事，非常生气，令他来首都开会。子履其

---

① 《竹书纪年》。
② 《尚书正义》。
③ 同①。

时羽翼未丰，不敢不去开会，一去就被关在夏台（今河南禹县。二十二年，商侯履来朝，命囚履于夏台"①）。他有把握确定履癸不会杀他，否则他一定会有多远跑多远，拼个鱼死网破，也不会伸出脖子让人砍。他有两张大牌——伊尹和妹喜。

履癸让他交代问题，他交出一颗无辜的红心。子履的嘴皮子好使得很，从他家祖上鞠躬尽瘁的冥讲起，捎带提了一下他们家灭有易和皮氏的历史。他说商侯一族虽然有暴力倾向，爱教训那些不听话的诸侯，却是为了给天子分忧，那么多的诸侯国，天子哪里管得过来，打一个少一个，反正商侯不管发展成多大的家族企业，都是夏朝的子公司。子公司对母公司的忠心日月可鉴，不信问董事长夫人妹喜去，她和商家业务代表伊尹很熟。

履癸没听出什么破绽，想起有日子没去看妹喜了，心中颇有愧意，就差人去他很久都没有临幸过的倾宫，给妹喜带了些小首饰和几块野猪肉，野猪是他亲自打的。

妹喜当时正在倾宫的某个角落里，聚精会神地看着蜘蛛网上挣扎的几只苍蝇和蚊子，听宫女说大王派人来了，高兴得跳起来。

她有些失望，履癸哥只是派了个人来，他自己没来，不过给她送礼物，说明他心里还有她，于是她又有点高兴了。当听到来人向她打听商侯和伊尹的事，妹喜心里疼了一下，她把礼物和猪肉全扔到地上，笑眯眯地对来使说：回去告诉你们大王，商侯真的是个大好人，只想一辈子做个侯爵，不想被提拔成天子。伊尹也真真是极好的，做得一手好菜，不让他做都不行，说是替他主子商侯尽一份孝心。

履癸听了妹喜的话，觉得和子履的口供基本上对得上号，就把他放了。商侯在夏台监狱待的时间大约只有一年。

---

① 《竹书纪年》。

《竹书》云："二十三年，释商侯履。诸侯遂宾于商。"后面一句话"诸侯遂宾于商"太奇怪了，商侯一个刑满释放人员，又不是打了什么大胜仗，为何他一出来诸侯就尊他为老大呢？

因为他被放出来就是一个大胜仗，他被放出来就是一个宣言：他不想再回到夏台，他要把夏赶下台！在他被禁闭期间，伊尹没闲着，他游走于诸侯，透露夏朝的顶级机密，展示商侯的实力，展望美好的未来。忽悠加上恐吓，胡萝卜加上大棒子，当子履被释放的消息传出，诸侯们都恨不能亲自开车去监狱门口接老大，就像香港警匪片演的那样。

履癸二十三年，成汤八年，匆匆那年，他们不再藕断丝连，他们是你死我活的敌人，用充血的双眼瞪视着对方。

最终的结局就要来到。

十一　夏朝小结

履癸听到子履的宣战，虽然很生气，但是他没害怕，也没责怪妹喜，仍然让她待在倾宫里舒舒服服地看着蜘蛛网。

他有底气，也有两张王牌——昆吾氏和豕韦氏，这两大诸侯历史悠久，忠心耿耿，实力强大。他其实还有一张王牌，那就是他自己，他是夏朝的顶级将军，冲锋陷阵，谁都没他勇猛，子履那个小瘪三，分分钟就能拧断他的脖子。

履癸眼里的小瘪三继续他祖传的暴力传统，谁不听他的，他就让那个人再也听不见任何人的声音。温侯不买子履的账，后果就是他被灭了（"二十六年，商灭温"①）。

---

① 《竹书纪年》。

商侯子履和当年的上甲微已经不可同日而语，连强大的豕韦也撑不了两年就被干掉了。豕韦氏生命力很强，后来在商朝再就业，并且比在夏朝还要风光，和其旁支大彭成为商朝两个最强大的诸侯国。

豕韦是顾国（今河南范县东南）的屏障，没了豕韦，子履长驱直入，一年后，顾国也落入商侯版图，只剩下昆吾还在勉力支撑。太史令终古和费伯昌心灰意冷，觉得在夏朝的工作前景到头了，于是先后投奔新雇主商侯（"二十八年，昆吾氏伐商。商会诸侯于景亳。遂征韦，商师取韦，遂征顾。太史令终古出奔商。二十九年，商师取顾。三日并出。费伯昌出奔商"①）。

二十九年那个多事之秋，又出现了罕见奇景"三日并出"。"十日并出"我们都已经见识过，三日还好意思出来现眼，让我们直接无视它们。

那年冬天，战事败绩频频，履癸居然还有心思搞交通建设（"冬十月，凿山穿陵，以通于河"②）。履癸这么做也许是出于军事需要，不过好像没这个必要，山东到河南四通八达，又不是打四川。

三十年，凶兆再现，瞿山发生大地震（"三十年，瞿山崩"③）。履癸父亲去世那年，泰山发生地震，这两座大山都在山东。

天灾加上人祸，履癸终于绷不住了，自信的他小宇宙爆发了，他说："时日曷丧？予及汝皆亡！"④子履向夏朝宣战时特别提及此事，言下之意是履癸完全丧心病狂了。

子履这次真的没有夸张，众叛亲离，各大战线节节败退，履癸再也撑不住了，完全丧失理智，谁劝他他跟谁急。现在我们可

---

① 《竹书纪年》。
② 同上。
③ 同上。
④ 《尚书·汤誓》。

以称履癸为桀了。

大夫关龙逢是个真正的忠臣，他没有步终古和费伯昌的后尘，而是坚守在自己的岗位上，最后一次死谏。关龙逢不识时务，很傻，可是正是这些"傻子"让黑暗、龌龊、充满阴谋的历史有了些许亮色。

前秦苻朗的《苻子》绘声绘色描写了关龙逢慷慨就义的场面。当时桀正在施酷刑炮烙，炮烙就是把人捆在中空铜柱上，铜柱里面置炭火，受刑人最终像烙饼一样被烙熟。不过我有点怀疑夏朝有这样的制作工艺，因为夏朝只有黄铜和红铜，这两种原生态的铜熔点太低，人没烤熟，铜柱就先塌了。事实上，只有苻子把炮烙的"专利"算到桀头上，荀子、韩非子和司马迁都认为炮烙始于纣王。

姑且就当苻子说得对好了。桀问关龙逢看炮烙爽不爽，龙逢说爽，履癸批评道："你这人咋就没有同情之心，你还是人吗？"（"观刑曰乐，何无恻怛之心焉？"）

关先生答曰：天下人都不高兴，只有大王爽。我是您的肢体，哪有心悦而胳膊大腿不高兴之理（"臣为股肱，孰有心悦而股肱不悦乎"）？他接下来的话把桀惹毛了，他说桀头上的冠冕是危石，脚上的鞋踏在薄冰之上，言下之意是桀随时可能被石头砸死或者掉水里淹死。夏桀叹口气说：你知道我要死却不知道你马上就要死，我现在就把你烙了，我看着你死，你却看不到我死。关先生说：造化劳我以生，休我以炮烙。乃从容赴火而死。他用死祭奠他为之辛劳一辈子的夏朝。

商侯子履，现在可以称他为成汤了，在各个战场上连战连捷，只有昆吾是他一时难以啃下的硬骨头。没有昆吾和豕韦，夏桀早就被干掉了，他甚至都没有机会关押当年那个乖乖来到夏台的商侯。

夏朝走到穷途末路，祸根其实早就埋下了。自少康以来，商侯一家渐渐做大，可是夏朝的历代帝王对他们毫无警惕，后来发展到子亥的儿子上甲微借别国的军队吞并有易氏，帝泄仍然睁一眼闭一眼。春秋乱世，大诸侯打小诸侯都要给周天子打报告才行，而且不能随随便便顺手就把战败国据为己有（顶多可以勒索些土地、财物和美女），否则会惹大麻烦，除非强大到不怕麻烦，如齐桓公之辈。齐桓公其实也只灭了几个无关痛痒的小国，对于稍大些的国家，他最后也把占有的土地还给了人家。

商侯吞并上瘾，只进不出，消化功能很强大，一个个大大小小的诸侯国先后被灭。商侯在小国的废墟上逐渐建立一个王朝的雏形，可惜一代代夏王们仍然只拿他当个雏儿。商丘已经成为商侯的都城，而不再仅仅是一块夏王赏赐的封地。商侯势力的进化就像夏朝身体里的癌细胞，由点及面，最终全身扩散。

夏桀首先感到"身体不舒服"，把子履抓起来问他是不是癌细胞，子履一口否定，说夏桀完全是花粉过敏。那时如果杀掉商侯，就什么事都没有了，被商侯以武力吞并的那些诸侯一定会拍手称快。夏桀完全可以模仿他祖上帝启的调调整一篇《商誓》，把子履一家丑恶的发家史抖搂出来，然后以上天名义号召诸侯有冤报冤、有仇报仇，再辅以威逼利诱，商丘这块封地很快就会易主。商侯一倒，就等于切断了癌细胞的血液供应，再大的癌肿也会慢慢消失，这便是最先进的靶向疗法原理。连孔甲都能把强大的豕韦氏封地剥夺，赏给一个不着四六的养龙人兼职厨子的刘累，何况夏桀？他溃败于鸣条时才意识到自己当年的一念之仁对自己、对夏朝是多么残忍。

当昆吾部兵败的消息传来，夏桀正在驰援途中，尽管已是孤军，夏桀仍然没有选择投降，而是在鸣条迎击成汤主力，做最后一搏。鸣条所在地有两种说法，一说是山西运城市夏县，另一说是河南洛阳附近。

笔者认为鸣条当在山西，因为当时成汤大军采取大迂回战术，绕道山西从后面偷袭昆吾，才导致昆吾速败。夏桀听到消息，一定率军前往山西狙击成汤部队，他不可能坐在河南等着成汤打上门来。

双方在鸣条遭遇上了，《书序》载："与桀战于鸣条之野，作《汤誓》。"《汤誓》很有名，也很好玩，后面再说。现在让我们直接关注战场。

那天雷雨交加，夏桀的军队溃不成军（"大雷雨，战于鸣条"[①]）。那时夏桀意识到光凭一己之力是没有用的，就算他有国家一级运动员的身手也无济于事，只能带着一帮残军仓皇逃窜，从山西跑到山东，投靠属国三朡（zōng，捆绑的意思）。三朡是尧当年的封地之一，又叫陶，今山东定陶县，不知道为什么改了这么个难听的名字（"夏师败绩，桀出奔三朡"[②]）。

当年他的祖先相被流放到商丘时，境况比夏桀还惨，身边只有几个亲兵护卫，但他有个赤胆忠心的大臣靡。夏桀身边好歹还有一支军队，可是少了一个可以辅佐他逆转乾坤的忠臣，那时他想到赴火而死的关龙逢吗？

三朡哪里顶得住成汤的攻击，夏桀再次抱头鼠窜，跑到郕国（今山东宁阳县），再也无路可走了，被成汤于焦门捕获。成汤表现得很有风度，没有杀死夏桀和他的家人，可能念当年夏台手下留情之恩（"商师征三朡，战于郕，获桀于焦门，放之于南巢"[③]）。按《竹书》后来的说法，成汤饶过夏桀大有深意，乃是

---

① 《竹书纪年》。
② 同上。
③ 同上。

"奉天命放桀"。

夏桀的儿子淳维逃到北方沙漠，建立了一个国家，那个国家成了匈奴的一支，所以匈奴除了"熏鱼"一类的难听名字，还有个挺顺耳的名字——淳维。《史记·匈奴列传》里说："匈奴，其先祖夏后氏之苗裔也，曰淳维。"这话不太准确，"熏鱼"也是匈奴，早在黄帝时就存在，不可能是淳维的后裔。

夏桀被流放到南巢（今安徽巢湖），四百七十一年的夏朝正式寿终正寝，那一年是成汤十六年，公元前1602年。根据《竹书》记载，成汤在两年之后才正式继位，商朝始于公元前1600年。

夏朝结束了，夏桀的故事并没有结束。

夏桀孤身一人木然地坐在牛车上。左右的几辆牛车上是他的家眷，那里没有琬和琰，不知道她们去了哪里。无论她们去哪儿都比跟着他强，他对她们没有怨恨。她们比朝中的那些大臣强，那些男人早就一个个地投靠成汤去了，至少她们一直守到最后一刻。

如果一定要恨一个人的话，他恨他自己；如果再恨一个人的话，那个人是和他一起看流星雨的妹喜。如果没有她和成汤的奸细伊尹勾结，夏朝起码不至于倒得这么快吧？夏桀早就听说了妹喜的事，可他一直没有处罚她，仍旧留她在倾宫。他也说不清楚自己为什么不杀了她，通敌的大罪，杀她十次都不为过。他连子履那个肿瘤都没杀，又怎么会杀她？她现在一定被成汤收入后宫了吧？她不仅是个漂亮的女人，还是成汤的功臣哩。

身后是一小队押解士兵，他没有回头看一眼身后的都城，那是他的耻辱。他伸袖擦了一把脸上的泪水和鼻涕，当他睁开眼，看见一个身着白色衣衫的女子向他的牛车奔过来。他看清了，可是不敢相信，那个女人是妹喜！

直到妹喜跳上车躺在他怀里，他才敢相信这是真的，不是眼花，不是在做白日梦！履癸紧紧地抱着她，抚摸她的长发，问道："你来干什么？"

妹喜伏在他肩上，没有抬头，哭着说：跟你去看流星雨。

履癸说：傻丫头，你知道俺要去哪里吗？那是莽荒之地，什么都没有，只有一片大湖，跟着我你只有苦吃了。

履癸和妹喜一起被流放于南巢，对此屈原替妹喜鸣不平，他怪成汤不仁：妹喜做了什么过分的事，成汤你要如此惩罚她（"妹嬉何肆，汤何殛焉"）？言下之意是，妹喜明明有功于成汤，成汤怎能过河拆桥把她流放了呢？

屈老夫子错怪成汤了，他放过夏桀，又怎会处罚有功于他的妹喜？唯一的解释就是妹喜选择被流放，和履癸一起被流放，她是个敢爱敢恨的女子，因爱生恨，却不因为恨放弃对那个男人的爱。

从西汉到西晋，妹喜的祸水形象一步步被树立起来。刘向说履癸经常把妹喜抱在膝上，你看见了？就算他把她抱在膝上怎么了？西汉最温柔的男子京兆尹张敞因为替老婆画眉而遭时人嗤笑，说他是"京兆眉忟"[1]，张兄当着汉宣帝的面很男人地说"闺房之内夫妇之私有甚于画眉者"[2]。冯梦龙在《醒世恒言》卷十五中说："张敞画眉，相如病渴，虽为儒者所讥，然夫妇之情，人伦之本，此谓之正色。"皇甫谧说妹喜爱听丝绸撕裂之声，你听见了？我特地找了一小片撕了一下，丝绸的撕裂之声非常滞涩，一点儿都不清脆悦耳，为啥妹喜爱听那种声音？但我知道皇甫谧说话的动机，丝绸是当时最珍贵的衣料，妹喜撕丝绸便是暴殄天物，便是奢靡无度，便是祸害天下。

天下是男人的天下，为什么丢了天下把责任推到女人头上？颛顼帝曾说走路让女人走开，那么丢了天下的责任是不是也可以

---

① 《汉书·张敞传》。
② 同上。

让女人走开？就像打篮球，如果你投篮不准，不要怪你的球衣颜色不够酷。我也模仿屈原的口气，替妹喜说句话："妹喜何辜，汝何辱之？"我仿佛看见妹喜和履癸在夕阳下"咯咯"地笑着，逐渐淡出我的镜头。他们没有死去，只是消失了……

现在让我们对已经消失的夏朝做一个回顾，撇去后羿和寒浞，我来给夏朝的十七代君王打打分，满分十分制。

大禹开创夏朝，在位虽仅七年，其治水之功、划九州、定五服，对于夏朝而言，他应该是满分十分。不过对于中国历史而言，他开创家天下的先河，对后世的朝代影响极大。

启上天入地，费了九牛二虎之力登上帝位，在位十六年，最值得一提的事就是打败有扈氏，还在旷野搞了一场盛大的《九韶》"交响"音乐会（"舞《九韶》于大穆之野"[1]）。晚年五个儿子争夺继承权，启处理得很好，没搞出血肉相残的悲剧，这一点相当不容易。尤为难得的是这五个儿子在国难面前抱成一团，互相扶持，创作出痛定思痛的《五子之歌》。启算得上是位过得去的守成之君，无大功亦无大过，可打七分，加上他妥善处理政变，再加一分，八分。

第三任太康太差劲了，莫名其妙地迁都，导致夏朝落入神箭手后羿手中。在位四年就稀里糊涂死了，评分：零分。

第四任中康是后羿扶植的傀儡，尽管如此，他还是下了一手好棋，为夏朝预备了一个忠心耿耿的大诸侯昆吾，无为而有为，鉴于此，评分：七分。他在位七年，也是匆匆忙忙地就死了。

第五任相可能连名义上的帝王都算不上，其地位比中康还不如，没法评分。中康死后，后羿应该已经鸠占鹊巢了，《竹书》

---

[1] 《竹书纪年》。

上所说的"无王"时代，大概可以从这时候开始算。

跳过后羿和寒浞，夏朝的第六任君主少康在位二十一年，他复兴夏朝，仅此一点，就可以让他直追大禹，得分：九点五分。

第七任杼，在位十七年，在复兴夏朝战役中立下赫赫战功，特别是征服东九夷、迁都老丘，为夏朝自少康中兴之后的盛世做了一个完美的奠基，可得十分。

第八任芬，在位四十四年，是个标准的太平天子，除了出现洛伯用与河伯冯夷的无厘头打架事件，没有任何风波。他起码没有瞎胡闹，国家太平，这就够了，他可以得八分。

第九任芒，在位五十八年，他是夏朝最舒服的君王，《竹书》里只提到他干了两件事——沉玉和钓鱼，他比乾隆还要舒服自在。他的得分跟他的父亲芬一样，八分。

第十任泄，在位二十五年。他最大的过失是听任上甲微借兵河伯，吞并有易氏领地。从此以后侵略成了商侯的习惯模式，像癌细胞一样扩散至夏朝全身。泄是个渎职甚至有点傻的帝王，得分：六分。

第十一任不降，在位五十九年。他的过失和其父泄一样，对商侯侵略别国没有采取任何制约措施，眼睁睁地看着又一个诸侯国皮氏被灭。不过他晚年时把帝位"内禅"给其弟扃，没让夏朝提前崩盘，算是"实有圣德"，得分：七分。

第十二任扃，在位十八年。史书中没有任何关于他政绩的记载，考虑到他顺利交班给儿子胤甲，至少说明在他任上朝政基本上还算稳定，混世魔王孔甲被控制住了，得分：六分。

第十三任胤甲，在位仅四年。这是个性格懦弱且无能的帝王，他拿堂兄孔甲没辙，一上任就把都城从老丘迁往西河，他因为思念故土还眼泪汪汪地作"西音"。西河是夏朝衰落的起点，胤甲得分不及格。

第十四任孔甲，在位九年。他的九年可用两个字总结——胡闹，不过至少夏朝没有在他手里断送，得分不及格。

第十五任昊，在位仅仅三年，可他诠释了什么叫作励精图治，他把他爹孔甲遗留的诸多历史问题一一解决。为豕韦氏平反，恢复其爵位与封地，这是很高超的统治手段，借豕韦氏传递出一个信号：我们有错，我们改之。归来吧，归来哟，离开大夏的诸侯。在其任内，很多诸侯重新投入夏朝怀抱。如果他能再多活二十年，夏朝能再次"中兴"吗？结论是否。因为他有个败家子儿子发，多少家产都能给他败光。昊和少康有得一比，可惜在位过于短暂，得分：八分。

第十六任发，在位七年。其无能与昏庸和他爷爷不相上下，得分自然也是不及格。

第十七任履癸，在位三十一年。给他打分很难，关于他的资料很多不是真的，还被淹没在汉代以后文人们的口水里。尽管如此，我们仍然可以基于已知的那点史实与常识做出一些判断。

履癸登基之时，正是夏朝风雨飘摇之际，历经胤甲、孔甲和帝发的折腾，夏朝的家底败得差不多了，在这种一穷二白的困境里，他居然能坚守三十一年，比前面四任加在一起的时间还长八年。我们至少可以推算出，履癸登基之后，有相当长的时间局势稳定，起码大诸侯昆吾、豕韦和他没有二心，他错在未能遏制商侯的"扩散"，最大的错误则是他浪费了一次绝杀，也"辜负"了后人强行加在他身上的标签"残忍嗜杀"。

如果他在夏台杀了子履，那么历史一定会被改写，起码履癸不会成为亡国之君，也就不会被篡位的成汤"赐予"一个侮辱性的称号"桀"，那么妹喜在亡夏中的作用就可以忽略不计了。

司马迁在《外戚世家》里说："夏之兴也以涂山，而桀之放也以妹喜。"单就这句话而论，水平似乎不高，意思是好的外戚如涂山氏利于社稷，而坏的外戚如妹喜则有亡国之患。试问大禹成为天子和他的涂山氏老婆有什么关系？难道涂山氏的南音有如此大的政治魔力？虽有一种说法称涂山氏为当时一方大诸侯，以大禹当时的功绩、声望和能力，他还需要"外戚"涂山氏的扶持？若如此，他还配名列"上古四圣"吗？"桀之放"是不是因为妹喜也难说，可以肯定的是妹喜陪着她的履癸哥一起"被放"了。司马迁说这句话是有弦外之音的，汉代最著名的外戚是吕雉，太史公的指桑骂槐不言而喻，勇气可嘉，手法可鉴。

我没办法给履癸或者夏桀打分，空缺吧，但不是零分。不管怎样，我们要和夏朝说再见了。

和五帝时代相比，夏朝在封建体制和中央集权的建设上日臻完善。自大禹定九州、划五服之后，诸侯的定义越来越明确，他们有封地和世袭的福利，也有纳贡和听从中央号召的义务。虽然夏朝的诸侯其实只是一些部落首领，但这并不影响分封制的实行，元朝和后金同样起始于部落联盟，夏朝的分封制此后一直被商、周延续下去并发扬光大。至于说夏朝实行先进的"井田制"，并被后来的商、周借鉴，证据并不充分。事实上，井田制在《孟子》之前从无记载，胡适和范文澜都认为那不过是孟子的想象而已，郭沫若虽认为井田制存在，但也觉得孟子想得过于美好了。井田制是有的，殷墟出土的甲骨文上有记载，但没有亚圣想象的那么妙不可言、那般功能强大罢了。

有些历史虚无主义者认为夏朝不存在，这是一种匪夷所思的想法。那么多的史料都记录了夏朝的兴衰，我们怎么好意思说古人替我们虚构了夏朝？他们虚构的动机是什么？因为不能上网，于是闲得发慌便捏造一个朝代消遣后人顺便也消遣他们自己？从儒家对后羿和寒浞闪烁其词的表述中，恰恰从侧面证明了夏朝的存在：如果没有夏朝，那么谁还在乎后羿或寒浞是谁？

夏朝一定存在，只不过那时仍然没有文字，或者说没有成熟的文字，也没有青铜器，更没有像样的城市，履癸的宫城不过是只有小学校园大小的土围子而已。但这并不表示夏朝是子虚乌有的，只不过因为考古证据的匮乏，特别是青铜器及文字的缺席，让夏朝有雾里看花之感，所以我称夏朝为"半遮面"的朝代。

偃师二里头的夏朝遗址发现陶纹符号二十四种，看上去是象形文字的原始雏形。一些陶罐器皿表面绘刻"一、二、三、M、X、十、∧"等简单数字符号甚至"英文字母"，这也许是文字草创时期的印记。那二十四个"天真"的符号到商代成熟的文字，证明了一个判断：文字不是某个人（比如说仓颉）的创作，而是历经数百年，经多人之手慢慢完成。我们将在商代看见日趋完善的文字，很多字和词我们至今仍然使用。

夏朝没落，走向我们的殷商是什么模样？

第四章 写在甲骨、青铜上

一 商汤烈烈

《殷本纪》从殷商始祖契的神奇诞生经历（详见《帝喾篇》）讲起，那便是《诗经·商颂·玄鸟》开头的八字真言："天命玄鸟，降而生商"；回顾了契在舜朝任司徒时的辉煌政绩（见《帝舜篇》)，因功勋卓著被封于商，并被赐姓"子"。这些往事因为成汤并不如烟，成汤的先人一一浮现在我们眼前。

契的儿子叫昭明，对于昭明，史书上的记载一片空白，只有这个空空荡荡的名字。昭明的儿子很有名，叫相土，是夏后相时代的人物，《竹书》称他是马车的发明人，我在前文提及，此说颇为可疑。相土的儿孙昌若、曹圉和昭明一样，事迹不见史册。曹圉的儿子冥是少康和杼时代的商侯，是个水利工程师，工作兢兢业业，死在工作岗位上，他是成汤先祖中一个值得后人尊敬的人物。他的儿子亥就是个混账了（笔者按：如前文所述，他也不应该是冥的儿子。《殷本纪》里把亥写作"振"，应该是"核"字的误写，"亥"与"核"古音相同），简直是个害人精，做买卖做成风流鬼，自己死了不算，连累有易氏国君绵臣家破人亡。亥的非正常死亡对于商朝有着里程碑的意义，难怪商人把他当作

"王"祭祀，所以他才叫王亥。

亥的儿子微，以替父报仇的名义，借兵河伯灭了有易氏，从此开启了商王朝"以力服人"的模式。微又叫上甲微，微是名，上甲是号，和他的父亲一样，也是个人渣（其人其事详见《盛极而衰》）。自上甲微之后，后面五世均以天干为号，很好记，分别是报乙、报丙、报丁、主壬和主癸。《殷本纪》里的这个世系传承里有一个错误和一个疑问。把报丁放在报乙之前是个错误，另外根据《楚辞》专家姜亮夫先生的推测，上甲微的弟弟弑兄篡位，又让自己的儿子继承大统，所以后面的乙、丙、丁等都不是上甲微的直系后人，这似乎也解释了为什么上甲微没有得到"王"的礼遇。上甲微虽然没有王的名分，但有意思的是，商人祈雨时却喜欢报上"上甲微"的大名，甲骨卜辞里经常有"自上甲……"云云。大概商人觉得上甲微是个狠角色，连天神都怕。不过上甲微的名号在祈雨时似乎效果不佳，否则后来成汤也不用求雨求了六年之久，搞得乌龟都供不应求。

主癸死后，他的儿子子履登台了，当他开始和履癸正式叫板时，他叫成汤，商朝的奠基人。至于他为什么突然叫"成汤"，原因可能很无厘头：这两个字也许是衍文，即因缮写、刻板等错误而多出来的字。这证明名字是无关紧要的，想着改名换运的人赶紧打消念头，瞧瞧人家成汤顶着一个不属于自己的名字都把事业做得那么有声有色。

我差点忘了介绍成汤的出生经历，他的出生毫不神奇，我们已经司空见惯了。他妈妈是主癸的妃子，叫扶都，某年某月的某一夜，她悄悄地出去一趟，"见白气贯月，意感"[1]，也是因"光电感应"生下成汤。我们已经见识过黄帝、颛顼、少昊、舜以及大

---

[1] 《竹书纪年》。

禹都是以这种"明媚"的方式珠胎暗结,对此我没有任何意见,也没有疑问,一切都那么"自然而然"地发生了。他的外貌"丰下锐上,晳而有髭"①,这分明就是尧的造型,可惜身高只有九尺,没达到"丈夫"的尺度,略有遗憾。我比较耿耿于怀的是,这孩子生下来"臂有四肘",这到底算是超人还是残疾人?我很好奇,多出来的两肘他做什么用?怎么用?

四肘成汤继位时,他从商丘迁往南亳(介于山东曹县和河南商丘之间),据说那是帝喾曾经生活过的地方,按照夏朝爵位的命名方式,成汤那时不叫商侯,而应为"亳侯"。成汤把他的搬家心得写成一篇文章《帝诰》,据说被收入《尚书》,只是现在谁也看不到了。如果他写得像《汤征》一样,我情愿不看。

成汤继承他父亲主癸的爵位后,已经对做商侯或者亳侯没什么兴趣了,不时"肘击"履癸,试探他的反应。履癸被惹毛了,喝令成汤来夏台(今河南禹县),成汤有恃无恐地去了。当他从夏台出来后,一个信念涌上心头:这个妇人之仁的履癸完全可以取而代之!

成汤出狱后,其"三观"突变,战略意图非常明显,尽量拉拢远方的诸侯,与他们结交,至少不和他们开战,然后集中兵力对夏邑周围的诸侯实施外科手术式摘除,豕韦、顾国,先后被他拿下。他这么做很聪明,缩短战线,才能以最高的效率达到目标,毕竟他的标靶是履癸,而不是任何一个诸侯国。战国时秦国的战略思想"远交近攻",成汤早就用上了,他的谋臣左右相伊尹和仲虺能力非凡,不比商鞅和张仪差。

伊尹是成汤最重要的谋臣,他的经历非常励志。他似乎一开始就被成汤吸引,非要去辅佐成汤不可,也许是"四肘"引起了

---

① 《竹书纪年》。

他的好奇心。伊尹虽然胸有丘壑，可他是个低到尘埃里的人，身份非常低微，仅以成汤一个妃子有莘氏（大禹的母亲也是有莘氏）陪嫁奴（媵臣）的身份来到南亳。

伊尹除了满腹经纶之外，厨艺也很高超，他正是以烹饪作为敲门砖引起成汤的注意，难怪老子说"治大国若烹小鲜"。通过有莘氏的引见，伊尹背着一套厨具出现在成汤面前，那天他做了几菜几汤，成汤品尝之后连竖大拇指说"味道好极了"，擦擦嘴就准备离开，只听伊尹在身后说：且慢，难道您不想品尝天下吗？

成汤被这个厨子的话镇住了，转身说"愿闻其详"。于是伊尹便把调料的原理和治国的方略联系在一起，给成汤上了一堂名为"治国方略与厨艺的比较研究"的博士课，这堂课的核心内容被老子学去了，那便是"治大国若烹小鲜"。成汤惦记着下顿该吃什么，就给伊尹点了个赞，乖乖跟着伊博导上课。

伊尹此后便经常背着厨具出现在成汤出现的地方，三下两下就和成汤混成了熟人。成汤给他的第一个工作是出使夏都的外交官，其实就是做间谍。成汤很会用人，他让伊尹给妹喜做了一桌菜，妹喜当时处于失恋状态，对美味有种变态的嗜好，于是便跟伊尹构成"失恋阵线联盟"。

关于伊尹，还有另外一种说法，说他是个比诸葛亮还要牛的隐士。刘备三顾茅庐才请出诸葛亮，而成汤则五顾"厨房"才请动伊尹。这两种迥异的说辞都证明了一点：伊尹很有本事，不管他是陪嫁奴还是隐士。

有了伊尹，成汤的"四肘"施展开了，四处讨伐，威风八面。《殷本纪》上用了四个字概括"汤征诸侯"，分明是"以力服人"好不好？哪来的"德"？德也许就是伊大厨熬的一锅汤，你喝过了才明白。

成汤的"德"在打猎方面体现出来。有次他外出，看到猎人四面张网，嘴里碎碎念：天灵灵，地灵灵，四方禽兽入网来！成汤现场做出指示：这样做就把动物抓光了，很缺德。于是，他命令撤去三面网，然后碎碎念：往左的往左，往右的往右，快跑吧，不听话的才到我网里来（"不用命，乃入吾网"①）。好像他打猎是为了考验动物是否听话似的，很奇怪的"爱心"。甭管怎样，成汤为汉语做出了贡献，成语"网开一面"由此诞生。

诸侯们听了这个"网开一面"的故事，都感动得不行，纷纷表示成汤的德行简直好得不能再好，连禽兽都受到照顾（"汤德至矣，及禽兽"②）。诸侯们的文化程度恐怕都不高，否则不会如此缺心眼地解读成汤精心炮制的寓言。这个寓言明显带有威胁意味：听话的，我让你们活着，"不要命"的，我就要你们的命，把你们一网打尽！

别看当时"亳侯"牛气冲天，仍然有不甩他而忠于夏朝的，商丘东面的葛伯就不愿奉成汤之命祭祀天神、地祇。葛伯是诸侯，成汤也是诸侯，级别上两人完全对等，还是多年的老邻居，葛伯确实有理由不听成汤的。只是葛伯忘了级别和实力是两回事。成汤找他碴已经很久了，终于被他找到，而且理由非常高大上："葛伯不祀。"这种不敬天地的诸侯是必须要除掉的，即使敬了，也是要除掉的，因为找个别的理由很容易，比如"弃绝三正"啥的。

商朝极重祭祀，高级的祭品不是牛羊，而是人，故谓"人祭"或"人牲"。人祭的习俗很早就有，仰韶文化距今五千多年，其遗址就发现有砍劈痕迹的人头骨。夏朝也有人祭，但并不多，到了商朝，人祭突然大行其道，仅在殷墟王陵遗址中发现的杀祭

---

① 《史记·殷本纪》。
② 同上。

人数就有一千九百多。武丁在位五十九年，因为战事多，祭祀频繁，人牲总数逾九千！到了商末的帝乙、帝辛时代，惨无人道的人祭才变得罕见。帝辛就是商纣王，取消人祭成了周武王讨伐他的四大理由之一。周武王得了天下后，人祭又死灰复燃，直到春秋战国才逐渐消失。《甲骨续存》第七百四十四片甲骨的卜辞里，还有种"别出心裁"的人祭法：火烧女战俘以祈雨。成汤在位期间，多年大旱，不知道有多少女人因为天灾而被无辜地烧死在祭坛上。

据孟子考证，葛伯绝对欠揍，成汤揍他就是替天行道、为民请命。葛伯先是以没有牛羊为借口不奉祭祀，成汤就派人给他送去牛羊，葛伯嘴馋自己把牛羊吃掉了。成汤派人去质问他，葛伯哭穷说没有祭祀用的谷米，成汤可能自己谷米也不多，就没送谷米，而是派亳地的百姓来为他种田，并且安排老人和孩子给劳动者送饭，伙食相当好，竟然有酒、有肉、有饭，完全是贵族待遇啊，那些农夫实在太幸运了。成汤不仅大方，而且富有得难以置信，那时肉属于贵重食品，寻常百姓根本吃不起。

葛伯那个穷光蛋，一看农夫的伙食比自己的还好，不由分说带着百姓去抢午餐，还把一个孩子打死了。《尚书》所说的"葛伯仇饷"指的就是这段往事，孟子在《滕文公章句下》里对"仇饷"做了详细的注解。

成汤便以那个孩子为借口讨伐葛伯，他对葛伯的暴行非常愤慨，可他说出的话软绵绵的像唱民谣：我告诉你们，人能从水中看见自己的模样，观察人民就知道管理得咋样（"予有言：人视水见形，视民知治不"[1]）。旁边的伊尹闻言疯狂鼓掌点赞，说：太牛了！谦虚使人进步，骄傲使人落后。君临天下，视民如子，

---

[1] 《史记·殷本纪》。

好人都来当官，让我们一起奋斗吧（"明哉！言能听，道乃进。君国子民，为善者皆在王官。勉哉，勉哉"①）！

按说当时的气氛挺融洽的，可成汤冷不防喊了几句气急败坏的口号，那几句口号便是《汤征》。成汤的战前动员分明是一个躁狂症病人的口气：你们如果不听从我的号召，我必将重重地惩罚你们，绝不手软"（"汝不能敬命，予大罚殛之，无有攸赦"②）！好玩的是，成汤这句狠话是接伊尹的一句马屁"君临天下，视民如子"，成汤显然没有接好台词。这就像一个人问你有没有吃饭，你却回答说如果不让你下馆子，你就要杀人。帝王不需要顺着台词，所有人都得顺着他的想法，如果你不想被"罚殛之"的话。

成汤没"串"好台词，完全是给昆吾逼急了，打了好几年还是打不下来，再耗下去就会有其他别有用心的诸侯跑出来蛊惑群众："商汤多罪，天命殛之。"他懂这个，太懂了，他们家的家训就是尽可能吃掉别人，咬住了就决不松口。

葛伯虽然很有性格，可是战斗力有限，很快就被灭掉。对此孟子给予高度赞扬，说成汤的征途自顺应民心的伐葛开始便无往不利。各诸侯国的人民都盼成汤来伐他们，以至于各国人民产生了感人的嫉妒心。成汤东征，西夷就不高兴；往南征，北狄也不高兴，纷纷埋怨：为啥不先来伐我们呀？孟子说："汤始征，自葛载，十一征而无敌于天下。东面而征，西夷怨，南面而征，北狄怨，曰：'奚为后我？'民之望之，若大旱之望雨也。"③

我们固然可以替成汤心醉，但成汤不能醉，他得全力以赴干掉昆吾氏才行，昆吾在，夏朝就绝不姓商。昆吾这个部落显然觉

---

① 《史记·殷本纪》。
② 同上。
③ 《孟子·滕文公下》。

悟不高，没有及时产生嫉妒心，没有久旱逢甘霖的期盼，把成汤气坏了。他对伊尹说：这个昆吾简直不是人，东南西北方的人民都盼星星、盼月亮地等着俺去解放，预约都排到下一年了。俺瞧得起昆吾，不用他预约就来了，他怎么还不领情呢？伊尹肯定地回答道：对的，昆吾要不不是人，要不就不属于东南西北任何一方，他住中间。成汤和伊尹击掌说：有道理，让俺们把中间这颗毒瘤挖掉！

夏桀三十一年，成汤改变进攻策略，以少量兵力正面牵制昆吾，亲自挥着板斧（钺）率大部队迂回北上山西，再南下攻击昆吾后方。昆吾没料到这出，措手不及，被成汤击溃〔"三十一年，商自陑（ér，即现在山西永济市）征夏邑，克昆吾"①〕。

至此，夏邑周围的四大诸侯国：顾、葛、豕韦（今河南滑县）、昆吾（今河南许昌）全部落入成汤手中。

成汤正式发动对夏朝的终极之战。他这次发表战前演讲时，口气大变，一副讨好卖乖的模样说你们大伙都来听听朕说话。不是小子要闹事，实在是夏氏罪恶多端，俺也听你们说夏氏有罪。俺是个敬畏上天的人，不敢不服从命令去匡扶正义。现如今夏氏罪恶多端，老天要除掉他（"格女众庶，来，女悉听朕言。匪台小子敢行举乱，有夏多罪，予维闻女众言，夏氏有罪。予畏上帝，不敢不正。今夏多罪，天命殛之"②）。话说得啰唆吧？但他就是这么说的。别看他话说得啰里啰唆，但话锋所指句句不离"夏氏有罪"。一个帝王在大庭广众之下自称为小子，倒是显得很亲民，但有点装孙子的感觉。其实所有的帝王在成为帝王之前，都特会装孙子，周文王、周武王父子也特擅长，那个"大风起

---

① 《竹书纪年》。

② 《史记·殷本纪》。

兮"的小混混刘邦更不用说了。

夏后启的《甘誓》意思和《汤誓》一模一样："天用剿绝其命。"如此历史的"誓言"将一代又一代地传承下去，历史确实没法不"总是惊人的相似"。启还扯两句莫名其妙的"威侮五行，怠弃三正"，成汤多干脆，直接代天宣布"夏多罪"就完了。启有点装斯文，成汤则是装孙子，把自己打扮成上天的好孩子、人民的好兄弟。

接下来他说的几句话有点像老太太的口吻，对大伙不全力支持他讨伐"多罪"的桀很委屈：现在你们却说俺不够体贴，让你们放下农活参加战斗；你们还会说夏有罪，又能拿他咋地（"今女有众，女曰：'我君不恤我众，舍我穑事而割政'。女其曰：'有罪，其奈何'"[①]）？

然后他又发表夏朝人民的心声：夏王让百姓生不如死，民众都表示情愿和夏王同归于尽也不愿苟活（"夏王率止众力，率夺夏国。众有率怠不和，曰：'是日何时丧？予与女皆亡'"[②]）！

突然间他话锋一转，进入正题：夏朝烂到这种地步，俺除了讨伐他别无他法，你们如果帮助我替天行道，俺就给你们重赏。你们别不信，俺说话算话。如果你们不听话，俺将重罚尔等，你们的妻子儿女都不能幸免（"夏德若兹，今朕必往。尔尚及予一人致天之罚，予其大理女。女毋不信，朕不食言。女不从誓言，予则孥僇女，无有攸赦"[③]）。后面的语气甚至用词都和《甘誓》极度相似。

成汤对他的《汤誓》相当满意，而且他自认充满阳刚之

---

① 《史记·殷本纪》。
② 同上。
③ 同上。

气，念完《汤誓》，他情不自禁地嘚瑟起来：我太威武了（"吾甚武"①），并且亲自给自己命名为"武王"。非常搞笑，因为"武王""文王"啥的都是死后的谥号，而且谥号始于西周，成汤的文秘们完全是瞎写。

《周易》对成汤取夏桀而代之予以高度肯定："汤武革命，顺乎天而应乎人。"

成汤伐桀的嫡系"革命"军队并不多，七十乘兵车和六千人的敢死队。成书于战国时代的《司马法》，记载兵车的配备为三十人或七十五人两种，据《孙子兵法》则为七十五至一百人，那么成汤的主力少则八千，上限不过一万三千人，其余的友军都是被"网开一面"。

《殷本纪》上说，成汤在三朡击败夏桀后，把三朡诸侯的传家宝玉缴获了，两位大臣义伯和仲伯特作《典宝》一文为贺。看来夏末商初之时，玉仍是极其珍贵的东西，等到青铜出现，玉的地位就下降了。不过等到青铜为钢铁取代，玉的地位又再次上升，并且再也没有下降。玉在中国文化里是一种最重要的礼器，贯穿五千多年（中国的"玉史"远远超过五千年），世界上没有任何一个国家像中国对玉充满了激情。玉质坚硬而又温润，颜色多变，它的特性胜任多重解读，所以历来是在野或在朝君子或者民众们的最爱。

成汤夺了夏朝天下，欲把夏的社神换掉，这很正常，出人意料的是君临天下的成汤愣是没有做成这件事，也就是说商朝的社神和夏朝的一样。为此成汤又作文《夏社》，具体说了啥不得而知。《殷本纪》里如是说："汤既胜夏，欲迁其社，不可。"夏朝的社神是哪位？叫句（gōu）龙。句龙又是谁？他是共工的儿子！

---

① 《史记·殷本纪》。

《左传·昭公二十九年》:"共工氏有子曰句龙,为后土。"这太不可思议了,共工被舜流放到幽州密云,大禹治水时还和共工打了一架,为什么夏朝会奉共工的儿子为社神?这没法以常理思考乃至想象了。我们耳熟能详的"皇天后土","皇天"指的是十二个头的"天皇","后土"指的就是句龙。句龙在史书中的记载很少,据说他也擅长治水土,可他难道比大禹更擅于此道吗?夏朝为何不干脆封大禹为社神?考虑到共工被流放之后,大禹以降的夏朝居然把工师的职位以"共工"命名,这已经很让人想不通了。更让人想不通的就是他儿子怎么成了"后土"?上古史里,有两个最难以解释的人物,一个是五帝时期的少昊,还有一个便是纵横三皇五帝而又恶名昭彰的共工。笔者才疏学浅,想不透其中奥秘,也许这是永远也解不开的迷雾。

不管成汤有没有更改社神的"徽标",都无碍诸侯奉他为新朝代的新天子,"俱往矣,数风流人物,还看今朝"。"于是诸侯毕服,汤乃践天子位,平定海内。"[①]所有王朝的开始与结束都是相似的,难怪所罗门王说"日光之下,并无新事",他老人家见多识广,又以智慧著称,说的话错不了。

成汤登基于西亳后,回到南亳,那一年是成汤十八年。这年阳春三月,成汤满面春风地在东郊召见各地前来参拜的诸侯,就像大禹当年在会稽山召开诸侯代表大会一样。会上,成汤做了题为"三月宣言"的重要讲话,内容提要如下:

三月里,本王亲临东郊告诫诸侯:尔等务必要努力工作,有功于民,否则我下手很重,别怪我不客气哟("大罚殛汝,毋予怨"[②])。尔等要以大禹、皋陶和后稷为榜样,多做对人民有益的

---

① 《史记·殷本纪》。
② 同上。

事。他们三位正是有功于民，他们的后人才能立国（"三公咸有功于民，故后有立"[1]）。反之，蚩尤和他的大臣祸害百姓，天帝就不给他天下，这都是有事实依据的（"有状"[2]）。先代圣王们说得好，无道的人，不能让他统治国家。这篇讲话就是收入《尚书》中的《汤诰》，写得好不好，大家自己体会，反正当时的诸侯们一定要用心体会，并且热烈鼓掌，否则大禹时的防风氏和夏桀时的有缗氏便是他们的下场。用成汤的话来说，"你们别怪我不客气哟"。

可能怕诸侯们领会不了"三月宣言"的精神，伊尹作文《咸有一德》附议成汤，文章内容已不可考，但题目的意思很明白，"君臣同心同德"。伊尹的四字题目比《汤诰》更能体现成汤的心里话：若有二心，大罚殛之。"殛之"是成汤的口头禅，《殷本纪》里他至少说了三次，确实够威够武够烈。

成汤未能改变夏朝社神，于是退而求其次，愤然篡改了夏朝"正朔"，即新年的第一天，所以商朝的新年和夏朝的新年不是同一天。另外他也改了夏朝的代表色，以白色为商朝的国色，所以在商朝举白旗不是投降，而是胜利。《殷本纪》里有句很奇怪的话"朝会以昼"，意思是臣子们在白天朝见天子，那时没有灯（到战国时期才有灯具），当然只能白天上班，黑灯瞎火的去见天子，天子还害怕哩。

成汤刚跟诸侯宣布他受命于天，第二年老天就给他脸色看：大旱，第三年还是大旱……从成汤十九年至二十四年连续大旱六年！如此罕见的旱灾，史书倒是没说什么"十日并出""三日并出"之类的鬼话，可能那时文字正在萌芽，人们可以用简单的文

---

[1] 《史记·殷本纪》。
[2] 同上。

字和数字记录事件了。

尽管闹旱灾，生活还得继续。

旱灾那年，即成汤十九年，羌、氐"来宾"，这两个部落由西南和西北的蛮族组成，看来成汤的"三月宣言"传播得很快、很广。羌、氐一直没什么大名气，西晋末年才声誉鹊起，他们便是乱华的"五胡"中的"二胡"。

旱灾第二年，夏桀被流放的第四年，"卒于亭山"①，我想妹喜当时一定在他身边吧？我愿意看到那一幕，就像我愿意看到舜的弟弟象为哥哥安葬一样。成汤听到夏桀死讯，做了一件颇为感性的决定：号召全国为夏桀默哀，禁止一切歌舞表演娱乐活动（"禁弦歌舞"②）。子履与履癸，这两人到底是什么关系？履癸不杀子履，子履亦不伤履癸，并且给了前老板至高无上的哀荣，就差"三年之丧"了。

成汤挺能装的，但这次无论是装的还是真心的，他都很了不起，他是个大度的男人，起码不是个忘恩负义的小人。我对成汤取夏桀而代之其实没有任何意见，我只是不喜欢那些泼在履癸身上的污水和强加在成汤身上的光环。

有一种说法，说履癸之所以被称为"桀"，是形容其悲惨的死状。甲骨文里，"桀"字确实很吓人，胳膊、大腿和身体分离开来，意思是成汤以酷刑处死了履癸。此说显然没过脑子，成汤如果真的要杀夏桀，必定不会用如此醒目的方式来彰显其残忍，神不知鬼不觉让他在巢湖里淹死就好，用得着大卸八块吗？郭威对杀了他全家老少的后汉隐帝刘承祐都没有采取"得克萨斯电锯"的变态方式，何况"网开一面"的成汤？履癸对子履网开一

---

① 《竹书纪年》。
② 同上。

面在先，子履投桃报李在后。

旱灾第三年，成汤做了一件跨时代意义的壮举——铸金币。也就是，从公元前1595年起，中国开始"有钱"了！商人，只有商人，才是创造"商业"的主人公。

连续三年大旱，成汤都快被逼疯了，先祖上甲微的名号一点都不好使，念上千万遍都没用，反正老天不买狠角色上甲微的账。那时全国最火爆的职业是巫觋——男巫和女巫，因为需要他们祈雨，不知道有多少女战俘被烧死于祈雨的祭坛之上。我无法理解巫觋们烧女人祈雨的理论根据是什么，不仅我不理解，成汤之后的帝王也越来越不理解，因为效果实在不明显，所以后来的人祭才会越来越少。

巫术的历史很悠久，早在五帝之先就有，在商朝到了顶峰。商朝出土的文物里有很多甲骨，甲骨上有卜卦。那些卦辞虽然有神神道道、不知所云的部分，但也有极其珍贵的史料，比如某年某人某事，正是这些卦辞让商朝成为一个坚实的存在，谁也无法否认。出土的夏朝文物里，骨制品很多，但龟甲罕见。

商之前的巫师装神弄鬼时用牛胛骨，到商朝，可能牛的成本太高，于是改用乌龟代替，于是乌龟们遭殃了。

巫觋们先用牛血把龟壳染红，然后用石刀把龟壳腹甲削平，再用石凿在腹甲上凿孔，接下来用火炙烤腹甲上的孔，因受热之故，龟背产生裂纹，发出"卜卜"声，"卜"卦之"卜"即由此而来。巫觋们根据龟背裂纹充分发挥想象，如何解读完全是巫觋的专利，旁人哪怕是帝王，都没有发言权。巫觋的隐形权力大到超越君主的地步。

很多乌龟献身了，很多女人献身了，旱灾依然不见缓解，接下来的两年，旱灾依旧。四年里，无数乌龟牺牲了，加上河流干涸，找到一只乌龟并不比要老天下雨容易。没有乌龟，该如何问天？

成汤这个君主当得实在憋屈，想作法祈雨连乌龟都找不到。成汤急得想骂人，但他又不敢拿首席巫师怎么样，只是问：首席，你对找不到乌龟怎么看？

首巫（不是何首乌）胸有成竹地说：大王无须担心，等天下雨了，河里有水了，那时乌龟就有了。

成汤点头又摇头，他被下雨和乌龟之间的辩证关系搞得晕头转向。

二　伊尹之谜

巫觋们提出一种祈雨新设想，并提交伊尹审议，提案名字是"在没有乌龟的日子里，如何另辟蹊径祈雨的新思路以及人工养殖乌龟的可操作性方案的初步探讨"。五年不降雨，说明不是一般的旱灾（非常正确的判断，巫觋们具有清醒的头脑），一定是有怪物在捣乱，那个可怕的怪物叫旱魃。旱魃是种奇怪的怪物，身体、智力和能力都呈退化趋势。在《山海经》里旱魃是女神女魃，黄帝请她下来对付风伯雨师降下的大雨，雨止了，她功力耗得太多，回不到天上（其退化之路由此开始）。可她带来一个大问题，她所在之地不下雨，黄帝听从田神的建议，把她安置在赤水之北；到西汉时，在东方朔的《神异经》里她变成一个裸奔的侏儒，眼睛长在头顶上（"长三二尺，裸形，而目在顶上，走行如风"）；到明清时，旱魃成了僵尸，纪晓岚《阅微草堂笔记》卷七云："近世所云旱魃，则皆僵尸，掘而焚之，亦往往致雨。"旱魃虽退化得一塌糊涂，但其功用未变，到清朝时还能降雨，不过纪大才子的话里有个小小的技术问题，"焚之"固易，"掘之"就难了——上哪儿掘？

商代时旱魃不知道是什么样的，但似乎智力比较低下，据巫觋说，只要他们穿上奇装异服，打扮成旱魃的模样坐在太阳下，旱魃就会害怕跑掉。巫觋们说干就干，于是商朝龟裂的大地上出现许多"人魃"，顶着太阳"静坐示威"。这种活动搞了一年多，雨还是没有下，真正弱智的似乎不是旱魃。

伊尹心里把那些巫觋们的祖宗八代都问候了好几遍，可惜的是擅长治国的他对于久旱不雨没有任何办法。成汤都不敢责骂巫觋们，伊尹当然更不敢，他建议成汤亲自野外祈祷，不需要乌龟，不需要烧女人，只需要向上天反省一下这些年来做错了什么事。他这招太高了，一箭双雕：第一，如果凑巧降雨了，那么功劳是他的；第二，如果不降雨，责任不在他，因为"天不下雨天上有太阳"不是他的本职工作，连神汉们都搞不定，凭啥他能搞定？无论下雨或是不下雨，伊尹都稳赚不赔。

成汤对伊尹言听计从，于是沐浴更衣，亲临郊外的桑林。他去桑林真的不是去娱乐，而是惩罚自己。他在林子里剪指甲"自残"，就像曹操割发代首一样，成汤用指甲代替身体，把自己作为人祭，向天帝祷告，不停地追问：我到底哪里做错了，你要如此对待俺？他的"天问"起效了，降雨了，而且雨一直下（"二十四年，大旱。王祷于桑林，雨"[①]）。

为了庆祝久旱逢甘霖，成汤特命伊尹创作《大濩（huò）乐》为贺，此乐后来成为商代帝王祭祀祖先的经典曲目。大濩就大雨的意思，《吕氏春秋·古乐》里作"大护"，不知道"一字千金"的《吕氏春秋》是否把"濩"写错了，护的繁体字和"濩"很像，但意思迥异。

干旱问题解决了，成汤在位的第二十五年才首次巡视天下，

---

① 《竹书纪年》。

根据各诸侯国的具体情况，制定相应的纳贡标准（"初巡狩，定献令"①）。

第二十七年，成汤把大禹铸的九鼎搬到西亳作为镇国之宝，后来又被周当作国器。《墨子·耕注》曰："夏后氏失之，殷人受之；殷人失之，周人受之。夏后、殷、周之相受也。"周比较小气，眼看快被秦灭了，就把九鼎毁掉。秦始皇失魂落魄四处寻找还是没找着，抚着胸口叹息说：没有你，我的生活是不完整的。秦始皇挺悲摧，找不到九鼎只好找长生不老药，当然也没找着，后来他命短很快就死了。

成汤把九鼎安置好的第三年，驾崩了，他在位共二十九年。

成汤这人的命不太好，名义上在位二十九年，可是前十五年都笼罩在履癸的阴影之下，第六年更是被囚于夏台，哪有帝王的样子？他名副其实、名正言顺的帝王生涯其实只有十四年，其中有六年是令人心焦的大旱。那场大旱的范围肯定极大，周边的诸侯国大概也都被晒蔫了，否则没等成汤剪指甲，他的人头说不定就落地了，中国很多王朝更替的起因都源于天灾。

成汤本来是要传位给太子太丁，可太丁未上岗便"驾崩"，白发人送黑发人，想必成汤心疼得很。更令成汤想不到的是，那位被他一手从尘埃里提拔上来的伊尹成了商朝乃至中国历史上呼风唤雨且独一无二的权臣，轻松地将成汤的后人拨弄于股掌之间。成汤地下有知，一定感慨万千，当初不喝那个陪嫁奴的迷魂汤就好了，吃人嘴软啊，此言不虚。

太丁的弟弟外丙以替补身份登上帝位，上台第一件事便是任命伊尹为卿士（"命卿士伊尹"②）。成汤时代伊尹已经是权倾朝野

---

① 《竹书纪年》。
② 同上。

的右相（尹是右相的意思，伊尹的真名叫伊挚），卿士和相并不完全相同，卿士有封地，权势之大俨然国中国。战国时代的很多强国就是在卿士手中江山更姓，比如齐国从姜齐变成田齐，赵、魏、韩三家分晋。

外丙在位两年就死了，《殷本纪》说是三年。外丙的弟弟仲壬继任，他一上台干的第一件事也是"命卿士伊尹"！伊尹在后汤时代的地位实在太高了，仲壬大概想不出更高的级别了，只好让伊尹做"卿士平方"。仲壬在位仅四年又死了。

外丙和仲壬这两人命短得蹊跷，为啥成汤的儿子们身体素质都这么差？太丁即位之前就死了，我们可以把它当作一个偶然的意外；外丙代替太丁即位，仅两年又死了，这个意外是偶然吗？外丙的弟弟仲壬继位，才四年也死了，我们还会认为这是个偶然的意外吗？如果他们的短命和成汤的四个肘子无关，那么也许跟一个人关系很大，那人便是"卿士平方"伊尹。

伊尹那时绝对是商朝的无冕之王，王位人选他一个人说了算。外丙和仲壬都是被他扶上王位，全都莫名其妙地在六年内死光光。接下来，伊尹又指定了一个接班人，那人本来在被王位遗忘的角落。伊尹在接班人的选择上充分体现了他的任性，夏朝的父终子及被他改成兄终弟及。

夏朝十七世帝王里，有十五世都是子承父业，只有中康和扃例外。中康是太康的弟弟，他是被后羿推上去的，没得选择；扃是被哥哥泄扶上宝座，因为泄的儿子孔甲自小就是个不求上进的坏孩子，泄实在没法，才"内禅"于扃。这暗示了泄只有一个儿子，如果他有许多儿子，那么泄实在是世界上最失败的父亲——其他儿子和孔甲一个德行。

太丁死后，按常理太丁的儿子太甲应该接位，那时他应该已经成年，至少有十来岁，五帝之一的颛顼十岁就开始辅佐少昊了。伊尹无视太甲，选了太甲的叔叔外丙上位，那么外丙死了，就该外丙的儿子继位才是；外丙的儿子又遭无视，太甲的另一个叔叔仲壬上台，才四年就死了，那么该轮到仲壬的儿子吧？No，那么是太甲的另一个叔叔吗？还是No，这回彩头落到太甲头上（"伊尹乃立太丁之子太甲"[①]）！太甲在王位继承权上已经黄了两茬，怎么着也轮不到他，可伊大人偏偏让被雪藏了两届的太甲上岗。

伊尹充分体现了一个"卿士平方"的主观能动性，其挥洒自如的任性令后世的权臣霍光、董卓、曹操羡慕得双眼发直，并仿而效之，但他们没有一个人能达到"平方"的境界。霍光生前倒是牛得很，死后第二年被诛灭九族；董卓更惨，被吕布杀死后，不仅三族被诛，肚脐眼上还被插上灯芯，当作蜡烛点了，因其身体肥胖，那只大"蜡烛"点了好几天。苏东坡嘲笑说："毕竟英雄谁得似，脐脂自照不须灯。"[②]就曹操还算命好，不过成天提心吊胆提防另外两个冤家打他，觉都睡不好，所以他经常看到"月明星稀"[③]的夜景。

太甲元年，猜猜看他做了什么事？还是"命卿士伊尹"！伊尹更上层楼，成"卿士立方"了。"伊立方"似乎对太甲不太放心，一口气写了三篇训词，分别是《伊训》《肆命》和《徂后》，这三篇现在都无迹可寻了。

伊尹给太甲的训词虽然具体内容不可考，但从题目上能瞧出些许眉目。《伊训》肯定是给太甲规定了纪律和注意事项；《肆命》陈述天命，"肆"者，陈也，告诫太甲要以德服人，再也不能干王亥做的那些缺德事（这是不可能的，我说说而已）；《徂

---

① 《史记·殷本纪》。
② 〔宋〕苏轼：《郿坞》。
③ 〔三国〕曹操：《短歌行》。

（cú，过往之意）后》追述商王祖宗八代的辉煌和德行，其中肯定会提到王亥（这是可能的，我不是说说而已）想想看，一群牛羊换来一个国家，太划算了，难怪亥被追封为王。

太甲其实是个蛮乖巧的王，一上岗就给"伊平方"升级成"伊立方"，可"伊立方"马上回他三篇训词，回顾过去、珍惜现在和展望未来。伊尹治国有方，可他对心理学不太了解，他不知道那三篇训词一下子抛出来有点过了。所谓"过犹不及"，太甲对此产生了逆反心理。如果太甲没有产生逆反心理，那就说明伊尹的文章写得太烂，太甲根本就听不进去，说不定还拿高祖王亥和上甲微那两个老混账当起榜样来。韩非子在《说疑》里说关龙逢、比干等六人遭遇悲剧，跟他们的强势有关，愣是把君臣搞成师徒，才招致杀身之祸。伊尹其实有过之而无不及，只是伊尹的权力太大了，他有足够的底气说：老子就好为人师，咋地？！所谓"客大欺店"就是这个意思，关龙逢和比干都不够大，但偏偏以为足够大，于是悲剧发生了。

太甲为王的前三年不输夏朝的孔甲，《殷本纪》里把他说得一无是处：不明事理，有暴力倾向，瞎搞。翻译成文言文是这样的："不明，暴虐，不遵汤法，乱德。""两不"加"暴乱"，"伊立方"决定以暴制暴。

伊尹动粗之前，先派人去南亳的桐山搞了一个超标土楼，叫"桐宫"。夏桀的倾宫是给妹喜住的，桐宫则是为太甲度身定做。桐宫完工之后，伊尹对太甲说：抱歉，你这三年情绪不太稳定，我建议你去桐宫好好反省反省。不用担心国家，没有你的日子里，我会好好经商的。没有我的日子里，你要好好珍惜你自己。

太甲抓住门框不松手，最后问了一次：我到底哪里做错，你要如此对待我？

太甲本来打算一直抓住门框不松手，他不相信"伊立方"会砍了他的手。"伊立方"碰都没有碰他，只是瞥了他一眼说：孩子，我对你还不够好吗？你想想你是怎么登上王位的？再想想你那两个叔叔是怎么死的？

太甲松开手，连声带都松了，恍恍惚惚地问：他们是怎么死的？

伊尹耸耸肩说：人皆有一死，年纪大了会死，年纪轻不代表就不会死。他们身体不好，生病，于是就死了。你身体也不好吗？

太甲一屁股坐在地上说他身体好得很，他马上就去桐宫反省，伊尹慈祥地说：如此甚好，好生去吧，别让我失望，别让人民失望，别让诸侯们失望。

太甲在桐宫度日如年，为此做了一首"木窗泪"的歌，动不动就唱：木门啊木窗啊木锁链，手扶木窗俺望外边，外边的生活是多么美好啊，何日重返俺的家园？此歌后来传遍大江南北，"圜土"里的囚犯唱也就罢了，"圜土"外的自由人也跟着唱就太缺心眼了。

太甲被看管期间，商朝真正进入"无王"时代。按《殷本纪》的说法，伊尹自行代理国政，接受诸侯朝见，完全就是国王的架势，这个厨子不寻常啊（"伊尹摄行政当国，以朝诸侯"）。

后世还有一个大厨叫易牙，齐桓公的厨师长，也是"烹而优则仕"，而且其"摄政"的方式和伊尹如出一辙：伊尹流放太甲于桐宫，易牙则把春秋第一霸主齐桓公囚于深宫。看来厨子有职业性的思维定式——喜欢把人圈起来。

《殷本纪》上说，太甲在下放桐宫的三年里，认识到自己的错误，口述一份题为《我的前半生》的深刻检查，表示要悔过自新，一心向善（"帝太甲居桐宫三年，悔过自责，反善"）。

伊尹听了太甲的检查，对汇报者说：回去告诉你们甲爷，他的检查很真诚，才三年时间，他就有这样的觉悟，很不容易。欢迎他回来，恢复以前的待遇。

伊尹亲自率领群臣从国都西亳赶到南亳附近的桐宫迎接回头浪子，太甲扑到他怀里鼻涕一把眼泪一把地说：立方爷，俺错了。伊尹抚摸太甲的头说：别担心，你还年轻，年轻人犯错，天帝的十二个头每个头都会原谅的。俺当然也原谅你，从此以后你跟俺"咸有一德"，我们携起手来，共同把商朝经营好。

当着群臣和来朝诸侯的面，伊尹正式宣布太甲重新为王，并把象征王权的玉钺交给太甲，表示从此以后他做幕后策划，不再上前台。那天桐宫门前，上演了一出和谐的"王相和"，伊尹由此进入顶级贤臣序列。

太甲从此痛改前非，德行日益好起来，诸侯顺服，百姓安宁，按皋陶的"九德"标准，太甲起码达到了"六德"以上。伊尹很是开心，为了表扬太甲，他一口气又创作了三篇训词，《太甲训》一、二、三，对太甲予以高度赞扬，并尊其为"太宗"。

太甲在位只有十二年就死了，也是个短命帝王，当然比起他的两位叔叔外丙、仲壬，他算是"长寿"了。他的儿子沃丁子承父业。

伊尹死于沃丁朝，并被厚葬于国都西亳，接替伊尹的是咎单。咎单是伊尹的嫡系人马，说他是伊尹的学生肯定不为过。他上任后追述了前任一生的丰功伟绩和似水年华，奇怪的是他的回忆录冠名《沃丁》，大概是提醒沃丁不要学曾在桐宫下放的太甲吧。咎单在《殷本纪》仅仅是《沃丁》一文的作者，除此以外没有任何其他记载。东汉的司空马融认为咎单是自己的同行，说："咎单，汤司空也。明居民之法也。"[1]看来咎单在市政建设上颇有一套。

---

① 〔南朝〕裴骃《史记集解》引马融语。

伊尹在《殷本纪》中完美谢幕，这个商初的四朝元老，是个贤臣、权臣和忠臣。

其他史籍里的伊尹和《殷本纪》里的伊尹一样吗？答案是否定的，完全是两个伊尹，两种命运。

《竹书》里说太甲在位的第一年就被伊尹流放到桐宫，伊尹考虑到国不可一日无君，于是自告奋勇地做起商朝的第五任君主，也不管成汤的列祖列宗愿不愿意。巧合的是，后羿也是夏朝的第五任异姓君主（"伊尹放太甲于桐，乃自立"）。

太甲在桐宫里吹着埙，自吹自唱"木窗泪"，心里恨得像有无数只蚂蚁爬过。当年在王宫时，太甲之所以怎么不对怎么来，概括起来"两不"加"暴乱"，他不是不知道那么做很差劲，但他就是想那么干，为的是跟"立方"较劲：我们家的朝廷，凭什么都是一个外来户说了算？既然没办法让他滚蛋，那么至少让他不舒服，至少让朝臣明白我太甲不是个看人脸色的可怜虫，至少让后妃们瞧瞧她们的老公还是很有性格的。

太甲那么做的时候，其实心里直打鼓，当伊尹的鹰眼扫过他脸上的时候，太甲立马就臊眉耷眼起来，神经质地抬起右手致意道：立方爷，吃饭了没？

伊尹没好气地说：我不需要吃饭的。

太甲瞪着双眼，做无辜状说：立方爷太厉害了，快告诉俺怎么可以不吃饭。这个法子如果普及天下，天下就太平了。天下之所以不太平就是因为有人吃得太多，有人吃得太少。

伊尹冷笑道：俺吃不下饭，因为被气饱了。说完用手撩了一下飘于额前的头发，跺了下脚，转身就走。

太甲知道伊尹生气了，也知道一定会有什么事情发生，只是没料到后果会如此严重：王位被剥夺，下放去桐宫。

太甲在桐宫创作的歌曲虽传遍大街小巷，可歌曲的作者却依然关在里面出不来。太甲无时无刻不想着"何日重返俺的家园"，"重返"的先决条件只有一个，在那个人杀死他之前杀死那个人。那人已经做王了，太甲最好的结局就是一辈子待在桐宫，最坏的结局是他很快就可以和他爷爷成汤见面了。

太甲其实相当聪明，很快想明白他如果要走出桐宫，重新为王，就必须面对一个问题：怎样杀死"伊立方"？

太甲没有军队指挥权，也不许诸侯来探视他，所以发生兵变的可能性一点儿都没有。那么只有一个最简单也最困难的办法——刺杀。

要刺杀伊尹当然很难，他身边的侍卫都是以一当十的超级战士，根本没有任何人能够接近伊尹。如果刺杀伊尹的人是他的侍卫呢？那么困难的事便容易起来。

人生能有几回搏，不搏更何待？太甲确定了战略，接下来便是战术执行了。他对宫廷禁卫的编制太熟悉了，可惜的是他根本没有机会和伊尹的侍卫见面。

太甲苦等七年，也没有见到一个伊尹的侍卫。有一天当他坐在后院的土墩上唱"木窗泪"时，侍从报告说伊大人派人来看他了。伊尹每个月都会派两个宫人（不是太监，那时还没有太监）来"探视"他，听取其汇报。

太甲本来一肚子气无处发泄，看到这两个人气不打一处来，可他只能忍着，还皮笑肉不笑地问立方爷身体可好。那两宫人于是洋洋得意地讲起立方爷来，说他俩是如何受宠，言下之意是如果太甲给他们点好处费，他们会在立方爷面前替他美言的。

太甲忽地心里一动，站起来和其中一个宫人比了比身高，然后出去叫来一个内侍，和另外一个宫人比身高。那两宫人傻了，不明白太甲想干什么，琢磨他莫不是被关傻了？

太甲哈哈大笑说，很好，就这么办了！那两个等着打赏的宫人等来的不是胡萝卜，而是两根砸在他们后脑勺的大棒子。

太甲和他的卫士换上宫人的黑衣黑帽，拿下他们的腰牌，坐上马车当天就赶往西亳。从南亳到西亳并不近，有六百里之遥，两人花了两天时间才到。

他们抵达西亳时正是黄昏。等天黑下来，太甲二人从一个巷子走出来，径直走向王宫。宫门两侧的土墩上竖着两支照明的火把，火光在风中摇曳，门口站着四个手持长矛的门卫，飘忽的火光把他们的脸装饰得斑斑驳驳。

太甲对宫中的保卫措施和规矩很清楚，从腰间取下腰牌递过去，一句话都没说。门卫凑在火把下仔细验查腰牌后，对城头喊了声"放行"，在"吱吱呀呀"的开门声中，太甲二人悄无声息地潜入熟悉的王宫。

太甲让卫士找来一个宫女，说他们有要事向大王禀报，事关废帝太甲。天真的宫女哪里想得到跟她说话的正是废帝，马上带他们去伊尹的寝宫。

宫中侍卫看他们由宫女带进来，连腰牌都没有看就放行了。宫女把他们带到门前，在门口通报了声就退下了。

伊尹当时正坐在屋子中央的火塘边抚琴，火塘上方吊着一个陶罐，一股肉香扑鼻而来，太甲馋得直咽唾沫，心想这个"伊立方"如果只做厨子该有多好啊！大家都好。他替伊尹惋惜，一代名厨就要启程去来生，今生今世再也闻不到如此肉香。

伊尹看到面前的太甲，脸上掠过一丝惊诧之色，很快就平静下来，曲子都没有停顿。一曲既罢，伊尹说：来得正是时候，肉刚炖好，可以吃了。来，你去把罐子取下来。

太甲的卫士起身准备去拿罐子，伊尹制止了他，对太甲说：你去做这些吧，就当是为俺做最后一件事。那个大个子待会有别的事要做。

太甲闻言，看了伊尹一眼。他走到火塘边，从吊架上取下热气腾腾的肉罐，又从墙脚的木架上拿了三副餐具摆在地上，把罐子里的肉均匀分成三份。他先拿起一碗肉，双手递给伊尹说：您请。

伊尹也不客气，接过来就开吃。太甲和卫士早就馋得流口水，捧着碗，几口就连肉带汤全吃光了。伊尹叹气道：好菜需要一口一口慢慢细品才有味道，你们这种饕餮吃法，可惜了我的炖肉。

太甲擦擦嘴说：不好意思，太饿了，肉又太香了。俺没吃您做的菜已经很久了。记得还是很小的时候，你偶尔给爷爷做菜，俺们才有机会尝几口。那时太小，不记得是什么味道，只记得爷爷直说好吃；今天才知道，您做的菜味道如此美妙。

伊尹得意地笑起来，一边小口吃肉，一边高谈阔论：治国和做菜道理相通，该大火就大火，该小火就小火，再根据食材配备相应调料。每个人都知道怎么去鱼腥、羊膻，可谁知道把鱼和羊一起炖呢？你刚才吃的就是鱼汤炖羊肉，鲜吧？

太甲擦着嘴角的口水说：鲜！

伊尹说：厨艺最讲究的不外两点——火候和调料，治国亦如此。说起来简单，做起来难，能把二者联系在一起的更是难上加难。你用心体会吧，你比俺想象的要聪明，没想到你居然能逃出来找到俺。以后把聪明用到正事上，你爷爷打下这份江山不容易，差点就死在夏桀手上，你好好干吧，别让爷爷失望。

伊尹喝完最后一口汤，拿起白丝巾擦擦嘴，对太甲的卫士说：小伙子，该你做正事了。说完，闭起眼睛，一动不动地端坐着。

太甲注视着面前满头白发的伊尹，眼泪夺眶而出。他对卫士使了个眼色，然后转过身去。

事后，太甲和卫士一起恭恭敬敬地对伊尹的尸体俯首叩首。

伊尹被杀那夜，天起大雾，一连三天，大雾不散，白昼如同黑夜

（"七年，王潜出自桐，杀伊尹，天大雾三日"[1]）。

就在这黑不提白不提的三天里，太甲回归阔别七载的工作岗位。太甲没有像后来的帝王们那样心狠手辣，诛灭篡位者九族，相反，他对伊尹的两个儿子伊陟和伊奋照顾有加，让他们平分父亲的封地（"乃立其子伊陟、伊奋，命复其父之田宅而中分之"[2]）。伊陟后来在盛世太戊朝为相，权力极大，当然不能跟他父亲相比，伊尹的权力和地位连伟大的周公旦都比不了，可以说是空前绝后。

那么关于伊尹两种截然不同的版本，哪个是真的？或者说哪个更合情理？

这次我选择相信《殷本纪》，原因很简单，从出土的甲骨里清楚地看出，直至商朝末年，商朝历代君主一直不断地祭祀伊尹，而且祭祀等级与王同一级别。这充分说明了伊尹不可能是个篡位者，否则只能说明殷商的帝王们有受虐狂。

《竹书》关于伊尹篡位的说辞非常突兀，甚至和它后面的说法都不能自洽。我感觉这段是战国时被人强塞进去的，属于"伪辞"，很有戏剧性，稍加演绎，一出舞台剧就出来了。

让我们把属于伊尹的还给伊尹，对于商朝，他算得上是个忠臣，起码他没有篡位。他是个聪明人，他不需要用王位来证明什么，坐王位的人都由他指定，他当然不会在乎王位。他让王位一脉相承，也就不难理解历代商王都对伊尹礼遇有加。不过伊尹的副作用也很大，他破坏了王位正常的嫡传顺序，并最终酿成"九世之乱"。伊尹究竟是商朝的功臣或是罪人，还真是一言难尽。

---

① 《竹书纪年》。
② 同上。

三　兴衰交替

太甲十年，太庙举行了盛大的祭祀仪式，而且这个仪式以前从未有过——"初祀方明"①，首次祭祀方明。方明听起来像是"小明"的学名，可它真的不是一个人的名字，而是一件东西。

"方明"是木制的立方体，长宽高各四尺，每面镶一块颜色不同的玉，用于祭拜天地日月山川之神。上玄色为天，下黄色为地，东方青色代表春季，南方赤色代表夏季，西方白色代表秋天，北方黑色则是冬季。除了玄天之色，其余的五种颜色我们都似曾相识——它们对应五色土的颜色。当年大禹建社坛便是以青、赤、白、黑、黄五色之土对应东、南、西、北、中。

方明之祀是社祭的升级版，在这个镶玉的四尺方木块上，天地及四方全都有了，比一摊摊松散的五色土显得高大上得多。把玩五色土后需要洗手，在有风的日子里，眼睛很容易被迷住，天子用脏兮兮的手揉眼睛，越揉就越睁不开眼，神圣的节奏一下子就乱了。方明的出现极大地提高了过家家游戏的档次，看着很卫生的样子。

方明有另外一个名字，叫"神明"。只不过我们都误以为"神明"是指神，所谓"举头三尺有神明"，其实"神明"就是那个挺大个的方木块。郑玄注曰："神之明察者，谓日月山川也。"②"神明"或者"明神"就是这么来的。《周礼》说："凡邦国有疑会同，则掌其盟约之载，及其礼仪，北面诏明神。"其科学原理不明，但八卦专家们认为他们知道其中深意。

---

① 《竹书纪年》。
② 《周礼注疏》。

太甲再就业取得相当不错的成就，被尊为"太宗"，不知道和他"初祀方明"有没有关系，可惜他在两年后就驾崩了。

太甲在位虽只有十二年，但他在五百多年的商朝名气还挺大，因为其戏剧性和争议性。

在《殷本纪》里，太甲是金不换的回头浪子，伊尹都激动得创作训词三篇鼓励、表扬和赞美他。按《竹书》里的说法，太甲完全就是少康的档次，后者驱逐寒浞成为夏朝的中兴之主，太甲则是商朝的中兴之王。太甲具体做了哪些事情，史书中没有多少记载，个人觉得他是没办法跟少康相提并论的。少康挽狂澜于既倒，太甲充其量是个有所成的守成之君，而且他"回头"的时间只有六年，那时伊大人还健在，太甲在大事上能否拍板还有疑问。

太甲的儿子沃丁在位十九年，在史册中有案可查的只有两件事，其一是"命卿士咎单"①，其二是第八年"祠保衡"②。保衡便是伊尹，保衡一说是伊尹的官名，另一说是伊尹的名字，也叫阿衡。甭管官名还是人名，沃丁向故去的"伊立方"致以崇高的敬意——为他建立了一座祠堂。这是帝王能为臣子所能做的极限了，这也在很大程度上证明了伊尹不是篡位者，否则太甲父子的大度大到让人无语。

继承沃丁大位的不是儿子，而是弟弟，叫小庚，《殷本纪》作"太庚"，太庚又等同于大庚，他的名字让人发晕，但他的从政史简单得一塌糊涂：在位五年，崩。

小庚或大庚死后，他的儿子小甲继位。自从伊尹开创兄终弟及的先河之后，商朝的接班人身份就乱了，过几年是弟弟，再过几年又是儿子，不知道根据是什么。但这种随意性下面暗潮汹涌，

---

① 《竹书纪年》。
② 同上。

那些非嫡非长的全都存了盼头，都觉得有自己的出头之日，越看越觉得要出头，那些头涌成了浪头，很快我们就能看见其后果。

小甲在位长达十七年，《史记》里关于他的记载吝啬得只有一个字"崩"。接班小甲的不是他儿子，而是弟弟雍己，在位十二年，和他哥哥一样，也只留下一个"崩"字，就消失在无边无际的历史长河里。

雍己在位时，情形很不妙。《殷本纪》说："殷道衰，诸侯或不至。"最可怕的事情发生了，某些势利眼诸侯眼看商朝不太景气就不来朝了。无论是五帝时代、夏朝还是后面的商朝，都是诸侯联盟，如果诸侯不做"来宾"，所谓"天子"就被架空了。

之所以"殷道衰"，个中缘由和继承人之间的内斗有关。儿子想继承老子的产业，弟弟欲成为哥哥的下家，叔侄之间必然产生争斗。根据"堡垒最容易从内部攻破"的革命科学原理，殷商之"熊市"趋势不可避免。

万幸，成汤的子孙里出现了一个牛人，该牛人挽"熊市"于既倒，他对于商朝，犹如少康和杼之于夏朝。此人便是雍己的弟弟太戊或叫大戊（笔者按：商代甲骨上有不少字迹模糊处，大、太、天等字形相近的字不易识别，只能将错就错）。

《殷本纪》里说太戊即位，马上任命伊尹的儿子伊陟为相。《竹书》上说太戊也任命臣扈为重臣（"命卿士伊陟、臣扈"），可臣扈其人其事不见于任何史料，《竹书》里他也没再出现。他拿了卿士的委任状后，高兴地笑了一下就失踪了，很突兀的一个人，轻轻地对我们一笑，他就不见了。臣扈的突兀出现恰恰说明了这个人的真实性（很难想象《竹书》平白无故虚构一个人名出来），只是因为后来史料遗失他才不见于史，但他必定是太戊最重要的谋臣之一。

太戊七年，出了一件奇事，朝堂之上莫名其妙地出现两棵连体树。这两棵长在一起的树，并非像鲁迅说的"一棵是枣树，另一棵也是枣树"，而是一棵是桑树，另一棵是楮树。两棵树拥抱在一起，其长势不是喜人，而是吓人——一夜之间就长到双臂合围那么粗！《殷本纪》载"亳有祥，桑榖共生于朝，一暮大拱。"《竹书》把"桑榖"写作"桑谷"。我有个疑问：为啥司马迁称之为"祥"呢？

王充把这桩怪事算到一百八十年后的武丁朝，不知道根据是什么，而且让怪树的生长速度降了七倍。《论衡·异虚篇》里说："殷高宗（武丁）之时，桑谷俱生于朝，七日而大拱。高宗召其相而问之，相曰：'吾虽知之，弗能言也。'问祖乙，祖乙曰：'夫桑谷者，野草也，而生于朝，意朝亡乎？'"这段话里有两个错，祖乙是武丁的六世老祖宗，他们俩怎么碰上了？祖乙当是祖己之误，祖己是武丁的儿子。王充借祖乙之口说桑谷是野草，害得武丁老祖宗祖乙跟着他犯了个低级错误，桑谷可不是野草，桑是桑树，榖（谷）是楮树。武丁朝确实也发生过关乎兴衰的怪异征兆，但和"野草"无关，后面再说。

太戊第二日上朝时，看见那株暴长的"合欢树"目瞪口呆，惊恐地问伊陟：怎……怎么会是这样的呢？

伊陟的回答很有乃父风范，说：臣听说妖异敌不过美好的德行，陛下在治理国家方面是否不够以德服人？我建议您加强德育修养，做个德智体全面发展的好天子。太戊从了伊陟，又是剪指甲，又是理发，又是修脚指甲的一通忙活，终于，那该死的骤现暴长的"合欢树"突然就暴死了。

伊陟的建议聪明之极，不管那棵妖怪树死不死，他让太戊加强德育修养都没错。假如怪树不死，那就说明太戊德行还不够吓死怪物；怪树死了，那就皆大欢喜，伊陟预言完全正确，太戊完全以德服人。

伊陟看到怪树死了，激动的心情久久难以平息，迫不及待跑去和巫咸交流心得。巫咸是商朝的头牌巫师，以至于后来巫咸成了巫师的代名词。巫咸是个有文采的巫师，听了伊卿士的分享，马上作文两篇《咸艾（yì，治理之意)》和《太戊》，具体内容不详。奇怪的地方在于，处理怪树这等妖物，该是巫咸的对口专业，为什么他没有采取任何行动，而让伊陟这个"外行"抢去了功劳？

巫咸是巫师界的大佬，空前绝后，没有任何人能在"专业"上跟他一较长短。《山海经》上说巫咸有一个巫师国，叫"巫咸国"，那里的人有通天彻地之能。如果你去那里旅游，看到当地人左手握青蛇，右手握红蛇，请不要吃惊，那是他们来往天上与人间的工作方式。颛顼帝的丰功伟绩之一便是"绝地通天"，不知道巫咸国的巫师们怎能还如此逍遥地"走私"或者"穿越"？

我未能看见巫咸在处理怪树上大显身手，颇为遗憾，但这丝毫不影响巫咸在业界的崇高威望，战国时还有人假托巫咸之名出版非法出版物《巫咸占》。据说巫峡的名字便由巫咸而来，巫峡那个地方云里雾里的，确实很适合做巫咸的logo。既然《山海经》里提到了巫咸，那么大禹还会是作家吗？韩非子在《说林下》指出巫咸的技术缺陷："巫咸虽善祝，不能自祓（fú，除凶的意思）也。"这解释了为什么巫咸作为首席巫师却对怪树避而远之的态度：他只会"祝"，即祈祷好的东西快来临、不好的东西不来，对于已经到来的怪物他无计可施。

怪树死了，伊陟的声望如日中天。太戊在宗庙里表扬伊陟，并且为了表示尊重，不再把他当作臣下看待。伊陟表示不敢当，为此特作《原命》推辞这个罕见的待遇。伊陟如果接受太戊赐予的殊荣，那他就傻到家了：不做臣下，难道和太戊一同为王？找死也不用如此缺乏技术含量。伊陟虽委婉地推却了太戊的盛情，却得到一个臣子所能得到的极限：他将一如既往受到皇帝的尊重和大臣们的顶礼膜拜。伊氏父子实在太会当官了，后世为臣者罕有其匹，商末的比干如果能学学伊陟的"温良恭俭让"或许就不至于横死，伊尹他是学不来的，谁都学不来。

太戊"修德"三年，各方诸侯仰慕得紧，于是一个接一个地"来宾"，据说"来宾"数多达七十六，昔日冷落的殷商再次火爆起来，太戊因此被尊为"中宗"，意为中兴之主。

为了表达感激之情，太戊十一年，"命巫咸祷于山川"[①]。按韩非子的说法，这才是巫咸的技术强项——祝祷。既然向山川之神祈祷，那么方明肯定少不了。巫术的黄金时期是商代中期以前，到中后期开始衰败，到西周又来了个大复兴，连方明都升级、改版了，加上《易经》的内涵，显得更有文化，也就愈加不知所云。

太戊德名远扬，国运兴旺，连偏僻的西戎都主动前来表示臣服，被大禹灭掉的三苗便曾是西戎的一支。彼时的西戎和中原文化颇有渊源，和大禹时代不太一样，形势起了变化。当年后稷的后人不窋（《周本纪》里说不窋是后稷的儿子似有疑问，后稷与不窋之间至少隔了一代才勉强说得过去）在寒浞时代被罢去司农一职，一气之下，不窋带着家人远走西戎和北狄，一家人插队落户下来，教当地人种田。少康复国后，不窋回夏朝重任司农，他的儿孙们仍然留在戎狄，由此可见不窋是个清官，不搞裙带关系，自己回城了，亲属仍然留在农村。

太戊和来访的西戎首领进行了亲切友好的会谈，双方就双边关系、军事合作和经济援助达成诸多共识。西戎首领向太戊转达了西戎人对他的问候，并期待他在适当的时候访问西戎。太戊向西戎首领表达了真挚的谢意，当即委派大臣王孟作为大使出访西戎，带去商朝对西戎的美好祝愿（"二十六年，西戎来宾，王使

---

① 《竹书纪年》。

王孟聘西戎"①)。

王孟此一去"暮霭沉沉楚天阔","阔"到比著名的徐福还要神，比著名的鲧还要奇的地步，尽管他的名气远逊后两者。据郭璞先生说，王孟此行还担负着重要使命——替太戊去找西王母求长生不老药。悲摧的是，王大使一行大概迷路了，半道上断粮了，只得以野果充饥、以树皮为衣存活下来，并在那里立国，叫"丈夫国"。

国名叫"丈夫"不是因为使团成员都齐刷刷的一丈高，而是因为没有女人。没有女人怎么生孩子呢？王大使和其随行人员自行解决生孩子问题，而且每个人都可以从背部生出双胞胎儿子，子生而父死。屈原大概不知道这个传说，否则他一定会问："夫何以变化？"当然问也白问，天知道是怎么回事。《山海经》里确实有"丈夫国"的记载，但没提到王大使，不知道郭兄从何处搜罗到此等让人撞南墙都整不明白的奇闻逸事？

太戊三十一年，费侯中衍被任命为车正。车正之职，早在大禹时代就有，执掌车辆调度。杜预说："奚仲为夏禹掌车服大夫。"②奚仲是成汤左相仲虺的祖先，被大禹封在薛（今山东薛城），后来迁至邳，建立邳国，这个邳国后来和东夷走得近，给太戊的后人制造了不少麻烦。车正一职在大禹朝不算很重要的官职，可能还不如"弼马温"牧正，因为当时马车的普及度不高，只有当马车成为战车时，车正的重要性才会凸显。

《竹书》说马车是成汤先人相土发明的，我表示过轻微的质疑，因为大禹的儿子启征战有扈氏时就出动了战车。如果你认为启的战车是牛车，我也没话说，想到牛迈着四方步不慌不忙或者

---

① 《竹书纪年》。
② 《左传·定公元年》杜预注。

慌忙地（比如绑在尾巴上的茅草烧着了）冲入敌阵我就醉了。毫无疑问，车正在商朝级别挺高，中衍的爵位是侯爵（"命费侯中衍为车正"①），这说明当时马车已经成为兵车，是大规模作战最重要的军备。

第三十五年，太戊发明寅车（"作寅车"②）。契的后人似乎有马车情结，就像大禹的后人有音乐天分一样。寅车就是大型战车，冲在最前面，力图以最快的速度冲垮对方阵容。周朝时寅车又有革新，名字都换了，叫"元戎"，元者，大也，戎者，凶也。《诗经·小雅·六月》唱道："元戎十乘，以先启行。""大凶"车十辆就可以冲垮敌方列阵。

"四十六年，大有年。"③大有年就是大丰收之年，《谷梁传·宣公十六年》："五谷大熟，为大有年。"太戊在搞外交、发展军事的同时不忘以农业为本，确实是位称职的帝王，寒浞在位长达六十年最终也没能守住江山，与他轻视农业有很大关系，如果他能搞几个"大有年"，少康未必可以复兴夏朝。

大丰收就有钱了，于是第五十八年，太戊命人在山东建立一座城池蒲姑（今山东博兴）。蒲姑渐渐衍生为一个小国，西周时为武王所灭，姜子牙的五世孙胡公，曾以蒲姑国故城为其都城。

太戊六十一年，东九夷来宾。上一次九夷来宾还是少康儿子帝杼时的事了，杼是用武力征服东夷，不管太戊到底是不战而屈人之兵还是把东夷打服的，都一样厉害。

此后十四年，《竹书》再无关于太戊的记载，想必太戊在安度晚年吧。太戊在位长达七十五年，长得有点难以置信。《竹书》

---

① 《竹书纪年》。
② 同上。
③ 同上。

的记载和《尚书》一致，《周书·无逸》："昔在殷王中宗……肆中宗之享国七十有五年。"

太戊时期的国民经济跟夏朝相比有很大发展，农业规模和技术都有长足进步，这才有五谷丰登的"大有年"。畜牧业本就是商人强项，高祖亥当年就有大量牛羊家畜，到太戊时代家畜养殖更是规模空前，一次祭祀就用到几百甚至上千头牛羊！商业更是不在话下，和畜牧业一样，做生意也是商人的强项，所以商人才成了生意人的代名词。《尚书·酒诰》云："肇牵车牛远服贾，用孝养厥父母。""远服贾"便是长途贩运。当年舜在顿丘与负夏来回倒腾货物，用《尚书大传》文绉绉的话来说："贩于顿丘，就时负夏。"舜正是商人的父系祖先。

商业到了某种程度，货币便应运而生。成汤曾铸金币，太戊时代的货币有天然的海贝、人工造的骨贝和玉贝（骨头和玉都被加工成贝的形状)，铜贝到晚商时才会出现，那将成为世界上最早的金属硬币。从二里头出土文物来看，太戊前后已经有了青铜器，但主要用于制作礼器和酒樽。商人酷爱喝酒，"商"象形字的上半部就是一支倒置的酒杯（爵)，有人说"商"看上去像只燕子，此说的理论根据是"玄鸟生商"，但我看不出来商是燕子。当时的主要工具和武器仍以木、竹、石、骨及蚌制作的铲、斧、镰、刀等为主，基本上和夏朝乃至五帝时代没什么两样，直到一百多年后的盘庚朝才发现少量青铜器具，如铜铲和铜插等小物件。

太戊得位于兄雍己，可他毅然决然传位给儿子中丁（或仲丁)。史籍中没有具体提及中丁即位前后发生了什么宫廷事件，可以肯定的是王子与王叔之间竞争上岗到了白热化的程度，这才酿成长达八十五年的"九世之乱"。

中丁登基后马上就迁都，从九代帝都西亳搬到隞（或嚣，今河南荥阳）（"元年辛丑，王即位，自亳迁于嚣"①）。西亳相当于夏朝的老丘，是殷商的福地，根深叶茂，中丁迁都必定有其苦衷，就像胤甲迁于西河一样，中丁大概给他的叔叔和弟兄们逼得实在没辙了才"走为上"。当然，也有可能是亳发大水了，他才迁都到黄河的上游（"于河上"②）。

中丁"六年，征蓝夷"③。中丁亲征，说明蓝夷当时离嚣不远。蓝夷是东夷中的一支，但不属东九夷。蓝夷瞧殷商乱哄哄的，又刚迁都，便想趁乱捞一把。《后汉书·东夷传》说"至于仲丁，蓝夷作寇"，指的就是这件事。他们小瞧商朝了，不知道瘦死的骆驼比马大，太戊七十五年的家底储备不是白给的。中丁这头"瘦骆驼"狠狠地教训了蓝夷这头不知天高地厚的野马。商人对"夷"充满了鄙夷，殷墟出土的甲骨卜辞里以及后商时期的青铜铭文称"夷"为"尸"，中丁当时一定对部下这么说：让俺们一起大战蓝尸吧。

第十任商王中丁在位九年而崩，继任者是中丁的弟弟外壬，都城仍然在嚣。外壬在位期间，"邳人、姺人叛"④。邳、姺两国不是夷，而是和殷商关系极深的两个诸侯国。邳是成汤右相仲虺的故国，姺是有莘氏的后人，成汤其中一个妃子便是有莘氏，伊尹是那个妃子的陪嫁奴。就是说邳、姺是成汤时期左、右相的故国，更糟的是外壬拿这两个诸侯无可奈何，可见当时的商朝国力衰败得厉害。

外壬在位十年一事无成而崩，他弟弟河亶（dǎn）甲继承王位。《竹书》上说河亶甲一上台就迁都，"自嚣迁于相"，相在今

---

① 《竹书纪年》。
② 同上。
③ 同上。
④ 同上。

河南内黄县。《殷本纪》里特别指出河亶甲未居王位时已经搬到相了，可能因为某种原因他迫不得已从嚣迁移。

不管河亶甲用什么方式登上王座，他面临的都是一个烂摊子。他非常能干，在其九年任期不仅解决了中丁和外壬朝所有的历史遗留问题，还有新的斩获。他很像夏朝末代君主帝昊，都在很短的时间里爆发出惊人的能量和能力，如同耀眼的彗星。

第三年，河亶甲借助诸侯大彭平叛邳国（"彭伯克邳"①）。第四年，河亶甲亲征蓝夷，从此蓝夷像三苗一样，在历史上消失得无影无踪，河亶甲的手段和大禹有得一比。

姺人和邳人本是同盟，眼见邳人被灭，姺人慌了手脚，去找一个夷族班方（方也是夷的意思）申请政治庇护。班方首领比较缺心眼，看见姺人给的几大串海贝就心花怒放，答应收容姺人。很快班方首领就发现那几大串海贝太烫手，可他已经来不及甩掉，大彭、豕韦两大豪强把他打得一头包。姺人一看新靠山又靠不住，只得认怂"来宾"（"五年，姺人入于班方。彭伯、韦伯伐班方，姺人来宾"②）。

河亶甲在短短五年内取得如此辉煌战果，非常了不起。平姺、邳，灭蓝夷，伐班方，在这几大战役中，两大诸侯大彭、豕韦和他"咸有一德"，这比对外战争的胜利更重要，外壬就因未能做到这点，才拿姺、邳没辙。

《殷本纪》说"河亶甲时，殷复衰"，如果针对河亶甲即位之初的大环境而言，这是对的；如果用来总结河亶甲朝就有失公允了。河亶甲任内消除外患，对商朝的稳定做出了很大贡献，否则内外交困的商朝不知会衰到哪般田地。

---

① 《竹书纪年》。
② 同上。

河亶甲在位九年而崩，继位者是祖乙。《殷本纪》说"子帝祖乙立"其实是错误的，根据出土的甲骨卜辞来看，祖乙是中丁的儿子，即河亶甲的侄子。

祖乙即位也是忙着迁都，旧都相的政治斗争太复杂了。祖乙的新都叫耿（今河南温县），他在那里对平叛立下赫赫战功的大彭、豕韦予以表彰，封官加爵（"自相迁于耿，命彭伯、韦伯"[①]）。大彭和豕韦的势力由此开始膨胀，一百年后他们将成为武丁的心腹大患。

祖乙的运气很糟，一年后，新都耿就给大水冲垮了〔"二年，圮（pǐ，冲毁之意）于耿"[②]〕。倒霉的祖乙只好接着搬家，这次搬得有点远，从河南搬到山东庇，即定陶县，那是尧生活和工作过的地方。

祖乙三年，巫咸的儿子巫贤得到重用，被任命为他父亲曾担任过的职位。《殷本纪》里关于巫贤的记录少得不能再少，四字而已——"巫贤任职"。

巫贤在祖乙朝的作用相当于太戊时的伊陟，太戊可以没有巫咸，但祖乙不能没有巫贤。巫贤也是巫，但同时也为相。巫师从来只能锦上添花，不会雪中送炭，看看巫咸在太戊朝的表现就知道了。他可以对不存在的东西念念有词，对存在的东西一筹莫展。巫贤在巫术业务上也许比不了学术带头人巫咸，但论治国，巫咸也同样比不了他儿子。

祖乙八年，巫贤主持新都庇的城市建设，定陶被冷落久矣，百废待兴。

祖乙十五年，邠（通"彬"）侯高圉因其在农业生产上的巨

---

① 《竹书纪年》。
② 同上。

大贡献受到表彰。高圉是谁？他是后稷的后人，周朝周太王公亶父（fǔ）的曾祖父。《周本纪》称"公亶父"为"古公亶父"也许是错误的，起码值得商榷。《诗经·大雅·绵》里四字一句，其中有"古公亶父"，意思是"想当年公亶父"云云，古者，话当年也。

祖乙在位十九年，崩。《殷本纪》和《竹书》对他的评价很高，在其任内，"殷复兴"[①]。

祖乙的儿子祖辛成为商朝第十四任王，都城仍是庇（"居庇"[②]）。其政绩不见于史册，在位十四年，崩。

祖辛的弟弟沃甲（或开甲）接班，其"政绩"和他哥一般无二，"居庇"，然后就崩。沃甲在位仅五年。

第十六任商王祖丁不是沃甲的弟弟，也不是沃甲的儿子，而是祖辛的儿子。其"事迹"参见前两任，在位九年。

第十七任商王南庚不是祖丁的弟弟，也不是祖丁的儿子，而是沃甲的儿子。其"事迹"参见前三任，可他比前三任还不如，连都城庇都待不下去，在位的第三年迁往奄（今山东曲阜），又过了三年就崩了。

第十八任商王叫阳甲，又叫和甲，不是前任南庚的弟弟，也不是南庚的儿子，而是祖丁的儿子，在奄即位。第三年，他西征丹山戎。不知道是否征途中偶感风寒，次年就死了。阳甲在位仅四年。

从中丁到阳甲这九世，王位继承人选无章可循，一会儿是弟弟，一会儿是儿子，一会儿是叔叔，一会儿是侄子，全乱套了。那王位就像一个彩球，谁抢着就是谁的，没抢到的一个个眼巴巴

---

① 《史记·殷本纪》。
② 《竹书纪年》。

地望着天空，心想：总有一片云彩会下雨吧？让生命去等候，等候下一次漂流。

值得一提的是，上位者对以前的竞争者并不采取什么恶意打击报复，反倒做了亏心事似的，为了避开矛盾，情愿大动干戈迁都，也不愿意大开杀戒。这种骨肉之间不相残的"文斗"自周以后不复再现，后世的宫廷政变基本都是刺刀见红的武斗，管你是老子还是儿子，更甭提叔叔、伯伯、二大爷了，杀你没商量，而且手段极其残忍，让你下辈子都不敢跟他争王位。

不过就算是"文斗"，内耗还是很大，特别是这九代王没有一个像太戊那样英明神武，只有河亶甲和祖乙还说得过去，余者一代不如一代，商的衰落也就像王小二过年——一年不如一年。诸侯们一看帮主成了破落户，混得还不如他们自己，一个个也就懒得去朝见了，情形很像潦倒、破落的东周。

《殷本纪》如是概括："自中丁以来，废嫡而更立诸弟子，弟子或争相代立，比九世乱，于是诸侯莫朝。"

从成汤立国到阳甲共十八世，历二百六十年，真正的盛世其实只有第九世太戊朝的那几十年，和夏朝自少康到不降可持续发展的两百多年盛世不可同日而语。

四　武丁盛世

商朝就这样一路磕磕碰碰地往前走，转眼就到了第十九世。阳甲的弟弟盘庚上台后，仍以奄为都城。登基大典倒是搞得热火朝天，可来的都是些张三、李四和王大麻子之流，朝贺的诸侯寥寥无几。回想远祖成汤在东郊教训诸侯"别怪我不客气哟"的威风和太戊时万邦来朝的盛况，盘庚心酸地想：时间都去哪儿了？

诸侯都去哪儿了？那一年，根据夏商周断代工程约为公元前1300年。

盘庚等了七年，终于有诸侯来朝了，来宾者虽然是个不起眼的小诸侯——应侯，那也相当不容易了（"七年，应侯来朝"[1]）。盘庚颇受鼓舞，就像你开了个淘宝网店，开张数月都没人买东西，眼看要关门大吉，突然路人甲跑来买了套内衣，你肯定很激动。

又是七年过去了，"商家"铺子渐渐活泛了，谈不上生意兴隆，但起码无关张之虞。盘庚觉得奄风水不好，要把"商业"做大做强，必须要搬家。盘庚是个有主见的人，力排众议再次迁都。盘庚之前，商已经五次迁都，贵族和老百姓都很不高兴，尤其是贵族们，在运输能力低下的古代搬运大批家产是件很劳心劳力的事，他们说他们已经厌倦了漂泊，对于迁都纷纷表示否决。

盘庚动之以情、晓之以理说：俺也厌倦漂泊，谁人喜欢一直在路上呢？俺们又不是嬉皮士。但奄不是俺们的家，俺们的家乡在殷，以前叫西亳，那是先王成汤生活和战斗过的地方。当身边的微风轻轻吹起，有个声音在对俺呼唤，归来吧，归来哟，浪迹天涯的游子。归来吧，归来哟，别再四处漂泊。俺告诉你们，那个声音是祖先的声音，是先王的声音，能不听吗？如果不听招呼，"大殛之"！后面那三个字是成汤的口头禅，话都说到这份上了，大家谁好意思？谁敢再有异议？

《殷本纪》里盘庚是这样做拆迁动员报告的，很有成汤的风范：过去先王成汤和你们的祖先一起治国安邦平天下，先王的规章制度是应当遵循的。若不努力效法先王，那怎么能成事哩（"昔高后成汤与尔之先祖俱定天下，法则可修。舍而弗勉，何以成德"）。话说得实在不着四六，哪里听得出来这是在动员迁都？

---

[1] 《竹书纪年》。

学习成汤法则就非得搬到成汤故居吗？

　　甭管盘庚怎么动员的，他在位的第十四年，成功地把商都从奄迁到祖宗的老宅殷（河南安阳）。他怎么动员搬家其实一点儿都不重要，我不相信他的动员报告有多大说服力，关键是他的果敢行动。首都搬往别处，那些贵族如果留在奄他们还有贵族待遇吗？结果只会是奄奄一息，所以只要盘庚起身，后面肯定跟着一大串鼻涕一把眼泪一把的贵族们，老百姓反倒无所谓，没多少家当，到了新地方继续种地便是。

　　自盘庚定都于殷后，商朝从此以后再未迁都，历经十二世，一直到商亡。商被周灭后，殷从繁荣走向没落，并最终成为一片废墟。那片废墟在公元1900年再次成为世人瞩目的焦点，那便是著名的殷墟。2006年7月13日，在联合国教科文组织第三十届世界遗产大会上被列入《世界遗产名录》。

　　殷不为都久矣，百业萧条，到处都是蜘蛛网，还有四处闲逛、旁若无人的老鼠和蟑螂。盘庚花了不少人力物力来改造旧城，不过他没有换掉破旧的城门楼子，因为那是祖宗的东西。

　　第十九年，邠侯高圉去世，他的儿子亚圉继承爵位。本来儿子继承父亲爵位是件很稀松平常的事，用不着特别指出，可是邠侯不一样，他们再过几代就成了周侯，又过几代就成周王了。

　　事实证明盘庚的决策是英明的，奄风水确实不好。商搬到新首都殷后，业务发展得很好，老城殷老树发新芽，成为一个欣欣向荣的都市。殷又叫殷邑，甲骨卜辞中又称"大邑商"。盘庚按成汤既定方针治国，百姓安居乐业，国势逐渐强盛起来，于是势利眼的诸侯们就争先恐后前来朝见。想当初，盘庚就业大典发帖子都没几个诸侯愿意来随喜，等了七年才等来一个名不见经传的应侯。

　　盘庚在殷邑工作了十四年，在位共二十八年而崩。

在史学断代上，盘庚朝对于商代有着特殊意义——它是商代中、晚期的分界点；在考古学上，更是意义非凡，从殷墟发现的青铜铭文（金文）和甲骨文，是中国古文明从草创到成熟的见证。

河南二里头文化遗址是新石器到青铜器过渡的博物馆，共分四期。一、二期据信是夏朝和商朝早期，文物以黑陶和灰陶为主，一件铜器都没有发现，更不要说青铜了。三、四期出土青铜器物百余件，尤以三期内容最为丰富。

商代早期青铜器的纹饰很酷，兽面纹，线条粗犷，兽目又圆又大，很无辜很萌的样子，勾曲回旋，那变形纹样颇有毕加索的立体风格。除了兽面纹，还有雷纹和乳钉纹，个别器物上的龟形曾被认为是文字，实际上仍是纹饰而不是文字。商代中期以前的青铜器有个特点，器壁很薄。因为青铜中含铅量较高，使铜液保持良好的流动性，便于塑形，缺点是含铅量太高的青铜器特别容易生锈、朽坏。那时的青铜器仍然没有发现后来的铭文，这似乎暗示了直到商代中期，成熟的文字一直没有产生，或者说在酝酿当中。

自殷墟发现以来，先后出土有字甲骨约十五万片。这些带有卜辞的甲骨中已有五千多个单字被辨认为非早期商代的纹饰，而是正儿八经的文字，能够被认出来的汉字超过三分之一。甲骨文中的资料将中国有文字记载的信史定格在商朝，我们现在使用的汉字就是从甲骨文演变而来。对于甲骨的研究，产生了一门新的学科——甲骨学，郭沫若先生是其中大家之一。

我想无人能够说清汉字究竟从什么时候被刻在甲骨上的，这也符合文字发展的规律：它是一个缓慢的衍生过程，非一夕一人之功，章太炎和鲁迅师徒的论断有道理。

盘庚过世后，他的弟弟小辛继位，仅三年就崩了。小辛可能跟蜡笔小新似的爱胡闹，他在位才三年，盘庚好不容易营造的复兴气象就衰了，这个小辛作孽的本事还真不小，盘庚苦心经营十四年才有的"商业"牛市一转眼就"熊市"了（"帝小辛立，殷复衰"[1]）。在小辛无能的日子里，殷民无比怀念盘庚，但那个带领殷商走向繁荣、富裕的带头人再也不会回来了。

小辛故去，他弟弟小乙登基。小乙在《殷本纪》中只有两个动词——"立"和"崩"。小乙的治国之道不咋地，但他是个有追求的人：他一定要让自己的儿子来接班！《竹书》载，小乙为了设法栽培自己的儿子，先把儿子送到下层锻炼，又给儿子找了一位名叫甘盘的老师，学习治国之道（"六年，命世子武丁居于河，学于甘盘"）。小乙在位十年而崩，作为王他几乎一事无成，可他眼光独到，为自己、为大商找到了一位能力非凡，但是又有点怪癖的继承人。明末清初的文学大家兼顽主张岱曾说："人无癖不可与交，以其无深情也；人无疵不可与交，以其无真气也。"这句话用在这位新商王身上非常合适，我们将会看到他丰沛的"深情"与"真气"。

在默默无闻的小辛和小乙哥俩之后，商朝终于等到了一个足以媲美成汤和太戊的牛人，他就是被父亲小乙寄予厚望的武丁。

武丁怀着复兴商道大业的雄心壮志以及父亲的遗愿登上王位。武丁属于闷骚型人格，而且是极品闷骚。自登基以后，他经常眉头紧蹙，不修边幅，那副样子很像一个颓废的后现代诗人。大臣跟他说话，他理都不理，他看着那些饱食终日的臣子们就生气，因为他们里面没有一个像伊尹、伊陟父子，哪怕是巫咸和巫贤那样的父子档辅佐贤臣（"思复兴殷，而未得其佐"[2]）。

他即位时就赐他老师为相（"元年丁未，王即位，居殷，命

---

[1] 《史记·殷本纪》。
[2] 同上。

卿士甘盘"①），看来甘盘并未能让武丁完全满意。甘盘可以帮他搞活"商务"，就像盘庚那样经营好大殷邑，但武丁的雄心远远超过做一个大型企业的董事长，他要做一个威名远扬的雄主！甘盘有点像齐桓公手下的鲍叔牙，但武丁需要的是管仲那样的超级牛人，因为武丁自己就是个超级牛人。

武丁心心念念地想着那个不知道在何方的大牛人，比儿女情长的失恋痛苦九十七倍，越想越惆怅，越惆怅越想，于是他越来越闷骚，闷骚到变态的地步。很多人不高兴时，都爱绷着脸，一句话不说，这很正常，明明无话可说偏作欢声笑语状才不正常。武丁也不例外，他也不说话，不过他沉默的时间有点长，达三年之久，太深沉，太任性了。《殷本纪》说他"三年不言，政事决定于冢宰"，冢宰相当于周时设立的太宰，仅次三公，为六卿之首，参照《竹书》，这个冢宰很有可能是甘盘。冢宰代理政事，武丁可以不和朝臣说话，他难道也不跟他的妃子们交流吗？我不知道，但我相信武丁可以解决这个技术问题。

在武丁开口说话之前，让我们来看看武丁的老师甘盘到底怎么样，他是武丁大臣中唯一一见之于史料和甲骨卜辞的人。史料中关于甘盘事迹的记载几乎没有，只说他曾为武丁的老师和卿士，但在殷墟出土的卜辞里，有关甘盘的记载有数十条之多，他毫无疑问在武丁朝扮演极其重要的角色。

卜辞中的"师般"据甲骨学大家董作宾先生说就是指甘盘，"盘"和"般"通假，《史记·燕世家》里甘盘便作甘般。"师"不是老师，而是"帅"，师和帅在古义里相通，指包在头上的头巾，于是被借指为首领。

从那些卜辞里可知，甘盘政务繁忙，感觉像是武丁的大管

---

① 《竹书纪年》。

家：陪同官员下去视察、给军队补充兵源和给养、征收属国的税收、陪同武丁搞文娱活动（狩猎）、向朝廷进贡饲养的猪和占卜用的龟甲。他进贡的龟甲数量不多，跟后来的妇妌、妇好相比简直不是一个量级。他前两次共献龟甲十四个，第三次和一个叫作冲的同事合伙进贡二十个。甘盘除了掌管内务，竟然还率军打仗，一次是打贡方，还有一次不知打什么方（字缺失）。武丁时期四处开战，看来将领不够用了，只得让文绉绉的老师上阵。甘盘真不简单，文武全才，武丁的爹小乙看人确实很准。

从甘盘的进贡内容来看，他有自己的封地，就叫"甘"。武丁跟他老师的关系相当铁，经常跑去串门，"秘书"们记录下来："王往于甘""王往出于甘"。武丁很关心老师的身心健康，甘盘一有头疼脑热的，武丁马上就令卜官卜卦，看看老师是否平安。武丁对师母也很好，曾命祭司为甘盘的太太祈福。由郭沫若主编的《甲骨文合集》第9478曰："壬申卜，贞：御师般妇。"贞是卜官，御是一种祭祀方式。甘盘病重的那次，武丁令卜官测问生死，《殷契佚存》第525曰："贞：今般死。"那次甘盘有没有死不清楚，很清楚的是武丁是位尊师重道的君王。

无论武丁有多信任他的老师，也不论他们的感情有多深，武丁仍然觉得甘盘的能力不足以实现他的雄才大略，他必须要找到那个人。武丁虽不说话，但深邃的目光纵横于宫廷内外，暗中观察国内形势（"以观国风"[①]），心里计算着有多少诸侯没有"来宾"了，国库还剩下多少海贝、骨贝和玉贝。他越看越着急，越着急就越不想说话，不过他也不是完全不说话，睡着了以后说些梦话。

三年后某夜，武丁在梦境里遇见一个圣人，形貌特征、举止

[①]《史记·殷本纪》。

打扮清清楚楚，比大白天见鬼还要真实。更妙的是，那个圣人名字叫说。这个名字太有意思了，武丁大概指望"说"把他三年没说的话都说出来。

第二天武丁醒来后，吩咐冢宰让大小官吏一个个来朝面试。那是非常奇怪的面试，面试官武丁盯着从他面前经过的官员一句话都不说，每过去一个他就叹一口气。听到武丁叹气的官员一个个提心吊胆，不知道自己做错了什么，想问又不敢问，一个个心里直打鼓：看架势像是选妃，那么看女官就可以了，干吗要物色男人？而且连老头子都不放过？商代是历史上男女最平等的时代，女性不仅可以做官，还可以为将。更奇怪的是，被面试的官员里偏偏就没有女官。武丁臭着脸、抿着嘴，毫无说话的意思。

在朝官员里没有武丁要找的梦中圣人，武丁只能求之于野。这个难度不小，武丁不可能亲自寻访各地，但他有办法。他找来一个肖像画家，把他在梦中看见的圣人特征口述出来，直到画家画出他心目中的那个人的样子。于是以此画为蓝本，让众多画家临摹，然后让官员手持画像去各地寻找。

功夫不负有心人，费了诸多周章，终于在一个叫作傅险的地方找到一个符合梦中圣人特征的人，那人的名字就叫说。说竟然是个犯人，不清楚他犯了什么罪，当时他正在劳改，从事建筑方面的劳役。

这个犯人立刻被"快递"送到武丁面前，武丁一看，喜出望外，激动地说：没……没……没跑……跑了，就……就是……是他！因为三年没说话了，有点磕巴可以理解，又是在很激动的情形下。

两人于是促膝谈心，谈话内容不详，只知武丁对会谈非常满意，认定那人就是梦中的圣人，于是拜他为相。说比伊尹身份还要低微，伊尹好歹是个自由人，说却是个犯人，连姓氏都没有，因为他在傅险被寻到，于是人们便称他为"傅说"。

《殷本纪》关于傅说治理国家只有两个字"大治"，这是高得不能再高的评价，至于如何治理，记载空缺，而且此后他再未出现。傅说匆匆而来，匆匆而去，如同一朵突兀出现在空中的祥云莫名其妙，他的神话色彩太强了，不知道为什么司马迁慷慨地神神道道起来，而没有"不敢言"。

傅说的神话色彩肯定不是司马迁渲染的，虚构者只可能是武丁自己，或者再加上甘盘这个同谋。武丁一定早就听说过傅说的大名，但为什么他不能名正言顺地礼聘这位"圣人"呢？因为傅说的身份太低贱了，要做官首先得有贵族血统，否则门儿都没有！伊尹如果在武丁朝，武丁也只能编一个神话去招揽他。

武丁如果不顾"国风"直接派人去劳改营把傅说请出来，一定会招致贵族们的不满，那时"商业"处于熊市，稍有不慎就会崩盘，武丁不得不小心谨慎。武丁的后人帝辛是武丁的崇拜者，他也学武丁不拘一格选人才，举凡贩夫走卒、引车卖浆者只要有才能都可以谋个一官半职。只是帝辛过于激进，他明目张胆地招聘这些贱民，得罪了很多贵族，后来姬发伐商，这成为帝辛的四大罪状之一。

武丁聪明绝顶，他想出的那个圣人之梦堵住了所有人的口，加上甘盘的配合，没有任何人敢质疑武丁的梦，就算弗洛伊德也不行。于是乎，武丁如愿以偿得到"圣人"傅说。

奇怪的是，从殷墟出土的甲骨卜辞里，武丁绞尽脑汁得到的傅说并没有出现在十五万多片甲骨上的任何一片，甘盘都刷了几十次存在感，为什么辅佐武丁"大治"的傅说反倒被遗忘了？这很反常。

最简单粗暴的解释是傅说是假的，没有这个人，但这是不可能的。有关傅说的记载不多，但他见之于诸多史料，孟子都说

"傅说举于版筑之间"[1]，《殷本纪》与之吻合。《竹书》同样提到傅说，要知道无论孟子还是司马迁都没机会看到《竹书》。

《竹书》说武丁三年得到傅说，第六年"命卿士傅说"，看来武丁很审慎，观察了三年才拜他为相，而不是像《殷本纪》记录的那么短平快，"得而与之语，果圣人，举以为相"。武丁三年没说话，于在位第三年得到傅说，那就意味着武丁还在农村做考察报告时就知道了傅说，那么推荐傅说的极有可能是甘盘。

傅说在殷墟甲骨中的缺席，如果不是因为相关甲骨的遗失，那么只有一个可能：他得罪了武丁。傅说也许太能干了，其才能不仅给了武丁惊喜，也给了武丁惊吓，他可不想有个手下像伊尹那么强势。从成汤三个儿子诡异的短寿以及他们被伊尹操纵上台等事来看，晚年的成汤已经控制不了伊尹。武丁当时正值壮年，而且性格强悍，他肯定容不下另一个性格强悍的臣子，于是傅说消失了，梦一般地来，梦一般地去。

傅说不见于甲骨卜辞，甘盘不见于《殷本纪》，但见于《竹书》及甲骨，这说明了什么？这再次证明了《竹书》的可靠！某些人说《竹书》是假的，我只能说他们根本就没有好好看过《竹书》。在笔者看来，对于夏商这两代的历史，没有任何一部史书可以和《竹书》相提并论，《春秋》《左传》都比不了。

《殷本纪》里的"圣人"傅说无缘无故地消失了，另一个贤臣祖己突然出现，其出现和傅说的消失一样突然。他一出现就需要处理一起棘手的"异象"。这个"异象"和太戊朝一夜之间暴长的"合欢树"相比简直不算什么。武丁在祭祀先王成汤时，一只野鸡飞到鼎耳（就是鼎口的带有装饰性的把手）鸣叫，这看起来没什么大不了的，但武丁很害怕。野鸡又叫雉，色彩好看，味

---

[1] 《孟子·告子下》。

道鲜美，搞不懂武丁怕什么，或许有什么我们现在不了解的禁忌，祭祀的鼎耳上不得有任何活物降落，麻雀也不行。

祖己劝慰武丁的方式和伊陟给太戊的建议一模一样——修德勤政。因为野鸡是在肜（róng）祭大典上出现的，于是祖己因地制宜、因材施教说：要对人民好些，大家都是天的后人。经常举行祭祀，不要不合乎天道。（"王嗣敬民，罔非天继，常祀毋礼于弃道"①）。武丁好像领会了祖己的精神，但我一直没弄明白，那只野鸡怎么就把天、王、民都连在一起了。

武丁欣然采纳祖己的倡议，在圣人傅说"大治"的基础上，更上层楼，继续深化改革成果。大商的员工们看到工资单上的贝壳数量增长，都很开心，于是乎商朝就复兴再复兴起来（"武丁修政行德，天下咸欢，殷道复兴"②）。太戊和武丁，合欢树和野鸡，伊陟和祖己，他（它）们完美地勾勒出逢凶化吉的技术要领及美好蓝图。

武丁看到国库里的各类"贝壳"储备丰富，便想着该落实祖己的谏言"敬民"，于是商朝的老人们有福了。

武丁被后世视为仁君，他在某些方面确实非常仁慈，设立了国家养老福利（"视学养老"③），这是很了不起的仁政。年轻人也很高兴，因为他们的父母被照料了，他们的负担也就轻了，殷商的人民都发自内心地爱戴他们爱做梦的王——武丁。他们永远都忘不了，他们的王有天早上大声宣布"我有一个梦"，这句著名的话后来给马丁·路德·金学去了，那位黑人领袖很大声地说："I have a dream！"让全世界都听见了。因为那个梦，

---

① 《史记·殷本纪》。
② 同上。
③ 《竹书纪年》。

这才有了圣人傅说，然后才有"大治"，否则怎么可能有这些让别国人眼红的福利？

《礼记·王制》："凡养老，殷人以食礼……养国老于右学，养庶老于左学……缟衣而养老。"吃、住、穿全有了，衣服还很不一般，是白绢所制。官宦之家的老人住在"右学"，普通老百姓住在"左学"，想必"右学"的住宿条件比"左学"好，不要怪武丁没有一碗水端平，他已经做得很好了。武丁还不时亲自探视老人——"视学"，视察右学和左学。武丁探视老人时，他是否会想起那位梦中的圣人——傅说呢？

武丁让他的人民食饱衣暖，可他的儿子却死于饥寒交迫。《竹书》说武丁二十五年，王子孝己死于野外。孝己的生母是武丁的三位王后之一妇妌，后母戊是妇妌死后的庙号。商代最著名、最大、最重的一件青铜器后母戊鼎，是孝己为祭祀其母所铸，高一百三十三厘米、口长一百一十厘米、口宽七十九厘米、重八百三十三公斤，鼎内腹壁铭文"后母戊"，故也称"后母戊鼎"。

孝己应该就是祖己，《殷本纪》里的祖己看上去是宰相，而且看不出来是武丁的儿子，因为司马迁没有机会看到殷墟的甲骨。从出土的甲骨卜辞来看，祖己是武丁的儿子无疑，他在卜辞中被称为"小王""兄己"，康丁卜辞作"小王父己"，帝乙和帝辛卜辞作"且己"。武丁有三个儿子，分别是祖己、祖庚和祖甲，只有祖己不曾为王，和孝己对得上号。

祖己死于荒郊野外不是偶然的，是被武丁的另一位王后妇好逼死的。《太平御览》卷八十三载孝己母亲死后，王后妌辛（便是妇好）为了让自己的儿子祖庚上位，对于武丁中意的王位继承人祖己，采取栽赃、诽谤等手段，愣是把祖己从堂堂王子变成一个罪犯。妇好是武丁最宠爱的妃子，武丁对她言听计从，于是孝己被流放于旷野，缺衣少食，可怜为殷商老人谋福利的他竟被活活饿死。妇好不仅仅是商朝，甚至是中国历史上最伟大的女性之一，但她对待祖己的方式很不光彩。

那时流放于野，不是简单地把人赶到郊外就完事了，而是把人遣送到很远很远的地方，前不着村后不着店，被流放者就算没有冻死饿死，也会被野兽吃掉，几乎等同于被判死刑。在那种情形下能活下来的，估计只有野外生存经验丰富的姚重华先生。这种"别致"的流放是颛顼发明的，当初是用来惩罚兄妹成婚者。柏杨说妇女不给男人让路也会遭流刑，柏老大概记错了，惩罚那种"没有修养"的妇女是游街示众，而非流放。

《竹书》说"二十九年，肜祭太庙，有雉来"，指的便是《殷本纪》上那个妖异现象，不过时间上对不上，祖己于四年前就死了。那么劝慰武丁的是谁？是《殷本纪》错了，还是《竹书》错了？

答案是两个都错了，不过都情有可原，因为缺少文物资料所致，《殷本纪》里还有个断句错误。根据甲骨卜辞，野鸡飞到鼎耳上不合时宜地歌唱的事发生在祖庚朝，而不是武丁。在那次大典上，是祖庚祭祀父亲武丁，而不是"帝武丁祭成汤"。抛开时间错误，《竹书》说的"肜祭"是正确的。肜祭指的是第二天继续祭祀，所谓"祭之明日又祭"为"肜祭"是也。

《殷本纪》里没提"肜祭"，而说"明日，有飞雉登鼎耳而呴（gòu，鸣叫之意）"，"明日"是从肜祭的解释里断章取义，很容易让人产生误解：为什么祭祀之后的第二天就有野鸡跑来打鸣？而事实上是祭祀尚在进行之中。司马迁关于"成汤之祭"是从《尚书·高宗肜日》来的，这说明《尚书》这部所谓的"上古之书"并没有那么古老，里面的某些人事明显是后人补入的，而非当时的记录，否则便不会把祖庚做的事算到武丁头上。

第三十二年，在国内安定的大好形势下，武丁决定收拾屡屡在边境滋扰的鬼方。鬼方就是匈奴，也即曾被黄帝爷北逐过的

"熏鱼"。鬼方很难打，武丁花了三年时间才把他们击溃。可惜这场艰难的战争，史册中并无相关过程的记载，甲骨卜辞里只有几则武丁卜问伐鬼方吉凶的"帖子"。

鬼方只是溃败而已，没有灭亡，据《殷本纪》，帝辛时鬼方首领鬼侯居然被收编为三公之一。他们的生命力强得不可思议，在黄帝之前就存在了，一直到公元468年之后才彻底消失。他们不仅祸害大商朝，连欧洲也不放过，论战斗力和生存力，没有任何一个蛮夷之族可以和他们相提并论。当然生命力最强的还是我们汉族，什么雨打，什么风吹，我们依然站在这里地老天荒。

武丁在跟鬼方开战的那三年里，还分出兵力对付荆，一直打到荆楚腹地，这便是《竹书》所说的："三十二年，伐鬼方，次于荆。"

武丁收拾了鬼方，接着对付氐、羌。这两个"帮派"曾在成汤时"来宾"过，后来见商朝的"商务"不景气就"撤资"，还顺带想做点无本买卖。氐、羌的老大们想必对商朝的历史不太了解，殷商是做无本买卖的老祖宗，你们跟他玩这个不是找死吗？上甲微当年在兵力不足的情况下尚能"融资"于河伯，愣是把有易氏"收购"入囊中。武丁的实力不知道比上甲微强多少倍，氐、羌之败没有任何悬念，于是他们就又做商朝"来宾"了。

除掉外患，武丁接着整顿内务。河亶甲时做大的大彭觉得自己很健美，便和武丁秀肌肉。大彭确实很强，只不过他脑子不太好使，偏偏挑了个错误的时间。鬼方和氐、羌作乱时，他是武丁的好帮手，等武丁没有后顾之忧后，他突然脑子进水要做武丁的"好对手"。

武丁朝经过四十年的经营，国力之强远远超过大彭及其智囊团的想象。大彭的结局比氐、羌惨多了，连做"来宾"的机会都没有，直接遭遇灭顶之灾（"四十三年，王师灭大彭"①）。

大彭的难兄难弟豕韦见大彭哥直接就被灭了，赶紧缩起脖子乖巧地装起孙子来，一装就装了七年。不知道豕韦什么地方露出破绽了，有天武丁突然派人请他去一趟殷邑。豕韦知道武丁不是履癸，所以他坚决不学成汤，再说他手下也没有伊尹那样的厨子，就算有也白搭，武丁最爱的女人是妇好，她可不是妹喜，她是女汉子，想让她做内应，别说没门，连窗户都没有。豕韦推脱说他的身体状况实在不宜远行，很遗憾去不了。

武丁来使没有多说什么，高深莫测地让豕韦把他带到一个仓库，然后亮出几只麻袋让豕韦装东西。豕韦一头雾水，但同时也很振奋，心想这位来使贪是贪了些，但只要物质能够满足他就好办了，几麻袋的东西换他一句美言也值。豕韦于是亲自动手，把仓库里的好东西，比如青铜鼎、酒具、兵器，还有其他的稀罕玩意儿往麻袋里填，累得胳膊酸痛，好不容易把那几只麻袋都装满了。

豕韦弯腰直喘气，心里想着晚上在最高级的娱乐中心怎样招待这位钦差，那家伙又递给他一只麻袋，笑眯眯地咆哮道："装，你接着给我装！"豕韦反应过来了，他再也填不满那些麻袋了，于是他把来使装进麻袋，又把已经装袋的东西重新拿出来分给手下的将领。

豕韦一声叹息，明白他已经别无选择，再装的话，自己就要被装进麻袋了。横竖都躲不过去了，那就只能反了。武丁等的就是这个，于是乎"五十年，征豕韦，克之"②。大商的两大诸侯在七年之内先后被干掉，武丁出手确实够狠，很有他先人的风范。

笔者个人认为大彭和豕韦是被武丁逼反的，因为这两位大佬

---

① 《竹书纪年》。
② 同上。

的地盘太大，实力太强，武丁看见他们就心里发毛。武丁在他们身上看见了他的祖先们发家致富的方式并且终于富可敌国，乃至于立国。

史料里没有任何直接证据能够证明大彭、豕韦蓄意谋反，相反间接来看，他们都没有谋反之心。他们真要谋反的话，时机太多了，小庚、小甲、雍己、中丁、外壬、河亶甲六代"殷道衰"，更不要说长达八十五年的"九世之乱"了，在这一百多年的衰世里，却是大彭、豕韦为子氏家族保驾护航。中丁朝"邳人、姚人叛"，平叛的是大彭、豕韦；河亶甲时"灭蓝夷、伐班方"的也是大彭、豕韦；武丁时边患甚多，克鬼方的战役中，大彭、豕韦仍然是中坚力量。

我想大彭、豕韦被武丁灭掉时，他们的心情一定和履癸（夏桀）一样，后悔死了。曾经有无数个机会摆在他们面前，而且摆了一百多年，他们居然都没有好好珍惜。他们在"熊市"需要做的就是消极怠工，待商军在讨"方"战役中元气大伤之际，他们稍稍地"轻举妄动"一下就可以了。以大彭、豕韦联手之力，足以把"熊市"变成"黑市"，那么中国历史上很可能会出现彭朝或韦朝（豕朝有点难听）。我怀疑这两大诸侯之所以没有联手，也许就是因为对未来"公司"的股份占有率或"公司"冠名权未能达成协议，简单一点儿说：谁做"董事长"？大彭肯定希望自己受累来干这个差事，豕韦也一样地"高风亮节"，两下就这么僵住了，于是给了武丁机会。机会是给有准备的人的，武丁准备好了。

大彭和豕韦最大的错误就是他们"健身"太过，"肌肉"太多，那些硕大的"肌肉"在武丁看来是恶性肿瘤，必欲除之而后快。大彭和豕韦若是有个类似五代时的奇人冯道辅佐就好了。此公历经五朝，先后侍奉十位皇帝，期间还抽空向辽国称臣，可他始终担任将相、三公、三师之位。和强势的帝王相处很难，太弱了，会被瞧不起；太强了，会被灭掉。大彭和豕韦已经没有机会明白这个道理了。豕韦一族后来流窜至漠北，继续繁衍生息。他们的后人出了个全世界都知道的大人物，叫成吉思汗。

武丁在位时间颇长，达五十九年。《竹书》对他的评价极高："殷之大仁也。力行王道，不敢荒宁，嘉靖殷邦，至于小大，无时或怨。是时舆地，东不过江、黄，西不过氐、羌，南不过荆蛮，北不过朔方，而颂声作。礼废而复起，庙号高宗。"大体上没有夸张，荆楚之战，武丁虽然胜利，但他付出了惨重的代价。如果再给他一次机会，也许他会选择放弃那次战争，因为在那次战争中他失去了最心爱的女人。

武丁的一生成就文治武功，他治下的殷商看上去足以媲美太戊朝，甚至有过之而无不及，而且文明程度更高，殷墟里出土的青铜器和甲骨文半数以上都与武丁朝有关。但我仍然觉得武丁跟太戊比还是差了点，主要是武丁连年征战，国家储备损耗太多，他所造成的后遗症将在其身后爆炸性地体现出来。武丁很像周穆王和汉武帝，在世时威风八面，大帝的派头，一旦他们死后，"牛市"立马就变成"熊市"。不是他们的继承人无能，而是他们造成了巨大的亏空，谁也没办法在短期内"补仓"，只能看着"股市"大跌。武丁的儿子祖庚不算无能，但他能做的也只是勉力维持"商铺"惨淡经营而已。

武丁在国内施行仁政算得上"大仁"，对于敌人他则如秋风扫落叶一般无情。《竹书》云淡风轻地说"氐、羌来宾"，事实上"来宾"背后隐藏了许多血腥。对羌的作战规模比伐鬼方大很多，武丁出动嫡系兵力达一万三千人，超过当年成汤讨伐夏桀的阵容。可能是付出的代价过大，击败羌之后，武丁采取了惨绝人寰的报复，上至方伯，下至一般羌民，多达数千人被当作人牲杀死在祭坛。据殷墟出土的甲骨卜辞，武丁在位期间，被他当作人牲杀死的俘虏至少有九千之众，比其余历代的总和还要多。

这位嗜杀的仁君在历史上好评如潮，晏子说："夫汤、太甲、武丁、祖乙，天下之盛君也。"[1]孟子的评价更高："由汤至于武丁，贤圣之君六七作。"[2]圣人们对于王者的残忍杀戮视而不见，一味歌颂其政绩，他们闻不到政绩背后的血腥味。孟子有句感动中国的名言："民为贵，社稷次之，君为轻。"[3]那些臣服的方国之民就不是"民"了吗？让我们做一个简单的假设，如果武丁在战争中失败，进而导致商朝灭亡呢？那武丁会不会成了"商炀帝"？孟子还会认为他是"贤圣之君"吗？如果那样，孟子压根就不会提武丁，一个"寇"有什么好提的？甭管该"寇"有没有设立国家养老院。

武丁时期的战争远远多于《竹书》所提的那几场外战和内战。讨伐鬼方之前，他先灭了四方，分别是贡方、朔方、龙方和土方，接着又灭了夷方、巴方、蜀、虎方及凭方，搞定氐、羌之后，他又南定荆楚。荆楚之战又让武丁付出了巨大的代价，后面再说。

对于被征服的领土，武丁采取四种管理方式。一种是直接赏给征伐的将领，如象雀就被封为"雀侯"。有人认为傅说就是象雀，我很希望这是真的，不过查无实据。第二种是就地取材，任命臣服的方国首领为侯或伯。甲骨文中武丁封的侯国有五十多个，方国近四十，也就是说被武丁征服的方国至少有九十多个！臣服于商的方国，对王朝不仅纳贡，还成为武装力量，随时听候调遣奔赴战场。夷方后来是被臣服于商的方国"代行王事"而臣

---

① 《晏子春秋》。

② 《孟子·公孙丑上》。

③ 《孟子·尽心下》。

服于商，武丁太会"经商"了，这就是"钱生钱、利滚利"最好的注解，而且没有比这更好的注解。

第三种则是殖民式的筑城，即在征服的地方建筑城邑，甲骨文中常有"在麓北东作邑于之"之类的记载。这种方式的成本比较高，属于不得已而为之。比如战斗过于激烈，把对方的土墩子城给毁了，人也死得差不多了，那就只有另筑新城，在一张白纸上画最新最美的图画。

第四种管理方式听起来很正常——和亲，这也是后来的王朝与属国之间最为常见的建立纽带的方式。武丁施行政治联姻比较奇特，他勇于牺牲自己，接二连三娶了六十多个臣服国或友邦诸侯的公主们！武丁对自己还是不够狠，当时的邦交国有九十多个，为什么他只娶了六十来个老婆，剩下的三十方国首领情何以堪？是否会引起不必要的国际纠纷？武丁虽然很辛苦了，但我还是要说他的和亲工作依然有改进的余地：剩下的三十方国公主应该一个都不能少。武丁不可能不知道这点，否则他那六十多次婚是白结了。让他放弃继续娶老婆的也许是其中一个老婆，那个女人叫妇好，武丁愿意生生世世都爱着她。

武丁是历代商王里性格最鲜明的一个，有仁心、狠心，还有一颗对女人的痴心。他对妇好的爱纯粹而又决绝，我觉得那首很有名、很好听的《千年之恋》非常适合做武丁和妇好爱情故事的主题歌。

五　千年之恋

武丁的六十多个老婆（甲骨文里为"多妇"或"诸妇"），其中有三位先后成为王后，分别是妇妌、妇好和妇癸，被称为"三配"。妇妌来自井方，妇好来自商方，妇癸来历不明。"妇"不是她们的姓，而是表明和武丁关系属性的称谓，相当于"武丁的女人"，武丁所有的老婆都"姓"妇。

妇妌是武丁的第一个王后。根据卜辞记载，妇妌也作妇井，是井方（今河北邢台）诸侯的女儿。井方是武丁朝的友邦，武丁是听说了阱女士（那时她还不叫妇妌）的大名就去求亲的。妌女士多才多艺，除了不会诗词歌赋和唱歌，她什么都会，而且其技能关乎社稷、民生。

她的第一项才艺是种庄稼，尤其擅长种黍。黍即黄米，北方最重要的农作物之一。殷墟卜辞中有很多关于她在一个叫作丘商的地方种黍的记录。在武丁眼里，妇妌是一个后稷一样的农业专家。甲骨卜辞里武丁像个话痨一样问了妇妌数十条种黍事宜，主要内容只有两项：号召妇妌带领大家去种黍，问黍的收成怎么样（"受黍年"）。妇妌除了种黍以外，武丁还让她种"萑（huán）"，就是芦苇。芦苇除了可编床上的席子外，还是一种重要的建筑材料，屋顶下面的撑垫也是苇条编织而成。

从卜辞中我们可以清楚地看出，妇妌绝不是隐居深宫的王后，她还担任相当于司农的职务。妇妌也不仅仅是个术业有专攻的农业专家，她还是位将军！殷墟甲骨里有两条卜辞是武丁命妇妌去伐龙方，出行前占卜问能否战胜龙方。妇妌没辜负丈夫的重托，她率兵出征龙方并且战而胜之！

妇妌这个女人实在不寻常，武丁也不寻常，他太会找老婆了。他如果不做国君，开个婚姻介绍所想必也靠谱得很。

妇妌务农、征战，日理万机之余为武丁生了一个儿子，便是王子孝己。武丁在妇妌怀孕期间很紧张，他至少为妇妌分娩占了四卦，其中一卦说"其惟庚娩嘉，旬辛"，意为庚时生产顺利，本旬（十日）的辛时就不好说了。焦虑的武丁很像电视剧里的男主角，无头苍蝇似的在产房外面踏着碎步走来走去，看见医生或护士就一把抓住对方的胳膊，声音颤抖地说："我太太怎么样了？怎么样了？"

武丁的太太妇姘生产顺利，抢在庚时生下孝己，那个未来的王位继承人。那时的武丁应该很幸福，王后是他喜爱并倚重的女人，这个女人又为他生下儿子。那天，武丁在"产房"抱着儿子，看着床榻上的妻子，满足感瞬间爆表。更难得的是，这个儿子还特别能干，他最终将取代傅说成为大商的一名贤臣。武丁百年之后，如果孝己从相位水到渠成地登上王位，简直是完美的安排。

可惜的是，孝己虽然是顺产，他的王位继承权却"难产"，并且连命都保不住。武丁算得出妇姘生产是否顺利，可他在流放儿子时，忘了卜一卦他儿子有没有被冤枉。武丁也许至死都不知道他的长子死得有多冤。就算他知道，也没办法弥补了，他已经失去了妇姘和孝己这对母子，不能再损失另一对母子，更何况，那个女人他永远都不愿失去。

妇姘对于武丁的作用还远不止司农、将军、妻子、王子的母亲，她还为武丁进贡大批占卜用的龟甲和兽骨。龟甲和兽骨（主要是牛骨，金石学称之为"龙骨"）在商朝属于非常贵重的物品。这是因为商朝的祭祀活动太多，每次祭祀都要占卜，要用很多的龟甲和龙骨。占卜时祭司的手头技术很重要，钻孔、炙烤稍微出现偏差就会导致龟甲和龙骨作废。高报废率加上高使用率导致龟甲和龙骨供不应求。想当年，成汤逢六年大旱，惨得连一只乌龟都很难找到，害得成汤两头为难：乌龟和下雨到底哪个重要？后来没辙了，用自己的指甲代替龟甲，还好老天给他面子，否则成汤的指甲够用吗？

武丁当然也没那么多富裕的指甲，所以他积极地在全国（包括诸侯国）展开"甲骨总动员"，号召贵族和诸侯踊跃进贡这两大紧缺物资，武丁的老师甘盘都力所能及地捐出二十四个龟甲。为什么老百姓不在征召之列呢？因为龟甲和龙骨是按封地统一征收，否则张三、李四、王大麻子之类的每天呈上一只甲或一根骨，负责龟甲和龙骨登记的卜官会被活活累死。武丁既养不起很多指甲，更养不起很多卜官。

龟甲和兽骨至今仍然有用，中药店的小抽屉里有它们的身影。事实上，殷墟的发现正是始于中药店，始于一个人的感冒。

那是1899年春天的一个上午，金石学家、国子监祭酒王懿荣感到身体不适，去北京一家中药店买药，他无意中发现所买的药中有大块的兽骨，上面刻有一些很古老的文字。博学的王先生意识到这是很珍贵的文物，他考证出龙骨上的文字便是"甲骨文"，是"殷人刀笔文字"，于是马上回到药店大批收购店里的"龙骨"。次年八国联军入侵，王先生不愿做亡国奴，自尽殉国，后被追赠侍郎，追授荣禄大夫，谥文敏公，是甲骨文公认的最早发现者。

王先生身后，他收藏的大量甲骨辗转落入刘鹗手中。众所周知，刘先生是位作家，《老残游记》的作者，大家也许并不知道的是，刘先生是位通才，在数学、音乐和水利方面也有多部学术专著。此外他也是位医生和大商人（是位义商，不是奸商），名副其实的儒商。除了文学家、音乐家、数学家、水利学家、医生和商人的身份外，刘先生还是个成就非凡的金石学大家！他的《铁云藏龟》是第一部甲骨文辑证，对殷墟的研究有着标杆性的指导意义。

商朝规模空前的祭祀现在看起来固然显得愚昧而残忍，但我们应该庆幸有了殷墟的龟甲和兽骨。它们是历史和文化的物证，对中国上古史的研究价值不可估量！

武丁朝对龟甲和兽骨的需求远远超过现在中药店的进货，国家专门有采办龟甲和兽骨的卜官，即便如此仍然供不应求。不够的部分由臣服的方国进贡，并且是最重要的贡品。进贡上来的龟甲和兽骨上都要刻上进贡者的名字以及数量，甚至还注明进贡的时间和来自何地，验收的卜官还要签名。妇妌提供的龟甲和兽骨上刻有争、宾、壳的字样，那都是当时经手的卜官。

统计龟甲只写数字；兽骨的计量单位为"纯"或"屯"，兽有左右二片肩胛骨，称为"一纯"。甲骨卜辞上关于妇妌供应甲骨和兽骨的记录非常多，比如"妇井示三十。争""妇井示三十。宾""妇妌示四十。壳""妇井示百。壳"等，这说明妇妌供应的龟甲共有两百个，分别由三位卜官争、宾、壳接收。另外还有四条记录，妇妌一共供应二十一纯兽骨，分别由壳、宾两人接收。

妇妌有能力进贡大批龟甲和兽骨，说明她有自己的封地，她的封地里一定有大片水域，所以才能一次就财大气粗地献一百个龟甲。想想甘盘挤牙膏似的，三次才献了二十四个，据此我们可以推测，妇妌的封地比甘盘的要大很多。

武丁之前，没有任何一位王后有自己的封地，武丁之后，也没听说哪位王后像王爷似的有封地。武丁实在太有创意了，他空前绝后地把自己的王后当作诸侯用。武丁对妇妌的信任超过任何一位大臣，更不要说那些多少都有点势利眼的诸侯了，对她的赏赐也超过任何一个王公贵族。虽然妇妌墓被盗窃一空，只有那只巨大的后母戊大方鼎因为太重才没有被盗墓贼偷走，否则后人应该可以看到关于这位非凡女性更多的记录。不过那只巨大的青铜鼎足以说明武丁给予她的哀荣有多么隆重，她的儿子孝己对她有多么眷恋。

妇妌不是唯一有封地的王后，武丁的另一位王后妇好也有封地。在我们看来，妇妌已经是位很了不起的女性，可她跟妇好相比只能做个背景"后"。妇好是武丁最爱的女人，武丁对她的爱不说"惊天地"，但绝对"泣鬼神"。"人比人气死人"，妇好的气场太强大了，真是"我花开后百花杀"。

妇妌去世时至少有四十多岁，那时她的儿子作为见习商王取代傅说，在宰相之位上做得有声有色。当时武丁应该在知天命之年。在古代，一般人在武丁那个年纪算是迟暮老人了，但对武丁来说那正是他的壮年，要知道他做了五十九年的王。武丁不是个儿女情长的君王，和妇妌是大商的一对模范夫妻，关键词是"劳动、织布、学文化"，再加上"打仗"。那时文化是可以有的，武丁可以教妇妌甲骨文。

妇妌死后，武丁必须要立一个新王后。现有的"多妇"里武丁没有一个瞧得上，于是负责宫廷内务的官员给广大诸侯发去征婚广告，广告词很短，只有六个字："现招王后一名。"但应征的女人很多，诸侯们携带着女儿或妹妹的画像把宫廷内院的门槛都踏平了。

商方诸侯有个小女儿，年方十八，生得貌美也就罢了，身手还特别矫健。矫健的意思就是会打架，几个后生一起上都不是她的对手，可怜那些后生连喝酒都喝不过她。身手好、酒量好也就算了，她脑子还特别好使，天生就是帅才。

商方是个小方国，经常遭受别的方国欺负，其中就有妇妌打败的贡方。每次商方都转危为安、以弱胜强。带领商方打胜仗的不是商方诸侯，而是他的宝贝女儿，叫"好"。商方诸侯（不是商侯）觉得他这辈子最有成就的事就是生了这个叫作"好"的闺女，名字也取得好，她除了"好"还能说什么呢？"好"除了智力、容貌和身手好以外，还是个好有梦想的女子，她跟她爹说：没有梦想的人是咸鱼，没有梦想的女人是女咸鱼。

商好是好女子，当然不是女咸鱼，她是条志在远方的美人鱼。她的梦想是成为大鲨鱼武丁的老婆。那些绕在她身边的黄花鱼、带鱼、章鱼啥的她瞧都不瞧，惹烦了，踢他们一脚就算是给面子。不清楚商方诸侯耍了什么手段让大鲨鱼见了美人鱼，我估计那个手段是个"好"手段——商好自己出的主意。

知天命的武丁看见"好"女子后，才知道天命和天威一样不可测度。他虽然阅人无数，但看见好时居然像一个毛头小伙遇见初恋一样，老心脏跳得快要休克。武丁心想：难道我此前的五十多年都白活了？她就是致我已逝青春的颂歌！

商好看见武丁时也傻了，心想：这个老男人怎么可以这么帅？帅得没有天理！她注意到他威严、睿智、坚毅的眼神在看着她的时候，瞬间就柔和了，甚至还带着一丝毛头小伙才有的羞涩。那天武丁说了一句后来被商好多次"取笑"的话，他说：为什么我们没有早点相遇？商好说：你个傻子！再早点我还是个流鼻涕的娃娃呢！伟大的武丁大帝竟然被人骂成"傻子"，而且被骂得很爽，被骂得幸福地傻笑起来。

商好于是成为妇好，武丁的第二任王后。商方具体地点不详，考虑到那是一个方国，离殷邑应该比较远，但是因为妇好，商方和商朝天涯若比邻。

豫剧传统曲目《天军凤帅》又名《女元帅》《凤帅令》，凤帅指的便是妇好。故事来自民间传说，讲的是妇好作为王后曾多次领军帮丈夫武丁"打架"，收服部落。河南梆子老艺术家林黛云、时倩云和陈素真都曾演过此古董戏。如果没有后来殷墟出土的甲骨文和妇好墓里发现的大量文物，谁也不会相信《天军凤帅》里讲的故事竟然是真的。连"凤帅"的称号都不是泛指，而是非常确切。妇好墓里有一只黄色玉凤，长一百三十六毫米，厚七毫米，玉凤高冠勾喙，短翅长尾，长尾舒展，弯曲自然，飘逸生动，通体没有杂纹，精美绝伦。那肯定是妇好的心爱之物，常常佩戴在身，后人称她为"凤帅"是有道理的。

妇好墓在河南省安阳市小屯村西北，殷墟宗庙宫殿区附近发掘出土。它是殷墟发掘五十年来，唯一保存完好的王室墓葬，并且能够把历史文献和甲骨文联系起来，进而可以确定墓主的具体身份。对于商代后期的历史考古研究，其价值和意义不言而喻。

妇好墓的发现是在1975年冬天，村民们准备把村西北一万多平方米，高出村庄八十米左右的小岗开垦成梯田。由于那一带是殷墟遗址，中国科学院考古研究所安阳站及时制止了村民的行动，对小岗进行先期探查，这才发现那个险些成为农田的小岗是一个非常重要的历史遗址。妇好墓得以发现并被完整保存下来，安阳工作站功德无量。

1976年春，挖掘工作正式由考古学家郑振香和陈志达接手。那个墓看上去不算大，墓口约二十二平方米，但深达八米多，是典型的竖穴墓。木椁（guǒ，棺材外面的套棺）长三点五米，高一点三米，椁盖上覆着彩绘丝织品，里面是漆棺，棺材里面的尸骨已经腐蚀无存。这个墓的规模和周以后的王家墓葬没法比，周朝天子的棺材外面的椁就有七层，可想而知周王墓有多大。每一朝君主的待遇都升级，无论是活着还是死去。

这个并不算大的墓，出土的东西可不少，大大小小共计一千九百二十八件，有青铜器、玉器、宝石器、象牙器、骨器、蚌器等。最值得注意的是青铜器共四百六十八件，以礼器和兵器为主。礼器类别较全，有炊器、食器、酒器等。其中有一对著名的司母辛方鼎，那是她的两个儿子为纪念母亲而铸，一只是方鼎，一只是扁足鼎。上有铭文的铜礼器一百九十件，其中铸"妇好"铭文的共一百零九件。

不同铭文的青铜礼器大多是酒器，其中有中型盛酒器觯（zhì）、觥（gōng）、尊、卣（yǒu）、壶，大型盛酒器叫罍（léi），贴心地配了十觚（gū）和十爵。觚有点像只小喇叭，口太大，很容易洒，为了不洒，就得特别小心地端起来，小口轻酌，时间长了，斯文的贵族范就练出来了。爵的上部形状有点像一只燕子，下面有三足，可以架在火上温酒。妇好墓里如此齐全的酒器说明商人嗜酒（"商"字的甲骨文就像一个去掉三足、倒放的爵），妇好也是个爱喝而且能喝酒的女人。

陪葬的兵器有多种，戈、钺、镞等等，这说明妇好既爱红装又爱武装，两方面她都做得很好：王的女人和王的大帅。两件铸"妇好"铭文的大铜钺尤其令人瞩目，一件是龙纹钺，一件是虎纹钺。这两件铜钺分别重八点五公斤和九公斤，它们都是妇好生前使用的兵器，这足以证明妇好力大过人，武艺出众，绝对是个女汉子。钺不是谁力气大就可以使用的，那是王权的象征，只有商王自己和他授权的统帅方可使用，否则便是大逆不道的"僭越"。

仅在安阳殷墟出土的一万余片甲骨中，提及妇好的就达两百多次，她的身份是王后、母亲、重臣、大祭司、诸侯和大将军。

1899年至1976年出土的甲骨文证实妇好一生征战多达九十余次，征讨土方、巴方、南夷国、南巴方、鬼方以及羌等二十多个方国！如此赫赫战功让人目瞪口呆，岂止巾帼不让须眉，有哪个须眉敢站在她面前显摆自己的战绩？！她是一位名副其实的军事家。

妇好率军作战有一定的偶然性。某年夏天，土方入侵北方边境，前去征讨的将领迟迟不能战胜敌人，妇好替武丁着急，主动要求率兵前往助战。虽说此前有妇姘率军出战的先例，但武丁不放心让妇好去打仗，尽管他早听说过她曾经在商方帮父兄打仗的不凡战绩。在武丁眼里，妇好只是个漂亮女人，甚至是个孩子，比他的儿子祖己还要年轻不少，他实在不放心让她去血肉横飞的战场冲锋陷阵。

妇好是个任性的女子。以前在娘家商方，她父亲拿她没办法；如今在商朝王宫里，她丈夫也拿她没办法。妇好真是个好命的女人。武丁被妇好缠得没办法，怎么哄都没用，后来祖己想了个办法，让妇好去慰问伤残的士兵。武丁觉得这是个天才的好主意，心想妇好只要目睹了那些士兵受的痛苦，她一定会打消上战场的冲动。哪知道妇好回来，更坚定了上战场的想法。

最后武丁只得同意了妇好的"瞎胡闹"，但是他附加一个条件——占卜。倘若卜辞说否，那么妇好必须乖乖地留下来。妇好也只得同意，她个性再强也不敢违天命，"国之大事，在祀与戎"①。占卜的结果是妇好可以出征。妇好兴高采烈，武丁则无精打采，但也只得依了妇好，确切地说是服从"天命"。这也说明，武丁对于甲骨卜辞是敬畏的，他没有贿赂或者威胁卜官。姜子牙可没武丁这么乖，进军牧野之前，卜辞显示大凶，可姜子牙依然选择逆天而行，周武王和他的太公望真的像圣人赞扬的那样敬畏天命吗？他们对天命没有武丁的那份虔诚之心。

妇好出征那天，武丁亲自送她出城，再三叮嘱她不能因为追求曲线美而不戴甲胄，妇好直点着头，像第一次出去春游的小学生一样兴奋不已。

送走妇好，武丁就开始了茶饭不思地等待。他每天都派遣斥候出去打探，终于第N个斥候带来了令武丁振奋的消息：妇好一到，战事转好，土方被克！武丁喜出望外，土方有没有被克不是他首先关心的事，关键是妇好安全归来比什么都好，当然战胜土方那是锦上添花。

武丁事后了解到，妇好一到前线，其军事天赋就显露出来，采取敌进我退、敌退我进的"进退"策略，把土方诸侯搞得进退失据，于是在一次该进不进、该退不退的伏击战中被商军一举击溃。武丁问妇好是怎么想出那个策略的，妇好本想说她当年在娘家就是如此对付那些追求她的小伙子，怕武丁吃醋，就打哈哈

① 《左传·成公十三年》。

说：小菜一碟，我是谁呀？我是武丁大帝的王后！吓也吓死他们土方。妇好顺手拍了一记温情脉脉的马屁，把武丁感动得不行，当下赐给她一只精美的玉凤。

从此妇好的"凤帅"之名不胫而走，那些跟随妇好征战过的大男人都打心眼里佩服这个永远站在队伍最前面的女人，仪态万方而又威风凛凛，连大将禽、羽都对她心悦诚服。妇好以为自土方一战之后，她要出去打仗的申请肯定很容易就被批准，这个聪明的女人想错了。

武丁仍然想方设法阻止她，只是他的方与法越来越少，到后来这位大帝只剩下一招了——拖。不是要卜卦吗？先拖几天再卜。祭司年事已高，得让他老人家伤风感冒好了再说，对吧？什么？可以出征？那起码得等天晴了吧？天晴了，那得先派一个斥候出去巡逻，然后再派一个……情报很重要，一定要核实、核实再核实。

攻打巴方一役，武丁实在不放心妇好深入蜀地，又拗不过任性的妻子，于是他干了一件让人掉下巴的事：他陪妇好一起去前线。妇好很感动，她做了武丁对她做过的事——阻止武丁出征。不过她推三阻四的能力比她老公差远了，武丁三个字就搞定了，他说的不是"我爱你"，而是"我是王"，其他的啥都不用说了。妇好眼含泪花，躺在武丁的臂弯里说："我爱你！我会保护你，谁也不能伤害我的大王！"武丁闻言哈哈大笑，眼泪都笑出来了。

武丁和妇好的那次联手漂亮至极，他们夫唱妇随，生死与共。他们策划了一个看似简单但是完美的方案：武丁作为共主，手挥王钺率领各路诸侯从正面对巴方发动猛攻，但是"网开一面"让敌人轻松逃跑，那"一面"的尽头是妇好精心布置好的口袋阵。结局不难猜，巴方吃了巴豆似的溃得不可收拾。

妇好后来多次单独出征，武丁待在王宫里坐卧不宁，有事没事就找巫师占卜，询问妇好吉凶，不知道耗去了多少甲骨。每次听到妇好归来的消息，武丁高兴得像个孩子似的亲自出城相迎，有一次他居然迎出一百多里地！当这对彼此挂念的夫妻在野外相遇时，他们就像热恋中的男女，将所有部属甩在后面，两人一起肩并肩在荒原上纵马驰骋。武丁和妇好的爱情故事通过寥寥数句的甲骨文得以流传千古，后世再没有如他们一般的帝王与王后。

如果有人拍武丁与妇好的爱情故事，他们纵马嬉闹的场景一定必不可少，但千万别拍出马背上的马鞍，那时可没有马鞍，顶多在马背上铺块兽皮啥的，让屁股舒服些而已。殷墟有一个人马合葬墓，一人，一马，保护性的马饰及轻便的兵器戈，这说明当时马已经可以作为单骑。当时的骑兵不是用来战斗的，而是作为斥候，像武丁和妇好骑在马上浪漫溜达几圈当然没问题。

武丁和妇好如胶似漆，但妇好平日里不住在王宫，而是在自己的封地，她不想成为后宫里的一条"咸鱼"。妇好主持自己封地范围内的一切事务，拥有田地和直属军队。她和别的诸侯国一样，有参战和进贡的义务（武丁并不希望她履行参战的义务，参战的义务在妇好成了出战的借口）。妇好进贡的东西按甲骨所载，和妇妌一样，主要也是龟甲和兽骨。

妇好领军的最大一次战役是征伐羌国。甲骨文载："登妇好三千，登旅万乎伐羌。"意思是妇好的直属人马三千人，加上武丁爱将禽、羽的兵马一万人，前去征伐捣乱的羌国。在那个时代，一万三千人的队伍绝对是大军，规模相当于成汤当年在鸣条与夏桀的终极之战。这是甲骨文中所记载的商朝最大的一次战役（牧野之战规模当然比这个大，但没有相关甲骨记载）。羌族很骁勇，那场战役旷日持久，最终虽然以妇好的胜利而告终，羌的方伯被擒获，但商军的损失也很大，可以说是杀敌一千，自损八百，武丁和妇好因此对羌恨之入骨。

妇好胜利归来后，武丁为她举行了盛大的庆典。那时的庆典和现在的不一样，不是什么载歌载舞，而是祭天和祭祖，祭物就是俘虏。主持祭祀的便是妇好，她把俘获的上千羌人尽数杀死在祭坛。不清楚妇好什么时候、凭什么成为商的祭司，反正她是祭司。如此一来，她以后出征可能就少了一道手续，她既是运动员又是裁判，武丁实在没什么筹码可玩，难怪妇好在十五年里出征近百次！

　　妇好是武丁朝的大祭司，举凡国家大事，诸如战事、天灾，小到祭祀商王列祖、祭祀山泉，都有她腾云驾雾的身影。祭司的身份本就高贵，加上她王后、诸侯、军事统帅的身份，可想而知，妇好当时的地位有多高。她和那些"一人之下，万人之上"的肱股大臣还不一样——那样的大臣一般都会招致君王猜忌——妇好不一样，武丁对她只有无限的宠爱，她是要风得风、要雨得雨，她是主人翁。

　　妇好如意事常八九，不顺心的事只有一桩，那就是她的两个儿子祖庚和祖甲都不是法定王位继承人，妇妌的儿子祖己（孝己）早就被指定继承武丁大位，而且在相位上工作出色，深孚众望。

　　妇好和武丁一共有四个孩子，除了祖庚、祖甲，还有两个女儿：子妥和子媚。这两个女人也非等闲之辈，事迹虽语焉不详，但她们都曾任职于王朝，并且跟妇好一样，都有她们自己的封地。殷墟中出土的子妥鼎、子媚鼎就是商后人为祭奠她们而铸。有一种说法认为子妥和子媚不一定是妇好的女儿，妇好的女儿另有其人，我觉得以武丁的性格，他肯定愿意把最好的东西都给妇好以及他们的爱情结晶们。从子妥和子媚的待遇来看，她们极有可能是妇好的女儿，因为只有妇好的孩子才能子（女）以母贵，要什么有什么。

　　妇妌在世时的"社会"地位应该和妇好不相上下，或者说没有妇好之前，她曾是武丁最信任的女人。妇妌除了率军出征的次数远远少于妇好，其他方面妇好能做的她也能做，她还有一个妇好不擅长的技能——种庄稼。武丁对她一直信任和宠爱有加，所以她才被立为王后，儿子祖己被立为王子。妇妌在儿子发生变故前几年就死了，祖己当时铸造了一只商代最大的后母戊鼎纪念和祭祀母亲。

当时青铜贵如黄金，主要用于制造王室礼器（包括酒器），没有多少剩余拿去做兵器，更别说生产工具了。有限的青铜兵器也主要供王室成员和高级将领使用。事实上，一直到西周早期，兵器仍以石头、骨头和木头为主打产品。武王伐纣的终极大战，血流成河，用《尚书》的话说就是"血流漂杵"。杵就是殳，当时步兵的主要武器，从夏到西周款式不变，质材不变，肯定是木制的，否则怎么漂得起来？武丁准许祖己用一千六百多斤的青铜为妇妌铸鼎，这足见妇妌当时在武丁心目中的地位，也证明了祖己深得父亲的信任，他的王子地位稳如后母戊鼎，谁都无力撼动。

刚被立为王后那会儿，妇好沉浸在甜蜜的爱情之中，幸福的女人对谁都是一副笑脸，和王子和睦相处，也尊重她的前任妇妌，一切都很和谐。等到妇好有了自己的儿子，她开始有想法了，当爱情结了晶，风花雪月就有了油盐酱醋的味道。

妇好一直都是个有梦想的人，或许是商朝最有梦想的女人。她想让自己成为王后，她成功了；现在她让自己的儿子成为王位继承人。她有这种想法也正常，哪个母亲不希望自己的儿子有出息？她是个敢想敢做的女人，她清楚得很，要达到自己的目标，必须得废掉祖己。

祖己很能干，品行端正，侍母至孝，所以他才被后人尊称为"孝己"。武丁对这个儿子很满意，妇好要动他谈何容易。一般来说，太子被废最常见的大罪是谋反，可这个罪名安到孝己头上，妇好自己都不相信。史书没有妇好如何陷害祖己的记载，我想最有效的方式便是让武丁吃醋，而情敌竟然是儿子，那么武丁的暴怒可想而知。这种手段死无对证，妇好只要单方面"哭诉"，祖己连解释的机会都没有。武丁对妇好的恩爱、宠爱和信任无以复加，于是乎祖己在武丁二十五年，"卒于野"。

祖己死得冤，妇好手段使得毒。当然这只是笔者的猜测而已，不管怎样，祖己因妇好被父亲流放至死，具体操作方式是什么已经不重要了。妇好如愿看到她的儿子祖庚作为祖己的替补成为王子，并最终成为商朝第二十四任君王。

妇好所有的愿望都实现了，眼看她就可以成为"王母娘娘"了，可惜人算不如天算，她等不到那天了。她未能亲眼看见自己儿子登上王位的荣耀时刻，但她的"梦想"其实超额完成了，她的两个儿子后来都成了商王。只是如果她知道自己的两个儿子治国能力远逊于被她害死的祖己，她在天之灵是否心安？

武丁平定了周围不服管教的方伯之国，唯独九头鸟荆楚不服。武丁勃然大怒，亲自兴兵讨伐，当时妇好有孕在身，没有随同出征。过些日子消息传来——武丁战况不顺，妇好决定助阵，谁劝都没用。祭司占卜王后出征凶吉，卦象显示"战局可挽，血光主难"。别忘了妇好也是祭司，那个祭司的话仅供参考，再说既然"战局可挽"，那么流点血算什么？

妇好义无反顾地率领亲兵，奔赴荆地救夫。武丁看到妇好前来，非常感动，商军的士气也高涨起来，于是一鼓作气赢得最后胜利。然而妇好却到了生命的尽头，她本就身怀六甲，加上浴血奋战，最终力竭而死，死在武丁的怀抱里。有一块甲骨上如是说："出贞……王……于母辛……百宰……血。"从这语焉不详的信息里，不难推测妇好之死与征战有关。武丁伐荆虽然取胜，但得不偿失：战线太长，商军损耗很大，更重要的是他失去了他的至爱。

妇好去世时才三十三岁，可以想象武丁多么心痛。权倾天下的他几乎有能力完成任何事，只是他救不活心爱的女人，他唯一能做的就是厚葬她。除了上文提及的那些葬品外，武丁怕妇好钱不够花，在她墓里放了六千八百多枚海贝。由此可见，当时尚没有铜贝，否则武丁不可能不拿更"值钱"的铜贝给妇好陪葬。那么多贝币当时是一笔巨款。举个例子，祭祀用的顶级元龟值二十个贝，也就是说那些钱够买三百四十个以上的元龟。要知道妇妌一共才进贡了两百个龟甲而已，甘盘才献了二十四个，他们所献的乌龟仅仅是适于祭祀的十类乌龟，不可能全是"至宝"元龟。

妇好墓竟然就在武丁宫殿之侧，武丁还令人在墓上修建了作为祭祀之用的宗庙，称为"妇好享堂"，卜辞称"母辛宗"，让后世永远纪念她。这又是一个空前绝后的举动，从来没有哪个帝王把妃子葬在宫殿附近，更不要说在墓上建立宗庙了。但武丁就这么任性地做了，他不管什么礼仪、规矩，他只想在思念的时候，可以随时随地地看望他心爱的女人，哪怕仅仅是一座沉默的坟茔。他为她温上一壶酒，悄悄地在心底吟唱："蝴蝶依旧狂恋着花，错过你转世的脸颊，你还爱我吗？我等你一句话。"

武丁肯定没有想到，正是因为"享堂"的保护，妇好墓才被完整保留下来。盗墓者挖到享堂的地基，便以为到底了，没再继续往下挖，妇好的灵柩才得以历经三千余年而安然无恙。妇妌就没那么好的运气，坟墓被挖开，盗墓贼把墓葬洗劫一空。后人现在"享堂"原址仿制了一座享堂，堂前伫立着妇好的汉白玉雕像，身着乳突纹的青铜甲胄，手握龙纹大钺，英姿飒爽。

武丁等不到妇好的"一句话"，于是常常通过卜官以卜卦的方式探问妇好去世后的"生活"状况。不清楚卜官如何回复武丁，可以肯定的是，武丁非常挂念死后的妇好，为此他干了一件匪夷所思的事，荒唐得难以置信，真是"满纸荒唐言，一把辛酸泪"。

商王室祭祀祖先时，祀典非常隆重。首先要由活人充当祖先的"尸"，接受百官祭拜，这就是"尸祭"。充当尸的活人不是人牲，相反，一般由下任王位继承人扮演，是个光荣至极的差事。成语"尸位素餐"恐是从"尸祭"演变而来，因为"尸"躺在祭台上接受祭拜，不干活光吃饭就可以了。后人把这个成语引申为"在其位不谋其政"或者"占着茅坑不拉屎"其实并不确切，作为"尸祭"中的"尸"躺在那里便是"在其位谋其政"。当时扮演"尸"的便是祖庚，妇好地下有知一定很开心。

武丁不开心。他想妇好那么年纪轻轻的就去了另一个世界，自己身体很好，一时半会儿也没法起身去陪伴她，于是，这位脑子很灵的商王就为妇好举办了别开生面的冥婚。一般冥婚都是为生前没结婚的亲人而办，丈夫为妻子办冥婚闻所未闻，让人脑洞大开。那么武丁把自己的妻子"嫁"给谁呢？他在一次大规模的家族祭祀之中，让亲属及众儿孙做见证，把妇好"嫁"给了六世祖祖乙！祖乙算是商代的贤王之一，在位十九年，史册对他评价颇高，他在任期间"殷复兴"。

为妇好和祖乙"成婚"后，武丁不放心，毕竟自己看不见另一个世界的情形，于是便急吼吼地问卜官，六世祖有没有娶妇好，卜官非常肯定地回答：是的，祖乙娶了（甲骨中记载："武丁：妇好有娶乎？贞人：唯祖乙娶"）。于是武丁放心了，有祖乙照料，妇好的生活不会差。

过了些日子，武丁又不放心了，这次他问都不问卜官，直接率领家族成员祭祀妇好，并且再次为妇好举办"婚礼"，让十一世祖太甲迎娶妇好！可怜的武丁是不是梦到祖乙跟妇好离婚了？仪式结束之后，他像上次一样招来卜官，打探太甲有没有娶妇好，卜官马上给予答复：是的，太甲娶了（"武丁：妇好有娶乎？贞人：唯太甲娶"）。武丁便放心率众而归。

又过了些日子，武丁又不放心了，于是如法炮制前两次的流程，祭祀加"婚礼"，他可能以为太甲把妇好甩了，更可能的是妇好把太甲甩了，她太任性了，干得出"休夫"这种事。那次他把妇好"嫁"给商朝的建立者成汤！"婚礼"依旧圆满结束，因为卜官明确肯定"唯（成）汤娶"。那是武丁最后一次为妇好举办冥婚，他终于放下了心来：有三位伟大的先王共同罩着妇好，那么在阴世谁还敢欺负她？四个人还可以凑一桌喝喝小酒，打打麻将，其乐融融。

在妇好的三次冥婚中，出演祖乙、太甲和成汤的恰恰是她的儿子祖庚，把她"嫁"出去的人是丈夫武丁，如此空前绝后的婚礼居然一而再，再而三！武丁的荒唐恰恰表露了他对妇好的一往情深，只要妇好在那边一切都好就行，他完全不考虑有一天他去那边了，自己的角色有多么尴尬。他也让他的三位先人尴尬，到底是他们共同娶了妇好还是妇好娶了他们仨？武丁无意中让那三位先王成了妇好的"王后"，也许他自己日后将成为第四位"王后"。不清楚武丁为什么没看上太戊，太戊比祖乙和太甲可强太多了，太戊在位长达七十五年，其成就和武丁相比犹有过之。也许武丁不敢把妇好嫁给太戊，那位先王比他还强，万一妇好死心塌地地爱上太戊，武丁将来在那个世界还不成天泡在醋坛子里洗澡度日？

武丁在妇好之后，按照王室规矩，另立了一位王后妇癸。甲骨中几乎没有关于她的任何记载，只知她没过几年就死了。武丁的心在那位死去的女人身上，妇癸的落寞可想而知。因为王后的身份，妇癸得以进入商的宗庙接受香火，名字才被留下来，否则她将和其余的六十个"多妇"一样默默无闻。

妇癸是个不幸的女人，无论她如何活色生香，都敌不过那个在坟茔中的女人，她经常看见丈夫提着酒器，坐在那个女人的墓前久久不忍离开，哼着令人心碎的歌：总是放不下，轮回的记忆在风化，我将它牢牢记下！

六　江河日下

武丁驾崩之后，他和妇好的儿子祖庚如妇好所愿登上王位，根据夏商周断代工程，那一年是公元前1191年。《竹书》说，祖庚即位时特作《高宗之训》以示继承父亲武丁遗志。

《殷本纪》也提到《高宗之训》，不过作者不是祖庚，而是他的哥哥祖己。显然司马迁当时不认为祖己是祖庚的哥哥，《殷本纪》里的祖己是个来历不明的人，非常突然地取代武丁好不容易才找到的"梦圣"傅说。在祖庚朝，祖己依然是个举足轻重的人物，行事高调得莫名其妙。司马迁很显然没有看过《竹书》，祖庚上台时，祖己早就是一堆白骨了。

祖庚是个厚道人，登基后，把同父异母的哥哥祖己请回宗庙接受香火祭祀。祖己被商人尊为"小王"，祖庚称兄长为"兄己"。想必祖庚和哥哥感情很好，他自己未必愿意取代兄长为王。那时他还是个孩子，哪里能够理解母亲的苦心和狠心？祖己被放逐时，祖庚有没有为哥哥哭泣？

《殷本纪》关于祖庚的那段文字里只有一个"立"字跟祖庚有关："子帝祖庚立。"其余文字全是祖己的表演："祖己嘉武丁之以祥雉为德，立其庙为高宗，遂作《高宗肜日》及《训》。"祖己有什么资格给武丁立庙号？

武丁被尊为高宗居然是因为"以祥雉为德"——和那只鲁莽的野鸡有关。这是什么逻辑啊？如果那只野鸡不出现的话，武丁是什么宗？司马迁面对祖己和祖庚彻底凌乱了，话说得颠三倒四。当他说祖己为武丁立庙号时，无意之中已经暗示了祖己是武丁之子，因为只有先王子嗣才有权力立其庙、颂其宗。为武丁立谥号，那应该是现任商王祖庚该干的事——《竹书》的记载完全正确。

祖庚在位共十一年，史册里没有留下一笔可资记载的政绩。祖庚死后，其弟祖甲，也即妇好的另一个儿子继承王位。

司马迁好像很瞧不起妇好的二儿子，对其评价极低，只有五个字："淫乱，殷复衰。"差得不能再差了。祖甲真的那么差劲吗？

按《尚书·无逸》的说法，祖甲是个见荣誉就躲、见利益就闪的人。武丁当年废了祖己，但并未看上祖庚，他本来想让小儿子祖甲做继承人。祖甲一口回绝了，认为取兄长而代之是不义的行为，于是他从王宫出走，躲在乡野村间做个小老百姓，翻译成文言文便是：其在祖甲，不义惟王，旧为小人。曾为"小人"的祖甲是个高尚的人。

司马迁明显没有采纳《尚书》里关于祖甲的记载。《史记》前三章里援引了很多《尚书》里的资料，有些基本上是原文照抄，略作改动而已；写到祖甲，司马迁突然弃《尚书》于不顾，干巴巴地给出五字评语，不过这个评语实在不负责任，对祖甲不公平。

《国语》对祖甲评价也不高："玄王勤商，十有四世而兴，帝甲乱之，七世而陨。"玄王指契，历经十四世惨淡经营，至成汤建立商朝；祖甲乱了朝纲，于是商朝自那以后，历七世商亡。不过祖甲之"乱"似乎不能以"淫乱"以蔽之，"乱"和"淫乱"毕竟是两码事。

让我们来看看祖甲做了什么，他是不是真的那么不堪？

据《竹书》的说法，祖甲十二年，御驾亲征讨伐西戎。西戎曾在太戊朝主动来宾，太戊亲切接见了他们，并派王孟出使西戎。眼见商朝经"九世之乱"没落，西戎撒脚丫子就跑开了，不但不来宾，反而为寇，学起中丁朝的蓝夷来。他们想：蓝夷做得，西戎就做不得？

中丁当年未能奈何蓝夷，河亶甲上位后替他哥哥出了口恶气——灭了蓝夷，从此蓝夷像大禹时的三苗一样，消失得无影无踪。有历史学家考证说，蓝夷残部流窜到内蒙古了，也有说窜到了陕西，据说那个盛产玉石的蓝田就是蓝夷人的集聚地，我不知道这个推测有多大的可信性。

西戎学习蓝夷坏榜样，结局也跟蓝夷一样，蓝夷好歹还跟河亶甲耗了一阵子，他们却被祖甲一趟出征就摆平了。要知道西戎可是久经考验的"惯犯"，他们并不是不如蓝夷善战，而是祖甲太善战了。西戎首领后来在新闻发布会说：不是俺们无能，而是那家伙太能打了。祖甲打仗有把刷子，绝对不是个好色的镰枪头，西戎为证。基于此，我恳请太史公撤回对祖甲的指控。

第二年，西戎就乖乖地"来宾"，可怜他们折腾了百来年，不到一年的时间就被祖甲收拾了。

同年，邳侯亚圉的儿子组绀继承父亲的爵位。组绀之于周朝，相当于王亥之于商朝，他的年龄也和王亥一样可疑。亚圉是在盘庚十九年顶替父亲高圉继任邳侯，历经盘庚、小辛、小乙、武丁、祖庚，到祖甲十三年，已经一百零五年过去了！亚圉活了多少岁？他在多大年纪生下儿子组绀？如果你一口咬定那时候的人就是那么长寿，就是那么老当益壮，我也没办法。

祖甲二十四年，他做了一件事，对商朝影响极大："重作汤刑。"[1]汤刑即商朝法律的总称，其品牌创立者是成汤，故谓"汤刑"。

汤刑的具体内容已经无籍可考，就像大禹的"蔡刑"一样。《左传·昭公六年》记载："商有乱政，而作汤刑。"看来成汤当初"革命"成功之后，政局很不稳，才针对性地制定"汤刑"，这属于成汤的私人定制。"汤刑"明显是特定时期的产物，乱世之

---

[1] 《竹书纪年》。

重典，后来一直不用，也就渐渐被遗忘，乃至无人能说出所以然来。

有意思的是孔颖达对于"汤刑"的注疏："刑不可知，威不可测，则民畏上也。"如果一种刑法不为人所知，那么刑法就成了一种私刑，想怎么来怎么来，想想就够吓人的，确实够"威"。但这不是法律的威严，而是人治的叵测，法官想怎么判怎么判。

祖甲不知道从哪个犄角旮旯找出祖宗的"汤刑"，也不管是否合适，拂去上面的蜘蛛网和灰尘就用上了。成汤的"汤刑"极有可能"定制"于六年大旱期间，大旱导致大饥荒，社会上动荡不难想象，人心散了，队伍不好带了，于是成汤开发"汤刑"以为震慑。

然而此一时彼一时也，成汤的"汤刑"在祖甲时水土不服，《竹书》总结说："迨其末也，繁刑以携远，殷道复衰。""繁刑"就是重刑，祖甲欲用祖先"不可知"的"汤刑"制约蠢蠢欲动的诸侯，稳定国内的不安定因素，效果恰得其反。

祖甲可能没有意识到，能施重典的王非得是个狠角色，比如成汤，在东郊发表"三月宣言"把诸侯们吓得大气不敢出，成汤玩得转汤刑。武丁也能玩，如果他愿意的话。不过显然他不需要玩这个，他负手而立便不怒自威，何况他老人家还经常发怒。祖甲是个软性子，怎么能玩得转汤刑？再说当时商朝自武丁之后一年不如一年，势利眼诸侯们已经对宗主失去敬畏之心，祖甲还想拿重刑吓唬他们说明没有自知之明。不是贴了胸毛就可以当土匪的，你得有把子力气、有股子匪气，祖甲两样都缺。诸侯不买账，不仅政治影响恶劣，经济损失也接踵而来：没人上贡了，相当于股东撤资，于是乎"商业"又不景气了，"熊市"又来了。

不合时宜地使用"汤刑"是祖甲执政的败笔。左丘明把商朝灭亡的祸根算在祖甲头上；司马迁更上层楼，把祖甲说得一无是处，除了淫乱，什么都不会。祖甲为王时，经济状况很不好，他爹武丁的武功了得，看起来风光无限，可是差不多把国库给掏空了，诸侯上贡又锐减，也难怪祖甲着急上火用"繁刑"，他真的是没辙了。

自祖甲之后，商代还有六代，应该有足够的时间重整旗鼓，少康不是中兴了吗？太戊、武丁不也中兴了吗？可偏偏自祖甲之后，一代不如一代，于是追根究底，"乱"的源头就算在他头上了，成了"历七世商亡"的老祖宗。他的七世孙帝辛则被周武王和后人们塑造成败家玩意儿的形象代言人——商纣。

祖甲二十七年，他任命两个双胞胎儿子嚣与良分别为王位第一继承人和第二继承人，徐中舒在《先秦史论稿》说祖甲废除兄终弟及制，开创嫡长子继承制，这是从何说起啊？

嫡长子继承制一直是自夏以来的主旋律，兄终弟及一般都是非典型交接，不外两种情况：一是儿子太不争气。比如不降对孔甲失望之极，才转而把帝位传给弟弟扃，从而改变了夏朝自大禹以来的传子祖制。不降之后，只发生了一起兄弟接棒，而且"弟终兄及"，胤甲死后，他的堂弟孔甲上台了。二是权臣操纵。兄终弟及在商朝时突然多了起来，伊尹是任性的始作俑者。他先剥夺了太丁儿子太甲的继承权，让太丁的弟弟外丙做王，接着又剥夺了外丙儿子的继承权，让外丙的弟弟仲壬继任，然后又令人意外地选择早就被遗忘的太甲上位。可以说，大权臣伊尹打乱了商朝接班人的定例，他搞出那套非常理出牌让每个"弟弟"都心怀期待，让每个"儿子"都如履薄冰。

祖甲让两个儿子都成为王位继承人，这就意味着必有兄终弟及的状况出现，他怎么会是嫡长制的开创者？

祖甲其实是个不错的帝王，很有政治抱负，也很体恤民情。因为他早年在民间隐居，对老百姓的疾苦感同身受，用《竹书》的话来说就是："王旧在野，及即位，知小人之依，能保惠庶民，不侮鳏寡。"鳏寡孤独皆有所养，这不就是人们心目中的顶级德政吗？祖甲晚年操之过急，重典未能收到预期效果，所谓"过犹不及"。祖甲生前可以指定第二、三代领导人（此前的商王谁都没这么干过），说明他当时威望很高，可以按照自己的意志行事。隔代指定接班人，这个难度不是一般的高，历史上没几个帝王做到过。

祖甲在位时间不短，达三十三年。前二十来年他很有为，后十年他毁了前二十年的成果，用王羲之的话来说就是："岂不痛哉！"更为悲摧的是，他的后人比祖甲无能多了，最终把商朝带进万劫不复的深渊。最后一任商王帝辛（即商纣王）虽能力非凡，亦不能挽狂澜于既倒。他的故事我们后面再说，他的失败远非人们说得那么复杂，败因其实简单得不可思议。

祖甲死后，他的儿子廪辛即位，即双胞胎中的老大——嚣。嚣一点儿也不"嚣张"，在位四年，好事坏事一件不见于史册，就空空荡荡地消失了。

嚣死良替，良即位后被称为庚丁，他在位的时间是其兄长的双倍，但留给后人的背影也仅仅是一个"崩"字。祖甲地下有知，对他这两个宝贝儿子要失望死了。政治上潦倒无作为就算了，活得还特别匆忙：兄弟俩一共在位十二年就慌慌张张地找他们的爹去了，大概当时的形势太恶劣、生活太艰难、诸侯的脸色太难看了，还不如两眼一闭省心。

庚丁的儿子不像他爹和大伯那么低调，在《殷本纪》里很是露脸，唱念做打全齐活了。这个被叫作武乙的商王比夏天子孔甲还要离谱。孔甲有一点儿疯狂的音乐家和哲学家气质，武乙纯粹就是一个精神病患者，如果《殷本纪》所言不虚的话。

武乙登基那年，《竹书》特别播放滚动新闻"邠迁于岐周"，指的是邠侯组绀迁往岐周，即现在陕西岐山县境，因为周曾建国于此，故称岐周。《竹书》说的事情发生了，但是人名错了。从邠迁往岐周的不是组绀，而是组绀的儿子公亶父。《周本纪》上说公亶父本来在邠（豳）州继父位成为首领，但因为受到匈奴等戎狄民族的骚扰才弃邠州而远走周原，这个记载与《诗经》吻合。《大雅·绵》讲述的正是公亶父率领部族来到周原，在岐山下开荒种地、建城的往事。

岐周相当于成汤的西亳，对于周朝意义非凡，周文王诞生于此，因此岐周成了周朝的革命故居，孟子据此说文王乃西夷。西夷出身的文王被汉文化封为偶像，很奇怪吗？一点儿都不，比周文王更大牌的黄帝也是源于陕西，伏羲、女娲、神农等也都出自西部（今甘肃和陕西），中华文明其实肇始于西，而发轫于中原。

武乙三年，《竹书》载："自殷迁于河北。"《殷本纪》持相同看法。"河北"不是指现在的河北省，而是黄河以北。《竹书》和《殷本纪》的看法对吗？答案是既对又不对。殷墟出土的甲骨文明白无误地显示自盘庚"听见祖先的声音"迁都殷后，一直到商亡，商的都城没有挪过窝。我们应该感谢辛勤的考古工作者，他们不讲什么大道理，只有一堆沉甸甸的事实。

《竹书》为什么说武乙"自殷迁于河北"？武乙并不是真的迁都，"河北"只是武乙的行宫或者说是陪都，武乙接下来还会再搬家。

武乙三年还发生了一件事：邠侯组绀因病医治无效死于周原。《竹书》说："命周公亶父。"公亶父是组绀的儿子，儿子被立，则意味着父亲去世了。组绀还有另外一个名字叫公叔祖类，《世本》称公叔祖类为"太公组绀诸盩（chóu）"。命周公亶前面已经说过组绀死于邠，死后由儿子继位，所以《竹书》上的这则"新闻"不准确。组绀的儿子像摩西带以色列人出埃及一样，带领他的部族从邠州迁往周原。

组绀的儿子公亶父大名鼎鼎，在《诗经》里属于头版头条的人物。正是公亶父在周原的岐山下建立新都城，才有了"岐周"和"周"。从那时起，邠侯成为一个历史名词，公亶父因周原被立为周侯。组绀为侯三十年左右，很正常，他爹亚圉为邠侯长达一百零五年，合适吗？

过了十二年，武乙又把行宫从"河北"迁于沬。沬便是大名鼎鼎的朝歌，即现在河南省鹤壁市淇县，是最后一任商王的葬身之地。有些学者据《竹书》所说："三年，自殷迁于河北"以及"十五年，自河北迁于沬"，从而推断"自盘庚徙殷，至纣之灭，七百七十三年，更不徙都"[①]是错误的。那是因为他们误把陪都当作都城了，武乙时商朝的都城仍是殷。武乙的儿子文丁继位后，《竹书》说："元年丁丑，王即位，居殷。"因为殷邑一直都是商的都城，所以才不需特别说明从沬迁回殷。

武乙十二年内两次迁"都"的原因不明，有人猜测可能性大概有四：一、东夷入侵；二、旱灾；三、水灾；四、内忧。概括起来便是人祸与天灾，言之有理，但是查无实据。盘庚之前的五次迁都（含殷邑）均非受迫于外患，而是因为内忧。商朝在与夷族的争斗中从不落下风，哪怕是在"殷道衰"的时代，无论什么方、什么夷都没捞到什么便宜。

祖乙在位期间，先后两次迁都。第一次从相迁到耿是为了回避旧都矛盾；从耿迁到庇，则是因为水患。如果一定要为武乙两次搬家找原因的话，祖乙也许便是前车之鉴，水灾的可能性尤其大，河南段的黄河历史上发生过无数次因泥沙淤塞而导致的洪涝。

武乙二十一年，做了十八年豳侯和周侯的公亶父死了，他后来被孙子周武王追封为太王。公亶父在周朝的地位，犹胜王亥之

---

① 《古本竹书纪本》。

于商朝。他在历史上的口碑比王亥好太多了，天上地下之别：不仅其政绩好，个人品质也极好，一句话——公亶父无缺点。

《梁惠王下》里说："昔者大王好色，爱厥妃。"大王指公亶父，厥妃是指其最宠爱的妃子太姜，然后援引《诗经》里的话说公亶父第二天一大早就骑着马，沿西边河岸来到岐山，带着妃子太姜，视察居处（"古公亶父，来朝走马，率西水浒，至于岐下，爰及姜女，聿来胥宇"）。我不太清楚为什么公亶父带着爱妃视察下榻处就成了美德？更不清楚为何此举会产生如此良好的社会效应：自怨自怜的男女光棍都消失了，所谓"内无怨女，外无旷夫"[①]？！

我们还是把镜头转向公亶父，看看究竟是谁接了他的班。

公亶父有三个儿子，长子泰伯，次子仲雍，老幺季历。公亶父喜欢小儿子季历，因其贤，但这并不是公亶父传位于他的理由。季历之所以获得父亲力挺上位，乃是因为他儿子姬昌！因为公亶父认定孙子有"圣瑞"，于是隔代指定接班人，为了将来姬昌顺利接棒，必须先传位于季历。泰伯和仲雍知道父亲的心思后，于是乖巧辟位，正确的名词应该叫"内禅"。这哥俩表决心表到了变态的地步，断发文身，把自己糟蹋成人见人厌的蛮夷装扮，以示他们绝不够格继承周公的大位，谁推荐他们谁就是蛮夷的粉丝，就是汉奸。不过他俩的戏演得有点过头，明知没人选他们为岐周最高领导人，还如此决绝地摆出拒绝的姿态，实在多余。

泰伯和仲雍可不是等闲之辈，尤其是泰伯，不做岐周之王，去别处上岗，一样为王。《史记》"世家"第一篇《吴太伯世家》讲的就是泰伯立国。泰伯赤手空拳创立吴国，按说难度系数应该极大，想象一下就很励志、很气壮山河，可事实上他什么都没做

[①] 《孟子·梁惠王下》。

就被荆蛮拥戴为王，因为荆蛮被他毁容避位的崇高美德打动了！泰伯死后无子，弟弟仲雍继承了吴王之位。

虽然季历以非典型的方式继位，但他很争气，没有给他父亲丢脸，他吞并诸侯的本事和四肘成汤不相上下。他也许是周室先人里最会打仗的一个，他的儿孙周文王和周武王比他名气要大得多，但是论军事业务能力，文、武二王捆一块儿都不如季历。

武乙二十四年，季历不知道找了个什么借口讨伐程国，战而胜之；武乙三十年，季历又找了个借口讨伐义渠戎人，并且还牛气冲天地把人家义渠国君作为战利品押往商都示众、领赏。季历为什么不直接杀了义渠国君，而以献俘的方式羞辱对方？从甘肃到商都可不近，可季历愿意劳师兴众，他觉得很过瘾。

义渠是西戎的一支，所以又叫"义渠之戎"，所在地是甘肃庆阳西南，即现在甘肃宁县。季历的祖先从不窋到公刘一直居于庆阳，后来义渠人眼红公刘的产业，就把公刘赶走了。公刘当时没有军队，没办法跟义渠人交手，只得含泪出走。据圣人说公刘德行好极了，可他显然无法"以德服人"。义渠是姬家世仇，季历对之切齿痛恨，既然德不能服人，那就以力服人。季历确实厉害，义渠之戎可是个狠角色，一直狠到战国末期，才被一个更狠的角色——秦昭王灭掉。

季历一方面东征西讨，锋芒毕露；另一方面又韬光养晦，对商朝行臣国之礼，其实就是走个过场，做个"来宾"而已，还有赏可讨。武乙三十四年，季历来朝，得到的赏赐非常丰厚："地三十里，玉十珏，马十匹！"[①]

季历很幸运，他活在武乙时代，而不是武丁朝，看看武丁是怎么对待大彭和豕韦的。武乙跟他爷爷武丁虽只差一字，实力上

---

① 《竹书纪年》。

却有千里之别。他对战功赫赫的季历不可能没有忌惮之心，可他不但不敢采取任何行动，还得赔着一副笑脸，目送那个背影越来越高大的"来宾"姬爷带着封赏，浩浩荡荡地走出他的视线。春风得意的季历成为天下诸侯们仰慕的对象，诸侯们心驰神往地对他们的诸老婆说："生子当如姬老三。"

季历从朝歌回来后，稍事休整，继续按既定方针办，有条不紊地开始他的吞并业务，那一次他的矛头对准了姬家的另一个世仇。

"三十五年，周公季历伐西落鬼戎。"①西落鬼戎即鬼方，鬼方即匈奴。他们曾被武丁收拾过，如今又被未来周朝的先王揍了一顿。季历伐鬼戎，完全属于"恶意打击报复"——为他祖父和父亲出气雪耻。

想当年组绀和公亶父在邠地住得好好的，可那美好的一切被万恶的"熏鱼"戎狄毁了。

季历的父亲公亶父老实巴交的，戎狄人要什么给什么。戎狄人最后得寸进尺，竟然要占有邠州全地和土地上的人民（"欲得地与民"②）。尽管部族群情激愤，誓言要和戎狄决一死战，但公亶父选择了逃亡。其实公亶父的军事力量不薄，《周本纪》载，早在公刘时代"姬家军"就成立了，孟子引用《诗经》里的话提到公刘为部队准备行军的干粮。经过九世的经营，公亶父手中的军队肯定有相当的规模，绝对不是土财主护院队的水平。十几年后，他儿子以"姬家军"为班底的军队所向披靡，可以想见公亶父的军队绝对有相当强的战力。

然而公亶父毅然决然地选择弃地避战，无视群众的呼声。他特别会装，逃亡前，说了一番话把人们感动得稀里哗啦：人民在

---

① 《竹书纪年》。
② 《史记·周本纪》。

俺的治下和在他们（戎狄）治下，有啥分别呢？人民为了拥护俺去打仗，而牺牲自己的父亲和孩子，这个俺承受不起（"民之在我，与其在彼，何异？民欲以我故战，杀人父子而君之，予不忍为"[1]）。父亲的话给季历的印象太深了，他一方面对父亲的认怂感到屈辱，尤其对"民之在我，与其在彼，何异？"耿耿于怀，这不是在打自己耳光吗？！另一方面他又对父亲把认怂搞得那么荡气回肠佩服得五体投地。

从那时起，童年的季历明白了一个道理：如果不想被别人打跑，就只有把别人打跑。当他和两个哥哥跟着父母逃亡时，他不敢回首那片沦陷的土地，更不敢想象戎狄们是怎样以胜利者的姿态狂妄地嘲笑他的父亲和部族。

季历一直铆着股劲要打"熏鱼"，准备好了，他就动手了，并且得手了，他的军事业务能力真是超强。童年受过刺激的人一般两极分化，要么窝囊得要死，要么出息得要死，季历显然属于后者。

拿下鬼方之后，西北那一大块几乎尽入季历囊中，那是未来周朝崛起的坚实基础，因此季历在周朝被尊为王，叫"王季"，和商朝的先人"王亥"同样的待遇。周朝的天下是打下来的，从三皇五帝到夏商莫不如此。

公亶父是否"仁德"，我不关心。我知道的是，在历史的现实里，公亶父如丧家之犬沿着渭河狼狈逃窜。他儿子季历天赋异禀，被刺激得茁壮成长，但长得好像有点过——非常有暴力倾向。季历的才能和好勇最终招致杀身之祸，名副其实"出息得要死"。

同一年，发生了一件蹊跷的事。武乙死了，死人的事是经常发生的，何况他在位三十五年而终，再正常不过了。只是他的死

---

[1] 《史记·周本纪》。

亡方式太不正常了，在帝王中空前绝后。

《殷本纪》里，武乙被塑造成一个该死的小丑和精神病患者，什么正事都不干，全是丧心病狂的瞎胡闹。

司马迁写武乙时，一上来就定性为"武乙无道"。"无道"的方式有多种，武乙的"无道"极其罕见，属于天怒人怨型。武乙之前或是之后，再没人如他那般胡闹得没有道理，简称"无道"。

武乙做了一个木偶，把木偶命名为"天神"。这看起来很正常，庙里、道观或者民居里的泥塑或者木雕的大神比比皆是。武乙别出心裁的地方在于，他找个人代替木偶天神和他下棋，谓之"博戏"。如果到此为止也正常，说明武乙童心未泯。

博戏仅仅是前戏，武乙的创意在于博戏结束之后，他为输棋的"天神"度身定做了一个变态的惩罚方式：他让人做了一个皮囊，内中盛满血，把革囊挂在"天神"头顶上方，然后用箭射穿革囊，看血滴落下来把"天神"染红。武乙觉得很有成就感，称此为"射天"。我不知道如果他输了，他是不是接受同样的惩罚方式。当然了，代天神下棋的人肯定不敢赢武乙，如此丧心病狂的疯子谁敢惹呀？

武乙既然这般不着调，不敬天、不敬神，等待他的必定没什么好果子吃吧？答案是肯定的。有次武乙去黄河与渭水之间打猎，天忽然打雷，结果武乙就被雷给劈死了。武乙真是个标新立异的家伙，玩得怪异，死得无双——他是历史上唯一一个遭雷劈的帝王。

司马迁对于商朝的几位末代帝王都不怎么感兴趣，祖甲在位三十三年，做了不少事，可老先生只吝啬地给出两个字——"淫乱"；武乙在位长达三十五年，难道那么些年他就玩"射天"游戏最终等着被天雷劈死吗？

武乙的所作所为似乎证明他是个藐视神权的家伙。根据殷墟出土的甲骨文来看，他确实是这样的人，因为他不再用人牲了。武乙、文丁、帝乙、帝辛最后四位商王在位时期，平均每年被杀于祭坛的人牲还不到两个，要知道，武丁的人牲有九千之众！三十五年内，两个人牲几乎可以忽略不计，可以想象武乙朝政教分离了，在国家大事上，巫师不再有置喙之机。人祭规模大幅缩水，意味着很多曾经享尽荣华富贵的巫师失业了，那么这些凌驾王权之上的神汉们做何感想？

抛弃巫师的武乙明显是个清醒的宗教改革者，因为他知道被巫师残忍杀死于祭坛之上的人牲于事无补，既不能降雨也不能止雨，更别指望靠巫师打胜仗了。武乙肯定知道成汤朝的往事，那帮混账巫师杀人之外杀乌龟，把乌龟都杀成珍稀动物了。武乙很自然便会想道：为什么需要巫师？为什么要杀死那些可怜的人牲？有这样认识的人是个清醒的人，不可能是疯子。

武乙抛弃了巫师，巫师也把武乙抛弃了，他们把武乙丑化成一个一无是处的精神病患者，进而编造出独一无二的横死方式，让后人很容易联想到他是遭了天谴才被雷劈死。应该说，巫师们的虚构和想象跟他们的专业还是很对口的，"天神""天罚""死"这些都是他们得心应手的关键词。

《竹书》中武乙年表颇为详细，但是公亶父和季历父子明显在武乙的"简历"里喧宾夺主。武乙前二十一年，公亶父和武乙并列出现，武乙忙着陪都事宜，公亶父忙着在封地筹建岐周，然后公亶父就死了；公亶父死后，季历成为新周公。武乙的年代列表上全是季历的彪炳战绩，太奇葩了，我看到这里时，一度还以为自己看串了行。武乙在季历的辉煌里，完全是个"背景帝"，临死前一年他借着封赏季历的机会才在前台露了把小脸。很快他就露了把大脸——被"暴雷震死"。

《竹书》只字未提武乙"博戏"和"射天"的勾当，因此他死于雷劈只是一个偶发事件，没有什么刻意捏造的因果关系。每年都有人死于雷电，虽然是小概率事件；帝王被雷电光顾，更是少之又少，少到只有武乙一人。也许武乙真是死于雷劈，没办法，算他倒霉。从《竹书》给出的滚动新闻"王畋于河、渭，暴雷震死"来看，武乙被雷劈死一点儿都不奇怪，雷雨天在两河之间打猎，被雷击的可能性很大。武乙错就错在缺乏科普知识，不知道雷是带电的，不懂科学害死人。我们听说过多起雷击的悲剧，没有人会恶毒地把那些悲剧中的人物和遭天谴联系在一起，因为我们不是失业的巫师。

我不想去揣测武乙的死因，因为我不能证实也不能证伪。其实他怎么死的，真的没那么重要，又不是给八卦杂志写花边。我只是不相信武乙是个精神病患者。从他对待公亶父和季历的方式来看，武乙很理智，甚至有些懦弱，他的儿子文丁（也叫太丁）可比他强悍多了。事实证明武乙的克制是对的，衰落的大商和一个大诸侯打架，结果只能两败俱伤，得便宜的只可能是狼一样双眼放绿光的戎、狄、蛮、夷、方、尸。

武乙朝是殷商和原始积累期的岐周的蜜月期，武乙和公亶父、季历父子合作愉快。武乙需要有人帮他料理西北边患，季历正好需要开展吞并业务以及报仇雪恨，另外还有朝廷的封赏可拿，双方一拍即合。

季历的老婆是殷商属国挚国（今河南平舆县）贵族任家的二闺女，《诗经·大雅·大明》所言"挚仲氏任，自彼殷商"，指的就是这件事。有些学者把"挚仲氏"当成一个氏族是错误的，"仲氏"意为次女。这位二丫头偏偏不叫"二任"，而叫"太任"，因为她嫁给了季历，连名字都升级了。

太任生下文王姬昌，文王的老婆名字叫太姒，生了十个儿子，其中四个大名鼎鼎：次子周武王，三子管书鲜，四子周公旦，五子蔡叔度（同样大名鼎鼎的召公奭乃庶出，总排行第五）。需要特别指出的是，这十个儿子仅仅是姬昌与太姒的结晶，姬昌的生殖力强得令人惊叹，据说他一共有一百个儿子，女儿怕是也少不了。

太任的婆婆叫太姜，太任的媳妇叫太姒，这三位"太"也许是"太太"一词的由来，中国男人把老婆称为太太，里面含有望子成龙的愿望，同时希望太太能够学太姜、太任、太姒，把儿子调教成泰伯、王季、文王、武王、周公、召公那种级别的神人。

在本该属于武乙的舞台上，公亶父和季历父子抢了他的戏。武乙为帝三十五年，没有特别值得一提的伟业，基本上碌碌无为。他再次延续了父传子的世袭宗法，这在一定程度上避免了王位继承人不确定所带来的动荡。

武乙五雷轰顶而死，名副其实死得"轰轰烈烈"。千百年来，一直有人探究他的死因，他的死亡地点也颇为敏感。渭水在岐周地界，公亶父当年就是渡过渭水来到周原，于是阴谋论者认为是季历有地理之便做掉武乙。阴谋论者可能没有好好地看《竹书》，其实武乙遭雷劈时，季历正忙于跟鬼戎作战，哪里有时间贿赂天神劈了武乙？能贿赂天神的只有巫师，尤其是失业的巫师。

季历根本没有必要，也没有动机杀武乙，他和武乙关系好得很。季历情愿面对武乙，也不愿面对武乙的儿子文丁，那是他越不过去的一道坎。季历在武乙面前风光无限，但这个牛人的风光被武乙的儿子文丁夺去了，连命都被夺了，从而揭开了商、周的百年恩怨。

七　百年恩怨

《殷本纪》称文丁为"太丁"，其人其事一片空白，只有"立""崩"二字。文丁朝是商、周关系的转折期，司马迁应该不是刻意对这一重要历史时期视而不见，而是当时他没有相关史料：他既没机会看到《竹书》，更无可能看见殷墟的甲骨卜辞，所以他只能沉默着。

反过来，《殷本纪》里关于武乙的病态叙述令人颇感蹊跷，先秦史料里不见武乙的相关记载，我们现在也不能从《竹书》和殷墟卜辞里看到同样的记载，那么司马迁所本何据？司马迁是在写小说吗（武乙的那段文字真的像一篇微型小说）？还是他当时看到的史料我们现在再也看不到了？我倾向于后者，那些失业的巫师们肯定发了不少帖子，有个别帖子被司马迁看到，后来又遗失在时光的隧道。太史公犯不着用虚构的方式编排武乙的"逸事"，他又不想当圣人，不需要编造论据。

《竹书》说，文丁继位于殷，而不是他父亲的陪都沫，那一年是公元前1112年。

文丁二年，季历伸了伸懒腰，心想自上次打鬼方泄恨以来，已经一年多没有展开吞并业务了，该活动一下筋骨了。陕西境内的诸侯国都被他料理得差不多了，季历的目光东张张、西望望，最后定格在山西的燕京（今山西静乐）之戎，就在那里开盘吧。要找个讨伐的借口是很容易的，所以季历索性不找借口了，直接举着大旗去打就是了。

季历喜欢动手超过动口，担任岐周最高领导人的十六年来，已经先后征服程国、义渠和鬼方，朝廷还给了一大堆封赏，名副其实的"双赢"。季历可爱的地方在于他不装，他从不屑于让人给他起草什么讨伐檄文，想打谁直接打就是了，拒绝装孙子。

季历的孙子姬发就特别爱装孙子，招得圣人们很喜欢他。耐人寻味的是，圣人们经常表扬季历的父亲公亶父、季历的儿孙姬昌和姬发，单单跳过季历。因为季历让他们无所适从：批评肯定是不行的，表扬又不知从何说起，只得含含糊糊地冷处理，把荣誉都给了他的父亲和儿孙，让季历跟着沾光就行了。其实分明是季历的后人在沾他的光。没有季历打下的那大片地盘和在诸侯中积攒的口碑与威信，姬昌"昌"不了，姬发也"发"不了。那是个弱肉强食的时代，诸侯们动物般凶猛，"体育"好的才能拔尖，不信接着往下看。

季历在进军燕戎的途中，心情好得无比，不像是去打仗，倒像去度假似的。

季历想得很美，只是他没想到现实会如此丑陋。他本以为可以像吞燕窝一样一口吞下燕京之戎，没想到燕窝里藏了块咬不动的硬骨头，把他的牙都崩掉了几个。史书上没有记载季历兵败的原因，我想他也许是太轻敌了，再加上一年多没打仗，有点手生。另外可以肯定的是，燕京之戎真的是戎，戎者，凶也，他们不是燕窝。在"体育"很好的燕京之戎面前，季历连放屁都是多余的，哪来回哪去才是正经。燕京之戎怕是没有齐宣王那么好的涵养。

季历疼醒了，左看看右看看，实在找不到下嘴的地方，只好捂着腮帮子撤回岐周。对燕京之戎之役是季历生平第一个败绩，也是最后一个。他此后再也没有和燕京之戎交过手，所以比分定格在零比一。

季历打了败仗，当然也就不好意思去殷都汇报工作成果了，他讪讪回到岐周暂不表（主要是没东西可表）。

殷都坐落在安阳河（即洹水）两岸，郭沫若曾题诗："洹水安阳名不虚，三千年前是帝都。"文丁三年，洹水发生奇怪的断流事件。河水断流不稀奇，但一日之内断了又续，续了又断，如是者三就罕见了，所谓"洹水一日三绝"[1]。"一日三绝"实在难

---

① 《竹书纪年》。

以想象，想不出来怎么办呢？只能不想，就像季历打不赢燕京之戎就认输一样。这种奇怪的现象其实不过是为了暗示商朝将衰亡罢了，后面还有很多更为神奇的"征兆"，"洹水一日三绝"算不了啥。

　　季历自败给燕京之戎后，窝在岐周憋屈了两年，想着下一步兼并哪个小国，调研之后，他再次把目光投向山西。文丁四年，季历北上山西，不过他打的不是燕京之戎，而是余无（今山西长治）之戎。季历脑筋活络得很，起码没有强迫症，输给燕京之戎，他没有想着怎么赢回脸面；也许他想过，可他权衡之后发现代价太大了，不值得再去冒险。

　　季历痛定思痛，既然打不赢此戎，何不改打彼戎换换手气？反正当时的戎们多如绒毛。余无国君肯定做梦都想不到，他之所以遭受无妄之灾竟然是因为燕京之戎打胜仗了，上哪说理去？！无理可说，战争只有赢家才有话语权。

　　季历赢了，而且再次双赢，战胜余无，还被朝廷封了官。季历以前获得不少赏赐，但被封官还是第一次，他被文丁"命为牧师"①。牧师官职不大，夏朝时也叫牧正，用汉朝"白马生"张湛的话来说便是"养禽兽之长也"，夏朝中兴之主少康曾在他娘有任氏家担任过牧正。

　　季历当上牧师后，感觉很好，觉得自己是个正式工，再也不是个待业诸侯了。那时的诸侯说得好听点是一方土皇帝，说得难听点就是个体户，生意差的穷"个体户"朝廷根本不拿正眼瞧。

　　季历忍不住嘚瑟起来。文丁五年，季历干脆把昔日的战败国程国连锅端了，在那里建立了一个二级城市——程邑。季历嘚瑟得忘形了，以某国为邑那是商王才有的特权，他一个牧师没资格

① 《竹书纪年》。

这么做。季历视察程邑时春风满面，看不见千里之外的文丁冰冷的眼神。

文丁对季历的猜忌由来已久，程邑把季历的野心表露无遗。但文丁斯文地克制着自己，像是不知道有程邑这回事，还把来打小报告的大臣批评一顿，说姬牧师专业打仗，城建是业余爱好，他用业余时间建造程邑属于陶冶情操。大臣看着文丁似笑非笑的表情哭笑不得，讪讪退下。

文丁还不能和季历撕破脸，只能虚与委蛇。他迫切需要姬牧师遏制活跃在晋中、晋南及晋豫陕交界的西边诸戎，疲惫的殷商已经腾不出手压制此起彼伏的边患。文丁登上王座之后，才完全理解父亲武乙的无为，那不是无能，而是无奈的忍耐，像条咸鱼蛰伏不动，但像条咸鱼的鱼不是咸鱼，仍然是条有梦想的鱼，好鱼儿志在四海。武乙没有机会游向大海了，文丁珍惜父亲给他争取的时间和空间，他一定要四海遨游。不过眼下，有着远大理想的文丁必须也装成一条咸鱼，好让季历做一条尽职尽责的清道夫。

比诸戎更生龙活虎的季历也有强烈打击诸戎的诉求，因为他不希望在东进河南时有人站在山坡上叉腰找他要买路钱。季历是那种你不找他要买路钱，他也要找你要过路赞助的猛人。他和文丁在打击诸戎上达成了共识，只是季历在政治上还是有些幼稚，他没有想过这样一个问题：当诸戎不再是文丁的心头之患时，谁是新患？他的智囊团有些失职，大彭、豕韦并未走远，往事如烟，他们的背影并不如烟，应该把他们的背影拍下来，立此存照，告诫姬牧师不要做背景帝。

文丁对季历的心理很微妙，一方面他打心眼里希望季历能够扫清诸戎，另一方面他殷切地盼望着季历和诸戎两败俱伤。文丁的小算盘打得精，但是不实际。如果季历每打一个戎，自身实力就损失一些，要不了多久他就会变成一条咸鱼，文丁也指望不上他了。文丁看到季历打胜仗，应该是很开心，也很害怕：季历以战养战，越战越强。

燕京之戎像块意外的香蕉皮让季历摔倒蹭破了点皮，爬起来贴上创可贴，又生龙活虎地四处打架。季历的母亲太姜是个美丽的女汉子，父亲公亶父则是个帅气的领导者，季历心中有梦：为父正名、为母争光、为自己赢现在、为儿孙谋未来。

季历胸怀梦想，在血与汗的征途中，攻城拔寨，气势逼人地一步步实现梦想。文丁七年，季历伐始呼之戎，克之；十一年，季历伐翳徒之戎，再克之，顺便抓获其三大夫，来给文丁报喜。季历嚣张得可爱，他从来不装模作样摆个很崇高的姿态，他就是他，以力服人，靠力气吃饭。翳徒之戎的国君想必战死，要不就是逃掉了，否则以姬牧师的一贯做派，一定会拿他献俘，那样才够档次。没了国君，只有拿三大夫充数，以数量代替质量。季历押解翳徒之戎三大夫来殷都时，情绪饱满，高声哼着西音：我有这双脚，我有这双腿，我有这千山和万水。我要这所有的所有，但不要恨和悔。谁都不想要恨和悔，只是有时候由不得我们自己，强如姬牧师也无可奈何。

文丁对季历前来献俘表现了高度的热情，率领王公大臣于殷都城门口迎接季历的到来，又邀请季历和他一起坐在王车上，接受臣民的欢呼。进城途中，文丁牵着季历的手，激情四射地说：姬牧师啊，四年前你打败了讨厌的始呼之戎，本王就打算嘉奖你，可惜你没有来王都，本王想念得很啊！没想到你给本王这么大的惊喜，又消灭了一个讨厌的翳徒之戎，还把他们的三个大夫都抓来献礼。姬牧师你了不得啊，实力很强，本王今后就倚仗姬牧师肃清边患了。

季历的手被文丁握着，他不好意思的同时又觉得幸福，舔舔嘴唇说：这是额（陕西话）应该做的。额很喜欢打仗，您懂的。

文丁心中一动，顺势激将说：本王听说燕京之戎让战无不胜的姬牧师摔了一跤，真是又心疼又气愤。姬牧师若非大意，怎会让小小的燕戎占了便宜去？本王以为你会很快找燕戎算账，没想到你去捏余无酉去了，余无酉长真是倒了八辈子霉！本王想知道姬牧师什么时候把燕戎酉长抓来殷都？

季历心里暗骂：他奶奶的，额才不上当呢！嘴上却打哈哈说：燕戎算个屁，儿子打老子，懒得跟他计较。

文丁心想这个武夫还真不简单，也就不再多说了，哈哈大笑，把季历的手握得更紧了，说：对的，跟他龟儿子计较都算给他脸了。本王要给你开庆功宴，宴会上给你个大大的惊喜！

季历心脏扑通扑通直跳，心想：文丁王真是大度，不怪我修程邑之罪，也不坚持让我打燕戎，还要给我大大的惊喜。我一定要努力工作，把挡道的戎们全给消灭掉，然后在每个戎地都盖一座邑，比如燕京邑、始呼邑和翳徒邑，还有鬼邑——鬼邑还是算了，名字太难听。季历越寻思心里越美，脸上忍不住笑出花来，握拳暗念：谁也阻挡不了荣耀对额的向往！谁阻挡荣耀来找额，额捏死他，让他倒八辈子霉！

文丁瞧他笑得灿烂，也笑了，笑得有点像没有完全盛开的茶蘼，有点暧昧，有点意味深长，有点"沧海一声笑，滔滔两岸潮"。

季历沉浸在巨大的喜悦之中，当他在盛宴听到文丁的嘉奖令时，他都不相信自己的耳朵。他虽然猜到文丁会给他封官晋爵，只是没想到文丁给他那么大的惊喜，那远远超过他的预期。

文丁先是命人呈上精美的圭瓒赐给季历，季历捧着圭瓒躬身道谢，接受众臣的道贺。圭瓒是一种酒器，用来舀酒，圭玉为柄，头部呈圆筒状，青铜所制。季历想回去后就用这个圭瓒给太任盛酒喝，要是再有配套的爵喝交杯酒就完美了。

他没有得到配套的爵，而被赏了一樽酒——秬鬯（jù chàng），这个现在听起来古怪得像是火星文的酒名，以黑黍和郁金香草酿造而成，但普通人不得酿造，违者后果很严重，怎么个严重法我不知道。那是王室的专业用酒，用于祭祀敬神及赏赐有功的诸侯，普通人碰都不能碰。

季历对王家礼仪了如指掌，秬鬯一出，季历心中巨爽。当听到文丁宣布他"九命为伯"时，季历有点蒙，一时竟呆住，连谢恩都忘了。

难怪季历吃惊，"九命"是九等官爵的顶级。上公九命为伯；王之三公八命；侯伯七命；王之卿六命；子男五命；王之大夫、公之孤四命；公、侯伯之卿三命；公、侯伯之大夫，子男之卿再命（即二命）；公、侯伯之士，子男之大夫一命；子男之士不命。[①]人比人气死人，子男的士即子男之卿的家臣连命都没有（"不命"），太过分了，这是名副其实不让人活了。至于普通的老百姓，从懂事开始就应该后悔被生下来。

季历一跃在三公六卿之上，名副其实的"一人之下，万人之上"，从此以后季历就叫"西伯"了。

获得"九命"的季历攀上了事业的最高峰，他甚至比其著名的先祖弃（即后稷）在舜和大禹朝还要风光。后稷被重用之后，也就在大禹朝任司农，地位在皋陶、伯益和后夔之下，和他的同父异母兄弟契不相上下。

"九命"季历开开心心在大都市殷邑混了好些天，具体多长不清楚。他觉得一天到晚混吃混喝实在不好意思，他想文丁一定不好意思下逐客令。文丁太好了，大方又贴心，季历衷心希望他"面朝大海，春暖花开"。季历不想让文丁为难，于是深情地提出他准备回家了，脸上带着一丝不舍。

---

① 参《周礼·春官宗伯》。

文丁的反应大大出乎季历所料，就像他没想到文丁赐他顶级爵位一样。文丁温柔地责备道：九命伯，你好久没来殷邑，这次无论如何多盘桓些时日，本王舍不得你走。明天本王带你去东郊狩猎，让你看看先王成汤的'网开一面'是怎样炼成的。

　　季历闻言心里暖洋洋的，心想如果让他投自三皇五帝以来最好客的君主，他一定会投文丁一票。除了感到温暖外，还有一种说不出来的不踏实，他知道"网开一面"的传说，而且他和当年的文盲诸侯不一样，他并不认为"网开一面"说明了"汤德至矣，及禽兽"，相反，他觉得那是含蓄的威胁。

　　季历情愿自己是想多了，也许文丁不过是为了显摆一下先祖而已，没有不良暗示的意思。

　　那天去东郊狩猎，文丁命人在树林里拉一张网，他也仿照成汤碎碎念：向左的向左，向右的向右，不听话来我网里。也怪了，没有一只野兽跑到网里来，季历深情地拍起马屁来：大王真是德配于天啊，连走兽都听大王的话，没有一只到网里来。

　　文丁却脸色铁青，憋了半天才恨恨地说：玩了半天，一只兽都没打到，是不是也挺跌份的呀？季历刚想安慰几句，就见文丁张弓搭箭射中了一只慌不择路的野兔，文丁哈哈大笑说：天下是王的天下，兔子也是王的，本王想射就射。

　　季历在夏日的树林中打了个冷战。那天打猎回来，季历的心情不是太好，但他又说不清到底什么地方不对劲。晚上和文丁一起用餐时，文丁看上去没有任何异样，一直说说笑笑，不停地和季历碰杯。季历心里的阴霾渐渐淡去，心想何必对一只兔子耿耿于怀呢？太敏感了不好，又不想当诗人，搞得那么多愁善感干吗？

　　又过了些时日，季历去拜谒文丁，双方就天气问题交换了一些看法，文丁突然话锋一转，谈起殷商当前的形势和任务说：形势很严峻，诸夷蠢蠢欲动。接下来的话让季历心里一抽：诸夷还不算最可怕，最可怕的是什么呢？九命伯你知道吗？

季历舔舔嘴唇，捏着手指头，故作轻松地说：季历愚钝，大王明示。

文丁叹了口气，目光凝结在季历脸上说：比诸夷更可怕的是日渐做大的诸侯，他们若有二心，那就防不胜防。文丁情绪有些激动，差点把当年成汤在夏台喝茶的往事给抖搂出来。商朝如何起家的，文丁心里清楚得很，他的祖先当年不就是夏朝的大诸侯吗？他在季历身上看到了成汤的影子，这让他不寒而栗。

文丁希望季历能干，可又不希望他太能干，到底能干到什么程度为妙，文丁自己也说不上来。他清楚季历对周朝的贡献有多大，没有岐周对诸夷的牵制，边境的烽火他根本没有能力扑灭，多亏了季历；可是你不该这么能干，不该实力那么强，还建程邑，你想干吗？季历是他的心病，让他心有千千结。

当得知季历来殷邑献俘时，文丁有了主意。他打算用高爵厚薪一直把季历养在殷邑，他可不愿像夏桀那么愚蠢地放成汤如虎归山、如狼入林；不过他也从未想过杀死季历，他可不想和岐周结下深仇大恨。季历的那个大小子叫姬昌，据说生了四个乳，和成汤的四个肘有得一拼。可怕的不是四乳，而是姬昌那小子太能生了，文丁派到岐周的卧底愣是数不清他到底有多少个孩子：光儿子就已经有七八十个，而且丝毫没有迹象表明他打算停止生育，谁也阻挡不了他生儿子的脚步。除非迫不得已，否则跟一个有那么多儿子的人结仇，真是世世代代都剪不断、理还乱，比阴魂不散还要可怕。

季历本来是想来打告假回乡报告的，可文丁情绪激动得很，掰着手指头点评商朝历史和现实中不听话的诸侯，把武丁朝被灭的两大诸侯大彭和豕韦一顿狂批。批完不听话的诸侯，文丁又掰着手指头评起可能不听话的诸侯，季历听了简直要疯掉，这要数到什么时候，手指头根本不够用，再往下文丁要翘脚丫子来数都不够。

季历很想替那些被脚丫子代表的诸侯说几句话，话到嘴边愣是生生咽了下去，因为文丁说的是假想敌，并非指证，要反驳也无从说起，要是一不小心把自己给绕进去可就冤死了。再说季历确实心虚得很，程邑还在那儿蠹着呢。

季历硬着头皮听，可眼皮不争气地耷拉下来，蒙蒙眬眬听见有人说"该吃饭了"，季历马上醒了。说话的人是文丁，幸亏他饿了，否则不知道要唠叨到什么时候。

饭桌上，文丁啃着羊腿，喝了几口酒，脸红扑扑的，意味深长、酒气四溢地说：季历老弟，本王待你如何？

季历也在啃羊腿，脸上也是红扑扑的，说：大王待季历好极了，额就像一只饥饿的羔羊，原想得到一筐青草，您却给了额一片草原。额还没来得及和家人庆祝呢，很想回去和他们一起分享大王赐给额的荣耀。

文丁用油滋滋的手拍着季历的肩头说：应该的，应该的，九命伯是该和他们一起庆祝！

季历听了既高兴又惭愧，心里再次默默确认文丁是三皇五帝以来最和善的帝王。他双手端起爵，躬身敬酒，说：多谢大王体贴，额明朝就准备启程回家。

文丁答非所问，说：我想跟你确认一下，你儿子姬昌是不是真的有四乳？

季历有点尴尬地说：不怕您笑话，额还真不知道。跟您一样，额也只是听说，从来没兴趣去看个究竟，再说那有啥好看的？说不定是那小子画上去的，这龟儿子从小就神神道道的。

文丁哈哈大笑，说：九命伯太会开玩笑了，谁没事在胸口画乳头玩儿呀？

季历躬身说：额回去一定仔细查看，给大王一个明确回答。

文丁把他扶起来，笑眯眯地说：你用不着劳顿赶回去，本王明天差人把太任和姬昌接来便是。

季历闻言浑身发僵，所有喝下肚的酒全都冲上脑门，"腾"地站起来，结结巴巴地说：为……为……为啥呢？额……额想回……回家……

文丁心平气和地说：季历老弟，这么激动做啥？是不是现在的宅子你住不惯？这样吧，本王给你寻个新的居处。

那个新住处有个古怪的名字，叫"塞库"，塞库就是监狱。中国古代的监狱名字雅致得匪夷所思，比如"圜土"，雅得让人不知道那是劳动改造的地方，还以为是古文扫盲班呢。季历一夜之间成为阶下囚，他心中充满了悲凉。

季历在战场上是个超级猛人，可他并不是超人。他面对囚禁的心理承受能力很差，越想越郁闷，寻思着是不是谁的明天都比他过得更好。一想到谁的明天都比他过得更好，季历便觉得活着是一件可笑的事，于是这个龙精虎猛的大将军不到一年时间竟然抑郁而死。文丁没有杀季历，但季历确实死于羁押，故史书里有"文丁杀季历"之说。《竹书》云："既而执诸塞库。季历困而死，因谓文丁杀季历。"季历虽是"九命伯"，但他不是猫，没有九条命，于是一死了之。季历是个很干脆的人，打仗干脆，死也干脆，无病无灾就敢死。可他的死又不能算无疾而终，于是他的死便酝酿了拖泥带水的恩怨情仇。

季历的意外死亡，让文丁心慌意乱，对着季历的尸体叹息了很久，问手下有没有折磨过他。手下纷纷否认，说季历倒是经常打他们，一边打还一边骂。

文丁气愤地说：你们没折磨过他，俺更没有，每天好酒好菜地伺候着，他怎么就突然死了呢？现在你们出去宣传本王是如何善待九命伯的，对于九命伯的死，本王深表痛心。

文丁清楚得很，无论他怎么发动舆论攻势，那个四乳的龟儿子都不会相信季历是正常死亡的。明知自己的话不会被人相信，文丁还得这么做，抱着万分之一的侥幸心理。唯其如此，文丁才特别沮丧。

除了舆论攻势外，文丁还来实惠的，在给岐周发去唁信的同时，还发去贺信：恭贺姬昌成为新的九命伯！

文丁十二年，季历的儿子姬昌正式成为岐周的最高领导人，那一年又被称为周文王元年。考虑到周文王对于周朝的特殊意义，那一年在周朝的牒记中自然是非凡的一年。既然非凡，必有非凡的祥瑞出现，我们猜对了，那便是小说《封神演义》津津乐道的"凤鸣岐山"。

《竹书》也说："有凤集于岐山。"《国语·周语上》引周惠王的内史大夫过的话说明"凤鸣岐山"对于周复兴的伟大意义："周之兴也，鸑鷟（yuè zhuó，是凤凰的一种）鸣于岐山。"据说凤凰有四种：五彩的叫凤；青色的叫鸾，皇后的车驾被称为鸾驾即因此而来；黄色的叫作鹓（yuān）雏；聚集在岐山开会、喊口号的那群凤凰是紫色的，叫鸑鷟（"凤鸟有五色赤文章者，凤也；青者，鸾也；黄者，鹓雏也；紫者，鸑鷟也"[①]）。

文丁因杀季历，商、周结下梁子是毫无疑问的。但文王挺斯文，没有马上和殷商撕破脸，接过文丁的"九命伯"委任状，不温不火、不阴不阳地在周原继续过着平淡生活，继续生孩子。

文丁一直在提心吊胆地观察岐周方面的动向，探子们隔三岔五就来报告，报告内容大同小异：姬昌又娶新妇了，姬昌又添丁了。这些无聊的报告让文丁很开心，文丁恨不得让人送一牛车的

---

① 〔宋〕佚名编：《分门古今类事·梦兆门中》。

女人给姬昌，为他添砖加瓦、加油喝彩，只是担心姬昌把那些女人当作奸细才作罢。斥候也纷纷来报：边境无异样，周的军队帮农民种田。

文丁神经一直绷得很紧，西线无战事的报告让他大大地松了一口气。文丁那口气松得有点大，松得再也收不回了。文王接班季历的第二年，文丁死了，他在位共十三年。文丁是位看起来无为实有为的君主，他借助季历的力量平定边患，为衰弱的殷商赢得喘息之机，同时他很好地处理了和岐周的关系，可惜的是，最后时刻掉链子了。季历的意外死亡，导致商周的蜜月期结束，双方成了随时可能撕破脸的怨偶。文丁的儿子乙接手了父亲的政治遗产——权力以及风险。

文丁死后的第二年，姬昌的小宇宙大爆发，悍然发动对商的战事（这似乎暗示了他有点怵文丁）。文丁最担心的事终于发生了，幸亏他没有机会看到那一幕。这对于他来说是幸事，否则他死不瞑目。

帝乙在《殷本纪》中的"待遇"跟文丁一样，都只有两个动词"立"与"崩"。乙任内商朝内忧外患交加，日子过得一天不如一天（"殷益衰"）。

《竹书》里倒是有几笔关于乙的记载，不过个别地方有穿帮之嫌。之所以出现这种情况，是因为当时受限于技术手段，资源分享有限。

乙即位于殷邑。《太平御览》八十三皇王部引《竹书》："帝乙处殷二年，周人伐商。"就是说文王替父报仇来了。没有任何史料透露双方交战的结果，不过从后来发生的事不难推测，那是一次两败俱伤的战争，谁都没占到便宜。这正是文丁不愿得罪季历的原因。

《诗经·大雅》里有很多颂扬周朝开国事迹的篇章，对帝乙二年发生的商周之战只字不提，因为《大雅》是表功的诗篇，不胜之战入诗不宜。

《周易》里的泰和归妹两卦，六五爻辞里均有"帝乙归妹"。"归妹"是嫁女（或妹）的意思，那么帝乙把女儿或妹妹嫁给谁？顾颉刚先生认为娶亲的对象便是周文王姬昌。

这个推测是合理的。可以想象，商周打了一阵子后，双方都发现，他们谁都赢不了这场仗，必须停手，否则就成拉锯战了。季历打下的那些夷族一直找机会蠢蠢欲动，周军忙于和大商开战，正是他们的机会。"熊市"的商朝本就乏力，边境的夷族，尤其是东夷、徐夷一直在和商朝玩游击战，势利的诸侯们早早就抱着胳膊站在一旁瞧热闹，帝乙如果和姬昌僵持下去，后果不堪设想。在这种情形下，商周很容易达成休战的共识，何况那种方式是姬昌先生所喜闻乐见的。

商王乙表达了足够的诚意，情愿让女儿或妹子做姬昌的侧室。姬昌的正妃是太姒，《诗经·大雅·大明》里记述了当时姬昌和太姒成亲的盛大场面，以后再细说，这里先略过。

如果《周易》的爻辞里没有"帝乙归妹"这一卦象，后人甚至都不知道姬昌还是商王室的女婿。有意思的是，据说《周易》的六十四卦和其爻辞是文王在被纣王拘留期间推演出来的，那么让我们来看个究竟。

泰卦六五："帝乙归妹，以祉元吉。"意思是帝乙嫁出女子，以获福祉，如此才大吉大利。如果这个爻辞是文王写的，那就明显带有沾沾自喜的意味。反过来解读便是如果"帝乙不归妹"，那便凶多吉少。无论正反，周都是胜利者，这种语言上的胜利是阿Q式的。可以肯定的是该爻辞作者是周人，否则他也不至于煞费苦心编出一个让帝乙完败的卦象来。

归妹卦六五："帝乙归妹，其君之袂，不如其娣之袂良。月几望，吉。"说的是帝乙嫁出的女子，正室的衣饰不如侧室的衣饰精良。月亮接近满而不盈，吉利。此卦蹊跷的地方在于，帝乙嫁出的女子成了正室——姬昌的正室明明是太姒啊？太姒是有莘氏诸侯的长女，和帝乙半毛钱关系都没有。有莘氏历史悠久，正宗的名门望族，所以《大明》里称之为"大国"。成汤的太太便是有莘氏，大禹的母亲修己（也叫女志或女嬉）也出自有莘。

帝乙所嫁之女子连个名字都没有，怎么可能是正室？写此爻辞的人明显想当然了：商王乙的女儿或妹子下嫁诸侯，一定是做正室。其实姬昌接替他爹为周室大当家时，他已经和正室太姒生了十个儿子，太姒太能生了！姬昌是个早婚早育的反面典型，他在青少年时就生了长子伯邑考，关于姬昌的恋爱故事，我等到写周朝时再细说。

从归妹卦爻辞的疏漏我们不难推测，此卦爻辞的作者不应该是姬昌——他不至于谁是正室谁是侧室都不记得吧？他不记得自己儿子倒是有可能。据《封神演义》，大名鼎鼎的雷震子生怕别人不知道他是谁的儿子，于是逢人就宣告："吾乃西伯文王第百子，雷震子是也。"如果是姬昌被囚于羑里期间所写，那么就说明他为了通过帝辛（纣王）的思想检查，可着劲儿装孙子，表示他不惜废掉原来的正室，把帝乙嫁给他的女子扶正，以示对大商的忠心。

让我们暂时告别多子多孙且长寿的姬昌，一起来关注一下帝乙的帝王生涯，他就要变成史书上一个干巴巴的名字。

《竹书》说帝乙"三年，王命南仲，西拒昆夷，城朔方"，这个条目明白如白话文，不需要翻译，但偏偏这个地方问题最多。

郑玄说："昆夷，西戎也。"《诗经·小雅·采薇序》："文王之时，西有昆夷之患，北有猃狁之难。"西戎不是匈奴，猃狁即"熏鬻"才是匈奴。西戎、北狄泛指匈奴以外的西北方部族，顾名思义，西边的是西戎，北边的是北狄，西北交界的就不好分了，只得以戎狄统称。

"王命南仲，西拒昆夷，城朔方"，这个事件确实有，《诗经·小雅·出车》隆重回顾："王命南仲，往城于方。……天子命我，城彼朔方。赫赫南仲，狁猃于襄。……赫赫南仲，薄伐西戎。"不过这个"赫赫南仲"和帝乙八竿子都打不着，和帝乙差了将近三百年！他是周宣王时名声显赫的太师，被宣王尊为"皇父"，所以他又叫南仲皇父。《诗经·大雅·常武》如此歌颂："赫赫明明。王命卿士，南仲大祖，大师皇父。整我六师，以修我戎。"大师即太师。

不明白《竹书》为何出现如此低级失误，把周宣王做的事情移植到帝乙头上。如果非要让这段说辞说得过去，只能说帝乙时有个大臣也叫南仲，他做了三百年后的同名人所做的同样的事，如此巧合实在难以想象。帝乙时的南仲只有《竹书》提及，不见于任何史籍，而周宣王时的南仲有诸多佐证，《竹书》里也有："(宣王)三年，王命大夫仲伐西戎。"仲即南仲，巧的是，时间也是第三年。这个错误也许是因为竹简脱落，后人增补时出现的疏漏。

抹去可疑的"南仲"，帝乙只剩下"归妹"这一出"和亲戏"了。

帝乙三年，倒是发生了一件不小的事，不过事情与帝乙无关。"夏六月，周地震"[①]，帝乙坐失了一次伐周的良机，他什么动作都没有。想当年，三苗让大禹头疼，大禹趁三苗闹地裂之机，伙同《山海经》里一位人面鸟身的大神，在三苗人翘首等待救灾援助时，以迅雷不及掩耳之势把三苗给灭了。帝乙说不定还真给女婿或者妹夫送去了救灾物资，真是个厚道人啦。

---

① 《竹书纪年》。

《竹书》里没有提帝乙有两个弟弟——一个叫箕子，一个叫比干——在民间知名度甚高，因为群众很喜欢看《封神榜》。尤其是比干，以"伤心"者的死亡方式永远活在许多人心中。这哥俩据说是著名仁者，位列孔子"殷有三仁"[1]排行榜中两席。帝乙很信任他们，二人位高权重，分别受封太师和少师（宰相），帝乙指望这两个弟弟作为辅政大臣辅佐他的儿子。

帝乙在位仅九年就去世了，他儿子帝辛闪亮登场。帝辛像个重金属摇滚歌手，他一出场，把所有人的风头都抢走了，让所有人都目瞪口呆，无论你是喜欢他或是不喜欢他。

八　帝辛简历

帝乙的长子叫子启，因其封地在微（今山东梁山县，也有一说指山西潞城县），所以被人称为"微子启"。据圣人们说启是个好后生，《论语》里有一篇即以《微子》为篇名，孔子给予高度评价，和其两个叔叔箕子、比干并列"三仁"。

《殷本纪》里说启之所以没有登上大位，是因为其母身份低贱。"成分论"害死人啊。不过，启也许不用觉得遗憾，就算他母亲是正妃，他也未必能够被他父亲帝乙看上眼。当然，微子是否甘心认命那是另外一码事了。《吕氏春秋·当务》干脆说微子和帝辛乃一母所生："纣之同母三人，其长曰微子启，其次曰中衍，其次曰受德。受德乃纣也，甚少矣。纣母之生微子启与中衍也尚为妾，已而为妻而生纣。纣之父、纣之母欲置微子启以为太子，太史据法而争之曰：'有妻之子而不可置妾之子。'纣故为

---

① 《论语·微子》。

后。"如果《吕氏春秋》所言属实，微子的心里就更不平衡了，这也能解释为什么帝辛对微子一再忍让。我个人倾向于相信《吕氏春秋》的说法，但是太史所说"有妻之子而不可置妾之子"不是理由，次妃一旦被扶为正妃，曾经"妾"的身份根本就无关紧要。

姑且采用《殷本纪》的说法吧。帝辛名叫子受德（或子受），是正妃所生，但他是帝乙最小的儿子。不清楚正妃生了几个儿子，但毫无疑问，这个老幺秒杀他的诸位哥哥们。

他是夏朝最后一任君主履癸的翻版，甚至是加强版。和履癸一样，帝辛也是个让天下男人鸦雀无声、女人失声尖叫的超级猛男。让我们来看看他有多猛：他是个体育天才，可以徒手和猛兽格斗（履癸也擅长这个），耳聪目明，而且思维敏捷，口才更是非常地好。他是天下的王，想要什么就有什么，加上身体体质和智力超群，难怪他敢把天下人都不放在眼里。没办法，他就是这么牛，和履癸一样牛。如果不看名字，只看他的优良特征，我分不出谁是帝辛，谁是履癸。

这样的孩子，他父亲一定欢喜得紧，又根正苗红，甭管他排行老几，他都是帝乙眼中最完美的继承人。徐中舒所说祖甲创立的嫡长子继承制并未形成定制，沿袭夏代的子承父业制自从被伊尹打乱节奏后，成汤以下从来就不是主旋律。帝辛虽是嫡子，但并不是长子，庶出的微子就不服气，这为将来埋下了祸根。不要因为商亡于帝辛之手，就马后炮指责帝乙没有知人之明，无论谁在帝乙的位置，很可能都会做出同样的选择。再说，帝辛真的那么昏庸吗？

帝辛足够聪明，懂得很多东西，所以一般的谏言他根本看不上眼，于是他拒谏（"知足以距谏"），这件事弄好了叫作有主见，弄砸了就是刚愎自用；口才好到足以把过错推得一干二净（"言足以饰非"），这事弄好了叫能言善辩，弄砸了就是文过饰非；在臣子面前炫耀自己的才华（"矜人臣以能"），这事弄好了叫自信，弄砸了叫自负或者自大。帝辛这三项走极端的特质，说明他入行入对了，那是玩政治、耍权谋的三项基本功。

帝辛既然认为自己的行业选择完全正确，那么接下来他要做的事就很本分了。在天下打广告（"高天下以声"），认为天下没有任何人有资格跟他较量（"以为皆出己之下"）。从普通人的角度来看，帝辛是有点不谦虚，但其自负真不算空穴来风，而是基本属实：一对一较量的话，这世上还真没人敢说在他之上。帝辛只是忘了一点：博弈天下，从来不是一对一的较量。

帝辛除了自负的毛病，他还有以下几乎所有帝王都有的缺点（既然绝大多数帝王都有该缺点，那么缺点就变成了特点）：非常喜欢饮酒作乐（商朝历代帝王都好酒，商朝人民也好酒，商朝叫"酒朝"也挺合适），非常喜欢做"女人工作"（"好酒淫乐，嬖于妇人"）。套用一位香港影星的话来说，他犯了男人都犯的错。帝辛这两项缺点如果跟伟大的齐桓公较量，帝辛会输得很惨。姜小白同学好酒好美食不在话下，好女色也不在话下，还好男色！

让我们来看看帝辛是如何"进化"或者"退化"成纣王的。

帝辛和他的列祖列宗一样，老老实实地在殷邑登基，没有标新立异。他也丝毫没有飞扬跋扈的迹象，按他父亲乙的既定方针办事，除了让他的两位叔父比干和箕子位列太师和少师高位，还让他因为身份低贱而没坐上王位的哥哥启执掌军权。启的权力其实比比干和箕子还高，仅次于帝辛。我们必须得承认，帝辛是个厚道人，遵守父亲遗命，让两位叔父做他的辅政大臣。最难得的是提拔其兄启，启可是有资格踏上王位的人，如果不是帝乙坚持，商王将是启而不是受德。后世帝王处理像启这样的人，只有"杀"或者是"禁"。

帝辛对内遵照他父亲的方针，对外则是按照帝乙的政策，继续采用怀柔手段安抚三大诸侯，让他们位列三公。到目前为止，我看不出帝辛是个目空一切的狂徒（"以为皆出己之下"），相反，从他做的事来看，他相当温良恭俭让，甚至有点老好人的感觉。

帝乙和帝辛父子对姬昌可谓仁至义尽：除了和亲外，还让姬昌继续做"九命伯"，也即"西伯"，西部诸侯之长，相当西部战区的总司令，便是《封神演义》里的西伯侯文王是也。

另外两公是九侯和邢侯。九侯又叫鬼侯（因为古音"九"与"鬼"同音），即鬼方的君主。前面说过，鬼方即匈奴，想当年武丁花了三年时间才把他们击溃。帝辛笼络鬼方的举措高明之极，不仅因为鬼方实力不比岐周差多少，更重要的是鬼方与岐周乃世仇，让他们位列三公起到了互相牵制的作用。

邢侯在有的古书上被称为鄂侯，但邢和鄂是两个不同的地方，前者在河南沁阳市，后者则在山西乡宁县。也许邢侯的势力范围真的遍及两地，只有大诸侯才能得到商王的格外垂青。

不管怎么说，帝辛走上工作岗位的第一年，按理出牌，工作中规中矩，有模有样，绝对不是昏君。

帝辛为帝的前两年没发生什么不好的事，舞照跳，马照跑。第三年，据《竹书》发生了一件匪夷所思的怪事，这件事其实跟帝辛半毛钱关系都没有：一只麻雀生出了一只老鹰〔"三年，有雀生鹯（zhān，指鹰类）"〕。不知道是哪位动物爱好者观察到如此有违生物学遗传规律的奇观，可怜法布尔看了一辈子昆虫，也没看到屎壳郎生出螳螂，商朝那位观察者如果不是个骗子就是个稀里马虎的人，他可能偶然在麻雀的窝里发现了一只雏鹰，于是就大呼小叫起来：快来看，快来看，麻雀生老鹰了！老鹰一时住房周转不便，借用一下麻雀窝那是给麻雀面子，那位观察者要是能在老鹰窝里发现一只活麻雀算他本事！因为麻雀吃不了老鹰，老鹰却可以吃掉麻雀。

这位观察者把他的"发现"告诉了没电视可看、没电脑可玩、没手机可打的左邻右舍，于是大伙都沸腾了。一传十，十传百，很快就上热搜了。谁说群众的眼睛是雪亮的？群众是最容易盲从的。不信你没事站在街角，什么话都不用说，就抬头看着天空，要不了多久，你的周围就会聚集起一帮人以同样的姿势呆呆地望天。如果你嘴很欠说你看见了一闪而过的UFO，那么全城人很快就会奔走相告UFO某年某月某日某时于某个角落出现，说得有鼻子有眼。

几百年后，《竹书》的作者不动声色地把它记录下来，作为商朝崩盘的凶兆。那位观察者如果是岐周人氏，那么他的"发现"将成为周兴起的祥瑞。征兆很多时候其实是中性的，取决于如何解读，黄帝时蝼蛄大如羊、蚯蚓粗大如虹，这难道不可怕吗？可它偏偏是吉兆，因为黄帝排五帝之前，备受推崇。

帝辛四年，"大蒐（sōu，打猎的意思）于黎"，有人想当然地把大蒐理解成大肆征税是错误的，黎是东夷范围内的一国。《竹书》写得过于简略了，只说帝辛在黎国玩完祖先"网开一面"的游戏，却没提后果。《左传·昭公四年》里说得明白："商纣为黎之蒐，东夷叛之。"帝辛在黎国畋猎的后果很严重，导致东夷反叛而去，听起来好像糟糕透了。

其实东夷在商末从来就不是个"安"的地方，蚩尤的后人们不可能对"熊市"的商朝俯首帖耳，其实无论帝辛去不去打猎，东夷都会叛，迟早的事。要让他们安定下来，只有两个办法：要么像武丁那样用武力征服；要么像太戊那样，以繁荣昌盛的大国风范镇住他们，让他们自惭形秽乖乖来宾。帝辛即位之初，这两样都没有，东夷不叛才怪。

从打猎造成的后果来看，帝辛可能把看不顺眼的诸侯当作猎物给打了，以他的性格完全干得出这种事来。东夷的大佬们看到鬼侯、鄂侯都捞到高官厚禄，他们也产生了上进心——学习鬼侯、鄂侯好榜样！鬼侯和鄂侯，还有周侯的地位都是打出来的，不是装孙子装出来的。于是他们趁帝辛来打猎时，软硬兼施想要得到点什么，奈何帝辛软硬不吃，一张空头支票都懒得给，给那些讨赏的大佬们每人赏了一耳刮子，一边打一边骂：俺子受德能被尔等要挟吗？！那些羞辱难当的诸侯们只有一叛了之，否则就成了入网的"猪"侯。

帝辛从反叛的重灾区全身而退，说明他本事确实不小，九夷愣是奈何不得他分毫，但反叛这事本身让刚上台的帝辛觉得很没面子。东夷反叛一事在《殷本纪》里没有记载，只是说"百姓怨望而诸侯有畔者"，于是乎恼羞成怒的帝辛开始实施重刑，这一点《竹书》也提到了。帝辛的工作作风和祖甲颇为相像，后者急了"重做汤刑"，帝辛的"重刑"不知道是继承于"汤刑"，还是自主研发的，其招牌就是"炮烙之刑"。

战国的书生们认为是夏桀开发了"炮烙之刑"，司马迁不予采信，把发明权送给商纣。热衷于为帝辛翻案的人认为"炮烙"根本不是刑法，而是一种先进的测量技术，这个实在是有点"翻案"过头了。举个例子，传说夏桀对关龙逢先生施以"炮烙之刑"，甭管此事是否属实，但"炮烙之刑"一定不是指夏桀用炮烙"测量"关先生的身高、体重、血压或者胆固醇。

《竹书》载："五年夏，筑南单之台。"南单之台是什么？它的另一个名字大家都知道，叫鹿台，那是帝辛的娱乐中心和葬身之地。鹿台因为《封神演义》的推介，成为历史上最为著名的旅游景点之一，唯其如此，我没兴趣去描述它的"俏模样"。《封神演义》和有的史书上都声称鹿台是帝辛为了取悦妲己而建，可帝辛五年鹿台就完工了，而妲己还要再过四年才出现。《殷本纪》里妲己和鹿台出现的顺序比较模糊，孰先孰后，你们自己猜。

那年又发生了件怪事，这件怪事同样与帝辛无关。商的故都亳下起了土（"雨土于亳"①），此事可能性极大，肯定比麻雀生老鹰靠谱。其实这没什么大惊小怪的，完全可以解释，泥沙被龙卷风吸走，某一天龙卷风觉得泥土味道不好又吐出来，于是下土了。世界各地还发生过多起下鱼事件呢。

帝辛六年，姬昌跑到毕国举行祭祀〔"六年，西伯初礿（yuè）于毕"〕。礿是一种在夏商两代春天举行的祭祀，周朝时，这种祭祀仍在，不过改在夏天举行。朝代更替，新朝总要玩点新花样，说得好听点叫新气象，其实换汤不换药，就像成汤立商后改了夏朝的正朔一样。

祭祀这种事一般都是诸侯在自己封国内举行的。毕国是当时的一个小诸侯国，姬昌是个大诸侯，他凭什么拿自己不当外人，在别的国家举行祭祀仪式？他凭的是以力服人，以大欺小。当年成汤干过同样的事，热情洋溢地要葛国赞助自己的祭祀大典，葛国国君对他有怠慢之嫌，于是成汤一不做二不休把葛国的命给革了。姬昌和成汤惊人地相似，工作作风和方法一般无二。毕国封给姬昌的第十五子姬高，姬高因而叫毕公。毕国这个名字好歹保留了下来，只是换了人间而已。姬高之后四百余年，春秋时毕国为西戎所灭。

帝辛在位的第九年，他率军攻打有苏氏，其战利品便是有苏国君之女，即家喻户晓的大美女苏妲己（"九年，王师伐有苏，获妲己以归"②）。有苏也算是"历史名胜"，夏帝芬在位的第三十三年曾封昆吾氏儿子于此。

帝辛获得妲己的经过与履癸得到妹喜的方式一样，《国

---

① 《竹书纪年》。
② 同上。

语·晋语一》载："昔夏桀伐有施，有施人以妹喜女焉。"妹喜是有施国君之女，被父亲作为求和的礼物送给履癸。这两大美女其实挺可怜的，她们不过是战争的牺牲品而已，牺牲她们的是她们的父亲。

被取代的前朝已经是明日黄花，君临天下的新朝春意盎然，正适合种桃种梨种春风，到秋天且看收成喜人，不亦乐乎？站在一个脑子正常的路人甲立场，谁都不好意思把亡国的责任算到那两个女人身上。江河日下，大势已去，你们指望弱女子用她们的双肩担起社稷的重担？比如妹喜爱听裂缯之声、住在建筑学奇迹的倾宫里、在"小学校园"里举办三万人的舞会、可以行舟的酒池……鲁迅说中国的史书里写满了"吃人"两字，我说中国的史书里有着不少的不确切。

太史公司马迁被公认为了不起，《史记》写得好没有疑问（越往后写得越好）。我觉得《史记》更了不起的地方在于司马迁刻意回避某些东西，比如纬书里那些关于三皇的神话，他不愿意把它们当作史实的一部分，因此《史记》里才没有《三皇本纪》。《夏本纪》里提都没提被春秋战国时的人们津津乐道的妹喜，因为他不相信那些荒唐的指责，他有自己的判断和思考能力，不屑于人云亦云。

《竹书》说帝辛为妲己"作琼室，立玉门"，正好对应履癸为妹喜"筑倾宫，饰瑶台"，多么神奇的对应。履癸和帝辛这对相隔五百年的两朝君主怎么看都像一对心有灵犀的双胞胎。

《夏本纪》对夏桀的"倒行逆施"说得非常含糊、笼统，只有"桀不务德而武伤百姓，百姓弗堪。乃召汤而囚之夏台，已而释之"这么几个字，再没别的了。平心而论，这行文字写得实在太草率了，有糊弄之嫌。"乃召"转折得莫名其妙，为什么百姓受不了，夏桀就要逮捕成汤？紧接着成汤又被无罪释放？明明是有麻子的袋鼠让你看不顺眼，你偏偏把田边老农抓起来，你想干吗？老农刚舒舒服服吃了几天牢饭，你又把他放了，你还是人吗？如果没有其他史书为佐证，这行文字简直就前言不搭后语。

写到商纣，司马迁终于憋不住了，开始数落起帝辛来。就像他憋着不言《山海经》《禹本纪》，临了在舜的"四门运动"和大禹的庆典上大言特言起怪异之事来。算帝辛倒霉，司马迁把憋了一肚子的千言万语全朝他"倾诉"了。

《殷本纪》关于帝辛的记载显然沿用了战国时诸子百家的"研究成果"，司马迁是把各种言论糅合在一起。

司马迁介绍完帝辛的身体和智力特征后，马上就迫不及待地说"爱妲己，妲己之言是从"，给我们的感觉好像帝辛跟妲己青梅竹马一样。事实上，帝辛是用战马把妲己驮回殷邑的，没有青梅，只有怒放的心花。心花怒放的帝辛得到花枝招展的妲己时正值壮年，他喜欢她、宠爱她是可以想象也可以理解的。

司马迁批评帝辛的文字博采众家之长，从中我们可以看见履癸和妹喜的影子。帝辛混迹于以妲己为首的一帮后宫狐狸精当中（按《封神演义》的说法，妲己乃千年狐精转世），命令御用音乐家涓创作"十八摸"之类的靡靡之音作为文娱活动的主题曲，还有不知道什么东东的"北里之舞"助兴，估计是色情舞蹈之类的。大禹的儿子启据墨子先生反映曾在露天举行过此类派对。

为了装满鹿台的钱柜和修建于巨桥的粮仓，于是乎，帝辛大大增收苛捐杂税。《殷本纪》的原话是："厚赋税以实鹿台之钱，而盈巨桥之粟。"

帝辛还在宫室里修建动物园，收集狗、马等珍奇动物（狗、马珍奇在什么地方？和明武宗朱厚照的豹房相比弱爆了）。帝辛在宫室外的沙丘又建了个动物园，豢养了很多飞禽走兽在里面。帝辛怠慢鬼神，这大约是真的，从他爷爷武乙开始就不再杀人为祭了，曾经最红火的祭司全都失业在家，嘴角长满了水泡，一边挤水泡一边批判帝辛。帝辛腐败的关键词全都有了：狐狸精、狗马及飞禽走兽，钱多粮也多，完全就是纨绔子弟的代言人。

以上关于帝辛的文字不是特别有条理，但《殷本纪》就是这么写的。接下来就是著名的"酒池肉林"了，我在"履癸履历"一节里详细写过，我懒得再说了，怕自己会醉倒。

《竹书》："十年夏六月，王畋于西郊。"帝辛第十年的夏天，去殷邑的西郊打猎兼避暑，这事没啥出格的地方，但西晋人皇甫谧在《帝纪》里把这件事改写成："（纣）六月，发民猎于西山。"乍看起来，似乎和《竹书》没什么两样，都是打猎嘛，但性质完全变了，"西郊"改成"西山"，打猎的区域一下扩大了N倍，难怪要征召百姓（"发民"）去围猎了！如此一来，帝辛的一次避暑狩猎变成了劳民伤财的"西山围猎"，很巧妙地给他扣上了一顶大帽子。

西郊狩猎之后，帝辛有七年之久在《竹书》中一片空白。第十七年，发生了两件事。一是"西伯伐翟"。"翟"通"狄"，当时这些翟人住在豳地（今陕西旬邑县西南）。豳地是姬昌爷爷公亶父的故居，曾是塞北的好江南，鬼方和戎狄联手把豳地抢了过去。《周本纪》上说"薰育戎狄攻之"，便是指这段伤心往事。看来鬼方和狄人达成了分享战利品的协议，鬼方拿牛羊、庄稼，而狄人取地，在豳地定居下来。鬼方确实比较"鬼"，拿了财物便逃之夭夭，狄人则傻呵呵地"等"着豳地老主人的后人来算账，比在火山口建房子还傻。

鬼方虽然跑得远，还是没躲得了季历的报复。武乙被暴雷劈死那年，季历忙于报父仇，收拾鬼方。武丁花了三年时间才摆平的鬼方愣是被化悲痛为力量的季历一战击溃，季历凭此役名扬四海。季历打败了很多方国，唯独不动岐周隔壁豳地的世仇狄人。

其实狄人战力远不如鬼方，路途也不如燕京之戎那么遥远，季历要收拾它是分分钟的事，早上出去打架，来得及回来吃晚饭。季历不打豳地的狄人，是因为他要把这个软柿子留给他的儿子去捏。

姬昌的动作有些迟缓，在他父亲死后的第二十八年才想起来伐翟，实在过于斯文了。好在结果不错，豳地的软柿子一下子就被踩得稀巴烂，豳地重新成为姬家产业，那些狄人忙了几十年白忙活了。姬昌的工作方式就像他爹季历对待程国、鬼方、余无、呼之戎和翳徒之戎一样，非常粗暴、直接。事实上，笔者对其工作方式深表理解并对其效率表示钦佩，但是别说这爷俩是"以德服人"好吗？

那年发生的第二件事是，帝辛于冬天兴趣盎然地游览淇园（"冬，王游于淇"[①]），随行人员有以妲己领衔的众妖精和以三公领衔的百官。淇即河南淇县的淇园，明朝袁中道在《袁中道集》中如是说："予记班彪《志》曰：'淇园，殷纣之竹箭园。'又不始卫武公矣。"袁中道说得不错，淇园的历史远早于西周、春秋之交的卫武公，不过它确实和卫国有着千丝万缕的联系，那位爱鹤爱傻了而亡国的卫懿公，他的妹妹、著名女诗人许穆夫人是淇园的形象代言人，她的故事可歌可泣，以后再说。

帝辛狩猎和游园都在河南境内，看上去他不算个很铺张浪费的人。他能够悠闲地夏天打猎、冬天游园，说明当时国内形势稳定，无须他四处灭火。当时帝辛治下的商朝国力强盛，其军队的战斗力超强，没有任何诸侯、方国可以和他一较长短，包括最强大的岐周。姬昌在所有诸侯面前都敢人五人六的，只是在帝辛面前他不得不装孙子。

---

① 《竹书纪年》。

让我们来看看姬昌有多牛："二十一年春正月，诸侯朝周。"[1]
岐周俨然是第二个朝廷了。同年，两大著名贤人伯夷和叔齐毅然
放弃孤竹国的高薪和王位而投奔姬昌（"伯夷、叔齐自孤竹归于
周"[2]）。可他们后来发现，文王不过和纣王一样，同样是以武力夺
取天下，于是这兄弟俩在首阳山绝食而死，是为"不食周粟"。孟
子赞道："伯夷……奋乎百世之上，百世之下，闻者莫不兴起也，非
圣人而能若是乎！"孟子的诸多口号里，笔者觉得他称赞伯夷是应
该而且恰当的。这兄弟俩诠释了何谓气节，笔者尊重他们，他们比
成汤、文王、武王、三公可爱多了，千百年后，笔者向他们致敬。

话说位列三公的九侯，为了进一步和帝辛拉近关系，把自己
美貌的女儿献给帝辛，于是商王成了他女婿。九侯一定做噩梦都
想不到，他这么做会为自己带来什么。不清楚九侯何时嫁女于帝
辛，《竹书》中没有记载，下面的记载来自《殷本纪》。

九侯把女儿教育得太好了，德智体貌四方面全面发展。"四
好"女生对帝辛"十八摸"的低俗嗤之以鼻。帝辛勃然大怒，杀
了"四好女"，接着又杀了九侯，还把他的尸体剁碎做成肉酱。
可怜的九侯，他怎么把女儿教育得像个不粘锅似的？结果父女皆
遭不测。帝辛不知道为什么那么恨九侯，他更恼火的应该是九侯
之女，而不该是九侯。九侯充其量有"失察"之责，他又没指使
女儿谢绝"十八摸"。

《殷本纪》里的记载合乎情理吗？假设纣王的荒淫无道都是真
的，那么九侯一定知道这个未来女婿很黄很暴力，他还把纯净水
一般的女儿往火坑送，他还是人吗？这种禽兽不如的父亲能教出
一身正气的女儿（当然，可能性还是有的，但属于小概率事件）。

---

[1] 《竹书纪年》。
[2] 同上。

再退一步看，假设位居三公的九侯不知道帝辛有种种不良嗜好，那么他嫁女倒也无可厚非，但是问题又来了：他都不知道帝辛品行不端，商朝的人民怎么知道了？后世写史的人怎么知道了？

现在我们再看第三步。不管九侯是否禽兽不如，也不管他是聋是瞎，单从九侯女儿的角度来看，她不可能不知道帝王的后宫是怎么回事。后宫是世界上最富丽堂皇也最肮脏龌龊的地方，帝辛之前如此，之后更是如此。姬昌先生那一百个儿子还有不知多少个女儿难道都是克隆出来的？九侯之女也许不通风月之道，帝辛至于因此把她处死吗？

最有可能的情形是：九侯被杀不是因为他女儿，而是因为他自身的原因。匈奴和殷商本来就疙疙瘩瘩的，二者之间的恩怨远甚匈奴和岐周之间。九侯嫁女之后，身份地位又高了一截，心也高了一大截，他很可能是做了什么事招致女婿的猜忌而被杀。九侯之女是个孝女，见父亲被杀，于是一哭二闹三上吊，加上匈奴人性子烈，把大帅哥子受德脸上抓出了几道血痕。妲己应该不会放过这个除掉情敌的大好机会，吹吹枕边风，于是九侯之女也被杀了。女因父被杀，只有这样情理上才讲得通，一颠倒过来，帝辛立马就成了变态的大恶棍。

《殷本纪》里关于九侯的悲惨遭遇，不是司马迁虚构的，据吕不韦反映，"昔者纣为无道，杀梅伯而醢之，杀鬼侯而脯之，以礼诸侯于庙"[1]。梅伯即鄂侯，居然被帝辛制成肉干。按《殷本纪》的说法，鄂侯眼见九侯横死，便愤怒地找帝辛讨说法，帝辛火大了，也把他做了（"鄂侯争之强，辨之疾，并脯鄂侯"）。看起来鄂侯疾恶如仇，置生死于度外。帝辛把杀人现场布置成在宗庙举行的盛典，倒是有可能的，但不至于把宗庙变成肉脯加工厂吧？

---

[1] 《吕氏春秋·行论》。

帝辛杀害九侯和鄂侯的方式确实残忍，但放在具体的历史框架下，其实很正常。夏、商、周对敌人的处罚秋风扫落叶般冷酷无情，怎么狠怎么来，帝辛的凶残谈不上有"创意"。武丁王比帝辛狠多了：武丁在位期间杀死的人牲有九千之众，死法多样，削头盖骨、火烧、水淹、剥皮，等等。商朝最后四位商王期间，平均每年被杀的人牲还不到两个，帝辛比武丁仁慈多了。至于把人加工成肉酱、肉干，周以后的朝代多的是，帝辛非始作俑者，更有后来人。

鄂侯真的是因为仗义执言而死吗？就算他和九侯同属弱小部族，两人平时关系不错，一起去喝喝花酒、唱唱歌子什么的，他们只可能是酒肉朋友，但绝不会是生死之交。那时的各方诸侯为了各自的利益固然可以暂时结盟，本质上都是钩心斗角，刺刀见红，从未听说过一个诸侯为另一个诸侯"殉情"而死。鄂侯肯定比司马迁和皇甫谧更清楚九侯是什么人、和帝辛的关系如何、为何被杀，他会傻到为了九侯跟帝辛翻脸？九侯身死，鄂侯如果没有偷着乐就算是有良心了。

鄂侯跟九侯一样，皆因引起帝辛的猜忌而身死，从他们惨死的方式来看，帝辛恨之入骨。姬昌更是商朝的心腹大患，但他比较会装，所以帝辛没有把他送进肉脯加工厂。其实说穿了就是帝辛对他们不放心，就像文丁忌惮季历一样。但写史的人笔头一偏，写鄂侯因"直言而死"，那么帝辛"立等可取"就成了戏台上的大反派。孔子曾说他的春秋笔法是为了让乱臣贼子惧，可他老人家是否想过，别有用心的小人们也用春秋笔法怎么办？《殷本纪》使用先秦史料，无可厚非，毕竟作者没有添油加醋；事实上他减去了许多"油"和"醋"，在独尊儒术的汉代，太史公已经做得很好了！

据说姬昌惊闻九侯父女及鬼侯的悲惨遭遇，仁慈的他暗地里一声叹息，眼角挂着两颗晶莹的泪珠。崇侯虎肯定不可能在姬昌家装窃听器，那就说明姬昌身边有人并不忠于他。那位奸细向崇侯虎打小报告，崇侯虎向帝辛打大报告。大老粗虎（崇侯是其爵位）文绉绉地报告，说姬昌的叹息不是生理性的，而是严重的问题。一声叹息充分说明了西伯侯没有认识到九侯和鬼侯的错误，没有认识到帝辛决策的英明果断及必要性，是对当前的大好形势不满，如果不及时制止叹息，殷商大地将会响起一片唉声叹气。于是乎，姬昌被关进羑里（"二十三年，囚西伯于羑里"[①]）。帝辛若用"酱肉"手段处置姬昌，中国的历史会不会被改写？

姬昌被囚于羑里期间，成天背着双手在牢房里走来走去，思考着叹息还是不叹息的问题；从叹息所带来的厄运，进而思考命运无常的哲学问题。他自强不息，刻苦钻研，终于搞出一套玄之又玄的算命之术，说得学术一点儿是推究易理。姬昌很可能是《周易》的主要作者，但绝不可能是《周易》的唯一作者。《周易》被后人捧上了天，小至个人，大到天地乃至全宇宙，诸般变化不出六十四卦，很牛。

姬昌被关了七年才被放出来，《殷本纪》说姬昌的门客闳夭等人投纣王所好，用美女、好马及珍奇之物才把老板捞出来。帝辛关了姬昌那么久，说明他压根就不想杀姬昌。不是他心慈手软，一来因为姬昌会哄会装，二来他也许并不把姬昌放在眼里，美女和好马给了他一个台阶放人而已。

关于姬昌被释，《左传·襄公三十一年》给出匪夷所思的说法："纣囚文王七年，诸侯皆从之囚，纣于是乎惧而归之。"姬昌坐牢，诸侯们居然一个接一个地陪坐！那些诸侯该有多缺心眼才能做出此等蠢事？他们那么干其实是在害姬昌，一声叹息不至于

---

① 《竹书纪年》。

死罪，"从之囚"则会让姬昌从牢房走进肉脯加工作坊。另外，就算那些诸侯个个都是义薄云天、视死如归的好汉，他们进来坐牢，难道就不怕自己的国家生乱、被别的诸侯国侵占？难道就不怕他们死后会被他们的子孙指着脊梁骨骂？"从之囚"损人不利己得令人发指。再说，有那么多狱友众星捧月在姬昌周围，姬昌还有时间潜心"科研"吗？所以，此说不可信。

想当年成汤被囚于夏台，没有一个诸侯去陪囚，出狱时才有诸侯去接驾，已经很拉风了；可跟姬昌的"从之囚"相比，立马低了好几个档次。《左传》的说法极像周朝的新闻发言人爆料的，司马迁不予采信。

皇甫谧先生对于姬昌被释放的原因有不同的看法，他在《帝纪》里爆出骇人听闻的猛料：姬昌之所以被放出来，是因为吃了长子伯邑考的肉！当时姬昌的长子伯邑考在殷商为人质，替纣王驾车，帝辛想出一个"绝妙"得变态的法子来测试姬昌是不是圣人，如果不是圣人就把他放了，免得关在监狱里浪费纳税人的钱。帝辛把伯邑考杀了做成肉羹给姬昌吃，认为圣人不会吃自己儿子的肉，姬昌不知情吃了肉羹，于是纣王得意地做出判断："谁谓西伯圣者？食其子羹尚不知也。"于是便把姬昌释放了。皇甫创作的这个小故事，稳准狠地揭露了纣王的残忍与无知，但也捎带着涮了周文王一把。皇甫先生的猛料充满了美剧变态杀人狂的想象，小说家许仲琳大为佩服，把它引进《封神演义》，并且添加了妲己色诱伯邑考的桥段。需要说明的是，作为小说，许作家那么写无可厚非，但读者不应该把小说情节当作历史细节。

韩非子也有自己的说法。他说坏蛋费仲三次建议帝辛杀了姬昌，帝辛回答道：仁义关系到社会风气，上行下效，社会和谐，姬昌喜欢仁义，不能杀他（"夫仁义者，上所以劝下也，今昌好仁义，诛之不可"①）。这么"高大上"的话怎么看都很矫情，笔者不太敢相信帝辛能说出这样的言辞。韩非子有些话，有时是为了推销自己的论点，不惜编出一些"史实"来。韩非子的结论是"三说不用，故亡"②，意思是"不听坏人言，吃亏在眼前"。韩非子够坏的，他把帝辛说得那么好，只是为了说明"好"在王权角逐中等同于"傻"，倒是话糙理不糙。

从左丘明、皇甫谧再到韩非子，帝辛的形象反差太大，《左传》里的帝辛胆小怕事、《帝纪》里帝辛残忍得变态，而韩非子口中的帝辛则是倡导仁义的老好人，好到傻的地步，傻到亡国的地步。

《殷本纪》里，帝辛抓姬昌并不仅仅因为其"一声叹息"。崇侯虎也不是个简单的人，他对形势的判断相当准确，如此分析姬昌的潜在威胁："西伯积善累德，诸侯皆向之，将不利于帝。"帝辛处罚姬昌是为了给他一个警告，同时也是对崇侯虎谏言的回应。崇侯虎在《封神演义》里是助纣为虐的大反派，实际上却是商朝的忠臣。姬昌后来为了报复其告密无所不用其极。

姬昌出狱后，盛况空前，《竹书》报道"二十九年，释西伯。诸侯逆西伯，归于程"。逆乃迎接之意，不是叛逆。姬昌按理应该回到岐周大本营，但奇怪的是他去了被征服的二线城市程邑。那肯定不是他的本意，而是帝辛命令他这样做的。

姬昌考虑到虽然他自己出狱了，但是牢中还有很多水深火热之中的无辜囚徒，他们很有可能会遭受可怕的酷刑。于是姬昌向帝辛献出洛水西面的一块土地，不是为了报答不杀之恩，而是以此为条件要求纣王废除炮烙之刑。纣王很开心地接受了土地，答

---

① 《韩非子·外储说左下》。
② 同上。

应废除惨无人道的炮烙，还赐给姬昌弓箭和尚方宝剑一般的斧钺令他继续统领西方诸侯。

帝辛不可能换一个人做西伯，谁也没有那样的资历镇住西部，除了姬昌。帝辛聪明地逼姬昌离开岐周，迁往被他占领的程国，那里明里暗里肯定有姬昌的宿敌，等待机会闹复辟。对付姬昌，也许没有比这更好的法子了，如果不杀他的话。

帝辛看到了效果。《竹书》云："三十年春三月，西伯率诸侯入贡。"姬昌看上去还挺知恩图报的，率领一帮陪他坐牢的兄弟一起来朝拜帝辛。那时帝辛应该很爽，心想：小样，我还收拾不了你吗？！一个过于自信的人常常会身不由己地落入自负的圈套，履癸当年对成汤完全就是帝辛对姬昌的翻版，两大猛人隔着五百多年的时空犯着同样的错误，历史没法不惊人的相似。

《殷本纪》里关于帝辛简介的最后一笔是用人不当：他用了两个坏人，坏到上"封神榜"。一个叫费仲，主领政务，此人擅长拍马、贪财。据说他被姜子牙采取速冻法捉于岐山，死后被封为"勾绞星"。费仲在史册中没有其他资料，只有八卦一下《封神演义》了。《封神演义》类的章回小说很为群众喜闻乐见，它们让中国小说陷入黑白二元论不能自拔，好的特好，坏的特坏。其实人性更多的是色差不那么分明的灰色。

另一个坏人叫恶来，是帝辛的保镖。恶来喜欢说别人的坏话，有不少诸侯和大臣因为恶来的诋毁而受到惩罚，因此诸侯纷纷和帝辛疏远了。恶来最后在和周朝的战争中战死。对于帝辛来说，他其实没有用错人，什么样的保镖比恶来更好呢？恶来比费仲命好多了，他的后人很争气，建立了秦。恶来和其父飞廉一直被他们显赫的后人祭祀着——恶来是著名的秦始皇的三十五世祖。

按《殷本纪》帝辛有"三恶"——崇侯虎、费仲和恶来；也有"三仁"——箕子、比干和微子，稍后我们来看看他们究竟有多"仁"。

九　喧宾夺主

话说姬昌自羑里归来后，夹着尾巴做好人好事，用文言文来说就是"阴修德行善"①，最多在《周易》爻辞里偷偷表扬一下自己，然后就红着脸躲在一边看动静。

他"阴"着，结果却是"阳性"的。诸侯一个个投奔岐周，姬昌日渐做大，帝辛的势力范围则日渐萎缩。"三仁"之一的王叔比干眼看商朝到了最危急的时候，于是向侄子谏言，帝辛没有拿比干的话当回事。《殷本纪》说："王子比干谏，弗听。"比干谏了什么？不明所以，但拒谏的姿态一下子就让人产生了直观的认识——帝辛是个昏君。似乎有个不成文的规矩，拒谏是昏君标签中极其醒目的一个，后面我们会看到帝辛还将"醒目"很多次。

假设比干真的"仁"得一塌糊涂，那么是否意味着他的建议一定正确？如果他在军事业务上对帝辛指手画脚，那么后者有理由不买账。在军事领域，"三仁"捆成粽子都比不上帝辛，就像姬昌、姬发也比不过姬季历一样。如果比干想在军队中安插几个他的亲信，说这些人很能干；或者他认为很能干的那些人并非其亲信，帝辛都可以名正言顺地拒绝他。帝辛并非妄自尊大，虽然他确实是个有些自负的人。他的自负是有本钱的，建立在其显赫的战功上。

即便岐周真的像史书上形容得那般红火，帝辛仍然不太瞧得起姬昌这位算命先生。帝辛未来的失败并非军事上技不如人，而是家贼难防，他做梦都不会想到他丝毫没有防备的人竟然置他于死地。具有讽刺意味的是，帝辛的失败，除了家贼外，细究起

---

① 《史记·殷本纪》。

来，竟然跟他本人太能干有关，没有比这更悲剧的悲剧了。

《殷本纪》突出说明帝辛不尊重人才的恶习，除了不采纳比干的意见，也对当朝贤人商容视而不见。尽管百姓很喜欢商容，但帝辛横竖不用商容（"商容贤者，百姓爱之，纣废之"）。帝辛逆民心，不爱百姓之所爱，这比拒绝比干的谏言还要严重。那么商容是什么人呢？

商容只不过是帝辛时代的乐官，他可能创作了一些流行歌曲，大众喜欢他也能理解。既然是音乐家那么继续搞音乐就是了，帝辛并没有禁止他从事专业活动，他仍然做乐官。至于有说商容试图用礼乐教化帝辛，简直闭着眼睛说瞎话，周礼之后始有礼乐，商容怎么提前搞出来，就不怕周公旦生气吗？就算商容的音乐造诣堪比舜和大禹时期的后夔，后夔一辈子不也只是乐官吗？为什么商容要搞特殊化呢？难道创作了几首流行歌曲，就得要出将入相？帝辛没有提拔商容，恰恰说明他脑子很清楚：商容你给老子好好创作商朝好歌曲，做音乐导师也行，其余的免谈。

商容其实一直没有离开商朝，直到商朝灭亡，这起码可以说明帝辛没有难为他，他也不觉得在殷都没有容身之地。当时姬昌正在招徕各方名人，商容名气那么大，肯定在招募之列，但他选择留守，这暗示他和帝辛似乎相处融洽，起码关系不紧张。在商容未被提拔这件事上，帝辛和当事人商容都没有错，错的是瞎起哄的民心，如果史料没有瞎说的话。

《殷本纪》说牧野之战后，商容以弃暗投明的姿态，踮起脚后跟和百姓一起迎接周军入殷。以普通人的标准衡量商容，其实无可厚非，他想活下去，或者他的家人想活下去，那么他只能投靠新朝廷。那一刻，商容和他周围的老百姓一样，都只是随波逐流的一般人，与贤无关，与忠更无关！

周武王看到商容出现在欢迎周军的游行队伍里，非常高兴，特意走上去和商容握手寒暄，并示意表彰其忠贤。《世说新语》里说"武王式商容之闾"，指的便是此事。

姬发的颁奖词好生奇怪，商容对谁忠？又对谁贤？小说《封神演义》中，商容是商朝的首相，为了保护帝辛的儿子殷郊，撞死在九节殿，小说里的商容倒确实当得起"忠"字。小说和历史的差异如此之大，这提醒我们靠小说学历史是不靠谱的，比如诸葛亮在《三国志》和《三国演义》里完全就是两个不同的人。不过我宁愿相信商容是《封神演义》里的商容，史料中的商容反倒更像一个虚构的小说角色，面目模糊，气节更模糊，"忠贤"二字用在他身上是对伯夷和叔齐两兄弟的侮辱，也是对气节的侮辱。姬发点赞商容"忠"明显没脑子，哪天大周不再"大"，大臣们另谋高就，他们算是忠臣吗？

接下来的一段很有意思，劝谏的又来了，这回不是比干。话说西伯灭了饥国（饥国即黎国，帝辛曾在那里"大蒐"，顺手把东夷各位老大挨个扇耳光，搞得诸位诸侯捂着腮帮子喊"日子没法过了"），大臣祖伊得知饥国被灭，认识到周将成为商的心腹大患，急忙跑去劝谏。很难得，《殷本纪》里有祖伊劝谏的内容，不似比干的"无言之谏"。

祖伊是巫师出身，和鬼神"天灵灵，地灵灵"地聊惯了，不会说人话。他的说话方式可以成为《演讲技巧》之类应用书籍的反面教材：怎么别扭怎么说、怎么难听怎么说、怎么吓人怎么说。正常的劝说应该自分析形势开始，然后商量对策。祖伊倒好，一上来就威胁、恐吓帝辛：上天已经废了俺们殷商的国运，算命先生都不好意思说祝你好运，大龟也不显示吉兆。并非先王不护佑俺们，实在是老大荒淫暴虐，自绝于天。上天抛弃俺们，使俺们不能安居乐业。接下来他说的话，把老百姓形容成受虐狂：大家都不求知道上天旨意，也不遵循典章法度，由着性子胡来。老百姓都希望和商朝同归于尽，老天咋还不降下惩罚呢？天命怎么还不来到？现在大王准备怎么办呢（"今我民罔不欲丧，曰：'天曷不降威，大命胡不至？'今王其奈何"）？

后面那段话我们似曾相识，和成汤的演讲词如出一辙，成汤是这样说的：夏王有罪，能拿他怎么样呢（"有罪，其奈何"）？他让劳动人民生不如死，民众都表示情愿和夏王同归于尽也不愿苟活（"众有率怠不和，曰：'是日何时丧？予与女皆亡！'"）（参见《商汤烈烈》一节）情绪、语气、逻辑何其相似乃尔！

其实关于夏桀、商纣"脱离群众"和被群众诅咒的文字皆出于《尚书》，《殷本纪》里祖伊的言谈便是根据《尚书·西伯戡黎》篇。谴责夏桀和商纣的文字基本上是同一个路子，像是出自一个人或者一个写作班子的手笔，他（们）可能觉得"其奈何"这三个字很酷，无论写夏或是商都保留着。

相比较而言，大老粗崇侯虎说话得体得多："西伯积善累德，诸侯皆向之，将不利于帝。"不像祖伊一味不着四六地恐吓，外加赤裸裸地模仿、抄袭夏民语录。

祖伊那段话里的关键词是什么？"假人"，即"格人"。天命、元龟都和格人相关，因为格人才有对天命和龟甲的解释权，格人和巫师其实是同一个意思。太戊朝当年有个大巫叫巫咸，既当神棍又当宰相，政权、神权一把抓。虽然他对怪树束手无策，仍然无损其在巫界的"学术地位"。帝辛时的格人是谁？就是祖伊自己！《尚书·君奭(shì)》里说商代贤臣祖伊等可以"格于皇天"，可以直接跟上天联系，名副其实是"通天人物"。可惜祖伊生不逢时，巫师这行在武乙时代便跌落谷底，无数神气活现、游手好闲的昔日巫师们被无视，他们心里没想法才怪，他们在想象里让武乙以魔幻现实主义的方式死去。

祖伊跟他的同行们相比算是好运了，能在商王面前说得上话，其官位肯定不低，但跟前辈巫咸是没法比的。一身"格"的本领毫无用武之地，他很不甘心，于是抓住风云变幻的机会，曲里拐弯地推销自己。

祖伊的话其实前后矛盾，帝辛大概很烦，没心思跟"格人"祖伊较真。既然大家不求上天旨意，如何又期盼天命早日来到降灾于殷商？

帝辛在祖伊发表长篇大论时，一句话都没说，等到祖伊闭嘴了，他拍拍"格人"的肩膀说：现在没啥祭祀，你闲着也是闲着，要不要去语言学院演讲专业进修一下？学杂费全免。看着祖伊被噎得翻白眼，帝辛走到铜镜前，理了理头发，对镜子里的那个帅哥非常满意，慢悠悠地甩出一句：我生下来不就是承命于天吗（"我生不有命在天乎"[①]）？

帝辛说的话听起来很嚣张，可祖伊愣是不知道如何反驳。想当年履癸宣称他自己是太阳，帝辛和他一样拽得让读者生气。狂妄的暴君形象便以一种易于让群众心领神会的方式建立了起来。祖伊全须全尾地出得宫来，肉还在身上（没有被割下来腌制起来），心脏仍在里面跳动着（没有被挖出来作为医学院的实体模型），他对帝辛建议他去语言学院进修非常恼火，逢人就说：纣王已经油盐不进了（"纣不可谏矣"[②]）。

祖伊向帝辛的"谏言"恶声恶色，形同诅咒，谁听了都会生气，但"残暴"的帝辛没有给予他任何惩罚，也不强迫他去语言学院进修，任他好好地来，好好地去，连一句威胁都没有。否则祖伊也不至于一出宫城就嚣张地掏出话筒喊：小喇叭开始广播啦，纣不可谏矣！那么我们有理由问这样一个问题：比干能说出

---

① 《史记·殷本纪》。
② 同上。

什么比祖伊更难听的话来，让帝辛一下子气得如恶魔附体，不仅杀之而后快还把他的心挖出来？就像鬼侯不可能因为女儿不谙风情而被制成肉干，比干同样也不可能因为劝谏而遭剜心之祸。

比干是帝辛的叔父，鬼侯是其岳父，祖伊不过是成汤的谋臣仲虺之后，帝辛对外人祖伊尚且"网开一面"，怎会偏偏跟比干和鬼侯过不去？他们一定是做了什么事，在帝辛看来大逆不道而招致横祸。真相沉没在历史的淤泥中，怎么钩都钩不出来了，我们现在只能基于已知的史实进行比较、推测和判断。

太史公太会摘录先秦史料了，"三仁"谏言的具体内容一字没有，偏偏抓着无足轻重的祖伊不放，录下那么长的一段"谏言"，就像草丛里露出一条意味深长的尾巴。我总觉得太史公似乎有意无意地露出点"破绽"让后人去分辨"真相"背后的假象或者假象背后的真相。

《殷本纪》还漏了一个人的谏言。有位叫辛甲的大臣非常爱好篆刻，一口气竟然提了七十五条意见！可帝辛对他一条意见都没有采纳。辛甲自尊心饱受伤害，于是一溜烟地投奔姬昌去了。假设帝辛耐着性子看完了七十五条，不论内容如何，帝辛都没有降罪于辛甲，那么至少说明帝辛不是个一听不同意见就要杀人的暴君。还有一种可能，帝辛压根就没见到"七十五条"，当时岐周锋芒毕露，关心时局的大臣纷纷提意见是很自然的，但其中大部分都不可能呈送到帝辛面前，否则帝辛就成了商朝第一文秘。

就在帝辛纠结于要不要当商朝好秘书的时候，姬昌正沉醉于攻城取国的战争游戏。《殷本纪》认为是姬昌灭了黎国，这是个错误，灭黎国的其实是姬昌的儿子姬发，即后来的周武王。据《竹书》载，"四十四年，西伯发伐黎"，那时姬昌已经去世三年了。

姬昌死于帝辛四十一年，他的儿子姬发继承了西伯爵位，所以叫"西伯发"。姬昌在担任周侯的三十年中，采取大棒子加胡萝卜的策略，把岐周的地盘扩大搞活，到他去世时，周的势力确实很强，强到强悍的帝辛都不敢对它轻易宣战。至于说姬昌去世时周已得天下的三分有二，那明显是在夸大，目的是为了让姬发在短短的十一年取商而代之显得顺理成章。姬发算是能干的，但没有史书上说的那么英明神武，没他爷爷和老子打下的基业，他能守住岐周那一方土地就算不错了。

让我们来看看姬昌自出狱到去世的十一年里（从帝辛三十年至四十一年）都干了什么。

"三十一年，西伯治兵于毕，得吕尚以为师。"①前一年西伯率诸侯入贡向帝辛表忠心和孝心，一转脸他就偷偷跑到毕国筹备起军队来。毕国也是被姬昌征服的一个小国，二十五年前，姬昌就强行去毕国举行祭祀活动，然后顺便就把人家给"收编"了。

那一年，姬昌拜吕尚为军师，吕尚便是大名鼎鼎的姜子牙。关于姜子牙，其奇闻轶事经过《封神演义》的"报道"而家喻户晓。不过他身上的水分挤出来能淹死诸葛亮，调出来的墨可画道家山水、可描儒家风光，因此他是亦仙亦圣的人物，非常有范儿。他老人家的事留到写西周时再说，现在还是尽量把舞台留给帝辛。史书里他已经被姬昌、姬发父子喧宾夺主了，再让姜大神插一杠子，帝辛就成群众演员了。真实的情形是，在当时帝辛是绝对的男一号，姬昌、姬发是男配角，姜子牙才是群众演员。

"三十二年……密人侵阮，西伯帅师伐密。"②阮是周的小弟，被密国欺负了，咽不下心中恶气，于是找老大帮忙。姬昌非常乐意替小弟出头教训密国，这是一举两得的美事，大棒子和胡萝卜可以同时拿出来，而且代价最小。他只要派出部分兵力和阮"小

---

① 《竹书纪年》。
② 同上。

二"协同作战，日后便可长期分红。

姬昌的大棒子可能是狼牙棒，很威武，第二年就把密国打趴下了。姬昌一不做二不休把密国老窝都端了，令密国人迁往已经被季历和姬昌父子经营很久的程邑（"三十三年，密人降于周师，遂迁于程"①）。这招"拆迁"法确实狠，狠得让人没了念想。密国诸侯哪里想到跟阮"小二"的一场纠纷会带来万劫不复的灭国之祸，如果时光可以倒流，他肯定愿意和阮"小二"友好一万年。其实阮"小二"心里也不好受，密国是只鸡，他阮国就是只猴，以后只能老老实实待在姬老大的杆子下面。

帝辛三十四年，姬昌更是硕果累累，一年吃掉三个国家，分别是耆、邘及崇："周师取耆及邘，遂伐崇，崇人降。"②邘是鄂侯的地盘之一，竟然被姬昌收编了。看来帝辛确实是个厚道人，鄂侯死后，仍然让其后人继承封国，可他便宜了姬昌。崇国就是崇侯虎的诸侯国，姬昌拿下崇国几乎没费一兵一卒，可以说是不战而屈人之兵，方式很有效。

他让人广发传单："余闻崇侯虎蔑侮父兄，不敬长老，听狱不中，分财不均。百姓力尽，不得衣食，余将来征之，唯为民。"③崇侯虎被塑造成一个标准的人渣形象：蔑视父亲和兄长，对长辈不敬，打官司不主持公道，财务分配不均。百姓虽做牛做马地劳碌，却缺衣少食，我姬昌来了，乃是为了救崇国人民于水深火热之中。姬昌想必极有演讲天分，他忽悠得崇国人民集体倒戈，倒向周的怀抱。

崇国是否真的就这么被姬昌忽悠掉，我无法核实，我所知道

---

① 《竹书纪年》。
② 同上。
③ 〔西汉〕刘向：《说苑·指武》。

的是后世没有一个国家或者王朝是被宣传单打垮的，姬昌厉害得空前绝后。如果崇国真的亡于姬昌的口水，那就说明崇侯虎在他的国家已无立锥之地，人民都盼着他早日被姬昌嚼过羊肉泡馍的口水淹死，这可能吗？据说当年夏桀治下的人民都希望和他同归于尽，可成汤还是费了九牛二虎之力才颠覆夏朝，成汤不会忽悠吗？他忽悠的功力绝不在姬昌之下。

从姬昌为崇侯虎度身定做的宣传里，我们可以想象姬发是如何编排帝辛的。可怕的是，作为胜利者的周武王有着无与伦比的话语权，他的言论将被当成金科玉律载入史册。我们已经领教了履癸是如何被"增色"的，下面我们还会看到帝辛的无道是如何升级的。

三十四年年底，姬昌遇到麻烦了："冬十二月，昆夷侵周。"[①]《诗经·小雅·采薇序》"文王之时，西有昆夷之患"，指的就是那个寒冷的冬天。对于姬昌来说，那个冬天格外寒冷。昆夷是西戎的一支，不清楚他们当年是否参与抢劫豳州，但他们显然更为彪悍，居然抢劫岐周！姬昌的岐周比公亶父的豳州不知道强大多少倍，连帝辛都不敢贸然伸手，昆夷竟然动手了。尴尬的是，能掐会算的姬昌愣是没料到这一手，眼睁睁地看着昆夷空手而来，满载而归。季历当年远征燕京之戎而兵败尚情有可原，姬昌居然让人打到家门口，破了财又丢了人。

如果没有《竹书》，后人哪里知道天文地理无所不通、运筹帷幄决胜于千里之外的周文王居然这么窝囊？他跟他父亲季历相比差的不是一点儿半点儿：季历在世时，谁敢在周原撒野？

第二年姬昌又遇麻烦，这回是天灾："三十五年，周大饥。"[②]

---

① 《竹书纪年》。
② 同上。

人祸加天灾，那段时间姬昌度日如年。

好在那段时间不算太长，一年多点，姬昌的好日子就来了。帝辛三十六年的春天终于来到了，那是姬昌的春天，是他的小弟们带来的："三十六年春正月，诸侯朝于周，遂伐昆夷。"①当年那帮在羑里陪老大哥姬昌一起坐过牢的狱友们很讲义气，不忍见老大哥于水深火热当中，于是一起主动跑来做"来宾"。一度焦头烂额的姬昌顿时姿势大涨，伙同诸位来宾把寻衅滋事的昆夷饱揍一顿。《竹书》的一句话新闻里，仍然透着蹊跷，从三十四年冬十二月到三十六年春正月，在这超过三百六十五个日与夜里，那些小弟们躲哪去了？为什么过了一年多才跑出来表忠心？

笔者个人觉得这与"三十五年，周大饥"有关：那些比猴还精的小弟们在等大饥荒之年的岐周会发生什么，因为他们知道了老老年间，三苗发生地震之后大禹做了什么，他们等着惊人相似的历史再次发生。他们后来认识到帝辛不是大禹，姬昌才干得出大禹的事——无毒不丈夫。他们不愿意被荼毒，于是等姬昌缓过气来，便一个个去给姬昌擂鼓助威。三年前的密国就是榜样，榜样的惨样是无穷的。

收拾完昆夷之后，姬昌里子面子全都有了，于是开始实施藏在心里的一个宏伟计划：他让儿子姬发谋划建立都城，所谓"西伯使世子发营镐"②。镐京后来作为西周的国都长达二百七十五年，又称宗周。据皇甫谧说："武王自丰居镐，诸侯宗之，是为宗周。"③皇甫先生擅长夸张，不过这回他说的是大实话。

继经营镐京之后，姬昌又有大手笔，在语义学上对后世影

---

① 《竹书纪年》。
② 同上。
③ 〔晋〕皇甫谧：《帝王世纪》。

响深远。"三十七年，周作辟雍。"①"辟雍"这个古怪的词是什么意思？雍有闭塞之意，辟雍便有启蒙的意思，也即国立大学。辟雍这个制度和它的名称一直被沿用至清朝，国子监内就有辟雍。《礼记·王制》："大学在郊，天子曰辟雍，诸侯曰泮宫。"天子的国立大学才能叫作"辟雍"，诸侯的"民办大学"只能叫作"泮宫"，等级差异无处不在。《五经通义》："天子立辟雍者何？所以行礼乐，宣教化，教导天下之人，使为士君子，养三老，事五更，与诸侯行礼之处也。"

不过需要说明的是，姬昌的"辟雍"跟大学毫不相干，那只是他狩猎的行宫而已：园林式建筑，圆形建筑物，风景秀美，四面环水（这是"雍"的另外一个意思）。夏、商、周的很多建筑都呈圆形，连监狱都是圆形，谓之"圜土"。姬昌死后，到他儿子周公旦辅政其孙周成王时，"辟雍"才进化为学院。换句话说，姬昌贡献了"辟雍"这个名词，如此而已。

姬昌的收编工作有条不紊地进行着，"三十九年，大夫辛甲出奔周"②。辛甲是我们的老熟人了，擅长篆刻。他提了七十五条意见而一条未被采用的新闻应该就是在当时爆料的。爆料者可能是辛甲自己，更有可能是周朝的秘书们给加了码——也许辛甲不过提了五条意见。我就是觉得辛甲不可能提了那么多意见，假设每条意见仅仅十个字，那也多达七百五十字！这是个什么概念？现存商代最长的青铜铭文仅有四十多字，西周最长的铭文不到四百字。

反正姬昌觉得辛甲能在竹片或木牍上刻那么多字，一定是个文化人，于是便委任他太史一职，负责起草文书，策命诸侯、

---

① 《竹书纪年》。
② 同上。

卿大夫，记载史事，编写史书，兼管典籍、天文历法、祭祀等。《后汉书·光武纪》注曰："史官之长也。"辛甲在西周算是专业对口了。辛甲仅仅是收编成果的开始，后来投往岐周的殷臣越来越多，其中不乏大鱼——"三仁"中有"两仁"投奔西周。姬昌打仗不如他老子，不过他的策反技术确实很强，堪比挖掘机，而且愣是把商朝挖塌方了。

《竹书》云："四十年，周作灵台。"姬昌的花样真不少，灵台又是什么？上海豫园有个"三穗堂"，里面悬挂着一块匾额，上书"灵台经始"。那四个字是《诗经·大雅·灵台》的第一句，指的就是姬昌开始建造灵台。姬昌不但建了台，还有池塘，谓之灵沼。其实就是姬昌征用百姓的土地建了一个御花园，里面有亭台楼榭池塘，园中有鸟兽鱼鳖，就是孟子说的："文王以民力为台为沼，而民欢乐之，谓其台曰灵台，谓其沼曰灵沼，乐其有麋鹿鱼鳖。古之人与民偕乐，故能乐也。"①

孟子这番话是对魏惠王说的。当时魏惠王站在池塘边兴致盎然地观赏池塘边的飞禽走兽，见亚圣来了，有点不好意思，怕圣人笑话他不务正业，赶忙自我解嘲：贤德的人也像俺这般喜欢这些东东吗（"贤者亦乐此乎"②）？

孟子的回答和煦如三月的春风，温暖着魏惠王的心房。孟子如是说：正是贤者才能享受其中乐趣，不贤的人有这一切也不会欣赏（"贤者而后乐此，不贤者虽有此，不乐也"③）。言下之意不言自明，然后喊里咔嚓、呜里哇啦讲起周文王建灵台、灵沼的往事。

汉儒郑玄把姬昌的御花园诠释得神乎其神："天子有灵台者

---

① 《孟子·梁惠王上》。
② 同上。
③ 同上。

所以观祲象，察气之妖祥也。"①灵台成了玄之又玄的"观妖台"！历史学家陈子展《诗经直解》说："据孔疏，此灵台似是以观天文之雏形天文台，非以观四时施化之时台（气象台），亦非以观鸟兽鱼鳖之囿台（囿中看台）也。""孔疏"指的是唐初孔颖达作《左传正义》来解释晋朝杜预的《春秋左传集解》，不知道孔颖达的根据是什么，同样也不清楚为什么陈先生同意孔先生的见解。郑玄的观点太玄幻了，拿它当真的话，就可以直接把《封神演义》当历史看。孔颖达的见解也差强人意，豫园的匾额"灵台经始"是恰当的，因为灵台和豫园的用途一样，只是供玩乐而已，这一点连孟子都承认。

姬昌能建御花园，纣王为什么不能建鹿台？这个孟子有话说，但说得很含蓄："古之人与民偕乐，故能乐也。"姬昌的御花园会开放给民众吗？如果开放，那么御花园就成了公园，姬昌的灵台、灵沼确实值得表扬。

孟子偏偏又不好意思明确地说姬昌的御花园和人民资源共享，"古之人与民偕乐"是个含糊其词的说法。"古之人"指的是古代帝王，没说姬昌。黄帝的国家动物园倒是开放的，因为那动物园太大了，没法不开放。蝼蛄大如羊，蚯蚓粗如虹，那个园子该有多大才行？虽然对于孟子来说，姬昌也算古人，但既然拿灵台、灵沼做样板，那就有话直说好吗？事实上，我认为灵台不可能开放给老百姓，如果郑玄的"观妖台"之说成立的话——那么神圣的地方只有王族和祭司才能出入，郑玄无意中摆了孟子一道。郑玄也是，你那么博学，怎么不看看亚圣语录再开口呢？难道你是成心的吗？

鹿台之于纣王是标杆性建筑，如同夏桀之倾宫，不过这都

---

① 《毛诗正义》郑玄笺。

是汉代以后给炒起来的，《殷本纪》里对鹿台仅一笔带过。鹿台应该不至于奢华到令人发指的程度，否则周武王在讨讨檄文里一定不会放过。周武王不屑提鹿台（司马迁更不屑），虽然他肯定知道鹿台是什么样子，他的探子多的是，搞清鹿台状况再容易不过。商周之后，就再也没人知道鹿台是什么样子了，不过到了汉代，突然跳出一个人来把鹿台一通"描写"，那人就是无所不知的刘向先生。

刘向先生是汉代的史学大家，似乎有个只属于他个人的数据库，里面装满了历代昏君的黑材料和明君的白材料，可以随时随地往外喷，这使他看上去更像个才华横溢的小说家。比如《列女传·夏桀妹喜传》就妙笔生花地告诉后人夏桀有多么腐败，除了大型酒池和众多醉鬼，最过分的是批评夏桀经常把妹喜抱在膝盖上。其实直到西周，当时的社会关系相当开放，情侣看对眼直接去桑林野合绝不会有人指指点点的。

商纣这么著名的昏君（比夏桀还要著名），刘先生怎么可能放过如此大好题材？无论如何也不能让夏桀专美于前，他构思的着眼点便是鹿台，风头必须超过倾宫才行。他从"数据库"调出的"资料"显示鹿台"大三里，高千尺[1]"！

"大三里"不知道什么意义，长宽各三里还是面积达三平方里？无论是哪一个都大得够呛。刘先生见识多广，笔者直到现在也未见过如此辽阔的台子，更别说其高度需仰视才得见——"高千尺"！

曾为妹喜设计"裂缯"桥段的皇甫谧嫌刘向的气魄太小，于是果断、大气地为鹿台增高九倍，达"高千丈[2]"，难道说鹿台高

---

[1] 〔汉〕刘向：《新序·刺奢》。

[2] 〔晋〕皇甫谧：《帝王世纪》。

达三千三百米?

摩天大楼有电梯,纣王如何攀上鹿台呢?就算纣王是身手矫健的攀岩运动员,妲己妹妹也行吗?就算这对"比翼鸟"一大早起来就爬,等到他们爬上去,大概已经是黄昏。他们俩累得要死,一到台顶倒头就睡,睡醒了又是黎明,等他们爬到台下又是晚上了!帝辛和他的妲己妹妹实在太喜欢攀岩了,我只能这么理解。他们站在台上朝下喊话,将没有一个人能听得见,不信你喊一嗓子,看看四公里之外有无"知音"。攀岩是孤独的运动,孤独的受德哥哥,孤独的妲己妹妹,孤独的"比翼鸟",他们默默地体现着现代奥林匹克精神——更高、更快、更强。

我们有理由认为刘向和皇甫先生都是有学问的数盲,有学问是好事,数盲也没什么大不了,可怕的便是有学问的数盲,最可怕的是充满想象力的有学问的数盲。姬昌"灵台经始"的那一年,比翼鸟有天结束攀岩后,妲己妹妹直接四仰八叉就睡过去了,还打鼾。受德兄身体强壮,虽然没有累得昏睡,但饿得够呛,吃了一鼎野猪肉和一鼎羊肉,又喝了几尊秬鬯酒,精神缓过来了,于是决定干点正经事——差遣使臣胶鬲找姬昌要一块玉。如果姬昌拒绝交出玉来,就再把他抓来,不需要坐牢,罚他攀鹿台,和妲己妹妹比赛,假如他输了,让他活活羞死。

姬昌做灵台那年,《竹书》上没头没脑地说:"王使胶鬲求玉于周。"玉是什么玉?得到没有?均不得而知。这事看来动静不小,韩非子也知道了,他在《韩非子·喻老》里说:"周有玉版,纣令胶鬲索之,文王不予。"玉原来是"玉版",那么接下来的问题比"玉是什么玉"还要麻烦,即"什么是玉版"。

我认为"玉版"比较靠谱的说法是刻有重要文献的玉片,大概象征祥瑞,以之传于后世。《黄帝内经·灵枢·玉版》云:"请著之玉版,以为重宝。"但玉版在晋代被说得神乎其神,王嘉《拾遗记·唐尧》："帝尧在位，盛德光洽，河洛之滨，得玉版方尺，图天地之形。"玉版完全是"河图洛书"的路子，很神奇吧？没有最神奇，只有更神奇，《晋书·慕容儁载记》："初，石季龙使人探策于华山，得玉版，文曰：'岁在申酉，不绝如线。岁在壬子，真人乃见。'及此，燕人咸以为儁之应也。"原来玉版乃神赐之物。

我们所处的时代很"落后"，无法领略"神物"的风采，那就不管玉版是个什么东西了，反正知道它比奇珍异宝还要珍还要异就是了。那么帝辛得到了没有？韩非子说话有点大喘气（据说他口吃）："费仲来求，因予之。"①姬昌还是交出了玉版，说明他当时还是不敢跟帝辛翻脸。那么姬昌为何不把玉版交给胶鬲，而是给了费仲？据说胶鬲是商朝忠臣，姬昌希望他不被帝辛重用；费仲是奸臣，姬昌希望他越被重用越好，因此便把玉版交给他，让费奸臣圆满完成任务。姬昌确实是个很有心计的人，在一块不能不送的玉版上都能做出文章来。

韩非子不知道的是姬昌比他想象的更有心计，姬昌跟胶鬲其实在唱双簧。据孟子说胶鬲本是个卖鱼卖盐的小贩（姜子牙也曾是小贩），姬昌把他推荐给了纣王，所谓"举于鱼盐之中"②即指此事。姬昌不把玉版交给胶鬲不是因为其贤，而是为了避嫌。胶鬲这个棋子姬昌使用得高明至极，不过其效果姬昌看不到了。

四十一年春三月，姬昌突然无疾而终，那时灵台、灵沼可能还没有完工。姬昌以九十六岁高龄离世，那一年是公元前1056年。据说姬昌死时，周已经拥有天下的三分之二，我们姑且信之吧，接下来我们将有理由"不信之"。

姬昌去世一年之后，姬发继承他父亲的爵位西伯，成为"西

---

① 《韩非子·喻老》。

② 《孟子·告子下》。

伯发"——帝辛拖了一年之久才给姬发颁发爵位证书。也许他压根就不想让姬发做西伯，只是他没有别的选择，他必须要找个人帮他应付蠢蠢欲动的夷族，而西伯是不二人选。帝辛四十二年，被称为周武王元年，那一年"西伯发受丹书于吕尚"[①]。

　　首先我们要不耻下问：何谓"丹书"？很抱歉，丹书我们地球人理解不了，它等同于天书。《吕氏春秋·应同》："及文王之时，天先见火，赤乌衔丹书集于周社。"赤乌是凤凰一类的神鸟，也非地球人所能理解的。吕不韦先生说文王之时，某年某月的某一天，天空忽然出现大火光，火光里出现一只赤乌，赤乌嘴里叼着丹书，出现在姬昌家的社稷坛。唐人张守节援引《尚书帝命验》有鼻子有眼地说："季秋之月甲子，赤爵衔丹书入于酆，止于昌户。其书云：'敬胜怠者吉，怠胜敬者灭……以不仁得之，不仁守之，不及其世。'"《尚书帝命验》是"纬书"的一种，怎么扯淡怎么来，有点像现在的虚假广告，信它的多是有志于皇帝宝座或者随时为皇帝效劳的热血中老年积极分子。

　　张守节可能想不到，他引用的那些话有多煞风景，因为那些话太好懂了，基本上就是些无的放矢的废话。大意是"敬谨胜过懈怠，国家就能吉祥；懈怠胜过敬谨，国家就会灭亡……以不仁手段得到天下，再以不仁手段治国，国家不会长久"。这么简单的废话姬发需要斋戒三日，然后拜姜子牙为师并尊其为"尚父"给他讲解"丹书"吗？

　　"丹书"还有别解，指的就是大禹治水时得到的"洛书"，也即《洪范》。神奇吧？可《洪范》的内容和姜子牙给周武王讲解的内容出入甚大，不可能是同一本书。

　　周武王元年，帝辛四十二年，发生了一件奇特的事，此事神

---

① 《竹书纪年》。

奇得让任何时代的地球人都张口结舌，某地一个女人突然变成男人（"有女子化为丈夫"①）。

这个如此突兀的"变性"事件在科学原理上比牝鸡司晨费解得多，但它要说明的道理和牝鸡司晨是一样的：意味着不祥之兆，殷商快要完蛋了。姬发在《尚书·牧誓》里说：老母鸡一旦打鸣，家境就要衰落了（"牝鸡之晨，惟家之索"）。他是有所指的，那个牝鸡就是妲己或者帝辛王朝的女官团体。自姬发之后，"牝鸡司晨"成为中国历史里的一个非典型政治词汇，特指女人干政，所以在汉朝和唐朝，有人指控母鸡在清晨抢了雄鸡的军号吵得人心里不得清净。汉唐的那两只"母鸡"个头比火鸡还大，分别是吕雉与武曌。

《竹书》在介绍帝辛的历史编年里，有十来年都是在讲姬昌父子的事，我差点都忘了我在看殷史还是周史。《竹书》的作者我佩服至极，但我必须要说，那位仁兄不是完人，多少有些势利：他知道岐周将取代殷商，于是在本属于帝辛的舞台，频频给姬发增加戏份和台词。

帝辛好不容易出现了，因为搞了个大动作："四十三年春，大阅。"大阅就是大阅兵。有明代东阁大学士、少保张居正的奏章为证："臣考前代及吾祖宗，俱有大阅之礼，以习武事而戒不虞。"②

帝辛搞的阅兵式肯定不是为了博妲己一笑，而是为了吓唬一下姬发。看来帝辛对当时的形势还没有清醒的认识，一个拥有天下三分之二的人怎么会被三分之一吓住？！

同年，嶰山发生地震（"嶰山崩"③）。嶰山在陕西，帝辛在河

---

① 《竹书纪年》。

② 〔清〕谷应泰：《明史纪事本末》引。

③ 同①。

南，按说这是姬发的凶兆才是，可为什么算在帝辛头上呢？帝辛没有学习大禹对岐周实行"人道主义援助"算是很人道了，姬发该庆幸才是。

"四十四年，西伯发伐黎"①，看起来姬发很是威风。黎国是帝辛比较伤脑筋的地方，四十年前他在那里打猎，惹了一场和东夷的纠纷，招致舆论包括《殷本纪》在内的一致批评，黎国自此之后一直就没消停过。黎国历史悠久，可以追溯到蚩尤，出过一位音乐奇才后夔。黎国本身的力量并不算很强，难搞的是它跟东九夷在地理和利益关系上盘根错节，要动它就和东九夷结上梁子，所以才有"商纣为黎之蒐，东夷叛之"之说。

帝辛腾不出手来料理东夷，于是便借姬发之手行之。这是非常高明的战略，无论姬发输赢他都稳赚不赔，等水搅浑了，他就可以摸鱼了。帝辛后来扫平东夷，姬发功不可没。帝辛之所以不动姬发，并非怕他，而是需要他，就像文丁需要季历一样。姬发伐黎乃奉旨而伐，其实这在某种程度上暗示了岐周当时不可能拥有天下三分有二。有那样绝对的优势，他至于会对三分之一的弱势言听计从吗？他跟他父亲姬昌表面上一直都很听话，所以我说这爷俩是装孙子的典范。

打黎国风险极高，姬发并不想冒这个险，不得已而为之，居然打赢了。姬发深知东夷那块地方有多凶险，所以得天下后，便把大周的两张王牌插在昔日东夷所在地：周公旦封于鲁，姜大神太公望封于齐。齐鲁诞生了，东夷从此消亡，就像死于大禹之手的三苗、亡于河亶甲之手的蓝夷。那场胜利意味深长，商朝固然从中得益，它是平定东夷的前奏，但最大的受益人是姬发。因为此战，岐周不仅声望大增，实力也大增。《殷本纪》特别提及此

---

① 《竹书纪年》。

次战事在殷商引起恐慌，可见那是不同寻常的事件。

四十七年，一位比大夫辛甲官位更高的内史向挚叛商而去，投奔姬发（"内史向挚出奔周"[①]）。内史的权力很大，《周礼》称是春官宗伯的属官，执掌爵、禄、废、置、杀、生、予、夺之法，仅次于相。《吕氏春秋》把向挚拔高到一个莫名其妙的高度："向挚处乎商而商灭，处乎周而周王。"商亡、周兴都和向挚休戚相关，这个法螺吹大发了。姜子牙第一个就不同意，估计妲己也不同意：不是公认小妮子俺才是商朝灭亡的"母鸡"吗？姜子牙和妲己在向挚事件上达成共识：凭啥让一个内史抢去我们的风头？要知道俺们一个是精英，一个是妖精！

帝辛四十八年，"夷羊见"[②]。夷羊不是来自夷族的羊，和羊一点儿关系都没有，事实上它和任何动物都没关系，因为它是神兽，样子可以参考草泥马。东吴第一史家韦昭《国语》注："夷羊，神兽。"高诱给夷羊升格成："夷羊，土神。"[③]夷羊比赤乌还要莫名其妙，它是个不祥之物。按《国语·周语上》："商之兴也，梼杌次于丕山；其亡也，夷羊在牧。"高诱也说："殷之将亡，见于商郊牧野之地。"[④]颛顼的妖怪儿子梼杌反倒成了吉祥物，真是奇哉怪哉。总而言之。夷羊的"适时"出现是为了告诉后人，殷商必亡，大周必兴，当然，我们都知道这些史书都是事后写的，所以要"预测"或者添加什么应景物事毫无技术难度。

夷羊现身后，太阳两兄弟又并肩出来溜达（"二日并出"[⑤]）。从尧时的十日、胤甲八年的十日、履癸二十九年的三日，再到帝

---

① 《竹书纪年》。

② 同①。

③ 《淮南子·本经训》高诱注。

④ 同①。

⑤ 同①。

辛四十八年的二日，太阳家族减员严重，以至于此后再无两个以上太阳同时出现的天文奇观，幸甚。

帝辛在末路上看到的景观和当年履癸末日之际出现的凶兆流星雨、地震、旱灾和三日并出略有不同之处——流星雨换成女子变丈夫，其实妹喜在夏朝覆灭的作用按说比妲己大，为啥当时成汤就不提什么"牝鸡司晨"？因为他不好意思，毕竟手下的头号大臣伊尹当奸细不是什么光宗耀祖的事。

牧野之于帝辛，犹如鸣条之于履癸，是帝辛穷途末路的终点，他将不仅丢掉五百多年的江山，连帝辛的名字都保不住。后人知道帝辛的不多，纣王则家喻户晓。

十　殷有三仁

夷羊现于牧野的第二年，姬发现身于孟津（或盟津）。《竹书》有记载："五十一年冬十一月戊子，周师渡盟津而还。"此说和其他史料吻合，但是过于语焉不详，而且有点让人摸不着头脑。

孟津在河南，姬发大冬天里从陕西东进渡黄河抵孟津，为什么又原路返回？难道他在冬季大练兵，搞渡河演习吗？

答案是Yes，姬发真的是在练兵。《周本纪》对此说得颇为详细。姬发在位的第九年，他先去毕祭奠他爹。关于毕有两种说法，一是指姬昌当年强行霸占的毕国，另一是指姬昌苦心经营的程邑。二者都是被姬昌打下来的臣属国，没啥区别。在国破之日，国名于它们已经失去了意义，反正它们再也没有复兴过。总之，姬发在毕或程举行缅怀先父的活动之后，也学帝辛搞了次大阅兵，一路演习到孟津，所谓"东观兵，至于盟津"。

姬发的阅兵和帝辛的阅兵不可同日而语，那是实战演习，而不是装模作样地挥手致意。事实上，姬发的那次"东观"，差点就演变成"东决"。姜子牙都已经下达了一级军备令：广大将士们，快快集合你们的部下，带上船只，迟到者杀无赦（"总尔众庶，与尔舟楫，后至者斩"）！那么是什么让实战变成了卡拉OK？这个等到写西周再细说，暂时尽可能把亮相的机会给帝辛。

据说当时来到盟津的诸侯多达八百，更不可思议的是这八百诸侯竟然是不约而同前来会盟（"是时，诸侯不期而会盟津者八百诸侯"）！八百诸侯事先没有约定，在同一时间、同一地点喜相逢，在概率学上来讲属于零概率事件。我怀疑这是太史公故意露出的又一破绽。试问这些诸侯一个个在冬季的同一天跑来盟津干吗？找帝辛单挑吗？连姬发都不敢单挑，何况此等"众庶"？这些"不期而至"的诸侯异口同声地对姬发请愿：我们打纣王吧（"纣可伐矣"）。这说明了他们很清楚此行目的是什么——组团攻打殷商。这也说明了他们是被召集而来，而不是自觉自愿地加入讨伐商纣王的大军。

召集八百诸侯的人只可能是姬发。姬发祭祀文王是个烟幕弹，用来迷惑帝辛。祭祀大典之后，姬发自称太子发，通令全军他是以文王的名义进行讨伐，又招来司马、司空、司徒和诸节训诫一番，然后兴兵，完全是大决战的模样。姜子牙随之号令"后至者斩"，这几个字不仅仅是说给周军的，也是警告"不期而至"的八百诸侯们。这么一吓唬，谁敢不来呀？之所以声称诸侯们不请自来，不过是为了宣传周武王是多么顺应天意民心而已，只是"宣传通告"写得太假了。

姬发在最后关头取消了进军殷商的战斗计划，冠冕堂皇地宣称天命还不明了，现在时机尚不成熟（"汝未知天命。未可也"）。于是班师回朝。

一定不是老天告诉了姬发什么，而是有人泄密了。他被告知祭父的烟幕弹没有骗过帝辛，帝辛早就做好准备等他来了。姬发掂量了一下自己的实力，想想帝辛的威而刚，想想象军，姬发决定哪来回哪去，有多快跑多快。当然其中原委是不能告诉八百诸侯的，否则还不被人笑死？

那个给姬发通风报信的奸细会是谁？费仲吗？有这个可能，姬昌帮过他忙嘛，不过他还不够分量掌握如此顶级机密情报。那个人是"举于鱼盐之中"的胶鬲，胶鬲的地位和费仲不相上下，不过他的后台很硬："三仁之一"，帝辛的同父异母哥哥微子！

据《竹书》说，就在姬发盟津"邂逅"八百诸侯那年，帝辛突然得了失心疯，"三仁"里抓了一个，杀了一个，逃了一个（"王囚箕子，杀王子比干，微子出奔"）。

《竹书》的这个顺序有点乱，第一个遭不测的是比干。比干是宰相，又是帝辛的叔父，这双重身份使他对殷商忠心耿耿，于是多次进谏试图把"淫乱"的侄子劝回头。哪怕他的另一个侄子微子来打招呼说他准备潜逃，比干依然照先前既定的办，并说"为人臣者，不得不以死争"①，他说到做到，"乃强谏纣"②。

帝辛被"谏"得恼羞成怒，就把比干的胸剖开，取出其心脏来检查是否有七窍，因为比干被尊为圣人，而圣人之心据说七窍。比干的心脏是否有"七窍"我们不得而知，但是成语"七窍玲珑"由此诞生，特指比干的聪明。针对帝辛变态的好奇心，孔子贡献了另一个成语：一窍不通。圣人曰："其窍通，则比干不死矣。"③高诱注曰："故孔子言其一窍通，则比干不见杀也。""一窍不通"的帝辛杀死"七窍玲珑"的比干，铸成中国历史上最著

---

① 《史记·殷本纪》。
② 同上。
③ 《吕氏春秋·过理》。

名的惨案之一。

据吕不韦的门客们说，帝辛的好奇心远不止于此。据说帝辛杀死九侯之女仅仅是为了得到她身上的玉环，"刑鬼侯之女而取其环"是也，我想不通九侯的女儿到底把环戴在什么地方了，非得杀而取之？《吕氏春秋》说帝辛把一个过河人的小腿砍断，观察骨髓（"截涉者胫而视其髓"）；还把一个孕妇的肚子剖开，看看肚子里小孩是怎么回事（"剖孕妇而观其化"）。可怜帝辛生得太超前了，那时还没有解剖学，不知道他研究啥。

其实帝辛这些"一窍不通"的非人行径都是战国时突然被"爆料"出来的，当时周武王讨伐纣王时有两篇被收入《尚书》的出征誓言，分别是《泰誓》和《牧誓》，均未提及纣王对解剖学的痴迷。如果纣王真的对比干做出了剖心之举，武王怎么可能舍弃这么好的题材不对帝辛大加鞭笞？！那一定可以激发出强烈的同仇敌忾之心，比干可是被武王封为"国神"啊，后来更是被道教收编为财神。

帝辛到底有没有杀比干？我倾向于相信他干得出来，这和他强硬的性格有关。他一定受不了比干几次三番地跟他唱对台戏，"强谏"他改变方针、政策。比如说在比干看来，"任人唯亲"才能保证政权的纯洁和纯正。毛泽东就认为比干因和帝辛政见不同才招致杀身之祸。

至于说比干因为劝阻帝辛不要淫乱而被杀，听听就可以了，在这个问题上，小说《封神演义》和周朝官方口径一致。不管比干的工作方式是否"七窍玲珑"，他起码没有投靠敌国，坚持对故国的忠诚，也算求仁得仁了。

让我们来看看另外"二仁"，先看箕子。箕子在《史记·殷本纪》和《史记·宋微子世家》中形象不是太统一，像是两个人。

《殷本纪》里的箕子形象很模糊，胆子小，看到比干被杀，箕子很害怕，于是穿上破衣烂衫混到奴隶当中，还披发装疯。帝辛觉得自己的叔叔沦落成一个奴隶，于心不忍的同时又觉得蹊跷，于是便派人暗中保护或者监视，结果发现箕子并不是真的疯了（其实是箕子自己暴露的），帝辛很生气。欺君之罪，这在后世是要杀头的，但帝辛只是把箕子关进牢里以示惩戒，没有杀他，更没有观察箕子心有几窍。箕子在《殷本纪》里只有如此简单的事迹：装疯，然后被抓。我们看不出来他有多"仁"，不过是一般人而已，寻常人不会比他做得更差。

在《宋微子世家》里，箕子的形象突然高大起来，把著名的比干甩开几条街都不止。那篇文章的主角本该是微子启，可微子成了箕子的背景，箕子太会抢戏了。

他上场的时候叹了口气，叹息里充满了忧患意识：他（纣王）以象牙做筷子，一定会制造玉杯；有了玉杯，接下来想要得到远方的稀罕之物。车马宫室逐渐富丽堂皇，他这个人却一蹶不振了。这段富有逻辑的推理也许来自韩非子的想象："昔者纣为象箸而箕子怖，以为象箸必不加于土铏，必将犀玉之杯；象箸、玉杯必不羹菽藿，则必旄、象、豹胎；旄、象、豹胎必不衣短褐而食于茅屋之下，则锦衣九重，广室高台。吾畏其卒，故怖其始。居五年，纣为肉圃，设炮烙，登糟丘，临酒池，纣遂以亡。"[①]在韩非子的想象里，我好像有点明白"蝴蝶效应"是什么意思了。

"登糟丘"明明是夏桀的腐败例证之一，司马迁实在不好意思把它循环使用到帝辛头上。周朝的宣传班子恨不能让夏桀和商纣完美对称，凡是夏桀干过的"坏事"全都可以算到商纣头上，省事又省心，这大概也算是废物利用吧。

帝辛以象牙做筷子其实真的不是什么过分的事，商人有驯养

---

① 《韩非子·喻老》。

大象的技术，纣王有支令东夷人闻风丧胆的象军。那么多大象，老死、战死的大象多的是，利用一下象牙有什么不可？那时既没有象牙走私，也没有动物保护组织教育帝辛用象牙做筷子是可耻的。

箕子操心完纣王的奢靡，又操心起纣王的品行，觉得他成天和妲己起腻真不像话。帝辛问他和老婆做爱做的事，做超出画眉之外的事有何不可，箕子说就是不可。帝辛火了，说我就是不听。箕子继续谏，帝辛继续不听，周围人看不下去了，对箕子说他不听就算了，你走吧，眼不见为净。

箕子回答说：作为臣子，谏议不被采纳就抽身而去，等于张扬君王的过失，而自己讨百姓喜欢，我不忍心这么干。他这番义正词严直接把另一"仁"微子挂起来作为反面教材：微子就选择了离去，决绝地离开，一头扎进周武王的怀抱。不过微子的离去不是身体的出奔，而是"精神出轨"，帝辛若是料到后果，他一定很有兴趣看看他这位同父异母的哥哥心有几窍。

箕子选择与殷商共存亡，但是又无法与侄子共事，于是他开始装疯。箕子是装疯的始祖，不知道"装疯卖傻"这个成语是否从箕子而来。

箕子的装疯创意被后世广泛借鉴，历史上著名装疯者不乏其人：孙膑用装疯骗过师兄庞涓，最后让庞师兄死无葬身之地；司马懿用装疯骗过大将军曹爽，让曹氏满门都不爽，最终取魏立晋；朱棣用装疯骗过侄子建文帝，于是成了永乐大帝。装疯技术比较差的是宋江，因为忽视了细节，而被黄文炳识破，所以宋江没啥大出息。箕子披头散发地混入衣衫褴褛的奴隶人群，瞒过了帝辛派来的所有耳目，可见他在细节上做得多么完美。帝辛听了探子们的汇报，心中颇为不忍，想起儿时叔叔把自己架在脖子上玩过山车的游戏，忍不住叹了口气。

箕子也叹气，他藏身于郊区的一个山洞里，洞里潮湿，冻得他浑身打战，肚子也饿得咕咕直叫。从山上可以清楚地看到雄伟的大商城，箕子情不自禁回顾辉煌的过去，体会饥寒交迫的现在，展望没有未来的未来，想自己以王叔之尊居然混成奴隶加疯子，忍不住悲从中来，不可断绝。箕子于是抚琴而歌，其歌名曰《箕子吟》（或《箕子操》）。

南朝和尚智匠在《古今乐录》给箕子颁发版权证书，曰："纣时，箕子佯狂，痛宗庙之为墟，乃作此歌，后传以为操。"歌词是这样的："嗟嗟，纣为无道杀比干。嗟重复嗟独奈何！漆身为厉，被发以佯狂，今奈宗庙何！天乎天哉！欲负石自投河。嗟复嗟，奈社稷何！"《箕子吟》颇有股汉乐府的民谣范儿，从歌词来看，《箕子吟》不可能是箕子作词，"纣"是帝辛死后被周武王姬发"谥"上的，箕子装疯时，帝辛还是帝辛，"纣王"这个称号还没诞生。"漆身为厉"指的是在身上涂漆把自己搞得面目全非，因为漆会导致皮肤溃烂，"厉"意为"癞"，癞就是麻风病。箕子的化妆技巧真是超一流，难怪帝辛派来的探子们不敢近身，相比孙膑等人在粪便里洗澡就显得粗鄙，而且技术含量不足。

箕子对自己相当狠，对侄子受德相当决绝。后世的著名刺客豫让显然从箕子那里得到灵感，不过他更狠，不但漆身，还吞炭，让人既看不出他的样子，也听不出他的声音。箕子没有吞炭，否则他就唱不出《箕子吟》了。

帝辛后来还是发现箕子叔叔没疯。不过并非帝辛火眼金睛，暴露箕子装疯的，不是别人，正是他自己。箕子装疯装得太逼真，把自己都吓住了，于是他需要向世人证明他没疯。一个曾经疯过的人要证明自己没疯，不是件简单的事，并不比装疯容易。还好箕子才情了得，在爱与痛的边缘，在疯与不疯之间自由行走，作曲、作词、歌唱一条龙全包了。那首《箕子吟》荡气回肠，慷慨悲歌，充满能量，一听就非疯子所唱。箕子是位表演天才，先后成功证明自己是疯子以及不是疯子。

帝辛被箕子叔叔整得快要疯掉，很无奈，很生气，于是下令把他抓起来，关进牢里，但没有对其施行挖心、割喉之刑。箕子显然比比干幸运。

《殷本纪》里说箕子因为看到比干被挖心害怕才装疯，《宋微子世家》的顺序颠倒了：比干看到箕子装疯，才直言相谏，其谏言和《殷本纪》略有出入："君有过而不以死争，则百姓何辜？"比干说的"百姓"和现在的黎民百姓不是一个意思，指的是百官。

箕子的谏言丝毫不比比干委婉，甚至有过之而无不及，为什么纣王饶过他而虐杀比干？总不至于因为比干说"死谏"就杀人吧？就算杀，也不至于挖心吧？我没有证据证明纣王没有挖比干的心脏，我只是觉得不太合乎情与理。如果施予比干的酷刑是真的，肯定不会因为比干那几句话，而是因为比干做出了什么事把帝辛气疯了，才把他当作人牲处死，杀死于祭坛以告神灵、祖先。自夏到周，对人牲的处置都极其残忍，挖心便是其中一项。

韩非子认为比干的悲剧是因为他没有把自己放在一个合适的位置，说了不该说的话，做了不该做的事。比干跟夏桀时的关龙逢一样都太过强势，迫使君主对他们言听计从，君主若不照办，他们不惜言辞教训，甚至强力威逼，即便不得好死也在所不惜。君臣关系愣是被搞成师徒关系，哪个君主都不会爽，EQ低的人为帝师比在笼子里陪老虎玩还危险。韩非子感慨道：如此大臣，先古圣王都受不了，如今就更没人会用他们了（"如此臣者，先古圣王皆不能忍也，当今之时，将安用之"[①]）。

韩非子的看法真假不知道，不过他对比干和关大夫的分析听起来似乎在理，起码比孔子的论断易于接受。孔子对于比干被杀

① 《韩非子·说疑》。

有段"精彩"得让人傻掉的评论，其逻辑与立场匪夷所思，让我们来看看孔子的高论。

《反经》引《孔子家语》："子贡曰：陈灵公君臣宣淫于朝，泄治谏而杀之，是与比干同也，可谓仁乎？"孔子的学生子贡有天问孔子说："陈国大夫泄治和比干一样，都因谏而死，他们是否都称得上仁？"

孔子答道："比干于纣，亲则叔父，官则少师，忠款之心，在于存宗庙而已，故以必死争之，冀身死之后而纣悔寤，其本情在乎仁也。泄治位为下大夫，无骨肉之亲，怀宠不去，以区区之一身，欲正一国之淫昏，死而无益，可谓怀矣！《诗》云：'民之多僻，无自立僻。'其泄治之谓乎？"孔子认为这两个人不能相提并论，因为比干是纣王的叔父，官至少师，位列三公，为了殷商的江山社稷，以死相谏，希望纣王将来能悔悟，所以比干是真正的仁。泄治只是陈灵公的下大夫，和国君没有血缘关系，他不过因为邀宠才不离开陈国，以他那样卑微的地位，想要纠正国君的淫乱，纯粹自不量力，死也白死，只能算"怀"，谈不上仁。孔子还掉书袋子，引用《诗经·大雅·板》里的两句诗"民之多辟，无自立辟"，意思是国民刁钻，立法没有用处，前一个"辟"意为邪门歪道，后一个"辟"指法规。

孔子的书袋子掉得莫名其妙不说，他对"仁"的定义简直让天下忠臣心寒：敢情比干之仁是因为商朝是他的家族企业，而泄治和国君没亲戚关系，官位又低，他的死谏纯粹就是狗拿耗子多管闲事，"死而无益"。可怜的泄治连死谏的动机都被诋毁成"怀宠"，他真要是邀宠，和陈灵公一起鬼混即可，犯得着坏了陈灵公的"雅兴"吗？泄治是这样谏的："君臣淫乱，民何效焉？"[1]

---

[1] 《史记·陈杞世家》。

他语气坚决、凛然，怎么就"邀宠"了？！

从结果上，比干死谏的结果甚至连泄治都不如，捞得个被剖胸的惨死，他的侄子帝辛"悔寤"了吗？那么比干是否也"死而无益"？比干位极人臣，官位高得没法再升，不像泄治还有很大的"进步空间"，可除了官位以外，还有很多别的封赏，比如领地、奇珍异宝、美女等。

根据孔子的定义，箕子完全符合"仁"的定义，他满足两个条件——纣王的叔父及位列三公。微子也符合，他是帝辛的哥哥，也位列三公。《殷本纪》说西伯、九侯和鄂侯是三公，这是错误的，三公属于政府编制，是需要坐班的，西伯躲在陕西自成一统，怎么可能做三公之一？

武王攻克殷邑之后，从监狱里把箕子捞出来，请教治国之法。箕子于是把《洪范》给武王讲解了一番，说鲧当年治水之所以失败，乃因他五行顺序搞错了（"汨陈五行"），十二个头的天帝气坏了，就不给他大法九种，于是鲧就死翘翘。他儿子大禹兴起，天帝把大法传给大禹，于是大禹"随随便便"就成功了。所谓"九种大法"指的就是《洪范》，我在大禹治水有关章节里介绍过《洪范》，这里不多说，需要说明的是，箕子给《洪范》的出处又增加了一种说法。箕子的"五行说"倒是和《洪范》的主旨相符，问题在于，五行理论是战国时齐国帅哥理论家邹衍提出来的，箕子穿越了吗？汉儒认为《尚书》乃上古之书的说法，不过是一往情深的梦呓。

箕子给武王讲解完《洪范》之后，得到的酬劳很大，"于是武王乃封箕子于朝鲜而不臣也"[1]。武王不拿箕子当臣子看，如此礼遇是顶级的，箕子死后更被周朝追封为"大圣王"。我感到奇

---

[1] 《史记·宋微子世家》。

怪的是，武王为什么把箕子的封地指定到朝鲜，也太偏远了吧？个中原因史册里没有提及，我也不好妄测，且留一个疑问吧。柏杨在《中国人史纲》里说箕子逃到朝鲜半岛，似乎有误。或者柏杨认为箕子不可能被封于朝鲜半岛，而只可能是逃亡去了朝鲜半岛。

从《周本纪》来看，箕子至少是在武王克殷两年之后才去朝鲜的。这段文字很直白，照录："武王已克殷，后二年，问箕子殷所以亡。箕子不忍言殷恶，以存亡国宜告。武王亦丑，故问以天道。"何谓"存亡国"？亡国之君后裔的封国，便是"存亡国"，那时帝辛的儿子武庚便是"存亡国"的最高领导人。箕子是个厚道人，他没忘记自己是商人，不愿讲殷的坏话，反倒话里有话劝说武王应当如何让"存亡国"存在下去。他具体怎么说的不清楚，但他所言让武王感到羞愧难当（"武王亦丑"），那时存亡国还在，武庚也活着，是什么让武王羞愧呢？姬发封他的三个弟弟于邶、鄘、卫，这三个诸侯国分别从北、南、东对朝歌形成合围之势，西面则是岐周，朝歌成了饺子馅，饺子馅还有存在的意义吗？

不论箕子是被封于或是逃往半岛，那个王朝是他建立的，因此箕子在半岛的传统文化里地位极其崇高。《旧唐书·东夷传》记载，后世的高句丽"颇有箕子之遗风"，"其俗多淫祀，事灵星神、日神、可汗神、箕子神"。箕子在半岛不仅为王，死后还被当作神祇，商王、周王都不曾有过如此待遇，仅次于夏朝首任天子大禹。

箕子任半岛王期间曾衣锦还乡，前来朝见周成王（武王已经去世了），路过从前殷邑的废墟，看到宫室断壁残垣，杂草丛生的景象，用曹操的话来说就是"悲从中来，不可断绝"。箕子强忍了眼泪，没有哭出来，因为他觉得只有女人才哭泣（"欲哭则不可，欲泣为其近妇人"①），很有硬汉之风。

箕子回乡期间，感慨系之，再次创作商朝好歌曲——民谣《麦秀》，歌词简短、朴素："麦秀渐渐兮，禾黍油油。彼狡童兮，不与我好兮。"翻译成白话文就是"嫩麦芒尖尖，禾黍苗绿油油，那个调皮的熊孩子，再不跟我亲近了。"那个熊孩子指他的侄子帝辛。箕子忍着眼泪，殷商遗民却泪奔不止（"殷民闻之，皆为流涕"②）。

箕子的短歌确实很感人，他在半岛称王，多年之后还能想起他侄儿子受德的童年时光，并且只有怀念，没有怨怼，很有人情味。

第三"仁"是微子。据说微子多次劝谏，他弟弟就是不甩他，但也没难为他，仍然让他掌管军队。《史记》说微子逃离故国之前，当着大臣的面自己开导自己说：父子骨肉亲情，君臣道义所属。父亲有过，儿子多次规劝不成，就跟着他放声大哭。臣子屡次劝谏而君王不听，臣子可以根据道义离去（"子三谏不听，则随而号之；人臣三谏不听，则其义可以去矣"）。微子的口才相当不错，叛国而去之前，还摆了个忠臣的姿态。他明明去意已决，司马迁却说："于是太师、少师乃劝微子去，遂行。"真是奇了怪了，难道少师和太师没有听见微子在众臣面前的自我开导与表白吗？

太师、少师大概是指箕子和比干，孔子便说比干是少师；可在《宋微子世家》里当微子找台阶逃跑时，比干已经被杀，箕子已经被囚，所以太师、少师不可能是箕子和比干。在《殷本纪》里，微子的逃亡在比干和箕子被杀、被关之前，但后来司马迁又说太师和少师抱着祭祀用的乐器奔周了（"殷之太师、少师乃持其祭乐器奔周"）。司马迁的"太师、少师"应该错了，他在

---

① 《史记·宋微子世家》。
② 同上。

《周本纪》里倒是把话说明白了："太师疵、少师强抱其乐器而奔周。"但这更是错上加错，商朝晚期，祭司基本处于失业状态，主持祭祀的乐师怎么可能位列三公？看得出来，司马迁写商周更递这一段历史，显得有些凌乱。

司马迁更大的错误在于，关于微子在商朝的所作所为，他没有一个地方说对了。司马迁本意是要把微子塑造成一个仁至义尽的正义角色，离开殷商之前还发表逃亡宣言，但怎么看微子都像个伪君子，不管比干、箕子因为什么原因开罪纣王，他们都比微子真诚多了。

微子还真不是伪君子，因为他在纣王倒台之前，根本就没有逃亡，而是一直待在他弟弟身边，继续担任他的军事长官。他不是伪君子，但是比这更糟，他是个汉奸，不对，应该叫"商奸"才对。他才是导致商朝灭亡的头号奸臣，或者说是新兴周朝的头号功臣。

《吕氏春秋》里有不少无稽之谈，但关于微子的行径比《史记》《尚书》等正史要准确得多。《吕氏春秋·诚廉》里说伯夷、叔齐两大著名贤人从孤竹国来到岐周考察（"观周德"），无意中发现一个秘密——姬昌的阴谋。姬昌让他两个流芳千古的弟弟旦（即孔子的偶像周公）和召分别暗中勾结胶鬲和微子。旦给胶鬲的许诺是"加富三等，就官一列"；召给微子开出的条件就更诱人了——"世为长侯，守殷常祀"。"长侯"就是诸侯之长，革命成功之后，微子便是一人之下的大人物，取帝辛而代之。伯夷、叔齐听说此事，相视而笑："此非吾所谓道也。"他俩后来不愿留周，肯定与这件事有关。至于说什么武王要"禅让"让这两贤人兄弟做王，简直是天方夜谭，就算他脑子进水了有"禅让"之意，他那两个弟弟周公和召公不宰了他才怪。

有了军政首脑微子和胶鬲为内应，岐周还有什么情报得不到？帝辛尽管和哥哥微子摩擦不断，但他始终没有想过要对付微子。他对兄长多少有些愧意，因为在嫡长制尚未成为定例的商代，作为庶出的长子，微子是有机会继承王位的，起码微子心里是有想法的。帝辛待微子不薄，无论对方说什么难听的话，他都忍了，仍然让微子身居高位，手握兵权。对箕子和比干，帝辛就没那么好脾气了，比干被杀、箕子被囚也许不是周人栽赃陷害的，帝辛那么有性格的猛人，既然不忍在哥哥身上出气，那只能在两个碎碎念的叔叔身上发泄了。

"盟津观兵"那次行动，姬发本来准备偷袭殷邑。就在兵发之际，微子命胶鬲给姬发出消息："受有备，速撤军。"（谢绝考证）于是才有姬发突兀收兵。他当然不能跟部队说他收到消息了，只得编了一个骗不了三岁孩子、却骗了所有部下的谎言。当然，那就够了。

姬发灰溜溜地回到陕西，郁闷的同时也感到庆幸。姬发打那晚就得了失眠的毛病。他知道那个高高在上的子受德有多厉害，如果让他知道自己"观兵"的动机，率兵来打怎么办？姬发太清楚那家伙的实力了，打仗从无败绩，牛哄哄的东夷人被他收拾得服服帖帖。姬发对东夷"哀其不幸，怒其不争"：你们好歹让子受德有点损失再投降呀？！

写到这里，我们有理由问一声：为什么一个拥有三分之二天下的人会怵一个只占三分之一天下的人？这个问题有两个说得过去的解释。

其一是姬发真的拥有三分有二的天下，不过他仅仅以数量取胜。假设当时殷商共有一千二百个诸侯国，姬发的同盟诸侯有八百个，可是数量不等于质量。打个比方，如果你的球队里有乔丹、詹姆斯、科比、库里再加姚明，你还会在意对方球队有哪些球员吗？所以子受德对姬发的什么三分有二嗤之以鼻，小样，你放马过来！姬发真的不敢放马过去，他是个很冷静的人，不会逞匹夫之勇。

其二便是，无论姬昌怎么经营，岐周都不可能掌握大半江山，所谓"三分之二"之说是给周文王贴金，只不过这些马仔忘了一点，他们在给文王贴金的同时，也在给武王抹黑：天下大半都被拿下了，那么武王充其量只是个还算争气的富二代罢了，文王的功绩和武王的功绩成反比。

当然，姬发还是了不起的，不管他爹给他挣了多大的盘面，毕竟是他亲手推翻殷商、建立绵延八百多年的大周。姬发算不上个战略家，论打仗，他比推翻夏朝的成汤差远了，同样比不上他爷爷季历和父亲姬昌。不过他的间谍手段很高明，充分利用了帝辛与其兄长之间的矛盾，而且他付出的代价极小，简直就像天上掉馅饼。不对，馅饼不是天上掉下来的，是孔子眼中的"三仁"之一微子启白白送他的。

十一　牧野之战

姬发失眠的日子持续了近一年，那十二个月对于姬发简直是噩梦，睡不好也吃不好，导致免疫功能下降，动不动就伤风感冒，搞得像林黛玉一样憔悴。失眠肯定对姬先生的健康造成了极大的伤害，导致他心力交瘁，享受胜利果实才三年就没了。

姬发的运气还算不错，就在被失眠折磨得快要疯掉之际，他的失眠症突然好了。治好他失眠的药是一封密信。

密信的作者是微子，信使自然是姬发父亲的故人胶鬲了。密信的内容是什么？这个我必须实话实说，我不知道，否则怎么叫密信呢？不过从后来发生的事来看，我们可以轻松推测出密信的内容来，世上没有密不透风的信，如果那封信想达到其目的。

收到密信后，姬发乐了。姜大神一直在等着这一天，一年前在孟津仓皇撤军，害得他颜面丢尽。他姜军师是大周的首席国师，上知天文，下知地理，中间知道打仗，"用兵如神"都不足以形容他的本事，他是"用兵通神"。因为史书中没有任何关于姜子牙用兵的战例，群众喜闻乐见的只有《封神演义》。

那次他发出了"急急如律令"的出兵总动员，可是一转眼他又发出相反的"急急如律令"的撤兵总动员。就像一个跑道边的发令员，打响了发令枪，运动员都起步了，发令员马上在后面扯着嗓子喊运动员快回来，这也太搞笑了吧？虽然武王给了八百"运动员"一个神乎其神的解释，但姜大神心里还是过不去，总觉得那些"运动员"心里对他有看法：你不是未卜先知的国师吗？怎么连这个都不知道？姜大神有苦难言，姬发失眠一年，姜大神也亲自陪同失眠了一年。

这位姜大神之所以在中国享有极高的知名度，实拜《封神演义》所赐。据说《六韬》是姜大神的兵法著作，可后来发现《六韬》是战国时期的托名伪作。章太炎甚至认为《六韬》不是兵书，而是道书，又有点矫枉过正了。《六韬》和《三略》一样，都是古代兵书应该没有疑问。

不管怎么说，姬发和他的国师姜大神精神抖擞地行动起来，再次打响发令枪。《竹书》载："五十二年庚寅，周始伐殷。秋，周师次于鲜原。"那一年是帝辛五十二年，姬发的军队首先集结在鲜原，没有马上进攻殷邑。鲜原就在孟津附近，姬发可谓故地重游。

周军至少在鲜原守候了一个多月，姬发是审慎或是害怕？二者应该兼而有之。商军多强大，子受德有多厉害，姬发心里有数，因此他不敢贸然出兵，哪怕收到微子的密信他还是不敢贸然东进。他一定要万无一失，否则跟孟津那次一样灰溜溜地跑回家就惨了，总不能用同样的理由去忽悠那八百个"长跑运动员"吧？不用子受德来打，光是口水就能淹死他，失眠就能要了他的命。

姬发和姜子牙心急如焚地等在鲜原无所事事时，那是公元哪一年？这一年是牧野之战发生的那一年，对于商、周断代很重要。关于这一年的历史断代，"成效喜人"：竟然有四十五种说法之多，误差达一百一十二年，范围从公元前1130年至公元前1018年！江晓原、钮卫星在《回天——武王伐纣与天文历史年代学》里列出四十四种的说法，未包括被乾隆誉为"一代完人"的黄道周在其《三易洞玑》卷十里所说武王伐纣在"戊子岁"（公元前1053年）。好在那些年份主要集中在公元前1046年上下浮动几年，夏商周断代工程根据古文献中的星象资料推断为公元前1046年1月20日，不过1998年12月20日断代工程会议上又有新结论，把时间推后了两年，更正为公元前1044年1月9日。

我不懂天文，对古文献中出现的星象也缺乏认识，姑且把那一年当作公元前1046年吧。

姬发从秋天等到冬天，派出去的探子回来报告的消息与密信完全吻合，姬发这才发出行军令。大军出发前，姬发举行了盛大的杀俘祭祀，这叫"有事于上帝"[①]。被帝辛废除的残忍的人牲，在周朝再次兴起，周朝并以此作为攻击帝辛的四大借口之一，谴责帝辛不敬上苍，所以帝辛活该被上天抛弃。还别说，帝辛的失败，多少还真的跟他不肯杀俘有关。

上次在孟津有八百诸侯跟随姬发，那么在鲜原来了多少诸侯？谁都猜不到，我也没想到——只来了八个！你没看错，是只有八个，不是八十，更不是八百；而且这八个全是方国，用现在的话来说就是少数民族部落。这是《竹书》上说的："冬十有二

---

① 《竹书纪年》。

月，周师有事于上帝。庸、蜀、羌、髳、微、卢、彭、濮从周师伐殷（伐殷至邢丘，更名邢丘曰怀）。"看来孟津撤军的后遗症极大地影响了众诸侯的"长跑"积极性。《周本纪》也特别提了这八个方国，而且姬发在《牧誓》里把他们当作压箱底的宝贝在牧野宣言中隆重推出，言下之意有他们相助定能所向披靡，天知道他是否在自我安慰。

姬发挺逗的，从鲜原经过刑丘（即邢丘），他居然还有兴致改地名，把刑丘改为"怀"。刑丘里有个"刑"字，让姬发感到不吉利，他本来就很紧张，经不起任何形式的刺激，既然地名让他不爽，那就玩玩文字游戏，把地名改了。很霸气，还透着股机灵，只动动嘴，就能把不吉利消弭于无形，从而带来心理安慰。这一招未庄的阿Q也会。

姬发的文字游戏远不止改地名，他还发表了一篇收入《尚书》题为《太誓》（或《泰誓》）的讲话。这篇讲话很短，主要是谴责帝辛的四条罪状：一、听信妇人之言；二、自绝于天，毁坏其三正（这第二条好像是从大禹儿子讨伐有扈氏时说的"威侮五行，弃绝三正"学来的，武王起码得说明一下灵感来自《甘誓》，以示学术端正）；三、疏远同祖兄弟（祖指祖父母，即所谓"王父母弟"[①]）；四、废弃先祖雅乐，而以"十八摸"之类的音乐取悦妇人（"乃断弃其先祖之乐，乃为淫声，用变乱正声，怡说妇人"[②]）。帝辛的罪行里，没有酒池肉林，没有炮烙酷刑，也没有提及帝辛在解剖学上的示范教学，比如挖心脏、锯大腿、破孕妇肚子等。姬发为什么不提呢？因为他的想象力有限。

这四宗罪里一和四看起来好像可以合在一起，其实不然。第

---

① 《史记·周本纪》。
② 同上。

一条罪状里的妇人指的是宫外的女官；第四条里的妇人则是指以妲己为首的嫔妃，等到给商朝做小结时我再详谈。数落完万恶的商纣王，姬发接着说的话大家肯定都猜得到，那便是替天行道（"行天罚"[1]）。《太誓》里的最后十个字颇堪玩味："勉哉夫子，不可再，不可三。"[2]用大白话说就是"大伙儿要奋勇作战啊，不能有第二次，更不能有第三次"。姬发完全是有感而发，一年或是两年前的"第一次"，他就是在同样的地方"闪了腰"，害得他和姜大神连觉都睡不好。他再也不要看到同样的悲剧再次上演，于是他下令队伍奋力向前。

据《尸子》说："武王伐纣，鱼辛谏曰：岁在北方不北征。"颇为耐人寻味。如果从周原直接进攻殷商，那是南征而不是北伐，鱼辛当时为什么不进言姬发不宜出兵？无论南征或是北伐，征伐的对象都是帝辛，没有区别。这暗示了姬发率军南下时，一定用的是别的借口，就像上次打着祭奠文王的旗号一样，随军而来的鱼辛并不知道要开战。

等周军从孟津向朝歌进军时，鱼辛才意识到真要打仗了，他的谏言说明两个问题：第一，他认为武王兵力不足以撼动帝辛；第二，他不知道姬发收到密信。他能在武王面前说得上话，说明他是重臣，但武王没有告诉他实情。他当然不能说了，否则《太誓》《牧誓》还怎么说得出口？！基于此，姬发拒谏鱼辛。

总而言之，英明神武的周武王一甩孟津观兵的窝囊相，果断地下令全军全速前进，不分昼夜，风雨无阻。《吕氏春秋·贵因》说："武王至鲔水（即孟津附近）……天雨，日夜不休，武王疾行不辍。军师皆谏曰：'卒病，请休之。'"我相信军师肯定不包括

---

[1] 《史记·周本纪》。
[2] 同上。

首席军师姜大神，因为他和姬发最清楚，什么叫机不可失、时不再来，错过这次机会，就等着被"北征"吧。那些生病的士兵，不知道会被怎么处理，背着他们急行军显然不太可能，就地解散更不可能，如此机密的军事行动万一走漏了风声怎么办？姬发不可能冒这个险。那就只剩下一种可能：病了，那就去死。

周武王带了多少军队？《史记·周本纪》说："(武王)率戎车三百乘，虎贲三千人，甲士四万五千人，以东伐纣。"这比成汤伐桀的军队人数多了很多，成汤当时的嫡系部队不过万把人而已。这句话里疑点很多，虎贲是禁卫军，一个个都是百里挑一的格斗高手，还得通过审核才行，怎么可能有多达三千人的配备？清朝的禁卫军才一千七百七十人而已！虎贲作为禁卫军的代名词，直到唐代才废止。《尚书·牧誓》序里说"虎贲三百人"是靠谱的，而且和三百乘兵车吻合，即每辆战车配备一名虎贲士兵督阵。

司马迁沿用了孟子的"数据"，令人觉得奇怪的是，《史记》的前四卷引用了很多《尚书》里的文字，为什么写周武王的军队配置就把《尚书》丢在一边呢？实在要解释的话，只能说司马迁用这种方式再次向孟子"致敬"，就像他大张旗鼓地援引《万章》里两句话去"宣扬"尧、舜、禹禅位的盛况。

更奇怪的是"甲士四万五千人"的说法，这似乎是司马迁的独家"统计"数字，不见于任何史料，而且说不通。春秋之前的兵车编制最多为七十五人，其中甲士三人，步卒七十二人，那么甲士一共才九百人，距离四万五差太多了！退一步说，七十五人全是甲士（太豪华了），那也只有一半之数；再退一步，姬发的兵车配置到了顶级，每辆一百甲士，还差一万五！满打满算，周军人数都不会超出三万三（假设真有虎贲三千）。当然了，"虎贲三千人，甲士四万五千人"大大增加了"血流漂杵"的可能性。

《周本纪》还有更让人吃惊的统计数字："诸侯兵会者车四千

乘，陈师牧野。"四千乘是个什么概念？如果姬发的三百乘配备三万士兵，那么四千乘就表示四十万人！哪来的？《竹书》明确说明前来汇合的诸侯只有那八个方国，也就是说每方国平均有兵车五百乘，比大周的兵车还要多两百乘，如此兵强马壮的方国需要听命于姬发吗？这八方首脑莫非是受虐狂？！

《周本纪》没有明说只有八个诸侯方国，含糊其词地说"师毕渡盟津，诸侯咸会。"给人印象好像有很多诸侯。但是姬发在牧野做的军事动员报告《牧誓》暗示了《竹书》说得没错，"咸会"的诸侯真的只有八个。假设上次在孟津"不期而至"的八百诸侯全来了，那又太滑稽了，第一个受不了的将是姬发。八百诸侯一共兵车四千乘，就是说每个诸侯国平均出车五辆，这是在打发叫花子吗？！再假设，那些诸侯都对仁德的周武王忠心耿耿，那五辆兵车便是他们的实力体现，那就说明这些诸侯国大小和一个村庄不相上下，姬发靠这群乌合之众打天下吗？那八百个"村庄"代表了天下三分之二的力量？

以上这些无法自圆其说的疑问说明了《周本纪》和《孟子》提供的那些数据不靠谱。那些数字除以十就差不多了，也即武王率戎车三百乘，虎贲三百人；八诸侯国出车四百乘，总人数在五万至八万之间。

话说公元前1046年2月的某日清晨，天刚蒙蒙亮，姬发带着他的部队来到殷都朝歌郊外的牧野。牧野现在被当成一个确切的地点，即现在的河南淇县；不过也许是以讹传讹，其实牧野这个词本身就是郊外的意思，确切地说是远郊。《尔雅·释地》说："邑外谓之郊，郊外谓之牧，牧外谓之野。"这个解释用在姬发的军事"大联欢"上也说得过去。那支军队虽然远远少于《周本纪》宣称的人数，但也是一支浩浩荡荡的大部队，必须离朝歌远一些才能不被发觉，否则姬发哪有机会操着陕西腔念《牧誓》啊？

姬发念《牧誓》时姿态摆得相当高大上，左手持黄色的大钺，绘有龙纹或虎纹的斧头套上一长柄就成了钺。斧头作为先秦时代的常规杀伤性武器，所有人都可以用，钺则只有将帅才可以用，《周礼·大司马》注："钺，所以为将威也。"帝辛的九世祖母妇好就非常喜爱钺，生前使用两把青铜钺——龙纹钺和虎纹钺，看心情挑哪支钺，像换衣服一样。妇好的钺既是指挥的权杖，也是这位巾帼的作战武器，而姬发手中的钺纯粹是做做样子，那是"黄钺"，无论是黄铜或是黄金所制，都不适于实战。黄铜太软，黄金更软。姬发的右手也在装样子，握着一杆大旗，旗上系着白牦牛的尾巴（这也是先秦时期王侯旗帜的标配，因为这个原因，白牦牛珍贵至极）。

　　姬发左右手握稳了钺和旗后，开始致欢迎辞：从西方远来的朋友们，你们辛苦了（"远矣西土之人"[①]）！"西土之人"说明了什么？意思是来的诸侯全是在殷商的西边，包括姬发自己。那么庸、蜀、羌、髳、微、卢、彭、濮八方国在殷的西面吗？庸、卢、彭、濮在湖北，蜀在四川，羌在甘肃和青海一带，髳在山西，微在陕西，全部在殷商西面。姬发方向感很好，"西土"之说非常准确，这说明了跟随姬发故地重游的都是西部诸侯。西部诸侯可能有八百个吗？除非有的诸侯小得像个生产队才凑得起八百这个吉祥的数字。话说回来，那么小的"生产队"，姬发需要吗？

　　接下来，姬发把自己的直系部队介绍了一遍：司徒、司马、司空、亚旅、师氏、千夫长、百夫长。[②]"亚旅"是什么？亚者，叔也；旅者，子弟也；所谓亚旅便是姬发亲属组成的亲兵，也许

---

① 《史记·周本纪》。
② 同上。

他们就是虎贲军。"师氏"又是什么？不是姓师的某位高干，师乃商周的军队最高编制，师氏通俗地说便是"师长"，一个师有两千五百人。师下面是旅，一旅五百人，不过旅的编制早在夏朝时就有了，夏朝中兴之主少康就曾在小城诸纶任旅长，手下有五百士兵，城与兵都是岳父虞思给他的。

姬发似乎不懂得外交礼仪，哪有先介绍自己人再介绍来宾的？姬发不知道是太紧张了还是大国沙文主义作祟，才会搞出这样的外交乌龙。然后姬发像孔乙己一一摆出几文大钱一样，把那八个方国隆重摆出来，号召大家举起戈、矛，排好盾，他就要宣誓了。

在如此重要的场合，如果有其他方国参加，姬发提都不提，那些部落的首领面子上挂得住吗？说不定掉头就走了。这已经不是乌龙，而是悲剧了。姬发当然不可能那么傻，无视其他诸侯。他之所以没有提其他方国的名字，是因为真的没有其他方国，只有庸、蜀、羌、髳、微、卢、彭、濮这"八文大钱"！他们如果能凑齐四百辆兵车便算是对得起姬发给他们的外交礼遇了，毕竟大周自己才有三百辆而已，不知道司马迁从什么地方搜罗到四千乘兵车？

姬发在大家挥矛立戈排盾之际，开始发誓了，所发之誓便是同样收入《尚书》的《牧誓》。《牧誓》和《太誓》一样，先数落帝辛的罪行，基本就是《太誓》的翻版，不外是听信妇人之言，疏远同祖兄弟，不重视祖先的祭祀，重用各国的流窜犯们，祸国殃民，所以他要"行天之罚"。没啥新的猛料，连"十八摸"都不提了，重用罪犯倒是个新加的头条，只是这个"头条"能算罪吗？刑徒中的能人多的是，帝辛是在向他的九世祖致敬，武丁不就曾以罪犯傅说为相吗？用阿Q的句式来说就是："武丁行得，俺就行不得吗？"

《牧誓》别开生面的是，最后的一大段（比《太誓》全文还长）竟然讲解起战斗的技术要领。按说这应该是百夫长的事，看来姬发真是急了，到了事必躬亲的地步，在企业文化里这叫微观管理，不值得提倡的。

姬发双手不动（没法动，一手握钺，一手握旗），提高嗓门说："朋友们，今日之战，每次迈进六步或七步，就要停下来协调一下，确保同步。戈矛冲刺不超过四下五下六下七下，也要停下来协调一下再冲刺。希望大家像老虎、大熊、豺狼和山神兽（离）一样勇猛。不要攻击前来投降我们的人，要让他们为我们西土之人所用（真给他说对了，料事如神啊）。你们一定要奋勇作战，否则我砍了你们。"（"今日之事，不过六步七步，乃止齐焉，夫子勉哉！不过于四伐五伐六伐七伐，乃止齐焉，勉哉夫子！尚桓桓，如虎如罴，如豺如离，于商郊，不御克奔，以役西土，勉哉夫子！尔所不勉，其予尔身有戮"[1]）。

姬发的《牧誓》神似大禹儿子启的《甘誓》，想当年启讨伐有扈氏时说：左边的士兵如果不进攻左边的敌人，右边的士兵如果不进攻右边的敌人，就是不听命令；驭手不好好驾车，就是不听命令。服从命令听指挥的，在祖庙犒赏，否则，在社坛里处决，连带妻儿一并处死！成汤的《汤誓》也是这个调调，我们来回顾一下："女不从誓言，予则帑僇女，无有攸赦。"敢情商武王和周武王都是启的学生，两大"圣王"和启有什么区别？靠的还不都是威逼恫吓，何来以德感召、春风化雨？他们俩甚至还不如启，启的《甘誓》起码还是原创。

誓师之后，武王下令发起总攻，姜大神率领虎贲精锐担任先锋部队向朝歌挺进。《诗经·大明》里说"燮伐大商"就是指这

---

[1] 《史记·周本纪》。

次偷袭，"燮"是袭的通假字。

周军的偷袭确实让帝辛吃了一惊，心想姬发这王八蛋出息了，还真会挑时间，老子的主力全都远在千里之外扫荡、绥靖东南，无论如何都赶不回来了。

他脑子里闪过一个念头：姬发怎么知道朝歌城防守空虚？朝歌的军事统帅是哥哥微子，帝辛无论如何也不敢相信他会是姬发的奸细。他不是没听说过微子和姬发勾勾搭搭的传闻，可他不相信。抛开亲情的因素，微子在大商一人之下、万人之上，如果投靠姬发，顶多做个一方诸侯而已，他怎么舍得抛弃祖宗五百年的基业去投靠山沟沟里的岐周？帝辛的想法很合情理，只是他低估了仇恨的力量，他不知道自己的亲哥哥有多恨他，巴不得他去死，为达到这个目的，甚至不惜牺牲祖宗的江山。

周军的偷袭并没有让帝辛乱了方寸，他很快就冷静下来，而且想好了对策。那些从东南抓来的俘虏可以组成一支大军，人数绝不比姬发的乌合之众少。帝辛的军队在东南战线战果辉煌，兵锋所指，所向披靡，大批俘虏络绎不绝地从前线被送往殷邑。俘虏太多了，他们要吃要喝，还要妥善地安置好他们，否则他们一旦从集中营跑出来，社会就乱了，因此如何处理俘虏成了商朝的一大热门话题。

最省事的办法是杀俘，这也是商朝的传统做法。从成汤到武丁，杀俘无数，部分俘虏还成为祭坛上的人牲，一举两得。以失业祭司为代表的以及世袭的贵族们一直要求处死那些野蛮人，这是当时的主流意见；另一派比较单纯——把那些俘虏遣返原地，这种想法确实很傻很天真，这些俘虏一旦回归部落，立马就成了战士，继续和商朝作战，那么帝辛军队在东南的战略成果将会一夜之间付诸东流。

帝辛的想法跟任何一种意见都不一样：对俘虏不杀、不放，让他们成为生产力、战斗力，让他们开垦农田、修筑河道以及搞一些城建，甚至可以把他们组建成一支军队，等到他们深深被大商的泱泱风范"春风化雨"之后才让他们自由选择去留，愿意留在大商的，可以发放绿卡。帝辛的做法很人道，同时也照顾到殷商的利益，可以说是最优化的一种方案。

帝辛镇静地让妲己先去吃饭，他处理好事情就来陪她。妲己温柔地表示她要等他一起共进早餐，没有受德哥的早餐是没有意义的。帝辛在妲己脸上亲了一口，然后传人立刻把微子叫来共商国事。

微子早就候在宫外了，听到帝辛传人唤他，他以迅雷不及掩耳之势出现在弟弟受德面前。帝辛看到微子在正确的时间出现在正确的地点，很是欣慰，到底是自家兄弟啊。当他把自己的部署讲出后，看到微子点头称赞时，帝辛就更欣慰了：兄弟同心，其利断金，姬发算个屁！

微子说他早就安排好了，就等帝辛下令。受德对哥哥的表现非常满意，说姬发就交给他了，平叛之后，他要重赏哥哥，除了妲己要什么给什么。

微子闻言笑了笑，拱拱手，什么话都没说就走了。

在帝辛若无其事地和爱妃妲己共享早餐时，让我们看看朝歌城外发生了什么。

微子率领有限的朝歌守军和东南各部落俘虏组成的队伍浩浩荡荡地迎向来势汹汹的西土联军。《诗经·大雅·大明》里说："殷商之旅，其会如林。"会者，旗也。旗密如林，这还真不算夸张；但《周本纪》里说"发兵七十万人"就太夸张了，战国时楚国土地方圆五千里，兵力也不过百万而已，何况殷商这七十万人里绝大部分还是俘虏，帝辛本事再大也养不起这许多俘虏。可以肯定的是，商军在人数上占据绝对优势，这是所有史料的共识。

《大明》最后两节讲的是牧野之战，但是战况不详。此诗为周人所作，因此把周军夸得如同天兵下凡，在周武王、姜大神的率领下，把商军杀得丢盔弃甲，周军大获全胜，一举开创新气象（"肆伐大商，会朝清明"）。"肆伐"是大举进攻的意思，靠的是武力，而不是"仁者无敌于天下"的口号。

商军和周军展开了一场大血战。朝歌守军作为帝辛的嫡系军队一马当先迎击姜大神率领的先锋队，双方打得不可开交。如果正常打下去，西周并无胜算。姬发对此再清楚不过了，所以他才对帝辛忌惮得如同惊弓之鸟。加上周军是长途奔袭而来，必须要短平快结束战斗，否则等到商军驰援，那就成了牧野上的饺子馅。

姬发站在檀车之上，急得如同热锅上的蚂蚁，让姜大神赶紧想辄联系上微子。姜大神涨红着脸，说俺和大王"咸有一德"，我也正准备问大王如何联系上微子。姬发闻言差点从车上一头栽下去，但装着很欣慰的样子，和姜大神击掌道：太好了，我们君臣一心！姜大神顾不上姬发的高级黑了，视死如归地说：大王，如果微子那个王八蛋耍了俺们，俺们做鬼都不要放过他，好不好？姬发捂着胸口说不出话来。

就在姬发和姜大神六神无主之际，战场形势发生了变化。彪悍的商军先锋队鏖战正酣，突然喝醉酒似的一个个倒了下去。他们不是突然心肌梗死，而是冷不防被后面的人捅了刀子。那些干掉先头部队的人，立刻掉头往后冲杀，这便是《尚书·周书·武成》所描述的"前徒倒戈，攻于后以北，血流漂杵"。姬发和姜大神目睹此情此景，激动得热泪盈眶，激情四射地拥抱在一起。

可怜帝辛的部队不战自溃，一泻千里。导演这场"反戈一击"的正是微子，只有他有这个能力统筹倒戈，那些俘虏是多国部队组成的乌合之众，必须要有人把他们整合起来。

难怪《大明》在写到牧野大捷时不知所云，因为周军的大捷和周军无关，《大明》里的周武王怎么看都像是在检阅军队，而不是在战斗。

看着作鸟兽散的商军和在朝歌城下恭候的微子，姬发挥舞黄钺和白旗（举白旗不是投降，因为旗上有白牦牛尾巴，故曰白旗）大喊："杀进朝歌，活捉纣王！"

至此，我们可以知道密信的内容了：朝歌主力空虚，东南部落俘虏将在掌控之中，速来！勉哉，不可再，不可三！

《周本纪》对牧野之战只有寥寥数语："纣师虽众，皆无战之心，心欲武王亟入。纣师皆倒兵以战，以开武王。武王驰之，纣兵皆崩畔纣。"就算只有这么几个字，还是显得很累赘，用大白话说都比这个简洁：商军虽人多势众，但都心向西土，于是反水，商军大败。

"纣师皆倒兵以战"是真的，一切始于一封密信，终于一封密信，如此而已。

十二 无言的结局

历史上著名的改朝换代的战役"牧野之战"就这样闹剧一般匆匆忙忙地结束了，没有战术，没有谋略，只有卑鄙的出卖。墨子说"纣无待武之备，故杀"[1]，说得还算到位，相比夏桀之于成汤，帝辛对突然出现在牧野的周军确实"无备"，但最致命的是自己人的倒戈；那种情况下，换作谁都束手无策，只有死路一条。相对而言庄子说得完全不在点子上："汤放其主，武王杀纣。自是之后，以强凌弱，以众暴寡。汤、武以来，皆乱人之徒

---

[1] 《墨子·七患》。

也。"①庄子对汤、武的评判无疑是正确的，这两位"圣王"都不是善茬，但武王得胜绝非"以强凌弱，以众暴寡"，事实上帝辛比他强多了，只不过他的"阴谋"得逞了罢了。

《逸周书·世俘》记载了战场的惨烈，仅商军死亡人数就近十八万！十八万人的血足以血流成河，足以"漂杵"，竹木结构的杵才能漂得起来。杵又叫杖，长一丈二尺，夏朝的杵木柄，头部由四片锋利的竹板合在一起，叫"积竹"；商周的杵基本是类似的竹木结构，少数的杵头部可能升级成青铜矛，但数量有限，因为那时的青铜主要用于礼器和酒器，很少的一部分用于制作兵器，只有当官的才能拥有青铜兵器，用于生产工具的就更少了。这解释了为什么发现的商城遗址仍然只是土围子，只是比夏朝的土围子大一些而已。

《逸周书》里还说伟大的周军生擒三十一万俘虏，加上阵亡的人数近五十万之众，这个数字比"七十万"要靠谱些，但恐怕还是太多了。考虑到这是周人为武王歌功颂德，水分大些很正常，即便减半，哪怕再减半，仍是一场大捷。甭管大捷是否光彩，姬发赚翻了，而帝辛连内裤都输掉了。

周朝"大片"《大明》里，姬发威风凛凛地站在护卫森严的檀木战车上，左手握黄钺，右手持白旗，所谓"檀车煌煌"是也。周军踏着牧野上的千万具尸体，跟在煌煌的姬发身后，潮水一般涌向朝歌。

帝辛知道大势已去，他没有让身边的卫士拼死抵抗好让他逃出一条生路，相反，他把死路留给自己，让卫士们自行散去。那时宫里乱成一锅粥，就像电影镜头快闪一样，他很想找到妲己，哪里能找得到？可是就算找到妲己，自己又能做什么呢？总不能

---

① 《庄子·盗跖》。

逼着她陪自己一起死吧？她有权利活着，帝辛希望她能好好活着，至于她如何活，他顾不上了。

英雄末路的帝辛那时只顾得上自己了，他要有尊严地死去，即使死去，他仍然是个帝王。他不慌不忙地戴上冠冕，整理好身上的帝服，再套上用宝玉缀成的玉衣。穿好这最后的盛装，受德登上鹿台，最后看了一眼他的朝歌城。我想他一定看见了得意扬扬的姬发（如果鹿台够高的话），他看见了自己的哥哥微子吗？他一定不愿看见，怕脏了自己的眼睛。当时成汤、太戊、武丁的子孙微子，像个孙子一样跟在一个陕西的暴发户身后。

帝辛纵身跳入鹿台的火海之中，他眼前一幕幕地出现妲己的一笑一颦。

帝辛火葬的时候，姬发意气风发地接受诸侯的祝贺和欢呼。那八个方国的酋长们格外高兴，就像买了垃圾股的股民一觉醒来发现垃圾股突然成了明星股，发大财了，身份也不一样了，他们将成为新朝的新贵。朝代的更递，不过是锁链和项链的主人掉个个儿而已。

据说当时朝歌城里的商民集体在城郊恭候姬发大驾光临，在这种情形下，在我们的想象里，姬发一定神采飞扬地站在车头，向围观的人群挥手致意（他挥手时，身边的甲士可以暂时代掌大旗），回应一两句吉祥话，比如"上天将赐福给你们"。他确实说了这句话，但不是对列队迎候他的人群说的，而是让手下的大臣去跟人群如是说（"于是武王使群臣告语商百姓曰：'上天降休！'"[①]）。这个场面很蹊跷，难道姬发激动得失声了？

商民听了周朝大臣转达的、来自武王的良好祝愿，于是齐刷刷向姬发稽首，姬发还礼答谢。稽（qǐ）首，是跪拜礼，手和头

---

① 《史记·周本纪》。

都要触地，九拜中级别最高，稽首礼不是谁都做得了的，身体差的趴地上就起不来了。

朝歌的百姓得知武王进城，纷纷涌到郊外去迎接武王，并一个个跪在地上向武王稽首，这是真的吗？殷商的臣民怎么就那么贱？在城里候着都等不及，非得急吼吼跑到郊外去献殷勤？或者换一种说法，商民不是贱，而是子受德先生实在太坏，坏得暗无天日，人民被压榨得已经到了临界点，所以一听说受德垮台，姬发上台，一个个高兴得话都不会说了，迫不及待地表达他们的感激之情，千言万语都化成彩旗的海洋。

帝辛已经死了，是时候为他盖棺而论了，隔了三千年的时空，我们有理由问一问：他真的有那么坏，以至于他的谥号是"纣"王吗？蔡邕《独断》说："残义损善曰纣。"

"纣王"这个谥号是周武王"赏给"受德的，就像"桀"是成汤"赏给"履癸的一样。新朝拿走前朝的一切，临了还要侮辱一把已经一无所有的旧君。我从中看不到一点点"得饶人处且饶人"的气度，看到的只是"落井下石"的歹毒。

在殷商人的眼里，帝辛是个什么样的帝王？他是个"残义损善"的昏君、暴君吗？

帝辛的文治武功，相比他的祖先成汤、太戊或武丁，他更有资格被称为"武王"。根据殷墟甲骨文及古文献，帝辛先后征服了东九夷、徐夷及淮夷。无论是夏朝或是殷商的强盛时代，东夷和淮夷都未曾同时臣服过，更不要说加上沿海的徐夷了。少康的儿子帝杼曾以他父亲发明的革甲继承父亲的遗志，一举征服东九夷；寒浞曾打怕了淮夷，并迫使东夷中的三夷风、黄、于来宾；太戊是殷商史上唯一征服过东九夷的商王，连打仗次数最多、被尊为"殷之大仁"的高宗武丁都没做到，尽管他在对付南蛮、鬼方上卓有成效。这几个猛人没做到的伟业帝辛做到了！

帝杼当年出其不意地用新发明的革甲治住了东夷，但过不了多久，东夷人也学会了革甲。双方配备相同，谁能革谁的命就变成了掷骰子游戏，所以夏朝和东夷此后便一直处于拉锯状态，谁都只能赢一时，不能赢一世。

帝辛也玩了把出其不意。当他的象军出现在东夷面前，骑马的和不骑马的东夷人全傻眼了；马更傻眼，它们何曾面对过如此怪物：体积庞大、鼻子比人的胳膊还粗！象背上还有个小房间一样的座驾，里面的射手视野开阔、居高临下地射箭或刺杀，而要想射中他们比中六合彩还难。马背上的东夷神射手一下子全都傻掉了，他们不知道自己引以为傲的技能还有什么意义，他们和他们的坐骑全都成了靶子。如果他们不想成为靶子，唯一的办法就是有多远跑多远，马毕竟有一个大象没有的本领——跑得快，尤其是在逃跑的时候。大象不会逃跑，它们的长鼻子像旌旗上的牦牛尾巴，代表进攻与胜利。《吕氏春秋·古乐》里说："商人服象，为虐于东夷。"难缠、彪悍的东夷被帝辛的象军虐得溃不成军。

整治了东夷，帝辛的军队南下收拾淮夷和徐夷，如此一来整个东南尽在殷商掌控之中。当时帝辛的正规军大约三万人，相比武丁时军力已经翻倍了。现在出土的许多商代平民的墓地中都有兵器，这说明这些平民完全可能是储备军事力量，相当于民兵吧。

帝辛的战略意图很明显，首先稳定东南，所以才没有余力顾及西北战线，他指望姬昌父子做他的西北全权代理。事实上，帝辛无论武力和外交都非常成功，如果没有噩梦一般的牧野之战，可以想象帝辛接下来要干什么：像整治东南一样处理西北。事实上，帝辛已经着手这么干了，在经营东南战线的同时，他已经委派《封神榜》里的飞毛腿飞廉出使北方。一旦与北方结盟，岐周就成了三明治中间的那块肉。如果这个宏图霸业成功了，中国历史上压根就不会有长达八百年的周朝。

帝辛比他的历代先王都要能干，跟夏朝的那个帅哥履癸相比，受德高得不是一点半点儿。帝辛的缺点也正是他太能干了。东南战线连战连捷，各类战利品以及奇珍异宝被源源不断地送往殷邑和陪都朝歌，除此以外，还有俘虏，大批的俘虏，人数远远超过商军的人数。我前面提到了帝辛的俘虏政策，此处不再赘述。帝辛的能干成了一把双刃剑，他在杀死敌人的同时，也会伤着自己，很符合辩证法。帝辛处理俘虏的方式一定让他的先人武丁很恼火。武丁处理俘虏的方式好像给希特勒学去了，直接把人当柴火给烧了。

我认为帝辛最大的失误是没有处理好兄弟关系。不怕神一样的对手，就怕猪一样的队友，何况是蛇蝎一样的兄弟？

帝辛武功出色，文治也不差。当时殷商的文明程度远远高于周围的任何诸侯国，经济发达，社会繁荣，远非才经营了三四代的岐周可比。其实商朝之所以被称为商朝，不是因为有了商品生产，而是因为商朝发祥于商丘，盘庚迁都殷邑后，商朝又叫"殷"。相反，现在的商人、商品、商业的说法是从商朝的"商"而来，因为商朝人天生就会做生意，重农不轻商。

这是非常了不起的治国理念。此后的中国王朝一律重农轻商，生意人是被人瞧不起的，吕不韦那种巨贾尚且为时人轻视。看来看去，还就是商朝的政策先进——亦农亦商。

姬发对受德的几项指责基本属实。除了"荤曲"外，其余的如听信妇人之言、疏远同祖兄弟、重用刑囚和忽视祭祀恰恰说明了帝辛非同一般的治国理念。

商朝是女权的黄金时代，除了比不上原始社会的母系社会，此前和此后的任何一个时代的女性地位都不能和商朝比。女性可以像诸侯一样拥有封地乃至私人军队，还可以担任祭司、大臣或将军。到了西周，女性地位一落千丈，女性的"封地"就是闺房和厨房，别说参与国事，家事上能插上嘴的就算是摩登女性了。

帝辛并不特别重视家庭成分，王族成员除了"三仁"外不见其余亲属被委以重任。也就是说帝辛不愿意任人唯亲，这也许是他与"三仁"频发争执与冲突的一个重要原因。西周实行绝对的世袭制度，所以姬发才能理直气壮地批评帝辛"遗其王父母弟不用，乃维四方之多罪逋逃是崇是长"[①]是大逆不道。

帝辛任人唯贤的方针，在当时绝对是革命性的。可想而知，殷商那些游手好闲、养尊处优的贵族有多恨帝辛了；反之，也可想象平民阶层有多拥戴帝辛。

孔圣人曾有一段名言，缅怀他想象中那么伟大、那么辉煌的尧舜禹时代："大道之行也，天下为公，选贤与能，讲信修睦。故人不独亲其亲，不独子其子。"[②]在那个美好的大同世界里，国家选人才的标准是"贤与能"，而不是亲属关系。

帝辛的施政方略不正符合"选贤与能"吗？为啥要将受德踩成一无是处的"纣王"呢？姬发一拥有天下，便给亲属狂封爵位与封地，这不正是大同的反面教材"独亲其亲，独子其子"吗？

孔子的学生子贡说了句似是而非的公道话："纣之不善，不如是之甚也。是以君子恶居下流，天下之恶皆归焉。"[③]意思是帝辛并没有那么不堪，为什么后人把他说得那般不堪呢？因为帝辛甘居下流，根据水往低处流的原理，恶名像水一样涌向帝辛。子贡貌似公道，说来说去仍然把帝辛定性为一个坏人，等于说帝辛的恶名实属罪有应得。

顾颉刚先生写过一篇《纣恶七十事的发生次第》的考据文

---

① 《史记·周本纪》。

② 《礼记·礼运》。

③ 《论语·子张》。

章，详实地证明"纣王"的七十大罪状都是各朝各代累加而成，所谓"千年积毁"是也。顾先生文中说战国的书生抹黑二十项，西汉更上层楼，再增二十一项，东晋再涨十三项，那些罪状越写越有想象力——充满变态的想象力，其中经典的"曲目"有"大三里"的鹿台和解剖学的诸多示范教学。其实顾先生还少算了，抹黑帝辛不是始于战国，春秋甚至西周伊始就如火如荼了。基于此，我拒绝称帝辛为"纣王"。我没兴趣为他歌功颂德，但我觉得应该把他身上的污水洗一洗，尽可能还原他本来的样子。

至于帝辛不重祭祀云云，前文已有详述，这里就不说了。帝辛在殷商人的眼里绝不是"纣王"，他名叫子受德，死后谥号"辛"。帝辛死后，远征在外的商军将领仍然忠于商朝，在东南一带给西周带来不少麻烦，直到姬发的儿子成王时代才被周公旦率兵剿灭。河南淇县现在还有帝辛墓，朝歌的后人以帝辛为荣。

现在我们回到朝歌城外再看看商人迎接姬发入城的盛况。如果那种盛况不是源于想象，而是真的发生了，那么欢迎的人群一定不是自发，而是被组织、被逼的。其实做到这一点难度并不大，不外乎利诱与威逼。朝歌城里讨厌帝辛的贵族应该不少，微子牵个头，周军兵临城下，双管齐下；很多人天性爱看热闹，一看别人都往城外跑，也便跟着去了，就像行刑现场簇拥的围观人群，并不表示那些人是去给死刑犯送行一样。

我相信当时真有不少人在城外"恭候"姬发的胜利大军，但当时的气氛一定不是那么热烈、和谐。站在车上的姬发甚至都没勇气向人群发表讲话，一句"愿上天保佑你们"的话还要手下分头去说，太罕见了。按《周本纪》的说法，姬发当时一言不发，只象征性地做了个答拜的手势就心急火燎地冲进城去。

姬发最着急的事是要亲眼看见帝辛的尸体，虽然他已经得知帝辛投火身亡了，但仍然活要见人死要见尸。万幸鹿台下的大火没有把帝辛烧成灰烬，否则姬发一定会再次失眠，他害怕那个男人到了极点。他有理由害怕：没有人能面对面跟子受德交锋。

姬发如愿以偿找到受德的尸体，他站在车上朝那具尸体射了三箭才下车。他得多恨躺在灰烬中的那个人啊，民间演义对这三箭的名目了如指掌：第一箭替天行道，为天射；第二箭为民除害，为人射；第三箭报家仇（父囚兄醢），为家射。我怎么觉得姬发是怕受德没死透彻，突然爬起来迈着僵尸的舞步跳上车把他给拖下去才射箭问路的。反正司马迁不好意思说姬发的箭射得多么荡气回肠，只是说"三发而后下车"①。姬先生下车后干什么去了？

既然受德的尸体很乖，挨了三箭后毫无反应，那么姬先生是不是应该发表热情洋溢的演讲了？骂帝辛也罢，展望朝歌的美好未来也行，反正他君临天下，说什么都是金科玉律，再也不用受窝囊气了，现在轮到别人受他的气了。

姬发忘了台词似的，什么话都不说，按捺着久久难以平息的激动心情，跳进受德葬身的火坑里，拔出"轻吕"剑在尸体上戳了戳，再次确认受德真的死了。孔晁认为"轻吕，剑名"其实是错误的，轻吕并非那把剑的名字，而是特指某一类短剑，那种剑源于匈奴，又叫"径路刀"，算不上什么神兵利器。

姬发收起剑，举起那把一路上一直抓在手上的黄钺砍下受德的大好头颅，命人挂到大白旗上。做好这一切，照说姬发该站在火坑边，指着帝辛的尸体，冠冕堂皇地发表演讲了吧？

姬发没有发表演讲，因为他还在坑里待着。他是为帝辛的无头尸默哀吗？当然不是，他正忙着寻找宝玉。帝辛死前把宫里能带的宝贝全都揣上，外套是数万颗宝玉串缀的玉衣，反正他力气超大，可以携带很多东西，不用担心行李超重。

---

① 《史记·周本纪》。

姬发在坑里忙坏了，也乐坏了，据《逸周书》记载，姬发从坑里一共淘出高级宝玉一万四千余颗，佩玉达十八万块之多。这么多东西够拉一卡车的，如果帝辛没有三头六臂，那唯一能解释的就是帝辛临死前，在鹿台与王宫之间折返跑N次运输宝贝，以筹备通往阴间的旅资。《逸周书》里的帝辛"豪"气如云得匪夷所思，反正土豪帝辛葬身的火坑，成了姬发的聚宝盆。姬发从坑里爬上来，脸上被汗水与灰烬涂抹得面目全非，看着宝玉全被搜出来，姬发由衷地笑了：嘿嘿，这回不差钱了！

另说姬发是五天后听说火坑里有宝玉才赶回鹿台，这个可能性不大。因为帝辛焚身以火是当时的头条新闻，身上又穿金戴银佩玉的，犹如天人下凡跳入冲天的火光之中，目击者众多。如果姬发五天后才寻宝，他至多能摸出一堆柴火棍。

姬发割了帝辛的头，取了帝辛的宝玉，还是顾不上发表重要讲话，因为那时对于姬发来说最重要的事是洗脸，否则那么一副烟熏火燎的财迷嘴脸出现在公众面前，圣人们会不高兴的。

姬发擦把脸，顾不上休息，扛着两把钺，四处寻找那只祸国殃民的狐狸精妲己。《封神演义》绘声绘色地描写周军抓住潜逃的妲己，押往刑场处决。可妲己太动人了，刽子手愣是下不去手，最后还是姜大神亲自充任刽子手，举起飞刀斩下那颗颠倒红尘的头。很多人虽然不相信姜大神的无厘头飞刀，但都以为妲己是被周军处死的。

还有一说更无厘头：曹操攻陷邺城时，曹操的儿子曹丕偷偷娶了袁绍儿子袁熙的老婆甄氏。孔融给曹操反映情况，一本正经地说：武王伐纣，把大美女苏妲己赏赐给周公。曹操有点蒙，问孔融怎么知道这个机密的。孔融答道：用今天的事推测，想当然尔。这是孔融在开涮曹操与曹丕父子，曹操恼羞成怒处死孔融。孔融临死前还酷了一把名士风范，只是他在耍酷的同时也涮了把无辜的苏妲己（见《后汉书·孔融传》）。

《国语·晋语一》晋国史官苏说"妲己有宠，于是乎与胶鬲比而亡殷"，不知是从何说起。苏还说"妹喜有宠，于是乎与伊尹比而亡夏"，历史岂止是惊人的相似，而是惊人的对称：妹喜对妲己、伊尹对胶鬲！我真有点怀疑《国语》的作者是否真的是左丘明了。不过《国语》成书于汉代，还经过刘向大师的手"矫正"过，那么出现"对称"倒也不算奇怪了。

事实上，《左传》只说有苏氏怕挨打，把妲己献给帝辛，其余什么都没提。"妲己有宠，于是乎与胶鬲比而亡殷"这句话里，至少有一点是真的，那便是胶鬲是个奸细，只不过胶鬲不是与妲己"比"，而是与微子"比"，微子与姬发"比"，"比"来"比"去的，把商朝给"比"掉了。

苏妲己死得很有尊严，并没有被周兵推来搡去。她和子受德一样，性情都很刚烈，宁为玉碎不为瓦全。她一定知道了受德的结局，于是也不愿苟活，自缢而死，追随她爱的人去了。帝辛的另一个妃子也选择了同样的方式结束了自己的生命。帝辛走得并不寂寞，一路上有两个有情有义的美女相伴，并不比有妹喜相伴、去巢湖吃螃蟹的履癸差。

姬发在宫中找到两个女子的尸体后，重复了一套对帝辛尸体所做的羞辱流程："武王又射三发，击以剑，斩以玄钺，县其头小白之旗。"[1]仔细看，这两个流程还是有区别的，斩二女之头的是黑钺而不是黄钺；二女的头被挂在小白旗而不是大白旗上。周朝的等级制作得太好了，在对敌人尸体的处理上也体现出无微不至的差异。

周军高举着大白旗和小白旗，姬发手握黑钺和黄钺重新回到檀车上，想必他一定端详着挂在大白旗上的对手吧，那个曾像雄

---

[1] 《史记·周本纪》。

狮一样威武、咆哮的人那时在半空中一言不发。帝辛以那样的方式最后一次巡视朝歌，以及他的商朝。朝歌依旧在，只是五百多年的商朝就此成为历史。

看着大小白旗上的三颗人头，姬发彻底安心了，高兴地出城去，回到自己的军营（"武王已乃出复军"[①]）。

十三　商朝小结

姬发出城，是为了准备第二天的进城，大张旗鼓地庆祝大周的诞生，庆祝自己登上天子之位。

关于姬发的庆典以及封赏盛况，留到西周篇再说，眼下让我们来看看和帝辛关系密切的两个人。

一个是帝辛的儿子武庚禄父，禄父是他活着时的名字，武庚是死后的谥号，这个奇怪的名字把生与死都连在了一起。武庚完全是他父亲的翻版，文武兼备，很受殷地故人的拥戴。武庚没有得到父亲重用，也许和"三仁"尤其和微子有关；或者与妲己有关，妲己肯定希望自己的孩子继承王位，就像妇好一样。帝辛若是因为枕边风让武庚一边凉快，那真是他犯下的一个大错，他的先祖武丁也犯过同样的错误。武庚有多厉害，我们到写西周时再说。

姬发很忌惮武庚，姜子牙曾残忍地建议杀光所有与帝辛有关的人，用一个成语来说就是"爱屋及乌"。姜子牙说爱一个人，连他屋里的乌鸦都爱；恨一个人，就连带他的仆人、家吏尽数杀死，一个不留。姬发没杀武庚不是因为心慈手软或者大度什么

[①] 《史记·周本纪》。

的，而是为了面子上的需要，所谓"君子不绝人之祀"。这也是尧的儿子丹朱和舜的儿子均在他们的父亲失势之后还有封地的原因。后来历朝历代更迭，新朝的帝王总会给前任的儿子或兄弟一席之地（至于背地里是否捅刀子是另外一码事了，那不是面子，而是里子）。当年成汤放履癸和妺喜一条生路，那叫风度。

武庚被姬发封于商朝故都殷地，但只是名义上拥有殷地，叫作"存亡国"。按照爵位取名的规则，武庚那时可以被称为"殷侯"，商王家族一夜之间回到五百年前。姬发对武庚保持高度戒心，《周本纪》里说，武王因为天下初定，尚不和谐，就让自己的两个弟弟管叔鲜和蔡叔度"帮忙"武庚治理殷地（"武王为殷初定未集，乃使其弟管叔鲜、蔡叔度相禄父治殷"）。"初定未集"意味着当时并非"天下归心"，姬发不得不保持高度警惕。

事实上，姬发派了三个弟弟监管武庚，还有一位霍叔，谓之"三监"。武庚也不住在故都殷地，而是住在朝歌城，武庚其实完全被软禁了起来。武庚后来谋反，是因为他太会审时度势了，抓住大权独揽的周公与侄子成王、"三监"之间产生的嫌隙，突围而出，虽然最终以失败而告终，但他是条汉子。帝辛地下有知，一定会为他的儿子自豪。

另一个人便是帝辛的哥哥微子启。姬发占领朝歌后大加封赏，很多人都提到了，《周本纪》偏偏对周的大功臣微子提都不提，实在令人费解。司马迁难道认为微子微不足道吗？当然不是，微子太"重要"了，司马迁直到武庚被杀之后，才轻描淡写地说了句："以微子开（启）代殷后，国于宋。"司马迁在《周本纪》里对微子的无视，犹如国画里的飞白，耐人寻味。

微子再次出现在我们的视野已经是《史记》第三十八卷的《宋微子世家》了，真是一回头已是百年身，镜头闪回到姬发克殷后的那天。

微子没有等到第二天姬发进城就匆匆赶往姬发城外的大营，当时他的姿态让商朝的先人死不瞑目。

那天微子手持自家宗庙的祭器，象征着国与家的圣物，恭候在姬发的营门口，等着人家赏脸来接受自己的最隆重的献礼。献礼那种场合，微子穿什么衣服合适呢？我不知道，微子大概也不知道，所以他干脆不穿衣服，袒露两点，还把手捆在背后。既然手被困了，还怎么"持"祭器呢？如果他没有三只手的话，那祭器只能是托在被捆的双手上。考虑到祭器的青铜质地，分量轻不了，背手持那玩意儿真不是件轻松活儿，比平板支撑难多了。微子的体格大约健壮得很，为了增加难度，他跪着向前行走！这还没完，微子令人在两侧配合他的跪姿：左边有人牵羊，右边有人举矛！如果你认为这是顺手牵羊的意思我也没办法，我见识浅，不知道左羊右矛有什么讲究，但我闭着眼睛都猜得出那是为了把装孙子进行到底。微子跟他的叔叔箕子相比，云泥之别，"三仁"里箕子当得起那个"仁"字。

以上的微子行状无一字虚构，引自《史记·宋微子世家》："周武王伐纣克殷，微子乃持其祭器造于军门，肉袒面缚，左牵羊，右把茅，膝行而前以告。"这是个卑贱、猥琐得像只癞皮狗的男人，别说他会被他的列祖列宗唾弃，就是路人甲，比如在下都对他嗤之以鼻。微子其实并没有得到他想要的，所谓"复其位如故"①，这个位仅指爵位而已，姬发没有兑现他的"长侯"支票。这是意料之中的，哪有封旧朝故人为诸侯之长的？前无先例，后无来者。姬发不傻，傻的是微子。他后来在西周的社会地位远远不如当初在殷商的三公之位，他这个大周最大的功臣，连帝辛的儿子武庚都比不了。夜深人静时，微子真的觉得很值吗？武庚出

---

① 《史记·周本纪》。

事后，微子捡了个漏，作为武庚的替补才捞到一个封国——宋。

五百余年的商朝在微子的"膝行"中屈辱地落下帷幕。《竹书》载："汤灭夏以至于受，二十九王，用岁四百九十六年（始癸亥，终戊寅）。"这个统计很奇怪，因为《竹书》里明明有三十位，共五百二十一年。商朝其实有三十一个王，成汤的儿子太子太丁未登基就死了，但商的宗庙里仍尊之为王。

在彻底告别商朝之前，让我们做一个回顾，为商朝的三十代君王和商朝做个小结，对君王仍采用十分制的评分。顺便提一下，《史记》里称夏、商君主为帝是错误的，夏称"后"，商和周一样都称为"王"。

成汤作为商朝的创立者，基本分是十分。成汤名义上在位二十九年，一统天下的帝王生涯不过十四年，还有六年是疯狂的大旱。在那场令举国心焦的旱灾面前，成汤没有做出任何实际可行的抗旱措施，任凭男巫和女巫瞎折腾，不仅劳民伤财，还伤命——不仅是人命还有乌龟命。虽然我们不能求全责备要成汤放弃迷信，但好歹要做两手准备吧？六年的时间，挖一条引流河绰绰有余了，可他啥都没干，啥都让巫觋干了，却啥都没干出来。不过六年大旱居然没有导致叛乱，说明成汤在安抚人心方面确有一套。当然也有可能不用他安抚诸侯，因为诸侯们也同样忙着祈雨，没心思造反。六年之后终于下雨了，可雨水跟他的指甲真的有逻辑关系吗？成汤在六年大旱期间的无为，建议扣除半分，成汤得九点五分。

代替故太子太丁继位的外丙王即位仅两年就驾崩，关于他的政绩《殷本纪》一字没有，《竹书》上记了这么一笔："王即位，居亳，命卿士伊尹。"考虑他非正常死亡的可能性，就不给他打分了，实在要打的话，外丙肯定不及格。

第三任商王是外丙的弟弟仲壬，他的"政绩"与在位时间完全是他哥哥的翻版，也是"王即位，居亳，命卿士伊尹"，四年之后匆匆忙忙就死了，仲壬的得分可参照外丙。

第四任是故太子太丁的儿子太甲，他是商初的超级权臣伊尹钦点上台的。太甲与伊尹这两人的相遇简直是火星撞地球，动静太大了。后世对他们的评价呈两极化，一荣俱荣，一损俱损。我在《伊尹之谜》一章里说了，我选择相信《殷本纪》的说法。太甲一上台也学他的两个叔叔"王即位，居亳，命卿士伊尹"，但他比较有性格，对比王还像王的伊尹产生了逆反心理，处处跟"卿士立方"对着干。对立了三年后，伊尹一气之下把他关到桐宫，直到三年后太甲深刻地认识到错误才被伊卿士放出来恢复工作。太甲一共在位十二年，抛去那左三年右三年，在余下的六年里颇有所成，"帝太甲修德，诸侯咸归殷，百姓以宁"[1]，并被伊尹尊为"太宗"。我给太甲八点五分。

太甲的儿子沃丁上台后，学习前三任好榜样，一上来就任命卿士："王即位，居亳，命卿士咎单。"那时伊尹去世了，但他死前把咎单推荐上去。咎单对老师忠心耿耿，一切按既定方针办，特地把伊尹生前的丰功伟绩写成文件供新王阅读，题目不叫《伊尹》，而叫《沃丁》。咎单在《史记》里只有一笔，就是写了《沃丁》一文。沃丁在位的第八年，为故去的伊尹建立了"纪念堂"（"祠保衡"）。伊尹在八年之后没有人走茶凉，仍然享有崇高的声望，这意味着沃丁和咎单合作得很好。

沃丁在史料中的记载很少，但他在位十九年，和首席大臣相处愉快，起码说明沃丁朝风平浪静，按说可以给他八分。但他晚年似乎出了点状况，他未能让自己的儿子继位，鉴于此，扣除一

---

① 《殷记·殷本纪》。

分，得七分。当然，如果他没有儿子就另当别论了，不过帝王没有儿子的可能性不太大。

沃丁之后的三代商王在《竹书》和《史记》中均无任何施政记录，《竹书》对他们三人的记载一模一样"元年××，王即位，居亳"，不一样的只是在位时间。

继承沃丁大位的是他弟弟太庚，五年而崩，考虑到他能让儿子小甲上位，说明他短暂的帝王生涯还不至于一无是处，起码及格吧。

小甲在位十七年，跟他大伯沃丁很像，也是未能实现子承父业，连在位时间都差不多。本来可以给他打六七分，可继承他位子的弟弟太差劲了，小甲如果不是懦弱，那就是眼光太差了，起码他不如夏朝的第十一任天子不降。他那个弟弟虽然"行状"不明，但他造成的后果俨然夏朝末代的"二甲"——胤甲和孔甲，他连累他哥哥小甲不及格。

雍己在位十二年，在《竹书》里一片空白，《殷本纪》是这么评论他的："（雍己时）殷道衰，诸侯或不至。"一个帝王能得到的最差评语莫过于此，雍己得分：零到四分随便给。

雍己死后，他的弟弟登上王位，这是个超级牛人，是商朝的大救星！兄弟两人差距怎么就那么大呢？这个第九任商王就是太戊（或大戊），在位时间长达七十五年，其文治武功在商代无出其右。光是"西戎来宾""大有年""东九夷来宾"便是皇皇大政，《竹书》这样表扬他："三年之后，远方慕明德，重译而至者七十六国。商道复兴，庙为中宗。"在笔者心目中，他是商王之首，不管是成汤，或是后来的武丁、帝辛都比不了他，他是唯一可以得满分的王。

太戊的儿子仲丁成为第十任商王。他登基之时，首都亳也许发生了什么事迫使他迁都于嚣（或隞）；在位的第六年，他讨伐在边境蠢蠢欲动的蓝夷。他在位的时间和他父亲相比差得太多，足足短了六十六年。这很好解释，他那位伟大的父亲太能活了，仲丁走上工作岗位时已经垂垂老矣。仲丁这位年轻的老君王，起码做了点实事，给他七分吧。据说仲丁文采不错，写了篇《仲丁篇》发表在《尚书》"杂志"，可惜我们现在都看不到了。

第十一任商王是外壬，他也是一位小老弟——仲丁的弟弟。他在位十年，最"头条"的事就是"邳人、姺人叛"，给他的分数可参考雍己。

第十二任河亶甲又是位"小老弟"，他是小老弟外壬的弟弟。《殷本纪》对他的评价跟雍己一样差，"河亶甲时，殷复衰"，但《竹书》告诉我们一个励精图治的河亶甲，在短短的九年任内，他"克邳""征蓝夷"，号令大诸侯大彭和豕韦"伐班方"，迫使"姺人来宾"，可谓战功彪炳。虽然他未能像太戊一样来个大复兴，但已经很了不起了，我给他八分。

继位河亶甲的第十三任商王祖乙，《殷本纪》说他是河亶甲的儿子是错误的，根据殷墟卜辞，祖乙是仲丁的儿子，即河亶甲的侄子。《殷本纪》和《竹书》对祖乙十九年的政绩评价高度统一，大赞"商道复兴，庙为中宗"[①]，他得分应该比他父亲高，可得九分。

祖乙的儿子祖辛成为第十四位商王，在位十四年，《竹书》仅提了下他住在什么地方（"居庇"）。给他六分吧，在一个地方平平安安待了十四年也算不错。

祖辛未能传位给儿子，继位者是他弟弟沃甲，他也"居庇"，也是什么事迹都没留下，在位五年就死了，给他五分吧。

第十六任商王祖丁不是沃甲的兄弟，也不是他的儿子，而是

---

① 《竹书纪年》。

他的侄子，即祖辛的儿子，这似乎暗示了沃甲控制不了局面，他在位五年就崩了是善终吗？有点可疑，所以我才给他五分，而不是六分。祖丁的"事迹"和他父亲及叔叔一样，只有两个字"居庇"，在位九年驾崩，也给他五分，理由和祖辛的一样。

商王十七世南庚既不是前任的儿子，也不是兄弟，而是堂兄弟：他是第十五任沃甲的儿子。他也没啥好说的，前三年"居庇"，后三年"迁于奄"，然后他就死了。他的得分也是五分，评分规则参见其前两任。

第十八世商王叫阳甲，他是谁的儿子估计外星人也猜不出来。他是第十六任祖丁的儿子，祖丁又是第十四任祖辛的儿子，祖丁和阳甲这父子俩的王位都是隔代遗传。阳甲在位第三年"西征丹山戎"，说明他不是好欺负的，不过次年他就死了，不知道和征战有没有关系。

尽管《殷本纪》对阳甲评价很差，说"帝阳甲之时，殷衰"，我仍然愿意给他六分，就因为他曾远征西戎。再说"殷衰"的祸根自仲丁时就埋下了，仲丁到阳甲共九世，这就是《殷本纪》说的"比九世乱"。在这九代乱局里，曾经和成汤"咸有一德"的诸侯后人们压根就不拿成汤的后人当干部，关起门来自己玩自己的，懒得去朝拜商朝。

《殷本纪》说九世乱的根源在于继承人乱套了，说得对，不过这是现象，而不是本质。所谓"乱套了"就是王位未能子承父业，出现这个状况的原因是王过于弱势，受多方牵制，做不了主。相反，强势的君王全都传位给儿子，比如成汤、太甲、太戊和河亶甲，不过成汤的儿子（们）虽登上王位，但似乎一个个都"活得不耐烦"，留下一个个非正常死亡的悬念。坏了嫡传传统的人，正是三朝权臣伊尹，遗祸后世，罪莫大焉。在给商王打分的同时，也给伊尹这位无冕之王打分吧，我觉得他功过六四开，也就是说他得六分。

根据弱势帝王不能传子的规律，我们可以推测第十九任商王不会是阳甲的儿子。我们猜对了，盘庚是阳甲的弟弟。

盘庚是殷商的另一位大救星，他大概觉得黄河东南的山东曲阜（奄）风水不够好，于是迁到黄河以北的殷。《史记》记载盘庚搬家与《竹书》有出入，司马迁认为盘庚上台后，都城已经在殷了，盘庚是从殷迁往黄河以南的亳州。从殷墟的考古资料来看，《竹书》的记载是正确的。无论殷还是亳，都是子姓家族的老城。

迁都是件大事，风险很大，万一搞砸了，一个昏君就将在新都里诞生。幸运的是，盘庚成功了，他在故宅殷都事业做得欣欣向荣，那些目无宗主的诸侯都重新来朝了，那些曾经谴责盘庚搬家的人们也都改变了想法，和盘庚"咸有一德"。总之换了风水的殷商风生水起，总之盘庚获得广大人民群众的一致好评。盘庚在位二十八年驾崩，《殷本纪》对其评价极高："殷道复兴，诸侯来朝，以其遵成汤之德也。"我给他九点五分。

强势君王传子定律在盘庚身上不适用，也许盘庚忙于"商务"，没时间生儿子。第二十任商王小辛是他的弟弟，登位三年就死了。这是个标准的败家玩意儿，上台三年就导致"商业"每况愈下——"殷复衰"，必须给他零分。

第二十一任小乙是小辛的弟弟，"弱势帝王不能传子"的规律到此仍然成立。小乙政绩不详，但他有理想有抱负，那就是要打破"弱势"定律。他一上台就有组织、有预谋地要让自己的儿子武丁上位。在位第六年，他让太子离开都城殷去民间体察冷暖，并给他找了叫甘盘的老师传帮带。

事实证明，小乙很有眼光，他相中的那个儿子没有辜负他的期望，他叫武丁。小乙在位十年驾崩，因为武丁我给他打七点五分。

第二十二任武丁，其五十九年的帝王生涯绚烂多姿，刀光剑影伴随似水柔情，《武丁盛世》一节里有详细介绍，此处不赘言。我给这位殷高宗打九点五分，扣除的半分是因为他成就的武功对殷商的内部消耗也很大，对于他自己而言，他最爱的女人妇好间接死于荆楚之战，那是他一生也不能平复的伤痛。

第二十三任祖庚是武丁的儿子，在位十一年，《殷本纪》说他作了两篇文章——《高宗肜日》和《高宗之训》，《竹书》认为祖庚仅作《高宗之训》。《竹书》是对的，所谓"高宗肜日"是因为司马迁对商祭"肜日"理解有误。《竹书》关于盘庚迁都的记载同样是正确的，我们必须承认《竹书》了不起，那些诋毁《竹书》是伪作的人应该脸红。

祖庚也是位弱势的君主，我给他六分，继位者是他弟弟祖甲（或帝甲）。祖甲是不好的商王里的一个奇葩，因为他在位时间超长，当然不是跟太戊和武丁这些牛人比了，而是和外壬之类的比。那些无所建树在位十年的都算长寿了，而祖甲竟然达到三十三年，刷出了极强的存在感。

祖甲"刷屏"的方式很奇特，两极分化，让人过目不忘。祖甲早年是个体恤民情的好王，后来不知道怎么就性情大变，变成一个"酷王"，酷不是Cool的意思，而是酷刑，于是乎"殷道复衰"。《国语》更是将商朝灭亡的源头算到祖甲头上："帝甲乱之，七世而陨。"考虑到他曾做过好人好事，给他五分吧。

祖甲在位时间长，还真不是白给的，积攒了足够的人脉，居然能让儿子廪辛顺利成为第二十五任商王。廪辛看来无福消受至尊，才四年就死了，也给他五分。

第二十六任康丁是廪辛的弟弟，在位时间八年，此外没有任何信息，给他六分。为什么他的得分比同样事迹空白的廪辛要高呢？因为他的儿子武乙。

康丁的儿子武乙是第二十七任商王。武乙在《殷本纪》里被描写成一个小丑，"无道""辱天神""射天"，最后被雷劈死，听起来这简直就是一个奇葩。司马迁写武丁时，想必参考了很多主流记载，只不过他没机会看到《竹书》。《竹书》里没有任何武乙"无道"的瞎胡闹，在他生命的最后十四年，他和崛起的周侯息息相关，甚至他被雷劈死都有可能是周人嫁祸于雷（这个宣传手法实在是高，杀了人，还给天下人一个死者是遭受天谴的印象）。就算武乙真的是被雷劈死，其实也没啥好大惊小怪的，他绝不会是第一个，更不会是最后一个。雷雨天出行，希望大家以武乙为戒，慎之又慎。武乙在位三十五年，根据《竹书》所载的政绩，我给他八分。

第二十八任文丁是武乙的儿子，这在某种程度上说明武乙能够掌控朝局，他不是一个弱势的王。《殷本纪》称文丁为"太丁"是错误的，根据殷墟卜辞，殷有"文武丁"，即文丁和武丁。《殷本纪》对文丁不置一词，《竹书》里文丁是位有为君王。他跟周侯的纠葛就大发了，因为周武王的爷爷季历就是死于文丁"留客"期间，商朝因此跟周侯结下梁子。文丁在位十三年而崩，我也给他八分。

文丁死后，他的儿子帝乙成为第二十九任商王。《殷本纪》说帝乙时殷更加衰败了，好像帝乙很昏庸似的，其实不是这么回事。帝乙也很能干，他明白当时殷的力量还不足以遏制大西北，所以他以和亲的方式稳住西伯，军事上"拒昆夷，城朔方"，挺有一套的。他最大的失误是"废长立幼"，他怎么都不会想到那个被他废掉继承权的长子最终废了五百多年的大商，微子的负能量之强已经超过了正常人的想象。当时商朝的嫡长制因为各种原因一直没有得到很好的贯彻，帝乙以才干选幼子受德其实无可厚非。帝乙的得分应该跟文丁差不多，考虑到他那个无心"失误"

所造成的后果，扣一分，我给他七分。

接下来便是帝乙的儿子，最后一任商王帝辛了，我不愿意称他为纣王。在他长达五十二年的执政生涯里，商朝经济繁荣，国力强盛。他能抓那么多的俘虏，足见他的军队有多么强悍。帝辛的俘虏政策很好，在当时的情况下，也许是最好的。如果没有那个混账哥哥，帝辛也许可以成为前三位最伟大的商王，直追太戊和武丁。可惜没有如果，商朝在帝辛手上断送，当然没法给他九分以上了。考虑到子受德刚烈的性格，他大概也不稀罕低于十分的分数，那就给他零分吧。零分是一个句号。

商朝已夷，周朝就在朝歌城外，它就要君临天下，并将成为存在最久的朝代，长达八百余年，在中国历史上留下浓墨重彩的一笔。

周朝是标准的封建社会，那么商朝呢？

衡量一个时代是否是奴隶时代，标准很简单，要看奴隶是不是社会生产力的主体。比如说古罗马的奥古斯都时代，奴隶数量保守估计有五千万之多；当时的雅典，公民人数九万余人，而奴隶人数是公民的四倍，近四十万之多。古埃及的奴隶比例虽然不像雅典那么变态，但也数量庞大，埃及的城池、金字塔和尼罗河的水利工程都由奴隶完成。古埃及的奴隶来源主要是战俘及社会地位低下的以色列人，法老奖励士兵除了财物外还有奴隶。《圣经·出埃及记》讲的就是以色列人被埃及人虐得受不了，在摩西带领之下逃出埃及的故事。其过程一波三折，逃到旷野的以色列人因为缺少食物，于是又怀念起在埃及做奴隶时的"幸福时光"，弄得他们的领袖摩西很崩溃。

商朝当然有奴隶，但不能因为有奴隶就说那是奴隶社会。美国南北战争时期，南方种植园主拥有奴隶近四百万，南方人口才九百一十万，那么南北战争时期的美国是奴隶社会吗？

殷墟甲骨文中提到的"众人"其实都是平民，他们是商代的主要生产力量。有种说法把甲骨文里的"众"字解读成奴隶，说"众"字表示太阳下有三个人赤身裸体地劳动着，完全是非人的待遇，所以他们肯定是奴隶。在那个时代农民们种田难道不是脱衣露天而作吗？

《汉书·食货志上》说殷周之时："春令民毕出在野，冬则毕入于邑。……春将出民，里胥平旦坐于右塾，邻长坐于左塾，毕出然后归，夕亦如之。……冬，民既入，妇人同巷，相从夜绩，女工一月得四十五日。必相从者，所以省费燎火，同巧拙而合习俗也。"《食货志》里还有句话"在野曰庐，在邑曰里"，解释了什么是庐，什么是邑。春夏在野外的住所叫"庐"，古人"结庐而居"便是此意。秋冬天凉了，得住在里巷，就是邑。

上面那段话的意思很好理解，春天大家结伴出去种田，冬天则各回各家。晚上妇女相约共享火塘的火光，大家一起织布，所谓"所以省费燎火"就是这个意思；大家在一起工作效率提高了，所谓"同巧拙"是也。至于"女工一月得四十五日"有两个解释，"四"也许是衍文，即错字或多出来的字；另一个解释是因为资源共享和工作效率的提高，一日做了多日的事。

那种认为左右两侧的里胥和邻长"就跟哼哈二将一样……监视'民'之出入。"[1]"连妇人的工作时间一天都是十八小时，男人的工作时间也就可以想见"[2]的说法，我就"想见"不出，难不成男人得二十四小时工作？！我认为里胥和邻长监工不假，也是他们"令民毕出在野"。为什么呢？因为当时实行井田制，大家除

---

① 郭沫若：《关于周代社会的商讨》。

② 郭沫若：《奴隶制时代》。

了私田外，还有公田，井水大家共用，一井，"八家共之"①。《孟子·滕文公》说："夏后氏五十而贡，殷人七十而助，周人百亩而彻，其实皆什一也。"就是说当时殷商之民，每个成年男子发放七十亩，其中十分之一作为公田，收成上交国家。里胥和邻长相当于生产队长，"民"相当于村民，他们不是奴隶。《尚书·盘庚》说："古我先后，既劳乃祖乃父，汝共作我畜民。""畜民"不可能是奴隶，因为他们的祖先都有功于殷商祖先，才得到商王表彰。

井田制固然不如孟子说的那么完美，但它的存在没有疑问，殷墟甲骨文和《诗经》都有佐证。从殷墟墓葬结构来看，平民占了商代人口的八成以上，奴隶不到百分之五。

周朝往事，且留到"我的五千年"第二部《西风烈：西周》再一一细说。

2014 年 11 月—2015 年 8 月 9 日一稿、二稿
2015 年 9 月 1 日—2015 年 11 月 20 日三稿、四稿
2016 年 4 月 4 日改定，春暖花开

---

① 《汉书·食货志上》。